出版说明

2002 年以来，中国人民大学年度系列发展报告（即《中国人民大学中国社会发展研究报告》、《中国人民大学中国经济发展研究报告》和《中国人民大学中国人文社会科学发展研究报告》）的出版发行，引起了社会各界和广大读者的广泛关注，产生了较大的社会影响，成为我校一个重要的学术品牌，这让我们深感欣慰，也增强了我们继续做好这项工作的责任和信心。正是基于这样的责任和信心，加上近一年的努力，我们又编写出版了中国人民大学系列发展报告 2013。

中国人民大学系列发展报告 2013 的各个子报告均由编委会负责审定选题、整体框架、主要内容和编写体例，组织有关专家召开研讨会，审核报告的写作提纲。各报告实行主编负责制，主编由校学术委员会主任、秘书长会议确定，学校聘任；主编聘请副主编或执行副主编。各报告根据主题，分别聘请相关部门的领导和知名学者担任顾问。中国人民大学社会学理论与方法研究中心、中国人民大学中国经济改革与发展研究院和中国人民大学人文社会科学发展研究中心分别作为《中国人民大学中国社会发展研究报告》、《中国人民大学中国经济发展研究报告》和《中国人民大学中国人文社会科学发展研究报告》的依托单位，在组织和写作方面发挥了主要作用。

根据实际情况及学者建议，学校对年度系列发展报告进行了一些调整。

《中国人民大学中国人文社会科学发展研究报告》调整为逢奇数年出版。2010 年，《中国人民大学中国法律发展报告》开始列入年度系列发展报告。现在，报告的编写出版工作已纳入学校的年度科研计划，成为一项常规性工作。

　　由于报告所涉及的问题大多具有重大、复杂和前沿性的特点，加上写作与出版周期较短及研究水平的局限，尽管我们尽了努力，报告中的不足或易引起争议的地方仍在所难免。欢迎专家和学者批评指正。

中国人民大学发展研究报告编委会

2013 年 3 月 31 日

2013

目　　录

2013

Contents

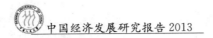

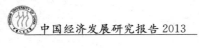

2013

Abstract

Overview

Upon the compounding influence of multiple factors, in the first half of 2012, China's economic growth continues to cool down in an accelerated and self-evolving fashion, forcing the government to reposition its macroeconomic policy to prioritize "stabilizing growth" and reintroduce various stimulus measures. Given the existing policy framework and incentive mechanisms, the prioritized "stabilizing growth" emphasis will turn into a practice of "expanding investment", and the intended "fine-tuning" policy adjustments will turn into an "expansionary" easing, and the local governments will magnify the stimulating impact of investment expansion by a large scale. As the result, in 2012, China's investment and consumption will bounce back rather strongly. Nonetheless, suffered from its weak foreign demand, slow real estate market, and deep-rooted structural problems, the bouncing-back of Chinese economy will be far from rigorous and face severe uncertainty. In 2012, China's GDP will grow at a slow pace at the beginning and then pick up more steam late on.

Based on the carried out analyses and predictions, this report holds the view that it is necessary to implement the "stabilizing growth" policy package, but the magnitude of stimulation, targeted sectors and choice of policy instruments need to be closely monitored.

1. Reasons of, Challenges by and Policy Responses to China's Economic Growth Slowing Down

Firstly, this chapter looks into current features and future prospects of China's economic growth in the growth accounting framework. Growth accounting is a mainstream method to analyze sources of economic growth and predict future economic trend due to its strength in in-depth study of economic growth by decomposing economic growth into contributions by capital, labor, human capital and total factor productivity (TFP). After forecasting future economic prospects, this chapter first explains five forces (export, investment, production cost, TFP, and government's role) underlying China's economic growth slowing-down, and then looks into the challenges it presents to social stability and national development, and at last proposes policy responses as follows: (1) Proceed administrative system reform to promote transition of economic growth model, thereby maintaining a comfortably rapid growth rate. Specific measures include: reforming the government itself, reforming the factor market, deepening the reform on monopolized sectors, and fastening the reform on state-own-enterprises of large scales. (2) Actively propel social reform to strengthen social stability, hence reducing the society's over-reliance on high economic growth. Specific measures include: establishing an income distribution mechanism that embodies social fairness, thereby reducing income gap between the rich and poor; expanding employment and re-employment opportunities; improving and completing basic public service system; and improving social management ability to preserve social harmony and stability.

2. Structural Characteristics and Efficiency of China's National Income Growth in Open Economy

This chapter accounts China's national income growth and examines its characteristics between 1981 and 2010 in an open economy environment using both the parametric and non-parametric methods. The results show that in spite of impressive growth in China's national income and economy as a whole, in recent years TFP continued to fall, and national income growth was achieved on a shaky ground as it mainly depended on capital input growth. To some degree, China's worsening terms of trade also eroded the contribution of its output growth to income growth. In addition, this chapter estimates the elasticities between output and factor inputs and between output prices and factor prices, thereby uncovering various dynamic characteristics of China's economic system. These characteristics can serve as meaningful references when it comes to China's economic system adjustments and related policy choices.

3. Fundamental Factors that Restricted China's Domestic Demand and Corresponding Policy Suggestions

Since the year of 2000, based on China's aggregate demand dynamics, it is clear that among the three driving forces of economic growth, the shares of investments and net exports in aggregate demand has continued to increase, and the share of consumption has continued to shrink. To maintain a sustainable economic growth, China is in an urgent need to transit from an export-led growth model to a domestic demand-led growth model. Based on our findings, among the factors affecting China's domestic demand, income distribution has a rather large impact, and supply structure also has considerable impact. This chapter carries out empirical tests on the different effects of personal income, transfer payments received by households, households' financial assets and foreign trade in goods and natural resources on the aggregates and composition of China's consumption. A conclusion is that for China's domestic demand to enjoy sustainable growth, it is vital for China to push forward an institutional reform with income distribution mechanism reform as its core.

4. Impact of Real Estate Investments on Local Fiscal Revenues

Upon identifying the 4 channels through which real estate investments affects fiscal revenues, we evaluate the impacts of real estate investments on local fiscal revenues with a panel data on 287 prefecture-level cities during 1995–2010. The results show that the growth of real estate industry had significantly positive effect on local fiscal revenues. Else equal, as per capita real estate investments increased by 1 Yuan, per capita real local fiscal budgetary revenues rose by 0.2–0.28 Yuan. At the same time, this impact is found to lag by 1–3 years. We also find that real estate investment had spillover effect. Growth in a city's real estate investments had some effects on neighboring cities' fiscal revenues. Specifically, 1 Yuan increase in a city's real estate investments was associated with 0.11 Yuan increase in neighboring cities' fiscal revenues. These findings help us to understand local governments' behaviors in curbing housing prices.

5. The Puzzle of Chinese Commercial Banks' High Profit Margin

In recent years, China's commercial banks enjoyed impressive profit margin. This chapter discusses possible reasons behind high profit margin of China's commercial banks theoretically and empirically with a dataset on

14 joint stock commercial banks that operate on national scale. The results show that China's sustained and healthy economic growth continues to increase personal income, and people have more awareness to asset managing; the joint stock system reform has improved bank efficiency; China's commercial banks enjoy relative monopoly and stable interest rate spread due to strict control of the government on deposit interest rates and informal financing. These are the main reasons why Chinese commercial banks' profit margin continues to rise. Although the bank sector reform started in 2003 has drastically raised the banking sector's market-orientation, China's commercial banks are yet to become enterprises fully operating on their own. Reform measures such as interest rate liberalization and lowering the entry barrier for middle and small sized financial institutions could help the commercial banks become real market entities and serve the real economy better.

6. Business Credit, Bank Credit and Monetary Policy

In recent years, China's middle and small-sized enterprises have encountered increasing difficulty in raising funds to finance their operations; as interest rates on informal financing continue to rise, many enterprises are unable to satiate loan sharks and suffer from broken funding chain. To our view, this happens as a result of the quantitative regulation measures adopted by China's monetary policy. Our study finds that the deposit-to-reserve ratio has no effect on payables financing, but interest rates do have a significant effect. In this scenario, in order to stabilize its financial system and allow the system to fully facilitate a functioning real economy, China should abandon its quantitative regulation measures and adjust the deposit-to-reserve ratio less frequently; instead China needs to fully utilize interest rates' adjusting role. This requires China to further liberalize interest rates, as in fact liberalizing interest rates on loans already has rather sound market fundamentals in place. In addition, interest rates liberalization needs to further strengthen the central bank's interest rates regulating mechanism and im-

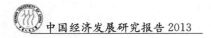

prove term structure of interest rates.

7. China's Growth Model from the Perspective of East-Asia Development

Some analysts hold the view that China's rise presents challenges to the Washington Consensus. China's growth model provides a valid alternative to fellow developing countries. This model includes not only centralized politics that is effective and centered on growth, but also heavy investment in infrastructure and manufacturing, mass exports of manufactured products, government intervention and industrial policy. We are not very optimistic on the prospects of state-interventionism style growth model, as the 1980s and 1990s debate on East-Asia developing countries show that a country's growth trajectory and policy choice often are endogenously determined by its institutional environment. This kind of growth model entails high cost and suffers from vulnerability. Therefore, we should not downplay the virtue and implications of China's growth model, but we should not rush to reach simplified conclusion either. What kind of role government should play in economic growth has been at the heart of economics debate since 1800s and the conclusion has swung from laisser-faire capitalism to socialism's planned economy. Our analysis on China's local governments' developmentalism suggests that over-emphasizing state interventionism could be harmful as well.

8. A Study on China's Income Growth Efficiency from the Terms of Trade Perspective: Also on the Evolution of China's Total Factor Productivity

This chapter studies China's national income growth since 1990s using the economic indicator method. The study finds that since 2001 worsening terms of trade has caused China's national income to grow at a rate low than its real GDP growth by 1 percentage point, thereby to a certain degree contributing to the phenomenon of "economic growth without personal income growth". As to the sources of national income growth, capital accumulation and technology advances are the most important driving forces. During the post-2006 business cycle, the contribution of technology advances steadily declined and China's national income growth mainly relied on capital accumulation.

9. An Analysis on the Impact of International Trade on the Share of China's Manufacturing Employment in Total Employment

By building a three-sector trade model, this chapter studies how trade affects the share of China's manufacturing employment in total employment. The model's explicit solutions show that trade has two effects on manufacturing employment share: a higher trade surplus ratio raises the employment share; when trade surplus is controlled for, a higher export participation rate reduces the employment share. Simulation results on the benchmark model show that the simple model fits well to the dynamics of China's manufacturing employment share. In next 5 years, the positive effect of trade on the employment share is likely to decrease due to a falling trade surplus ratio in the manufacturing sector. Our results lead to conclusions that when analyzing reasons behind China's industrial structure changes, one needs to pay close attention to the effects of unbalanced trade, and both the closed economy model and the balanced trade model couldn't be effective in explaining manufacturing employment dynamics.

10. To What Extent that Anti-dumping Has Curbed China's Exports

This chapter quantitatively examines the effects of China-targeting anti-dumping practice on China's exports with a gravity model that incorporates trader barriers. Based on the analysis on a panel data covering China and its 24 trading partners, this chapter finds these trading partners' anti-dumping measures against China significantly curbed China's exports growth. Next we use the counterfactual simulation method to measure the magnitudes of anti-dumping's export curbing impact. We find that although these trading partners' anti-dumping measures didn't hurt China's export growth fundamentally, they still to certain degree curbed China's export growth. On average, anti-dumping reduced China's exports by 1 to 2 percentage points, and the ones adopted by developed countries like the U. S. were more damaging than the others.

11. A Study on China's Economic Regionalization in International Economic Climate

In recent years, the rather large changes in international economic climate have lasting effects on China's economic growth. A large country as China is, its regions differ significantly in development status and the foreign economies they face, and international economic climate changes have different implications for these regions. In this chapter we first analyze the close and complicated linkage between overall economic performance and regional economic development. We next discuss China's national development strategy for each of its 5 regions and each region's development characteristics, and analyze economic situations in China's neighboring countries and their relationship with China. We then study economic development and foreign trade status of the eastern region, the northeastern region, the northwestern region and the southwestern region respectively. At last we give overall comments on the effects of international regional economic cooperation on China's regional economic development, forecast on future developments, and propose policy suggestions.

12. An Analysis on Foreign Demand Shock and Oil Price Shock in Open Economy

This chapter studies the effect of rising oil price on China's economy. We considered the effect of oil price shock on Chinese economy under the conditions of falling macroeconomic fluctuation, rising reliance on energy, and rising share of trade in total output. By studying oil price shock in an open economy general equilibrium model, we can fully understand the possible nonlinear relationship between oil price shock and China's economic performance, and describe the dynamics of China's economy under oil price shock. Lastly combining the results from theoretical study and empirical study we are able to quantitatively analyze and forecast the effects of oil price shock on China's economy, and thereby provide support to macroeconomic policy making.

13. An Empirical Study on Economic Transition and Capital Flight

Capital flight is a widespread phenomenon often encountered by developing countries. This issue becomes more eminent for countries undergoing economic transition, and likely generates severe negative impacts on the home country. Currently China's economy has run into bottleneck which necessitates transition of economic system. As economic system adjustments deepen, many existing favorable macroeconomic settings may change, and the impact of capital flight on China's economy may become more severe. Therefore, we need to study various forces driving capital flight, and analyze the two-way effects of current economic system transition and capital flight on each other taking China's economic system transition reality into consideration. Only by doing so, we can prevent capital flight in advance, and avoid the possible severe negative effects of rising capital flight on China's economic system transition.

总　　论[*]

中国宏观经济在 2010 年成功实现 V 形反弹后，于 2011 年步入增速下行的区间。2012 年上半年，中国宏观经济不仅延续了 2011 年逐季回落的趋势，而且在多重因素的持续作用下呈现出加速回落的态势。一方面，全球经济复苏放缓带来的中国外部环境的进一步恶化、房地产政策带来的房地产业低迷、货币政策在"大放大收"中的过度回收以及刺激政策的停止等外生性下滑因素产生了强劲的叠加效应；另一方面，"挤泡沫"带来的"去杠杆"、企业绩效下滑带来的"去库存"、市场信心逆转带来的紧缩效应等内生性因素强化了外生因素的冲击，导致 2012 年上半年出现超预期的经济下滑，经济回落呈现出加速性与逐步内生性等特点，这迫使政府进行宏观经济政策再定位，"稳增长"成为宏观调控的首要目标，各类刺激政策开始重返。

在现有政策框架和利益激励格局中，"稳增长"将演化为"扩投资"，"微调性"的政策调整将演化为"扩张性"的放松，地方政府将大幅度放大"扩投资"的刺激效应，从而带动投资和消费出现较为强劲的反弹。但由于外部环境持续疲软、房地产市场持续低迷以及深层次结构问题更为严峻等原因，这种反弹不会十分强劲并具有严重的不确定性。

---

* 本章数据如无特殊说明则来源于国家统计局、中诚信数据库和中国人民大学经济研究所数据库。

一、2012 年上半年中国宏观经济增速
持续回落的六大表现

2012 年上半年中国宏观经济延续了 2011 年逐季回落的趋势，呈现出加速回落的态势。这主要体现在以下六个方面：

1. GDP 同比增速持续回落，且有加速的态势

中国宏观经济在 2010 年成功实现 V 形反弹之后，GDP 同比增速开始从 2010 年 1 季度的 12.1％持续回落到 2012 年 1 季度的 8.1％（见图 0—1），每季度平均回落幅度达到 0.5 个百分点，而 2012 年 1 季度较 2011 年 4 季度的回落幅度达到了 1.1 个百分点。同时，按照各类数据推算出来的 2012 年 4—5 月 GDP 增速仅为 7.7％左右，较 1—3 月增速下滑了 0.4 个百分点左右，回落在 2012 年上半年呈现出明显的加速态势。

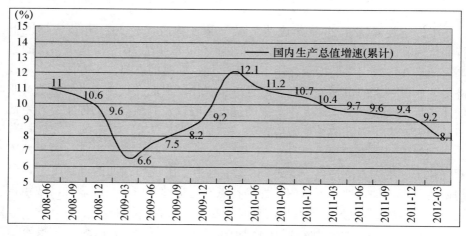

图 0—1　V 形反弹后的中国 GDP 增速持续回落

2. 在外需下滑持续恶化的引领下，投资增速回落，消费增速略显疲态，总需求持续下滑的态势有所放大

（1）在发达国家需求下滑的引领下，出口名义增速和实际增速持续回落，2012 年 4 月回落幅度出现超预期的扩大（见图 0—2）。1—4 月出口累计增速仅为 6.9％，比 2011 年同期增速下降了 20.5 个百分点，比 2011 年

年末累计增速下降了 13.4 个百分点，剔除价格因素，实际增速分别回落了 11.6 个百分点和 4.3 个百分点。这直接导致贸易顺差仅增长了 193 亿美元。剔除价格因素之后，净出口对于 GDP 增长的贡献率为 −9.8％，比 2011 年全年水平下降了 5.7 个百分点（见表 0—1）。导致这种下滑的核心原因在于欧洲需求下滑，对欧洲的 1—4 月出口增速仅为 −0.7％（见图 0—3）。

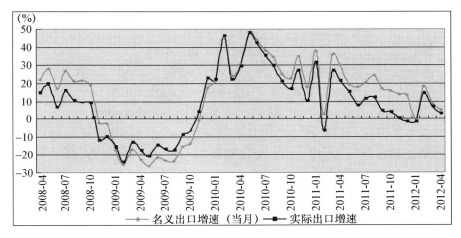

图 0—2　出口的实际增速和名义增速持续回落

表 0—1　　　　三大需求对于 GDP 的贡献格局有趋势性的变化（％）

年份	2007	2008	2009	2010	2011	2012
季度	1—4	1—4	1—4	1—4	1—4	1
消费拉动率	5.6	4.2	4.4	3.8	4.7	6.2
消费贡献率	39.2	43.5	47.6	36.8	50.8	76.5
资本形成拉动率	6.1	4.6	8.4	5.6	4.9	2.7
资本形成贡献率	42.7	47.5	91.3	54	53.3	33.3
净出口拉动率	2.5	0.8	−3.6	0.9	−0.4	−0.8
净出口贡献率	18.1	9	−38.9	9.2	−4.1	−9.8
GDP 实际增速	14.2	9.6	9.2	10.4	9.2	8.1

　　（2）在房地产投资和基础设施投资下滑的引领下，名义固定资产投资增速出现回落，且 2012 年 4 月回落幅度有所扩大，房地产投资增速回落开始呈现加速态势。2012 年 1—4 月固定资产投资增速为 20.2％，比 2011 年同期和年末分别下滑了 5.2 个百分点和 3.6 个百分点，导致这种回落的最直接

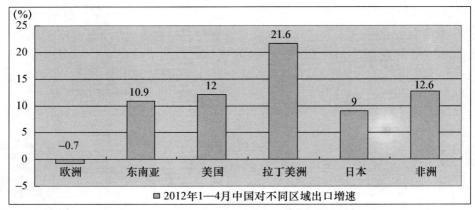

图 0—3　欧洲板块的下滑是出口下滑的核心因素

因素是基础设施和房地产业投资总额增速出现明显的回落。1—4 月房地产业投资总额增速为 23.2％，比 2011 年同期和年末分别下滑了 7.8 个百分点和 6.5 个百分点（见图 0—4），且 4 月单月同比增速仅为 16％，比上月增速下滑了 8.1 个百分点，比 2011 年同期增速下滑了 22.4 个百分点。而基础设施建设从 2010 年以来投资规模持续回收，到 2012 年步入负增长状态，其中1—4 月铁路运输同比负增长 43.6％。

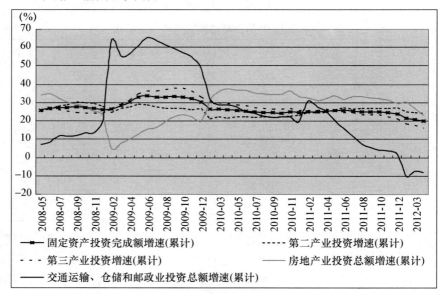

图 0—4　固定资产投资增速持续回落

（3）在限额以上企业消费品零售额下滑的主导下，社会消费品零售总额增速出现轻度回落，但剔除企业和政府消费之后的居民消费增速基本平稳。1—4 月我国社会消费品零售总额同比名义增长 14.7%，扣除价格因素实际增长 11.3%（见图 0—5），比 2011 年同期名义增速和实际增速分别回落 1.8 个百分点和 0.9 个百分点，比 2011 年全年名义增速和实际增速分别回落 2.4 个百分点和 0.9 个百分点。但是，这种下滑主要来源于限额以上企业消费品，1—4 月限额以上企业消费品零售总额增速仅为 15.3%，比 2011 年同期和全年增速都下降了 7.6 个百分点，这表明大中企业的消费性活动大幅度放缓（见图 0—6）。与此同时，非限额以上的社会消费品零售总额增速基本没有下降。城镇居民人均消费性支出增速可以证实该判断。2012 年 1 季度该参数增速为 12.3%，比 2010 年 1 季度和 2011 年 1 季度增速提高了 1.3 个和 1.6 个百分点（见图 0—7）。这是国民核算中 1 季度消费拉动率高达 6.2 个百分点，消费贡献率为 76.5% 的核心原因之一。但从消费信心指数波动来看，居民消费疲软现象开始展现。

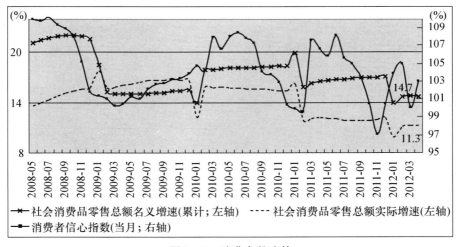

图 0—5　消费参数疲软

3. 在第二产业和第三产业下滑的主导下，全社会总供给增速出现明显放缓，其中中小企业生产持续疲软显得尤为突出

（1）在房地产和物流行业不景气的影响下，第三产业生产下降明显。2012 年 1 季度起，第三产业增加值增速仅为 7.5%，比 2011 年 1 季度和全年分别下滑了 1.6 个百分点和 1.4 个百分点，比 2009 年 2 季度时 7.9% 的增

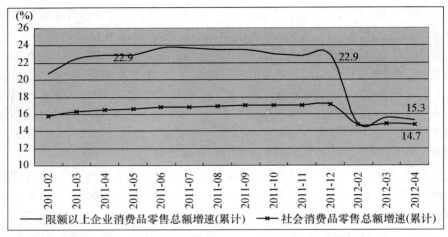

图 0—6　限额以上企业消费品零售总额下降是主导力量

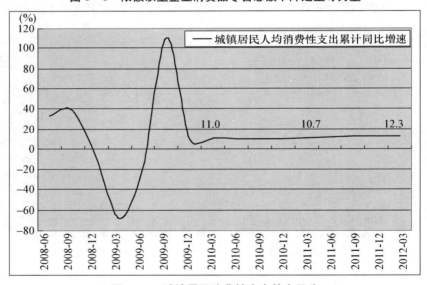

图 0—7　城镇居民消费性支出基本平稳

速还要低，这表明 2012 年第三产业疲软程度可能超越 2009 年，经济下滑已经全面扩散（见图 0—8）。

（2）第二产业在出口产业和制造业下滑的引领下，增速出现加速回落。2012 年 1 季度第二产业的增加值增速仅为 9.1%，比 2011 年 1 季度和全年分别下滑了 2 个百分点和 1.5 个百分点（见图 0—8）。其中规模以上企业 4

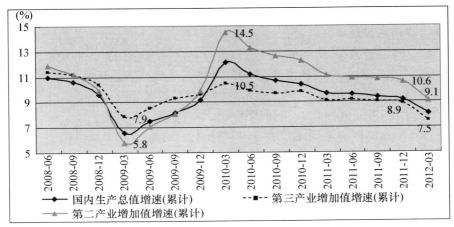

图 0—8　第二、第三产业下滑引导总供给下滑

月工业增加值当月增速仅为 9.3%，是 2009 年第 3 季度以来的新低，比 2011 年同期下降了 4.1 个百分点。其中，重工业企业、国有与国有控股企业、"三资"企业的下降幅度分别达到 5.1 个、8.6 个和 4.8 个百分点。

（3）中小企业生产下降明显，持续处于萧条状态。从 2011 年 11 月开始，代表中小企业制造业生产状况的汇丰 PMI 指数一直低于 50% 的"枯荣线"（见图 0—9），而统计局公布的小型企业 5 月的 PMI 指数仅为 45.2%，低于上月 3.9 个百分点，连续 2 个月位于临界点以下。

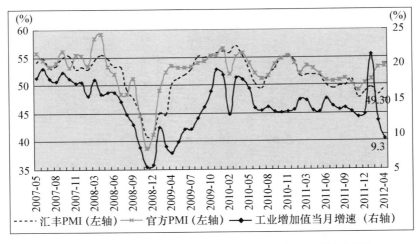

图 0—9　代表中小企业的汇丰 PMI 指数持续低于"枯荣线"

4. 在总供给与总需求下滑的作用下，各类价格指标明显回落，通货膨胀压力得到明显缓解

CPI 同比增速在 2011 年 7 月达到高点之后从 6.5% 逐步回落到 2012 年 4 月的 3.4%，而 PPI 同比增速在 2011 年 8 月达到高点之后从 7.3% 下滑到 2012 年 4 月的 −0.7%。同时，表示总供给与总需求状况的核心 CPI 从 2011 年 6 月的 1.4% 回落到 2012 年 4 月的 0.9%（见图 0—10）。

CPI 回落的核心原因不仅在于总需求下滑的速度大于总供给下滑的速度，同时也在于世界通货紧缩向中国的传递，即进口商品价格总指数大幅度下滑导致原材料价格和加工工业品价格下滑，进一步导致其他工业品成本回落。这 3 类价格在 2011 年 7 月达到高点，分别从 19%、11.8% 和 5.1% 下降到 −2.0%、−1.9%、0.6%，下降幅度分别达到 21 个百分点、13.7 个百分点和 4.5 个百分点。

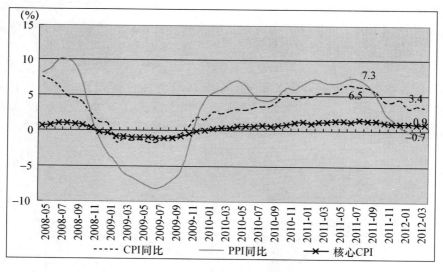

图 0—10 CPI 和 PPI 同步回落

5. 在以"限购"和"限贷"为主的房地产政策持续加码作用下，房地产需求大幅度下降，供求关系逆转，房地产价格开始出现松动

经过两年的房地产调整，2012 年房地产价格开始出现明显松动，其集中体现就是投资额、销售额、资金来源等参数都出现了大幅度恶化，而供给却保持了高位运行。例如 1—4 月商品房销售面积同比下降了 13.4%，增速

比 2011 年同期下降了 19.7 个百分点（见图 0—11）；房地产投资增速仅为
18.7%，比 2011 年同期下滑了 15.9 个百分点。而与此同时，商品房竣工面
积增速依然高达 30.2%。这导致 4 月全国 70 个大中城市中 66% 的城市房地
产价格同比下降，61% 的城市环比下降。全国住宅价格同比增速从 2011 年
全年 5% 左右下降到 2012 年 1 季度的 −10.4%。房地产投资额、销售额以
及土地购买额的增速大幅度下滑是导致投资、消费以及第三产业增加值增速
下降的直接原因之一。

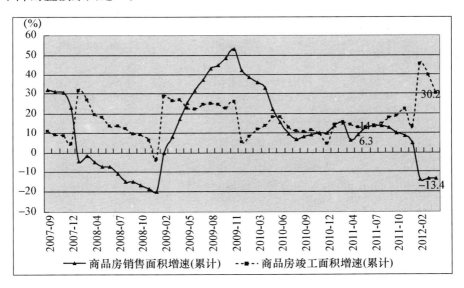

图 0—11 房地产市场供求关系逆转

6. 各类绩效指标明显恶化

（1）在增值税、营业税和关税增速回落的主导下，税收收入和财政收入
的增速下滑幅度较大。1—4 月财政收入增长 12.5%，税收收入增长 8.1%，
比 2011 年同期分别下降了 18.9 个百分点和 22.4 个百分点。这导致各地加
强了非税收入的征管力度，2012 年 1—4 月非税收入逆势回升，同比增长
53.3%，比 2011 年同期提高了 13 个百分点（见图 0—12）。

（2）在“三资”工业企业和国有及国有控股工业企业利润总额增速下滑
的带动下，工业企业利润总额增速回落明显。“三资”工业企业从 2011 年同
期的 19.9% 下降为 2012 年 1—4 月的 −13.2%，下降幅度达到 33.1 个百分
点，而国有及国有控股工业企业从 2011 年同期的 24.6%，下降到 2012 年

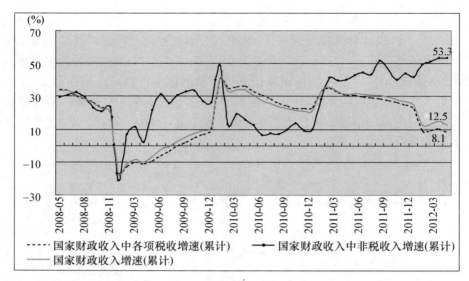

图 0—12　财政收入和税收收入增速出现下滑

1—4 月的—9.9％，降幅达到 34.5 个百分点。这导致整体工业企业利润总额增速从 2011 年同期的 29.7％下降到 2012 年 1—4 月的—1.6％，降幅达到 31.3 个百分点（见图 0—13）。

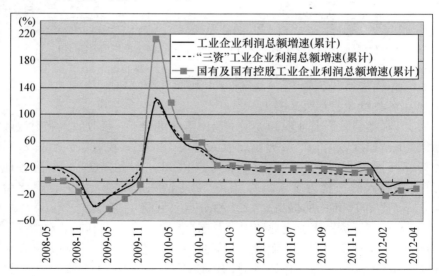

图 0—13　工业企业利润增速出现持续回落

（3）工业亏损企业亏损总额明显扩大。从 2011 年开始，中国开始步入亏损企业亏损额正增长的时期，且亏损总额持续提升。到 2012 年 1—4 月累计增长 76.3%，比 2011 年同期提高了 48.5 个百分点（见图 0—14）。

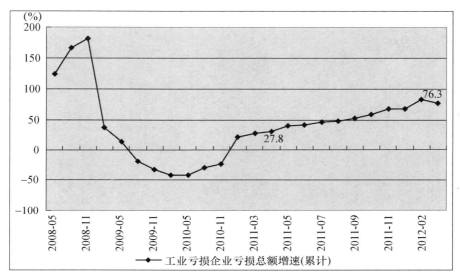

图 0—14　工业亏损企业亏损总额扩大

二、中国宏观经济超预期回落的四大原因

导致中国宏观经济 2012 年上半年呈现超预期加速回落的核心原因主要体现在以下四大方面：

1. 世界经济复苏步伐的放缓，特别是欧洲主权债务危机的持续发酵，对中国外需和资金面的冲击超出预期，输入性衰退是中国经济持续回落的核心原因之一

全球经济放缓早在 2011 年已经全面显现，但是依据 OECD（经济合作与发展组织）先行指数的判断，发达经济体在 2012 年 1 季度将见底回升。然而，欧洲主权债务危机对于全球经济增长的影响比预期要深远。一是对于全球外贸的影响比 2011 年预期的水平加深了接近 1 个百分点，这直接导致中国对欧洲区域的出口出现超预期的负增长，1—4 月该增速仅为 −0.7%。二是对全球金融市场和流动性的影响超出预期，导致中国出现大规模的资金

流出，特别是与热钱相关的"非贸易、非 FDI 项下的外汇储备增长额"出现逆转，2011 年 5—12 月达到 1 900 亿美元。这种趋势在 2012 年 3 月份以来又有所抬头，导致中国新增外汇占款出现负增长，加速中国资金紧张的局面（见图 0—15、0—16）。

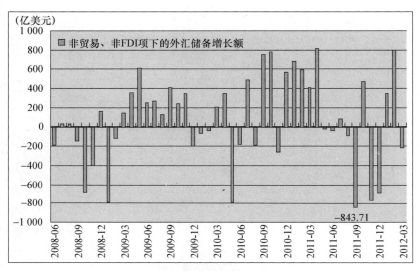

图 0—15　资本外逃比较严重

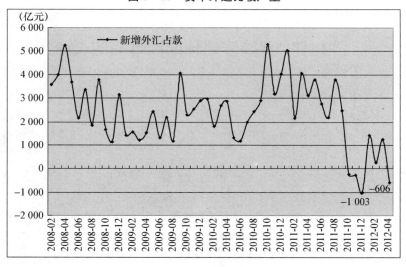

图 0—16　新增外汇占款下降迅速

2. 各类刺激政策的退出、极度宽松的宏观经济政策的常态化以及严厉的房地产调控政策的出台导致宏观经济紧缩效应比预期大，许多政策回收存在过猛的嫌疑

"大放大收"是 2009—2011 年宏观经济政策调整模式的最佳描述。这种"大放大收"直接导致的结果就是市场主体预期的混乱和资源配置的扭曲进一步加剧，从而政策回调的紧缩效应远远大于预期。

（1）货币政策在过度放松之后的紧缩有过猛的嫌疑，导致中国资金链过于紧张，监管套利行为大幅度上扬，金融扭曲和金融风险在进一步恶化中开始显化。正如图 0—17 和图 0—18 所示，在 2009 年中国货币政策是最为宽松的国家之一，信贷总量超过了 GDP 的 25%，M2 增速达到了 29.5%，导致中国金融条件指数（FCI）在 2009 年 11 月达到 5.2，到 2010 年货币政策开始回收，信贷总量开始明显下降，M2 增速开始回落到 13%～15%，导致到 2011 年 8 月，金融条件指数持续下滑到－1.4，成为世界金融收紧最强烈的国家。

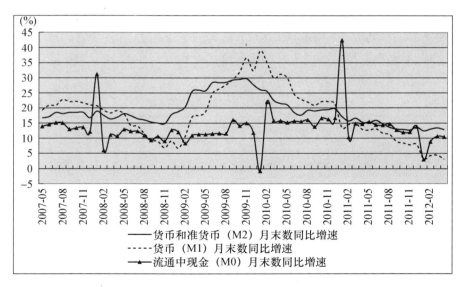

图 0—17　货币供应"大放大收"

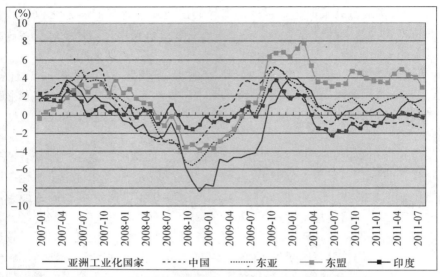

图 0—18　中国金融条件指数"放"与"收"的幅度都很大

资料来源：根据 IMF 数据库整理。

　　按照 IMF（国际货币基金组织）的测算，2012 年上半年中国是央行存款利率高于泰勒规则利率的唯一国家，其利率水平存在过高的嫌疑（见表 0—2）。如果考虑贷款利率上浮的水平和"息改费"的额外资金成本，中国目前的综合利率水平更显得偏高。

表 0—2　　　　　　　　　　**2012 年上半年中国利率水平偏紧**

	央行存款利率	泰勒规则建议的平滑化利率	泰勒规则利率
新西兰	2.5	2.4	2.9
泰国	3.0	3.5	4.1
马来西亚	3.0	2.9	3.2
韩国	3.3	3.2	4.1
中国	3.5	2.8	3.0
菲律宾	4.0	3.9	4.7
澳大利亚	4.3	4.1	4.5
印度尼西亚	5.8	5.6	6.9
印度	8.5	8.4	9.4

　　资料来源：根据 IMF 数据库整理。

（2）投资闸门"大放大收"，导致投资项目的连续性出现严重问题。如图 0—19 所示，2009 年的固定资产投资出现迅猛增长，新开工项目比 2008 年增加了 102 331 个，计划投资同比增长 32%。但是，这种上涨在 2011 年逆转，2011 年全年施工项目比 2010 年减少了 77 900 个，施工项目计划投资增速下滑到 18.7%，到 2012 年 1 季度增速进一步下滑到 14.2%。

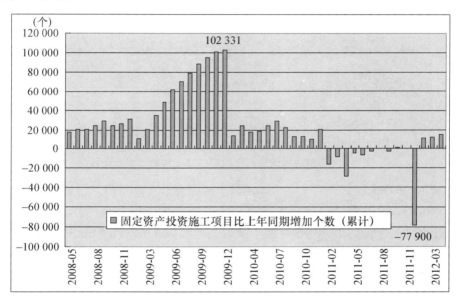

图 0—19　2011 年投资闸门收得过快

与此同时，对于在建项目和新增项目的资金支持出现了全面回收。其中，固定资产投资资金来源中国家预算内资金增速从 2009 年初的 145.9%，下滑到 2011 年初的 -4.3%；银行贷款增速从 2009 年底的 49.2%，下降到 2012 年 3 月的 0.6%（见图 0—20）。这种正规资金的大幅度收缩直接导致很多项目变为"烂尾项目"，许多企业不得不依靠非规范融资来维持经营，其中最为突出的就是 2011 年底 2 万公里的铁路同时停止建设。在货币政策和投资政策收缩过猛的同时，房地产调控以及刺激政策的退出则进一步加剧这些政策的紧缩效应。

3. 资产价格回落导致的"去杠杆"与生产价格下滑导致的"去库存"同步进行，加剧了企业经营环境的恶化，资金链紧张以及销售链紧张比预期

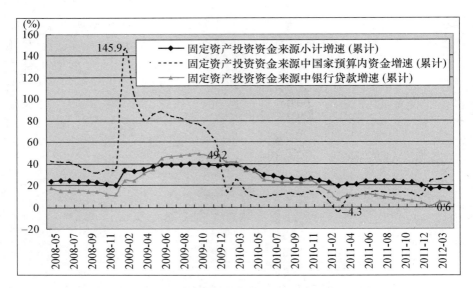

图 0—20　财政和信贷对于固定投资支持的"大放大收"

还猛,"金融加速器"和"存货加速器"的逆转加大了经济下行的力量

（1）在 PPI 回落、利润率下滑以及悲观预期不断蔓延的作用下,大部分企业"去库存"十分严重,使中国宏观经济步入基钦周期的下行区域,总需求出现内生性的收缩（见图 0—21）。从核算角度看,2012 年 1 季度资本形成拉动率仅为 2.7 个百分点,比 2011 年和 2010 年的拉动率分别少 2.2 个百分点和 2.9 个百分点,这是导致 2012 年经济增速下滑的核心原因。但值得注意的是,剔除价格因素,实际固定资产投资增速比 2011 年同期仅下滑了 0.9 个百分点,比 2011 年底上涨了 0.7 个百分点,这说明"去库存"导致的 GDP 增速下降可能达到 2 个百分点左右。从工业企业产成品增速来看,2012 年 1—4 月仅为 15.8%,比 2011 年同期下滑了 7.4 个百分点。制造业采购经理指数（PMI）中的原材料库存进一步证实 2012 年"去库存"比较强烈,2012 年 5 月 PMI 中的原材料库存指数仅为 45.1%,连续 11 个月低于 50% 的"枯荣线"（见图 0—22）。

"去库存"之所以如此严重,其核心原因就在于在"PPI 泡沫"破灭之后,大量依靠原材料和产成品囤积的企业开始在 PPI 快速下行时改变经营战略,从"存货为王"转变为"现金为王",而生产利润的下滑进一步使企业降低了产成品占用的资金。这种行为将导致宏观景气快速逆转,从而加速

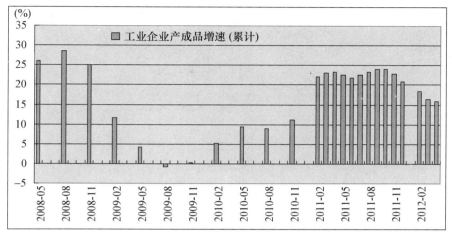

图 0—21　2011 年 4 季度开始的产成品"去库存"

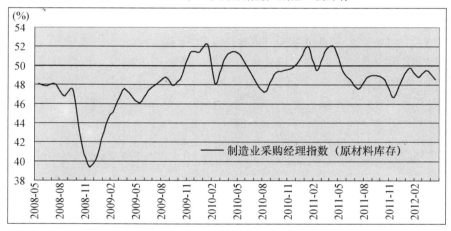

图 0—22　2011 年 3 季度开始的原材料"去库存"

下滑的速度（见图 0—23）。

　　（2）在严厉的房地产调控政策、快速逆转的货币政策、资金外逃和地方投融资平台的治理等多重因素的作用下，中国开始步入"挤泡沫"的进程之中，各类实体投资和金融投资都出现强烈的"去杠杆"，"金融加速器"开始逆向运行，直接导致内生性的资金紧缩。这种紧缩导致民间融资资金链的局部断裂、房地产价格上涨的停滞、各类金融资产价格的下滑以及各类投资预期收益大幅度下滑，"资产管理"快速转变为"负债管理"，资金供应和资金

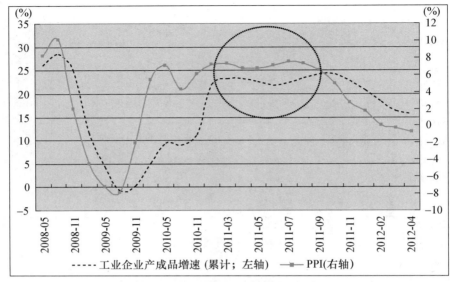

图 0—23 PPI 是决定存货的核心力量

需求都出现内生性的收缩。投资杠杆下滑、投资规模减少、惜贷等现象应运
而生。例如全国固定资产投资杠杆率开始从 2010 年初期的 4.45 倍下降到
2012 年 4 月的 4.07 倍，房地产投资杠杆率从 2010 年初期的 5.8 倍下降到
2012 年 1 季度的 4.6 倍（见图 0—24、0—25）。

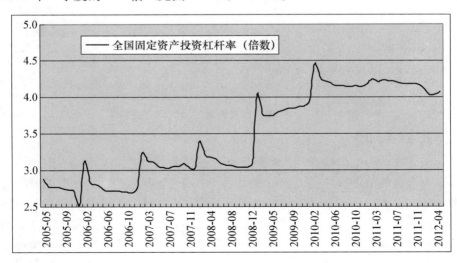

图 0—24 全国固定资产投资杠杆率出现回落

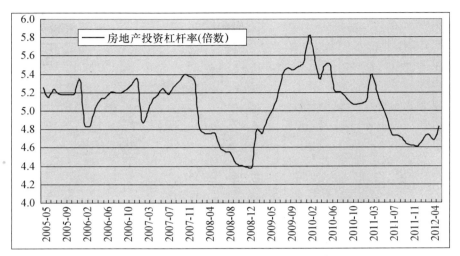

图 0—25　房地产投资杠杆率出现回落

4. 各类数据的下滑，导致市场情绪波动较大，而各类经济主体的信心和预期恶化，又导致资金流动速度和货物周转速度出现内生性放缓

各类信心指数是社会经济运行预期的综合反映。2012 年上半年企业家信心指数、工业企业家信心指数、消费者信心指数以及银行家信心指数都出现明显的回落。其中最为明显的就是企业家信心指数从 2010 年 3 季度的 79.40 下降到 2011 年 4 季度的 68.40，银行家信心指数从 73.10 下降到 59.30（见图 0—26、0—27）。

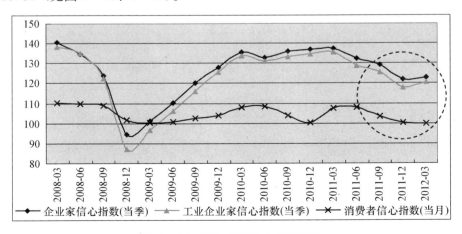

图 0—26　实体领域信心指数低迷

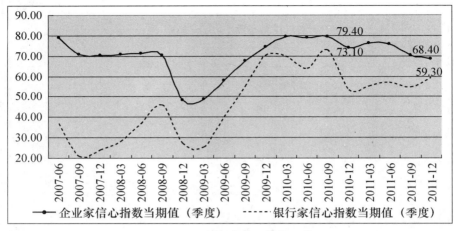

图 0—27 银行家信心指数回落

信心的回落导致各类活动的下降，其中最为集中的体现就是货币流通速度的下降。2012 年 1 季度货币流通速度居于 4 年来的最低水平（见图 0—28），而工业企业流动资产周转次数也出现明显下滑，从 2010 年底的 2.74 次下降到 2012 年 1 季度的 2.26 次，下降幅度达到 17.5%（见图 0—29）。这直接导致的是贷款需求出现超预期的高位回落，企业惜贷现象开始显现。如图0—30所示，在货币政策感受指数上扬的过程中，信贷需求景气指数却下滑了 2 个点。这表明内生性经济趋冷的态势开始形成。

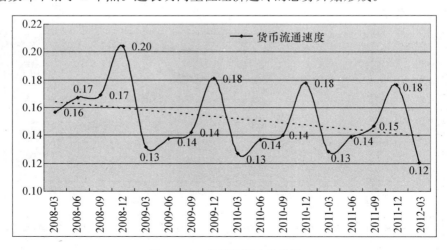

图 0—28 货币流通速度放缓

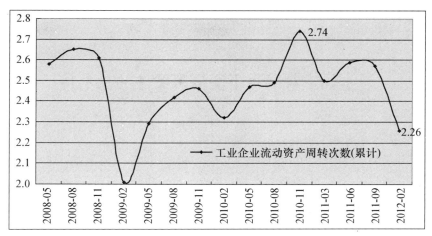

图 0—29　工业领域资金周转放缓

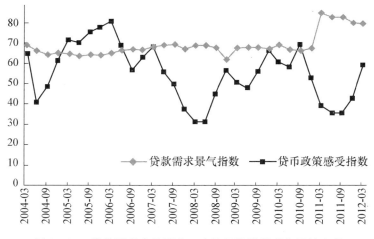

图 0—30　贷款需求高位回落，实体经济惜贷现象开始出现

　　上述各方面的深度回落又直接导致中国深层次结构和资源错配问题开始显现。这不仅体现为我们 30 年来出口—投资驱动的经济增长模式所固有的结构问题，也体现为上轮刺激性政策的各种后遗症开始显露，其中最为突出的就是：（1）流动性泛滥带来的经济泡沫问题；（2）产业振兴带来的产能过剩进一步放大的问题；（3）地方投资快速扩张带来的地方投融资平台过度扩张的问题；（4）国退民进与政府信用扩张带来的市场秩序倒退的问题。这些问题的显化也将产生强烈的叠加效应，从而使 2012 年上半年经济下滑具有

外部输入性、金融加速性、逐步内生性以及自我强化性等特征。

三、本轮宏观经济下滑值得关注的几个特征

与其他年份不同的是，2012年上半年经济下滑有以下几个特征值得关注：

1. 依然具有明显的输入性衰退的特征

从上面的分析我们可以看到，本次经济回落的原因不是单一的，不能把它简单归结为政策主动调整的产物。与2008—2009年中国经济下滑一致的是，全球经济复苏的受阻、全球贸易恶化以及全球金融动荡是中国经济回落的主导性因素，因此本轮下滑依然具有输入性衰退的特征。

按照国民收入核算来看，外需恶化可以解释2011年和2012年1季度经济下滑中60%的情况，如果再考虑外需下滑通过出口—投资联动机制、外汇储备—资金供给机制对于内需的影响，出口下滑可以说明中国经济下滑中70%左右的情况。这意味着简单通过内需扩张来刺激经济，使经济增速回到原来的轨道将会面临严重的供给—需求结构转换的问题，内需扩张填补外需恶化的程度不宜过大。

2. 在深层次结构性问题和资源配置扭曲的作用下，外生性下滑逐步向内生性下滑转变，下滑逐步具有加速性的特征

如果忽略经济下滑的幅度，本轮下滑与2008—2009年下滑的最大差别就在于国内因素。因为经过2008—2009年的刺激计划和宏观经济政策的极度宽松之后，国内不仅要面对4万亿刺激计划带来的后遗症，而且还要面对政策常态化带来的紧缩，更要面临深层次问题的显化。所以，"去泡沫"、"去杠杆"所产生的内生性下滑力量随着上述因素的作用而日益加速。这种内生性的下滑需要政策性的因素来打破其自我实现的正反馈。

3. 几类指标之间的冲突说明本轮经济下滑不仅面临着实际总供给和实际总需求的增速下滑，更面临着潜在GDP的增速下滑。因此，中国经济增速的回落不仅具有短期特征，更具有中期特征，中国经济已步入"次高速增长时期"，这意味着我国经济政策的目标不能简单钉住增速下滑的幅度

(1) "低增长"与"高就业"说明2012年上半年要素资源相对充分利用下所支撑的潜在经济增长速度已经出现明显的下滑。

2012年上半年中国经济增速与2009年3季度和2008年3季度的增速

大致相当。但与上轮经济下滑不同的是，经济增速的持续放缓并没有带来失业规模的急剧增长，农民工"返乡潮"不仅没有出现，相反"招工难"却全面蔓延，导致劳动工资持续上扬。

一是中国的劳工需供比从 2011 年 4 季度的 1.04 上升到 2012 年 1 季度的 1.08，创 2001 年 1 季度开始统计该比例以来的最高值。劳工需供比已连续 6 个季度高于 1。

二是就业增长率虽然出现了结构性的变化，但第二、第三产业依然保持 2% 以上的增速，与 2007—2008 年的水平大致相当，大大优于 2008—2009 年的表现（见图 0—31）。

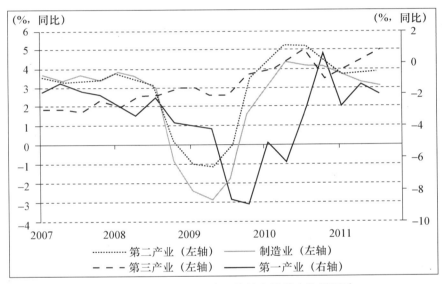

图 0—31　第二、第三产业的就业增长率依然强劲

三是"招工难"并没有得到全面缓解，东、中、西部的城市劳动力市场的"需求—供给比"依然大于 1，其中中部的"需求—供给比"出现了持续上扬的态势（见图 0—32）。

四是受制于劳动力市场的供求关系，职工工资、最低工资水平以及居民收入水平在 2012 年 1 季度并没有出现下滑，反而出现了轻微反弹。1 季度城镇居民人均总收入为 7 382 元。城镇居民人均可支配收入为 6 796 元，同比名义增长 14.0%，扣除价格因素实际增长 9.8%，其中工资性收入同比名义增长 13.8%；农村居民人均现金收入为 2 560 元，同比名义增长 17.0%，

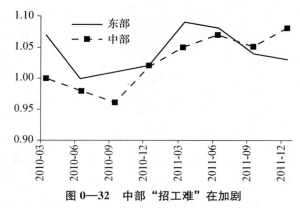

图 0—32 中部"招工难"在加剧

扣除价格因素实际增长 12.7%，其中工资性收入同比名义增长 17.5%。这些收入数据都比前 3 年的平均水平要高。同时，一线城市 2012 年最低工资标准平均比 2011 年提高了 10%（见图 0—33）。

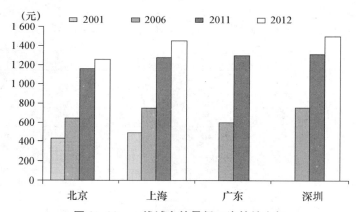

图 0—33 一线城市的最低工资持续上扬

回答这个悖论的最好答案就是中国潜在 GDP 增速出现了明显下滑。

（2）"增速持续回落"与"核心 CPI 相对稳定"和"产出缺口相对稳定"不仅说明了中国受困于结构性问题，同时也说明产出缺口没有发生根本性的变化，实际增速的回落意味着中国潜在增速的明显回落。

从图 0—34 可以看出，2012 年上半年剔除食品和燃油的核心 CPI 虽然有所回落，但依然处于 1%左右，与 2008 年中期的水平相当，这表明总供给与总需求依然处于相对平衡的状态。同时，按照估算的产出缺口来看，中国 2011—2012 年的产出缺口基本处于 0~1%的区间波动，这也说明 2012 年上半年中国宏观经济的实际增速正随着潜在产出增速而回落（见图0—35）。

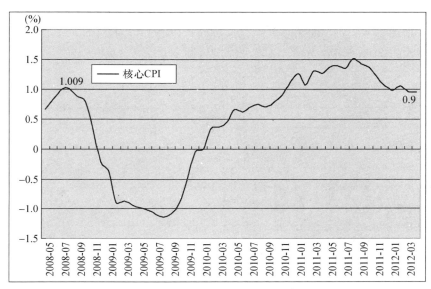

图0—34 核心CPI依然处于1%左右

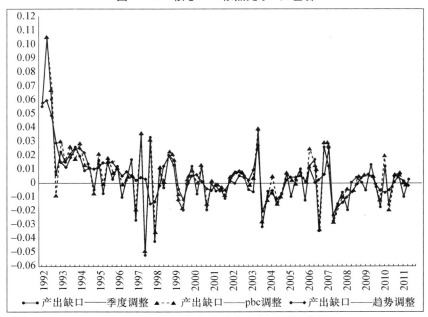

图0—35 贝叶斯估算的产出缺口的比较图

如果对比 1999—2002 年的数据，可以看到，这些年的 GDP 增速在 8%～9% 的区间，物价水平却处于 0 附近（见图 0—36）。而 2012 年 1 季度 GDP 增速为 8.1%，而实际 CPI 为 3.4%，核心 CPI 达到 0.9%。这充分说明 2012 年的潜在增长水平比 1999—2002 年要低。

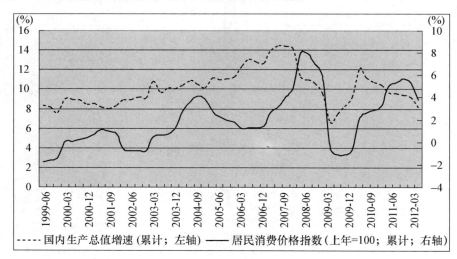

图 0—36　对比 1999—2002 年与 2012 年的宏观参数

根据中国人民大学中国经济改革与发展研究院"中国潜在 GDP 增速测算、预测与政策定位"课题的研究结果，中国由于人口红利的递减、全球化红利的消失、制度红利的逆转以及 TFP（全要素生产率）的下降等多重因素，潜在增长速度正处于快速回落的区间。2011—2016 年中国将告别"高速增长时期"而步入"次高速增长时期"，潜在 GDP 增速将处于 8%～8.7% 的区间（见图 0—37）。

这种变化与国际比较研究的结论也是一致的。潜在 GDP 间断性回落或拐点性下降的核心原因主要在于：一是部门间闲置资源转移开始大幅度减少；二是由于创新下降和结构性问题严重导致 TFP 下降。而这两个条件与中国的现状比较吻合。[1]

如果上述判断正确，那么简单根据 GDP 增速回落判断中国经济低迷可

---

① 参见中国人民大学经济研究所发布的《中国宏观经济分析与预测报告（2009 年第 3 季度）》和中国经济改革与发展研究院的课题报告《中国潜在 GDP 增速测算、预测与政策定位（2011）》。

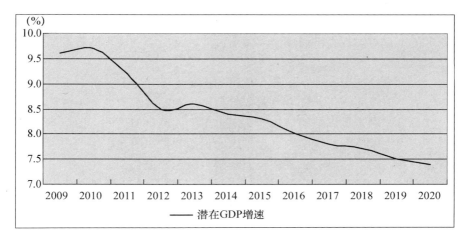

图 0—37　未来中国潜在 GDP 增速的估算

能存在问题。因为我们必须考虑判断经济运行的标杆降低了，以 9%～10% 的增长目标来驾驭中国宏观经济就可能导致过度调控的可能。

四、结论与政策建议

通过上述分析，我们对于中国宏观经济运行可以得出以下几个方面的结论和政策建议：

（1）目前中国宏观经济持续性的加速回落是多重因素叠加的产物，但输入性萧条与政策在"大放大收"调整中的紧缩效应是下滑的核心因素。世界经济复苏受阻和中国面临的深层次内生性结构问题决定了中国经济下滑具有中期特性。

（2）在输入性萧条和政策"大放大收"调整的双重力量的作用下，中国在金融层面"去泡沫"和"去杠杆"与在实体及基层面的"去库存"相互作用，使目前经济下滑具有逐渐内生性和加速性的特征，使输入性萧条发生了变异。这决定了中国宏观经济政策有进行"再定位"的必要性。

（3）"GDP 持续回落，但就业相对依然强劲"，"宏观经济景气加速回落但核心 CPI 却没有负增长"，这两大冲突的宏观现象说明中国已经步入了"潜在 GDP 增速阶梯式回落期"。因此，较大幅度的增速回落并不等价于中国步入萧条或滞胀，经济景气的判断标准的下滑决定了当前宏观经济政策的重新定位不宜对宏观经济增速回落做出过度的反应，宏观经济政策的转向不能过猛。

（4）世界经济因欧洲主权债务危机的持续发酵和中国经济的下滑而出现复苏乏力。但总体而言，轻度改善依然是中短期的基本取向。一方面我们不宜过度看重金融市场因短期情绪变化而出现的波动，但另一方面也不能低估欧洲经济因主权债务危机陷入衰退带来的负面冲击。因此，短期内利用刺激内需弥补外需的下滑具有必要性，但刺激力度不宜过大。

（5）"稳增长"的一揽子政策将有效打破投资回落和消费增速回落的趋势。同时，由于在现有利益格局和地方政府的推动下，"稳增长"很可能演化为"扩投资"，从而导致中国宏观经济在投资上扬的过程中触底反弹。但是，由于下行力量的释放力度依然较大且具有强烈的不确定性，世界经济的持续趋软和房地产业的持续调整决定了中国宏观经济反弹的力度不会太大。

（6）输入性通缩不断加大，总需求回落力度相对强化，这决定了中国核心 CPI 2012 年全年持续回落到 3％以下。这为中国货币政策的转向提供了空间。但在食品价格和成本因素的冲击下，CPI 依然具有不确定性。货币政策不宜过多考虑食品价格，近年来，食品价格上扬绑架了中国货币政策是导致中国货币政策调控与宏观经济走势脱节的核心原因。

（7）货币政策在经济回落出现内生性和加速性，且具有下行力度不确定性时，应当进行宽松性的再定位。

1）为防止"去杠杆"和"去库存"等经济加速器产生下滑的自我强化机制，流动性不能过紧，以避免出现泡沫破灭，经济出现"硬着陆"，但另一方面在"去泡沫"的过程中为了防止泡沫出现，也不宜调整过大。

2）在中国资本流出力度有可能进一步加剧的状况下，存款准备金率下调具有必要性，但利率下调幅度却不宜过大。

3）进一步降息只是降低企业财务负担的手段之一，但不是企业经营环境改善的核心。降息所产生的刺激效应一方面在于削减成本，更重要的方面在于预期引导。降息要发挥这些作用必须建立在以下两个前提上：一是"息改费"等不规范的银行收费必须得到很好的治理；二是银行的信贷供给要有实质性的宽松，从而缓和紧张的银企议价关系。因此，持续强化不规范收费的清查以及相应的数量型货币工具的操作具有必要性。

4）在全球采取宽松性的货币政策的浪潮中，中国货币政策采取顺势而为是适宜的，但中国货币政策不宜把澳大利亚和新兴市场国家的货币政策作为跟随目标。2012 年 6 月美联储的货币政策定位以及 7—10 月欧洲中央银行的货币政策调整依然是我们关注的核心。

5）加强信贷对于实体经济的渗透性依然十分重要，依靠重点投资项目和重点投资领域的指导，采取定向放松措施具有一定的合理性，但对地方投融资平台的放松不宜太大。

6）面对 2 季度经济加速回落的趋势，货币政策的节奏可以适度调整，而不宜采取均衡操作的模式。在 14％的 M2 增速的约束下，信贷供给量可以在 2 季度适度提高。

7）鉴于中国外汇市场的供给相对疲软，人民币汇率水平根据外汇供求情况适度下降具有可行性。

（8）面对经济下滑和财政收入下滑的局面，积极的财政定位可以做出调整。

1）其中最为重要的就是赤字率可以适度提高到 2％左右，以加大中央财政支出的力度。

2）面对增值税扩容带来的结构性减税效果不佳，可以考虑推行整体性减税措施，同时在税收增速下滑的背景下，应当重点加强对于非税收入增长过快的监控。

3）重视地方政府收支恶化的问题，适度加强中央转移支付的力度。同时，部分事权需要向中央进行集中。

4）政府支出在配合"稳增长"的过程中，依然应当以公共服务支出、民生支出为重，投资性支出不宜太大。对于地方政府的投资饥渴症和投资膨胀，中央政府依然要加强约束。

（9）"稳投资"依然是"稳增长"的核心。但是应当注意以下几个方面：

1）"稳投资"的核心依然在于在建项目、城市生活基础设施、农业水利基础设施和公共服务等领域，要避免政府主导的产业投资过度膨胀。投资结构的关注是短期"稳增长"与中期调结构相契合的核心。

2）要强化信贷对于固定资产投资的渗透，在建项目资金的连续性依然十分重要。

3）要根据中国固定资产更新的朱格拉周期，有意识地、前瞻性地鼓励企业进行固定资产更新和升级。因为自 2002 年更新周期以来，2012 年是新一轮固定资产更新的开始。

4）出台设备升级的补贴政策，进一步促进东部产业在加速梯度转移过程中实现设备更新和升级，尽量避免简单搬迁。

5）在破除民间投资面对的"玻璃门"和"弹簧门"时必须要有整套的战略安排，而不是简单进行号召。启动民间投资一是必须打破传统的行政垄断的利益格局；二是必须破除现有垄断格局，创造一个良性的生存环境。民间资本的启动不宜过急。

（10）对于房地产的调控也应当进行调整：

1）微调的力度可以适度提高，但"限购"与"限贷"不宜全面退出，房地产紧缩的政策方向不能改变。

2）为了保证未来房地产市场的健康运行，商品房供给的持续放量是基础。因此，在房地产调控主体政策不变的基础上，可以适度放松重点房地产企业的资金控制，向其进行开发投资的定向宽松。例如放松开发投资贷款额度，放松企业债券发放的审批额度，同时强化这些资金的专项使用。

3）为落实保障性住房的分配，政府可以适度展开对保障性住房者家具购买、装修等消费的扶持和补贴。

4）对于闲置土地的开发和动工的监控依然十分重要。

5）及时释放制度调整的信号，例如房产税、小产权房改革等方面的改革方案。

（11）在世界经济复苏步伐常态化、2012年"稳增长"刺激政策的效应显现以及政府换届效应等因素的作用下，中国经济将有一定的反弹，但这种经济增速的反弹也不会太猛。深层次结构问题和资源错配的问题依然是制约中国经济增长的核心因素。

五、本报告的结构安排与主要研究内容

在多重因素叠加的作用下，2012年上半年中国经济在持续回落中呈现出加速性和逐步内生性等特点，迫使政府进行宏观经济政策再定位，"稳增长"成为宏观调控的首要目标，各类刺激政策开始重返。在现有政策框架和利益激励格局中，"稳增长"将演化为"扩投资"，"微调性"的政策调整将演化为"扩张性"的放松，地方政府将大幅度放大"扩投资"的刺激效应，从而带动投资和消费出现较为强劲的反弹，但由于外部环境持续疲软、房地产市场持续低迷以及深层次结构问题更为严峻等原因，这种反弹不会强劲并且面临严重的不确定。在分析和预测的基础上，本报告认为，目前"稳增长"的一揽子政策具有必要性，但在刺激的力度、刺激的领域以及工具的选择等方面需要进行重点把控。

本报告由总论和13章正文组成。各章的主要研究内容如下：

第一章，中国经济增速放缓的原因、挑战与对策。本章首先使用增长核算分析框架考察中国经济增长的当前特征和未来走势。增长核算是分析经济增长源泉和未来经济走势的一种主要方法，其突出优势是可以通过对资本、劳动力、人力资本和TFP等经济增长动力指标的明确计算和分析来深入考察经济增长问题。在对未来经济走势进行预测之后，本章进一步从出口、投资、生产成本、TFP和政府作用五个方面解释经济增速放缓的原因，然后从社会稳定和国家发展的视角考察经济增速放缓带来的挑战，最后提出应对策略：（1）推进行政体制改革以促进经济增长方式转变，将经济增速维持于合意的较快水平。具体包括：第一，进行政府自身改革；第二，进行要素市场改革；第三，深化垄断行业改革；第四，加快推进大型国有企业改革。（2）积极推进社会改革以增强社会的稳定性，降低社会对经济高速增长的依赖。具体包括：第一，建立体现社会公平的分配方式，着力缩小贫富差距；第二，扩大就业和促进再就业；第三，完善社会基本公共服务体系；第四，提高社会管理水平，维护社会和谐稳定。

第二章，开放条件下中国国民收入增长的结构特征及效率。本章在开放条件下通过参数和非参数方法对中国1981—2010年国民收入增长状况及其特征进行了核算。结果显示尽管中国国民收入和经济增长取得了举世瞩目的成就，但近年来全要素生产率持续下滑，国民收入增长主要依靠资本投入，持续增长的基础并不牢固。贸易条件的恶化也在一定程度上蚕食了产出对收入增长的贡献。另外，本章还对要素、产出以及两者价格之间的弹性关系进行了核算，获得了关于中国经济结构的多方面动态特征。这些特征对于中国经济结构调整和政策选择具有一定的参考价值。

第三章，制约我国内需增长的结构性因素及其政策选择。2000年以来，分析我国GDP构成的动态演变过程，可以发现在拉动经济增长的"三驾马车"中，投资和净出口所占比重持续上升，消费所占比重则不断下降。为了保持我国经济的可持续增长，迫切需要推动以内需为主拉动经济增长。本章分别从居民收入状况、居民转移支付、居民金融资产的影响和对外商品与资源互通的角度对消费需求的总量和结构存在的不同影响进行实证检验，并得出以下结论：推进以收入分配制度改革为核心的体制改革对于内需的可持续增长至关重要。

第四章，房地产业投资对地方财政收入的影响。本章在识别房地产业对财政收入的四种影响机制的基础上，基于 287 个地级市 1995—2010 年的面板数据，评估了房地产业投资对地方财政收入的影响。研究表明，房地产业发展对地方财政收入有显著正向影响。在其他条件保持不变的情况下，人均实际房地产开发投资完成额增加 1 元，人均实际地方财政预算内收入增加 0.2～0.28 元。同时，这种影响存在 1～3 年的滞后性。本章研究还发现房地产投资存在溢出效应。一个地方的人均实际房地产投资额对邻近地区的财政收入有一定影响，即本地区人均实际房地产投资额增加 1 元，邻近地区的人均实际地方财政收入会增加 0.11 元。这些发现有助于我们理解地方政府在房价治理方面的行为。

第五章，中国商业银行高利润之谜。近年来中国商业银行高利润引人注目。本章选择 14 家全国性股份制商业银行的数据，从理论和实证两个层面探讨了中国商业银行高盈利的原因。研究显示，经济持续良好的增长使人们的收入不断增加，财富管理的意识增强；股份制改革使银行的效率提高；而政府对存款利率和民间金融等的严格控制，使商业银行处于相对垄断和利差保护的地位。这些是商业银行利润持续走高的主要原因。虽然 2003 年开始的银行业改革使银行的市场化程度大幅提升，但是中国的商业银行还不是自主经营的真正企业。利率市场化和放松中小金融机构准入门槛等改革能够促使商业银行成为真正的市场主体，更好地为实体经济服务。

第六章，商业信用、银行信用与货币政策。近年来，我国中小企业融资难问题日益严重，民间借贷利率不断攀升，很多企业不堪"高利贷"的重压，资金链断裂。本章认为，这主要是由于我国货币政策采用数量化调控手段导致的结果。研究发现，准备金率对于应付账款融资没有影响，而利率对其有显著影响。在这种情况下，如果要稳定金融体系，发挥金融对于实体经济的支持作用，应该放弃数量型调整策略，不要频繁采用准备金政策，而是应该发挥利率的调节作用。这就要求我国进一步推进利率市场化，而放开贷款利率具有较强的市场基础。此外，利率市场化还应进一步加强中央银行利率调控机制建设以及完善利率期限结构。

　　第七章，东亚发展视角下的中国发展模式。一些分析家认为，中国的崛起对"华盛顿共识"产生了明显的挑战，中国的发展经验被认为给发展中国家提供了一种可资借鉴的模式，这种模式不仅包括有效的、以发展为中心的集权政治，大力投资基础设施建设和工业，还包括大量出口制造业商品、政府干预和产业政策。本章对国家干预主义的发展模式的前景并不非常乐观，正如 20 世纪 80 年代和 90 年代围绕东亚发展型国家的争论所显示的，发展轨迹和政策选择通常由一个国家的制度环境所内生。同时，国家干预主义的发展模式的代价也相当之高，而且具有一定的脆弱性。因此，我们既不要低估中国发展模式的价值和意义，也不要急于得出简单化的结论。政府在经济发展中的适当角色问题一直是 19 世纪和 20 世纪经济学争论的核心，而且结论往往在放任自由的资本主义和社会主义计划经济之间来回摇摆。本章对中国地方政府发展主义的分析表明，过度强调国家干预主义可能同样是有害的。

　　第八章，基于贸易条件视角的中国收入增长效率研究：兼论中国全要素生产率的变化趋势。本章通过经济指数理论方法研究了 20 世纪 90 年代以来中国国民收入增长的情况。研究发现，2001 年之后由于贸易条件的持续恶化导致每年国民收入增长率低于实际 GDP 增长率约 1 个百分点，中国经济在一定程度上存在"增长不增收"现象。就实际国民收入的源泉而言，资本增长和技术进步是推动国民收入增长的最主要动力。2006 年之后的经济周期中，除 2009 年之外，技术进步对国民收入增长的贡献呈现下降趋势，中国国民收入和经济增长不得不主要依赖资本增长。

　　第九章，国际贸易对中国第二产业就业占比的影响分析。通过构建包含国际贸易的三部门模型，本章分析了国际贸易对于中国第二产业就业占总就业比例变动的影响情况。模型的显示解表明，国际贸易对于第二产业就业占比存在两方面的影响：贸易顺差比例的提高将会提高第二产业就业占比；而在控制贸易顺差的情况下，出口率的提高则会降低第二产业就业占比。基准模型的模拟结果显示，本章构建的简单模型能够较好地拟合中国第二产业就业占比的变动趋势。在 2012—2016 年，主要受第二产业贸易顺差率下降的影响，国际贸易对于中国第二产业就业占比的正向促进作用将显著下降。本章的研究结论表明，在分析中国产业结构变动原因时，需重视不平衡的国际贸易所造成的影响，采用封闭经济模型或者平衡贸易模型都可能难以完全有效分析第二产业就业占比变动的原因。

第十章，反倾销在多大程度上抑制了中国出口贸易？通过在国际贸易引力模型中加入贸易壁垒因素，本章定量考察国外对华反倾销对中国出口贸易带来的影响。使用 1992—2010 年中国同 24 个贸易伙伴的面板数据进行分析，本章发现贸易伙伴对中国商品实施的反倾销措施显著抑制了中国商品的出口。随后本章使用反事实模拟方法度量反倾销措施对中国商品出口的抑制幅度发现：尽管贸易伙伴的反倾销措施并未对中国出口发展造成根本性不利影响，但仍然在一定程度上阻碍了中国对外贸易的健康发展，平均而言，反倾销使中国的出口额减少 1～2 个百分点，而美国等发达国家的反倾销措施对中国商品出口的抑制效应明显高于平均水平。

第十一章，国际经济环境影响下的中国经济区域化发展研究。近年来，国际经济环境变化较大，对中国经济发展的影响十分深远。由于我国面积广大，各地区存在的发展差异和所面对的国际经济次区域情况也有很大不同，对经济发展的影响程度也大不相同。本章首先分析了宏观经济运行与区域经济发展密不可分、复合影响的内在联系；其次以五大区域为研究对象，阐述了国家区域发展战略和各区域发展特征，分析了中国周边次区域的发展情况以及与我国的关系；接着分别研究了东部、东北、西北和西南四个重点开放区域经济发展和对外经贸合作的现状；最后综合评价了国际区域经济合作对我国区域经济发展的影响，预测未来的发展趋势，并提出政策建议。

第十二章，开放经济下国外需求冲击和石油价格冲击分析。本章分析了在中国宏观经济波动逐渐下降、对能源的依赖程度加大，以及贸易占产出份额上升的前提下石油价格冲击对中国宏观经济的影响。通过构建开放经济下的一般均衡模型并对石油价格冲击进行研究，充分理解石油价格冲击同中国宏观经济之间可能出现的非线性关系，并刻画出石油冲击下宏观经济的波动路径。最后，把理论研究和实证研究的结果相结合，进行量化分析并预测石油价格冲击对我国宏观经济的影响，从而为我国的宏观经济政策制定提供决策支持。

第十三章，经济转型与资本外逃的实证研究。资本外逃是发展中国家经常遇到的普遍性问题，而在经济转型阶段，这一问题就更为突出，它对一国经济所产生的负面影响十分严重。我国当前的经济发展也遇到了一定的"瓶颈"，经济结构转型势在必行。随着未来经济结构调整的推进，很多以往有利的宏观经济背景将发生转变，此时资本外逃对我国经济的影响可能加剧。因此，本章探讨了资本外逃的各种成因，同时结合我国经济结构转型的实践，分析当前的结构转型将对资本外逃产生何种影响，以及此时的资本外逃将会如何反作用于中国经济。在实证分析的基础上，本章提出了预防资本外逃的对策措施，避免可能的资本外逃升级对我国的经济结构转型产生的负面影响。

2013

第一章 中国经济增速放缓的原因、挑战与对策

一、引 言

改革开放以来，中国经济发展取得了举世瞩目的伟大成就。1978—2011年平均经济增速高达 9.98%。中国 GDP 总量世界排名由 1978 年的第 10 位跃居至 2011 年的第 2 位，占世界 GDP 比重由 1980 年的 1.9% 稳步升至 2011 年的约 10%。①

而在当前，中国经济增长态势发生了显著变化，经济增速出现明显下滑。2008—2011 年的平均经济增速比 2000—2007 年降低了 0.9 个百分点，也比改革开放以来（1978—2011 年）的长期均值低 0.38 个百分点。2012 年 2 季度的经济增速进一步延续了下滑趋势，同比经济增速为 7.6%，创下自 2009 年 2 季度以来的新低，低于 2000 年以来的季度经济增速均值达 2.3 个百分点。2012 年前 3 季度，经济增速进一步延续了下滑趋势，并在多重因素的持续作用下出现了超预期回落，经济步入"次萧条"状态（中国人民大

---

① 数据来自国际货币基金组织世界经济展望数据库（2012 年 4 月）和世界银行数据库。

学经济研究所，2012）。学界普遍认为当前的经济增速放缓具有长期化趋势，中国正处于由高速增长阶段过渡至中速增长阶段的新时期（the World Bank，2012）。那么，未来经济增速放缓的程度如何？原因是什么？将带来怎样的挑战？应该如何应对？回答这些问题对于使中国顺利进入平稳、较快、可持续发展的新轨道具有重要意义。

本章首先使用增长核算分析框架考察中国经济增长的当前特征和未来走势。增长核算是分析经济增长源泉和未来经济走势的一种主要方法，其突出优势是可以通过对资本、劳动力、人力资本和 TFP 等经济增长动力指标的明确计算和分析来深入考察经济增长问题。在对未来经济走势进行预测之后，本章进一步从出口、投资、生产成本、TFP 和政府作用五个方面解释经济增速放缓的原因，然后从社会稳定和国家发展的视角考察经济增速放缓带来的挑战，最后提出应对策略。

二、经济增速放缓：当前特征与未来趋势

1. 经济增速放缓的当前特征

本小节使用增长核算方法考察中国经济增速放缓的当前特征。计算方法同陈彦斌等（2010），即采用标准的附加人力资本的增长核算模型将经济增长的源泉分解为资本、劳动力、人力资本和 TFP 四个方面。[①] 计算结果（见表 1—1）表明，当前经济增长放缓是由劳动力和 TFP 这两种增长要素的大幅衰减所导致的。2008—2010 年劳动力和 TFP 平均增速分别是 0.36％和－0.73％，较 2000—2007 年分别下降了 0.31 个和 3.54 个百分点，也比 1979 年以来的长期均值低 1.5 个和 3.1 个百分点。

此外，如果排除政府所采取的超常刺激政策的影响，当前经济体自发的经济增速会进一步降低。增长核算结果显示，当前经济增长主要是由资本的超常增长而驱动的，2008—2010 年资本增速达到远高于其他历史时期的 19.38％，对经济增长的贡献率高达 97％。而资本的超常增长主要源自政府

---

① 具体生产函数为 $Y_t = A_t K_t^{\alpha} (E_t L_t)^{\beta}$，其中 Y 是总产出（GDP），K 是总资本存量，E 是人力资本（教育）存量，L 是劳动力存量，A 度量除了资本、人力资本、劳动力之外所有对总产出有影响的因素，α 和 β 分别度量资本和附加人力资本的劳动的产出弹性。

为应对国际金融危机而在 2008 年底推出的 4 万亿投资计划以及其他一系列扩大内需的刺激措施：2009 年的实际固定资产投资增速达到远高于以往正常水平的历史最高峰 33.2%，相比之下 1981—2010 年的平均增速仅为 15.7%；2010 年虽然有所回落，但仍然处于 19.2% 的历史高位。可以推断，当前经济体自发的投资增速必然会大幅低于实际观测值，这意味着当前自发的经济增速也会明显低于实际观测值。

表 1—1　　　　　　　　　　　　增长核算（%）

指标	变量	总时间段	子时间段			
		1979—2010	1979—1989	1990—1999	2000—2007	2008—2010
年均增速	GDP	9.95	9.54	10	10.51	9.76
年均增速（贡献率）	资本	11.68 (59.3)	8.29 (45.3)	11.06 (58)	14.22 (65.9)	19.38 (97)
	劳动力	1.82 (10.9)	3.52 (21.2)	1.31 (8.3)	0.67 (3.5)	0.36 (1.8)
	人力资本	1.76 (11.4)	3.29 (22.1)	0.83 (5.8)	0.83 (4.6)	1.69 (8.8)
	TFP	2.4 (18.1)	1.95 (10.7)	3.5 (27.8)	2.81 (25.9)	−0.73 (−7.6)

2. 经济增速放缓的未来趋势

本小节将对中国"十二五"（2011—2015 年）和"十三五"（2016—2020 年）时期的潜在经济增长率进行预测。预测方法是：首先使用类似于珀金斯和罗斯基（Perkins and Rawski，2008）、李和洪（Lee and Hong，2010）以及威尔逊和斯图普尼特斯卡（Wilson and Stupnytska，2007）的增长核算预测框架将对经济增长的预测分解为对资本、劳动力、人力资本和 TFP 这四方面增长动力的预测，之后借鉴珀金斯和罗斯基（Perkins and Rawski，2008）、麦迪森（Maddison，2007）和张延群等（2009）的预测思想，分析决定资本、劳动力、人力资本和 TFP 历史运动轨迹的主要因素在未来将发生何种变化，从而预测其未来走势对于历史运动轨迹的偏离。

按照我们关于未来资本、劳动力、人力资本和 TFP 变化趋势的判断，将未来中国经济的基准情形设定如下[①][②]：（1）中国资本积累速度不断加快的趋势将会终止，资本增速将逐渐回落至长期均值水平：资本存量增速将在"十二五"时期由 2000—2010 年间的平均 15.62％下滑至 1990—1999 年间的 11.06％，并在"十三五"时期进一步下滑至 1979—1989 年间的 8.29％。（2）未来潜在就业人数的变化趋势与联合国（2010）所预测的劳动年龄人口变化趋势相同（相当于假设未来的趋势劳动参与率和自然失业率不变），即潜在就业人数增速由 2010 年的 0.82％逐步下降至 2020 年的－0.21％。（3）假设人力资本存量（趋势值）将延续 1990—2010 年间的变化趋势，"十二五"和"十三五"时期的年平均增速分别较其上个时期[③]下降 0.075 个百分点，分别达到 0.73％和 0.65％。（4）TFP（趋势值）增速在 2000—2010 年已经大幅降低至历史最低水平 2.2％，未来预计难以出现明显改观；再考虑到未来中国仍然属于赶超型的新兴市场经济国家，TFP 增速进一步显著下降的可能性较小。因此假设 2011—2020 年间的 TFP 增速将保持在 2.2％，这接近于李和洪（Lee and Hong，2010）和高路易（Kuijs，2009）对同时期 TFP 增速所作的预测（分别是 2.3％和 2.36％）。

　　此外，我们也设定了偏离基准情形的悲观情形和乐观情形，以考察未来经济增速的下界和上界。[④] 基于对各种情形的设定，使用与陈彦斌等

---

　　①　未来各变量的预测值是根据与过去时期的对比来确定的，威尔逊和斯图普尼特斯卡（Wilson and Stupnytska，2007）认为应该将这种预测理解为在一系列关于未来的合理假设之下考察经济体的表现。对于预测数值的理论和现实价值，我们认同珀金斯和罗斯基（Perkins and Rawski，2008）的看法，即：对于一个基于好的模型（如增长核算模型）所作出的预测，即使其得出的预测结果是完全错误的，也可以深化我们对决定未来经济走势的机制的理解，而且还可以为未来的研究者理解实际经济增速偏离预测值的原因以及进一步改进预测模型提供基准。

　　②　为了提高预测的准确性，我们在预测时主要关注中长期经济增长趋势，不考虑短期冲击的影响，因此将潜在增长率作为分析和预测的对象。预测中所使用的就业、人力资本和 TFP 指标也都是相应的 HP 滤波之后的趋势值。

　　③　"上个时期"的具体含义是：2000—2010 年的上个时期是 1990—1999 年，"十二五"的上个时期是 2000—2010 年，"十三五"的上个时期是指"十二五"，以下同。

　　④　悲观情形与基准情形的差别是：（1）资本存量增速在"十二五"和"十三五"时期分别较基准情形下降 1 个百分点。（2）每年的潜在就业人数增速较基准情形下降 0.05 个百分点。（3）TFP 增速将在"十二五"和"十三五"时期延续 1979—1999 年和 2000—2010 年这两个时间段之间的变化趋势，即年平均增速较上个时期下降 0.3 个百分点。乐观情形与基准情形的差别是：（1）资本存量增速在"十二五"和"十三五"时期分别较基准情形提高 1 个百分点。（2）人力资本增速和 TFP 增速都可以保持 1979—2010 年的平均增速。

（2010）相同的增长核算公式可以得到①，中国"十二五"和"十三五"时期的潜在平均经济增速将分别位于区间 7.41%～9.49% 和 5.39%～7.8%，基准情形下的潜在增速分别是 8.23% 和 6.5%（见表 1—2）。本章的预测结果在已有研究所显示的预测区间之内：与世界银行（2012）、高路易（Kuijs，2009）和张延群等（2009）所作的预测比较接近；较之威尔逊和斯图普尼特斯卡（Wilson and Stupnytska，2007），麦迪森（Maddison，2007），李和洪（Lee and Hong，2010），艾肯格林、帕克和信（Eichengreen，Park and Shin，2011）的预测更加乐观，而相对于福格尔（Fogel，2007）的预测结果则更加悲观（见表 1—3）。

表 1—2   **2011—2020 年潜在 GDP 增速预测（%）**

| | 1979—1989 | 1990—1999 | 2000—2010 | 预测 | | | | | |
| | | | | 2011—2015 | | | 2016—2020 | | |
				基准	悲观	乐观	基准	悲观	乐观
潜在 GDP	9.68	9.69	10.54	8.23	7.41	9.49	6.5	5.39	7.8
资本	8.29	11.06	15.62	11.06	10.06	12.06	8.29	7.29	9.29
潜在劳动力	3.45	1.41	0.61	0.52	0.47	0.52	−0.14	−0.19	−0.14
人力资本存量（趋势值）	2.74	0.96	0.8	0.73	0.73	1.52	0.65	0.65	1.52
TFP（趋势值）	2.47	3.09	2.2	2.2	1.9	2.57	2.2	1.6	2.57

表 1—3   **一些代表性研究对未来中国经济的预测**

研究者	预测期间	预测值（%）
世界银行（2012）	2011—2015	8.6
	2016—2020	7
艾肯格林、帕克和信（Eichengreen，Park and Shin，2011）	2011—2020	6.1～7
	2021—2030	5～6.2
李和洪（Lee and Hong，2010）	2011—2020	6.09（基准情形）或 7（改革情形）

---

① 计算公式是：$dY_t/Y_t = dA_t/A_t + \alpha dK_t/K_t + (1-\alpha)(dE_t/E_t + dL_t/L_t)$，其中 Y 是总产出（GDP），K 是资本存量，E 是人力资本存量，L 是劳动力数量，A 是 TFP，α 是资本的产出弹性（本章的估计值是 0.487 4）。

续前表

研究者	预测期间	预测值（%）
张延群等（2009）	2011—2015	8.3
	2016—2020	6.7
高路易（Kuijs，2009）	2010—2015	8.4
	2016—2020	7
珀金斯和罗斯基（Perkins and Rawski，2008）	2006—2015	6～8
	2016—2025	5～7
麦迪森（Maddison，2007）	2003—2030	4.98
福格尔（Fogel，2007）	2000—2040	8.4
威尔逊和斯图普尼特斯卡（Wilson and Stupnytska，2007）	2006—2015	7.7
	2015—2020	5.4

根据预测结果可以发现，中国当前的经济增速放缓具有长期化趋势，未来经济增速将出现大幅下滑：在没有出现重大经济波动的基准情形下，中国"十二五"和"十三五"时期的潜在经济增速较2000—2010年分别下滑2.3个和4个百分点。即使是在较为乐观的情形下，"十二五"和"十三五"期间的潜在经济增速也将分别下滑1.1个和2.7个百分点；而如果在较为悲观的情形下，则下滑幅度将分别高达3.1个和5.2个百分点。

三、经济增速放缓的原因

本节从三重视角分析我国经济增速放缓的原因。首先，从需求视角分析长期以来拉动中国经济增长最重要的出口需求和投资需求；其次，从生产成本（包括劳动力成本、资金成本和资源环境成本）和TFP等供给面因素进行分析；最后，从政府的视角分析未来政府对经济增长的推动作用将可能发生怎样的变化。

1. 出口增速由于全球技术进步速度减缓、发达国家深陷债务困境以及中国突出的大国经济特征而大幅下滑

当前中国出口形势出现严重恶化：出口增速由2000—2007年的24.8%降至2008—2011年的8.7%，大幅下降了16.1个百分点；净出口对经济增

长的平均贡献率也相应由 10.5％下降至－7.2％，大幅下降了 17.7 个百分点。预计未来出口疲软的状态仍将持续。造成出口增速下滑的原因有以下三方面：

第一，全球技术进步速度减缓从根本上降低全球潜在经济增速，抑制中国外部需求的扩大。20 世纪后半段，第三次科技革命推动经济实现了持续较快增长，使得世界经济总体上处于一轮长波经济增长的繁荣期；经济繁荣促使世界市场上消费旺盛，为中国提供了有利的外需环境。而在当前，第三次科技革命技术创新浪潮已经逐渐结束，新的技术创新浪潮尚未出现①，致使在未来较长时期内世界技术创新难以出现飞跃式、突破性进展，世界经济将步入潜在经济增长率下降的漫长过程。

第二，发达国家深陷债务困境，对中国商品和劳务的需求增速将趋于降低。欧盟和美国长期是中国最主要的两大贸易伙伴；而在当前以及未来较长时期内，严峻的债务问题将使得欧美发达国家对中国商品和劳务的需求不会再保持以往的快速增长，中国难以再依赖发达国家的高消费来实现出口的高增长。

一是发达国家居民部门的还债压力使得居民消费增速大幅下滑，减少了对中国商品和劳务的需求。② 金融危机使发达国家居民的资产负债表严重恶化，因此居民部门在当前和未来较长一段时期内会处于重建储蓄和积累财产以偿还债务的阶段（例如，美国的居民储蓄率已经从 2000—2007 年的平均 2.8％上升到 2011 年的 4.7％和 2012 年 1 季度的 3.9％③），致使以往的负债型消费模式无法持续，消费陷入疲软。

二是发达国家政府部门的债务困境将对中国出口增长造成严重的不利影响。当前欧洲是政府债务困境的重灾区，美国和日本等其他发达国家的债务问题也十分严峻。发达国家的债务困境难以在短期内得到有效解决（中国人民大学经济研究所，2011 等）；据 IMF 估计，发达国家政府总债务占 GDP

---

① 一般来说，在技术革命刚刚出现时，技术创新的"蜂聚"现象十分明显，但是目前还没有观察到这一现象：OECD 专利技术申请数量增长率从 1998 年就基本处于下滑趋势，而且从 2007 年开始连续出现负增长；各技术领域美国专利商标局（USPTO）专利申请的增长率在新世纪以后大幅度下降（中国人民大学经济研究所，2011）。

② 此外，发达国家政府为解决消费不振所导致的国内经济增长乏力和失业等问题，也必然更多地采取鼓励出口和抑制进口的措施调整其外部不平衡。

③ 数据是根据月度数据计算的平均值。

的比重在 2011—2017 年都将处于历史高位。① 发达国家的政府债务困境将加剧发达国家甚至全球经济衰退的风险，抑制中国出口增长：政府债务困境将迫使发达国家实施更加严格的财政紧缩政策，直接降低总需求规模；同时高政府债务还限制了政府采用财政政策应对短期经济波动的能力；发达国家政府债务困境将提高金融市场的整体风险，并通过金融加速器效应增大实体经济发展的风险。

第三，当前中国突出的大国经济特征决定了出口规模难以继续高速扩张。经过长期高速发展之后，中国在当前已经具有突出的大国经济特征。根据郭和恩迪亚耶（Guo and N' Diaye，2009）的计算，当前中国出口占世界市场的份额在 10% 左右，即使中国未来的实际出口增速保持于中等水平（平均约 15%），那么在 2020 年中国的出口占世界市场的份额也将高达约 15%；而对于日本、韩国等经历过高速出口导向型经济增长的亚洲新型工业化国家，其在各自的历史发展轨迹中占世界市场份额的峰值也仅为 10% 左右。可见，当前中国已经形成庞大的出口规模，未来出口规模的进一步快速增长将可能接近世界市场吸收能力的上限，是国外需求难以消化的，而且国际贸易市场中竞争的显著加剧和贸易摩擦的大幅增多等诸多限制因素也将会随之出现。因此，中国出口导向型战略难以持续，出口规模难以继续高速扩张。

2. 投资增速将由于工业化进一步推进的空间明显收窄、投资效率出现恶化趋势和"出口—投资"联动机制的消失而显著放缓

改革开放以来，高投资增速促使中国资本得以快速积累，为经济增长提供了重要的动力源泉。1979—2009 年间中国实际投资年均增速高达12.24%，是发达国家平均水平的 4 倍多。而在未来，中国投资增速将出现显著放缓，主要原因是：

第一，当前中国工业化进一步提高的空间明显收窄，继续通过提高工业化程度来推动投资的模式难以为继。从世界各国的工业化程度对比来看，中国在 2007 年的工业化率已经显著高于除马来西亚以外的其他国家自 1970 年以来的峰值，进一步提高工业化率的空间有限。另外，从工业化时间来看，20 世纪完成工业化的主要经济体，其工业化进程平均耗时 15～20 年（中国人民大学经济研究所，2009）。相比之下，中国的工业化进程从 1978 年起至

---

① 数据来自国际货币基金组织世界经济展望数据库（2012 年 4 月）。

今已超过 30 年，即便是重化工业化从 1991 年起至今也走过了 20 年，因此，当前中国的工业化进程很可能已经走到后期，进一步提升的潜力不大。

第二，当前中国投资效率出现恶化趋势，低效率投资所带来的低回报将阻碍投资的增加。以投资和增量产出之比计算得到的增量资本产出率（又称边际资本产出比例）是反映投资效率的一个有效指标，该指标反映了一单位的 GDP 增量需要多少单位的投资来拉动。增量资本产出率越高，意味着投资效率越低。该比率的国际平均水平是 2，而中国的增量资本产出率始终高于国际平均水平，并从 1992 年的 2.4 稳步提高到 2007 年的 4.2。当前该比率由于超常高水平的投资增速而猛增到 2008 年的 6.26、2009 年创纪录的 7.8 和 2010 年 7.3。由此可见，中国当前投资效率出现了恶化趋势，投资的低回报导致了低投资收益，必然会阻碍投资的增加。

第三，"出口—投资"联动机制的消失使得投资收益降低，从而抑制投资需求。改革开放以来，中国外部需求的快速增长有效弥补了高储蓄所带来的国内消费不足问题，缓解了国内消费不足对投资增长的制约，形成了由外部需求消化生产能力的"出口—投资"联动机制。而在未来，外部需求的大幅萎缩将使中国很难延续这一发展模式。

3. 以往的低成本优势将随着人口老龄化加速、储蓄率的高位回落和资源环境承载能力的严重降低而不复存在

第一，劳动力成本由于人口老龄化加速而显著提高。有利的生产型人口结构使中国在改革开放之后劳动年龄人口数量大量增加，压低了劳动力成本。而在当前，快速的人口老龄化推动人口结构步入拐点时期，劳动力供给增速的迅速减小带动劳动力成本进入了长期上升通道：根据联合国（2010）的数据，中国老年人口增长率在当前快速提高，并将于 2018 年达到自 1950 年以来的最大值 5.44%。这导致劳动年龄人口（15～64 岁）增长率将会由 2010 年的 0.9% 下降到 2016 年的 0.06%，其后增长率将由正转负。

第二，利率将由于储蓄率的高位回落而趋于升高。改革开放以来，高储蓄为中国经济发展提供了充裕的资金来源，压低了金融市场的整体利率，降低了企业的投资成本。从国际对比可见，过去 30 年中国实际贷款利率相对于世界主要经济体长期保持于低水平：1980—2010 年中国平均实际贷款利率低于世界主要发达国家 1～6 个百分点。

而在未来，储蓄率将由高位回落，进而带动实际利率上升。具体而言，未来国民储蓄中的家庭、企业和政府储蓄三个部分都将趋于降低。引起居民

储蓄率下降的因素主要有：人口红利逐渐消退；房屋价格上涨幅度将逐步趋缓，为买房而储蓄的压力可能会削弱；社会安全网的建设和金融深化将降低居民的预防性储蓄；新一代人的消费观念和信用卡等新消费模式的普及。政府储蓄将存在较大的下降压力：中国当前的税负水平已经处于高位，财政收入难以继续保持过去的高速增长，而政府的消费性支出却可能由于老龄化进程加速和其他民生支出的扩大保持高速增长。同时，未来劳动报酬、企业支付的财产收入净额等企业成本的提高将降低企业储蓄。

第三，资源环境成本由于资源和环境承载能力的严重降低而显著提高。中国长期粗放型的经济增长方式伴随着资源的高消耗和污染物的高排放，致使当前和未来面临资源品紧缺和环境恶化问题。[①] 资源品供给能力的严重削弱会推高资源品价格，增加企业的生产成本。生态环境的恶化和人民对生活环境越来越高的要求也会显著增加企业的生产成本：一是通过在生产过程中强调减少污染，这就需要应用施加额外环保要求的生产技术；二是通过加大对已经造成的污染的治理，这就需要政府加强对企业污染排放的税费征收力度。

4. TFP 增速由于制度红利的衰减和技术进步放缓而显著下降

第一，当前制度红利由于进一步推进市场化改革的难度和风险大幅提升而步入较长期的衰减阶段。市场化改革通过改变资源配置方式和激发微观主体的积极性而释放出巨大的制度红利，这是决定当代中国经济走向的关键因素。然而，当前制度红利出现了明显衰减，中国市场化指数在 1981—1999 年的平均增速是 13.7％，进入 21 世纪以后年增幅则普遍降至 5％以下，且基本保持递减状态，预计未来也难以改观。[②]

究其原因，中国的市场化改革基本遵循"由易到难、由经到政"的路径，前期相对简单、低成本的改革已经走完浅水区，但如何走完深水区仍是未知数。一是政府在改革中的尴尬角色是未来改革的一大阻力。与前期的改革相同，未来进一步的改革仍将是由权威政府主导的自上而下的改革，而改

———————————

① 根据国土资源部（2009）的数据，如不加强勘查和转变经济发展方式，预计在 2020 年，我国 45 种主要矿产中的 19 种将出现不同程度的短缺。同时，当前我国生态环境也已经迅速恶化：例如，2010 年的较清洁洁海域面积比 2003 年减少了 47.3％，人均二氧化碳排放量国际排名由 1990 年的 88 位上升至 2008 年的 77 位（数据来自联合国千年发展目标指标数据库）。

② 参见陈彦斌、姚一旻：《中国经济增长的源泉：1978—2007》，载《经济理论与经济管理》，2010（5）。

革的方向则正是政府逐步退出经济领域。自利性的政府人员必然希望继续利用自己的权力分享市场发展过程中的经济利益，不愿意退出市场。可见市场化改革的进一步推进面临来自改革主导者自身的威胁（张孝德，2011）。二是当前中国在转型过程中形成了许多具有过渡性特征的体制和与之相适应的既得利益集团，既得利益集团希望将过渡性体制长期化而反对进一步推进改革，因此进一步改革需要打破现有的利益格局，触及大量深层次的利益关系，必然面临更高的难度和风险。

第二，当前技术进步出现放缓，未来也难以出现突破性进展。改革开放初期，关于科技发展和人才培养的政策导向和社会环境发生了重大的有利转变，中国的技术水平从一个低起点开始起步，迅速追赶世界先进水平。而在当前，技术进步趋缓，对经济增长的贡献率也由 1990—1999 年的 14.3％大幅下降至 2000—2007 年的 7.9％①，而且这一趋势预计在未来也将长期持续。

技术进步放缓的原因有三。一是前文所述的世界性技术进步在较长时期内处于低谷。二是中国当前和未来对外部知识和技术的吸收能力由于追赶潜力的减弱而明显减小。中国经济长期以来处于技术发展的追赶阶段，对外部知识和技术的吸收是获取技术进步的主要方式，而吸收能力基本上和追赶潜力（与世界先进国家的收入差距和技术水平的差距）成正比。中国当前与世界先进国家的技术差距和经济差距较之以往已经大幅缩小，这就意味着对外部知识和技术的吸收变得更加困难（冯玉明，2007）。三是当前中国自主创新能力不足，未来可能也难以获得显著提高。当前中国已经步入技术追赶阶段的后期，并在未来将进一步向世界技术前沿靠近，因此自主创新在技术进步中的重要性大大提高（冯玉明，2007；郭熙保等，2007）。然而当前中国自主创新能力严重不足，很多关键核心技术和高端技术设备的对外技术依存度过高，如电子信息领域的对外技术依存度超过 80％。② 自主创新的核心动力来自私营企业而非政府规划和干预，因此当前和未来中国的技术进步更加依赖于良好的市场环境和私营企业实力的壮大（the World Bank，2012）。而在未来较长时期内，政府很可能仍然对经济运行具有较强的影响力，不利于自主创新能力的提高。

---

① 参见陈彦斌、姚一旻：《中国经济增长的源泉：1978—2007》，载《经济理论与经济管理》，2010（5）。

② 参见 http://news. xinhuanet. com/fortune/2011−09/20/c_122059853. htm。

5. 政府对经济增长的推动作用将可能有所减弱

改革开放以来，政府在实现经济高速增长强烈意愿的驱动下，运用其强大能力通过推动投资扩张来刺激经济增长。政府推动经济高速增长的强烈意愿来自经济增长是提高居民生活水平和国家实力的根本，是执政党的执政基础和合法性的有力保障。在推动经济增长强烈意愿的驱动下，权威政府运用其强大能力推动投资扩张：一是政府通过运用对资金、土地、矿产、能源等重要经济资源的支配权降低了企业的各种投资成本；二是政府经常同时采用扩张性的货币政策和财政政策方便地刺激投资增长。

而在未来，政府对经济增长的推动作用将可能有所减弱。未来严峻的民生问题无法再单纯依靠经济增长来解决，政府工作的重心将因此由推动经济增长向社会建设等民生领域转移。同时，市场化改革将是未来中国发展的大趋势，政府对于金融市场、资源品市场和其他经济活动的干预能力将可能在一系列市场化改革过程中有所减弱。

四、经济增速放缓所带来的挑战

中国经济增速放缓确实有助于缓解高增长所带来的资源环境压力，但是我们也要正视经济增速放缓所带来的巨大挑战。

1. 我国经济与社会已经长期适应高速经济增长并形成"高增长依赖症"，即经济增长成为缓解各类社会矛盾和维护社会稳定的主要方式，因此经济增速明显的趋势性放缓将严重削弱社会的稳定性，这就是"不断做大的蛋糕不能继续做大的后果"

第一，经济增长的就业弹性仍将处于低水平，为了解决中国严峻的就业问题，需要保持较高的经济增速。中国经济增长的就业弹性长期以来总体表现出不断下降的趋势：1979—1990 年，中国经济增长的就业弹性是 0.34；1991—2000 年和 2001—2010 年则分别下降至 0.1 和 0.05。经济增长模式、产业结构、劳动力结构和劳动力市场效率等因素是决定就业弹性走势的主要原因（陆铭等，2011），而这些因素在中短期内都难以发生根本性改变，因此未来就业弹性也将基本保持于低水平。

在低就业弹性背景下，当前和未来严峻的就业形势要求较高的经济增速。尽管劳动人口增速在当前和未来明显下降，但就业问题仍然十分严峻。

这是由于新增大学毕业生人数仍将保持于高位，"大学生就业难"问题仍然突出。2003 年全国普通高校毕业生总数为 212 万，随后屡创新高，2011 年这一数字已经增至 660 万，未来也难以出现大幅下降。此外，产业结构的大幅调整将淘汰掉一大批使用落后生产技术的企业，带来大量的结构性失业人员，这些失业的员工对新技术缺乏了解，即使是在全国范围的"技工荒"逐步扩大的总体态势下也难以实现顺利就业。

第二，在社会建设无法取得突破性进展的情况下，通过高速经济增长改善居民（尤其是中低收入群体）的生活水平仍然是维系社会稳定的最主要途径。当前中国社会建设严重滞后于经济建设，没有充分地发挥扶助社会弱势群体、促进社会公平、提供基本公共服务、协调利益关系、遏制社会失序等功能。社会建设不足严重降低了居民（尤其是中低收入群体）的福利水平和对社会的满意度，大幅提高了社会动荡风险。如果社会建设无法取得突破性进展，那么只能主要通过快速提高居民部门（尤其是中低收入群体）的收入水平以缓解其对于解决社会建设领域深层次矛盾的迫切程度。可见高居民收入增速对于中国是非常必要的，而这就要求经济总量保持高速增长。

居民部门在收入分配格局中的弱势地位难以改观，因此只有经济总量保持高速增长才能使居民部门总体可支配收入较快增长。中国收入分配格局近年来出现了明显恶化的趋势，居民可支配收入占国民总收入比重在 1992—2008 年间下降了 12 个百分点，而企业和政府收入占比则都有显著上升（杨天宇，2012）。这一现象植根于中国政府的财政压力、产业结构的资本密集化和国有企业的强势市场地位等深层次因素（白重恩等，2009），未来中短期内难以获得实质性改变；这就意味着未来居民部门在收入分配格局中的弱势地位不但难以改观，甚至还有可能进一步恶化。因此中国难以通过优化收入分配格局提高居民收入增速，而只有通过经济总量的高速增长才能使居民部门获得较快的收入增长。

此外，在当前和未来居民间收入差距依然较大的情况下，为了快速提高受社会建设不足影响尤其严重的中低收入群体的收入水平，也需要经济总量保持高速增长。中国已经从改革开放初期收入分配较为平等的国家变为当前收入分配严重不平等的国家。[①] 悬殊的收入差距主要来自社会建设滞后所导

---

① 根据中国人民大学中国宏观经济分析与预测课题组 2011 年的测算，我国基尼系数在 2010 年高达 0.52，远高于国际警戒线 0.4。

致的不公正、不合理的分配制度；在未来分配制度没有明显改善的情况下，就无法通过缩小收入差距提高低收入者的收入增速，而只能通过较高的经济增速把可供分配的总收入迅速做大。

第三，严峻的民生压力需要财政支出快速增长，进而要求经济总量保持快速增长以获取相应的财政收入。在当前和未来较长时期内，中国既需要解决以往由于社会建设不足而长期积累下来的住房、教育、医疗和环境保护等重大民生问题，也需要应对人口老龄化不断加快所带来的民生压力，因此财政支出将保持快速增长。这必然要求相应增加财政收入，在中国政府在收入分配格局中的占比已经处于历史高位的情况下，财政收入的增加无法依靠税率的提高，而只能主要依靠经济增长。

2. 宏观调控治理短期经济衰退的能力趋于减弱，经济增速的趋势性放缓将带来更大的社会风险

在发生负面冲击时，将出现实际产出低于潜在产出的短期经济衰退。在未来中国潜在经济增速已经处于较低水平的基础上，实际经济增速在负面冲击下的进一步下降可能导致短期经济增速过低的"阵痛"，进而可能引发难以控制的社会危机，这使得中国不可能完全依赖"看不见的手"来促使经济缓慢地调整至均衡状态，而必须通过宏观调控政策迅速刺激经济恢复。然而"增长放缓和通胀压力高企并存"可能是未来宏观经济的基本特征，未来宏观调控政策在应对经济衰退的同时也必须考虑通胀问题，这将削弱宏观调控政策治理短期经济衰退的能力，也就意味着经济增速的趋势性放缓将带来更大的社会风险。

第一，未来通胀的形成机制将可能发生显著变异，通胀率的长期均值将出现系统性提高，未来经济将可能长期呈现"增长放缓和通胀压力高企并存"的特征。中国未来将面临较大的成本推动和输入型通胀压力：劳动力成本、资源环境成本、农产品价格和国际大宗商品价格在未来可能都趋于上涨。过去有效抑制通胀发生的因素（货币深化和房地产市场高速发展）可能也将出现逆转。综合来看，未来经济将可能长期呈现"增长放缓和通胀压力高企并存"的特征。事实上，这一特征在 2011 年已经初步显现：2011 年中国 GDP 同比增长 9.2%，CPI 同比提高 5.4%，而 2009 年和 2010 年这两个指标则分别为 9.2%、－0.7%以及 10.4%、3.3%。

第二，通胀会给中国居民家庭带来严重的财产损失，尤其会对中低收入家庭和弱势群体造成更大的负面影响，大大增加社会不稳定因素。一是在当前中国的居民家庭财产积累水平与结构特征下，通胀会给中国居民家庭造成

严重的财产损失。当前中国家庭的财产积累水平较以往有了大幅提高，而财产结构依然以名义资产为主①，抗通胀能力仍然停留在低水平。因此，通胀将给中国居民部门造成财产的大量缩水，大幅降低社会福利。根据肖争艳等（2012）的计算，当前持续 10 年 5% 通胀下的居民财产缩水所导致的社会福利成本（对消费的补偿比例）平均为 1.8%，与持续 10 年经济增速下滑 1 个百分点所产生的社会福利成本之比高达 32.9%。二是未来中国通胀将可能由于二元经济结构的长期存在和农产品资本化倾向加剧等因素的作用而仍以食品价格大幅上涨为特征；中低收入家庭和农村居民的食品支出占比相对更高，因而所受到的负面影响更加严重。三是相对于中低收入家庭，富人的资产持有结构更为多元化且实际资产占比更高，因此通胀对中低收入家庭的财产侵蚀更严重，从而进一步拉大中国的贫富差距。②

第三，在"保增长"和"控通胀"两大政策目标需要兼顾的情况下，宏观调控政策治理短期经济衰退的能力将会被削弱。治理短期经济衰退的宏观调控政策应该是以见效快的总需求管理为主（这也是中国以前惯用的"保增长"措施），而这种调控方式在未来将面临两难困境：如果采用扩张总需求的政策，那么虽然对"保增长"有所裨益，但是会进一步加大居于高位的通胀压力；相反，如果采用收缩总需求的政策，那么虽然将对"控通胀"起到作用，但是可能会进一步降低经济增长率。因此宏观调控必须在"保增长"和"控通胀"两者之间艰难地寻找平衡，治理短期经济衰退的能力从而被严重削弱。

3. 经济增速放缓将导致更加严重的社会精英流失，引起物质资本和人力资本的双重流失

当前中国出现了严重的社会精英流失，以富裕人群和知识精英为主体的第三次移民热潮可能正在形成。③ 当前精英群体的流失源自中国与发达国家在教育水平、法制环境、医疗体系、环境质量、食品安全等方面的显著差距。④ 在这种情况下，中国经济的发展活力是留住和吸引精英群体的关键；

---

① ② 参见肖争艳、程冬、戴轶群：《通货膨胀冲击的财产再分配效应——基于中美两国的比较研究》，载《经济理论与经济管理》，2011 (6)。

③ 参见招商银行和贝恩公司联合发布的《2011 中国私人财富报告》、胡润研究院与中国银行私人银行联合发布的《2011 中国私人财富管理白皮书》和中国社科院 2010 年发布的《全球政治与安全》。

④ 根据招商银行和贝恩公司联合发布的《2011 中国私人财富报告》的数据，58% 的高净值人群愿意进行投资移民的原因是改善子女的受教育情况，43% 的人是希望保障财富安全，32% 的人是为养老做准备，16% 的人是为了便利海外投资和业务发展。

当前中国经济的活力仍然远强于发达国家，仅有 16％的高净值人士①是为了便利海外投资和业务发展而考虑移民，而且相当一部分已经移民的高净值人士仍然将其事业重心和相应资产留在国内以谋求发展。② 而在未来，中国经济增速将显著放缓，同时发达国家逐渐由金融危机的谷底进一步复苏，这将缩小中国与发达国家之间经济增速的差距，削弱中国经济对于精英群体的吸引力，加剧精英群体的流失。社会精英的流失意味着物质资本和人力资本的双重流失，将对国家的发展前途造成严重的不利影响。

五、应对策略

为了应对经济增速放缓压力所带来的挑战，政府应该着重做好两方面工作：一是确保一定的经济增长，防止出现"硬着陆"；二是增强社会稳定性，降低社会对高增长的依赖。

1. 推进行政体制改革以促进经济增长方式转变，将经济增速维持于合意的较快水平

以往的经济增长方式无法再持续，为了将经济增速维持于合意的较快水平，防止出现"硬着陆"，就必须加快转变经济增长方式，在传统增长动力逐渐衰减的过程中及时通过技术进步、制度变革和扩大国内居民消费等途径为经济增长提供新的动力。

行政体制改革正是转变经济增长方式的关键。行政体制改革的核心内容是政府角色与定位的转型，即由发展主义型政府转变为公共服务型政府，这将重新划定政府和市场的边界，避免政府对微观经济的过多干预，促进市场化改革进一步深入推进。行政体制改革对于推动经济增长方式转变的重要意义在于：行政体制改革将经济发展的主导权由政府转移到企业和居民，建立起更加公平高效的市场经济制度，可以从根本上激发经济发展的内在活力，有利于促进技术进步和其他经济运行效率的提高；可以避免由于政府的扭曲性政策而导致的低效率投资和产业结构失衡；可以减少权力寻租、促进机会

---

① 不同研究机构对高净值的具体数值范围的定义可能有所不同，但都是指个人净资产很高的富裕阶层。

② 参见《"移民潮"真相》，载《瞭望东方周刊》，2011（34）。

平等,有利于缓解贫富差距并刺激居民消费等。具体来说,应该从以下几方面推进行政体制改革:

第一,进行政府自身改革。继续深化行政审批制度改革:在进一步清理、减少和调整行政审批事项的同时,强化对审批权力运行的监督和制约,并改进和创新行政审批服务方式,提高审批的透明度和效率。完善对地方政府的考核制度:改变以 GDP 为核心的相对目标考核体系,提高地方政府考核体系中的市场经济法制建设、监督管理效率和公共服务水平所占权重。进行财政体制改革:要将财政支出主要应用于公共服务而不是经济建设,大幅提高维护市场秩序、教育与培训、医疗卫生、环境治理、公共文化建设等公共服务性支出所占比重。此外,按照财权与事权相匹配的要求进一步理顺各级政府间财政分配关系,为地方政府的基本公共服务提供相应的财力保证。

第二,进行要素市场改革。逐步推动能源和矿产等资源品价格改革,建立起市场化的资源品价格形成机制,使其能够合理反映市场供求关系、资源稀缺程度和环境污染成本。在保持金融体系稳定的前提下积极推动利率市场化改革,提高金融市场效率,减少金融市场扭曲。

第三,深化垄断行业改革。加快细化与落实鼓励民间投资的政策措施,降低金融、铁路、能源等长期垄断性领域的市场准入门槛,强化市场竞争。

第四,加快推进大型国有企业改革。目前国有企业主要集中于大企业层面,未来应着重针对目前大型国有企业日常经营中严重的非市场因素进行改革,建立现代企业制度,完善公司治理架构,使企业成为真正意义上的市场竞争主体。

2. 积极推进社会改革以增强社会的稳定性,降低社会对经济高速增长的依赖

社会建设明显滞后于经济建设是导致中国出现社会架构的稳定性持续降低、对经济增长的依赖性逐步增强的主要原因之一。为了缓解经济增速趋势性放缓所带来的社会风险,就必须加快推进社会改革,弥补社会建设领域的历史欠账,降低社会对经济增速的依赖度。具体来说,应该从调整分配方式、扩大就业、完善社会基本公共服务体系和提高社会管理水平四个方面推进社会改革。

第一,建立体现社会公平的分配方式,着力缩小贫富差距。缩小贫富差距不仅可以有效缓解社会矛盾,还有助于壮大社会中间阶层,强化社会的自主稳定功能。而且公平的分配方式本身就是构建公正合理社会秩序的关键内

容，能够增强人们对社会秩序的满意度和认同感，夯实社会稳定的基础。

应该在初次分配环节，健全工资的正常增长机制，重点提高普通劳动者报酬所占比重；加强对垄断行业工资水平的调控力度；增加收入分配的透明度，坚决取缔非法收入。在二次分配环节，通过税制改革减轻中低收入者的税收负担，加大对高收入者的税收调节。在三次分配环节，进一步引导、规范和促进慈善事业的发展。此外，还应通过引导房地产业规范健康发展和财产税改革等手段调节居民财产分布，逐步改变财产持有严重不平等的格局。

第二，扩大就业和促进再就业。就业是居民改善生活条件的基本途径，同时也是居民接触社会的主要渠道、实现自身价值的最重要手段。因此扩大就业是维持社会稳定的重要保障。

应该深化户籍管理体制改革，消除城乡二元的就业体制障碍；结合结构性失业人员的特点，提供个性就业指导；对高校毕业生进行就业指导，鼓励毕业生深入农村以及基层就业；鼓励自主创业，积极落实小额担保贷款及贴息等创业扶持政策；加快就业信息服务体系建设，整合公共就业服务机构，为劳动者提供方便快捷的就业信息。

第三，完善社会基本公共服务体系。社会基本公共服务是指政府在公共教育、社会保障、医疗卫生、住房、公共文化、基础设施等诸多方面向全民提供基本的生活服务和保障。完善社会基本公共服务体系对于提高中低收入者尤其是社会弱势群体的福利水平具有极其重要的作用，是社会健康平稳运行的重要支撑。

应该强化对地方政府的基本公共服务绩效考核和行政问责；依据中央与地方管理责任的划分加快完善公共财政体制，保障基本公共服务支出；改革基本公共服务提供方式，引入竞争机制，实现提供主体和提供方式多元化；推进基本公共服务均等化，大力缩小区域和城乡间公共服务水平的差距。

第四，提高社会管理水平，维护社会和谐稳定。社会管理具有协调利益关系和缓解社会矛盾的重要作用：强化社会管理可以使群众利益诉求的表达更加通畅、社会舆情的汇集和分析更加高效，还可以通过灵活和丰富的途径将矛盾及时化解于基层和萌芽。

应该鼓励各类社会组织依法参与社会管理；推进社区建设以完善基层社会管理体系，加强政府管理与基层自主管理的配合与互动；集中社会管理资源重点应对影响面大的社会热点问题。

参考文献

1. 白重恩，钱震杰. 谁在挤占居民的收入——中国国民收入分配格局分析. 中国社会科学，2009（5）.

2. 陈彦斌，姚一旻. 中国经济增长的源泉：1978—2007. 经济理论与经济管理，2010（5）.

3. 冯玉明. 自主创新：新兴工业化经济体的经验与中国的前景. 新华文摘，2007（11）.

4. 郭熙保，肖利平. 技术转移、自主创新与技术追赶方式转变. 华中科技大学学报，2007（4）.

5. 陆铭，欧海军. 高增长与低就业：政府干预与就业弹性的经验研究. 世界经济，2011（12）.

6. 肖争艳，程冬，戴轶群. 通货膨胀冲击的财产再分配效应——基于中美两国的比较研究. 经济理论与经济管理，2011（6）.

7. 肖争艳，姚一旻. 中国通胀与经济增长放缓福利成本的比较研究. 经济理论与经济管理，2012（5）.

8. 杨天宇. 国民收入分配格局对居民消费需求的扩张效应. 学习与探索，2012（2）.

9. 张延群，娄峰. 中国经济中长期增长潜力分析与预测：2008—2020. 数量经济技术经济研究，2009（12）.

10. 张孝德. 拐点转型与中国模式再创新. 经济研究参考，2011（25）.

11. 中国人民大学经济研究所. 复苏放缓、风险上扬与结构刚性冲击下的中国宏观经济，2011.

12. 中国人民大学经济研究所. 中国宏观经济分析与预测（2009 年第三季度）——次高速时期的中国经济增长，2009.

13. 中国人民大学经济研究所. 迈向新复苏和新结构、超越新常态的中国宏观经济，2012.

14. Eichengreen，B.，D. Park and K. Shin. When Fast Growing Economies Slow Down：International Evidence and Implications for China. NBER Working Paper 16919，2011.

15. Fogel，R.. Capitalism and Democracy in 2040：Forecasts and Speculations. NBER Working Paper 13184，2007.

16. Guo K. and P. N' Diaye. Is China's Export-Oriented Growth Sustainable?. IMF Working Paper，WP/09/172，2009.

17. Kuijs，L.. Investment and Saving in China. World Bank China Office Research Working Paper No. 1，2005.

18. Kuijs，L.. China through 2020：A Macroeconmic Scenario. World Bank China Office Research Working PaPer No. 9，2009.

19. Lee，J. and K. Hong. Economic Growth in Asia：Determinants and Prospects. Asian Development Bank Working Paper Series No. 220，September 2010.

20. Maddison，A.. *Contours of the World Economy，1 − 2030 AD*. New York：Oxford University Press，2007.

21. Perkins，D. H. and E. Rawski. Forecasting China's Economic Growth to 2025. in Loren Brandt and Thomas G. Rawski eds.. *China's Great Economic Transformation*. Cambridge University Press，2008.

22. The World Bank. China 2030：Building a Modern，Harmonious，and Creative High-Income Society. 2012.

23. Wilson，D. and A. Stupnytska. The N-11：More than an Acronym. Global Economics Paper No. 153，Goldman Sachs Economic Research，New York，2007.

第二章 开放条件下中国国民收入增长的 结构特征及效率*

一、引 言

加入 WTO 之后，随着中国经济越来越多地融入到全球分工体系中，国内经济结构出现了重大变化，国际贸易对经济增长、国民收入增加甚至产业结构调整都产生着日益重要的影响。然而自美国次贷危机和欧洲债务危机爆发以来，中国经济增长面临着日益沉重的压力。全球经济的低迷和国际石油价格的反弹使中国经济面临出口停滞和通胀输入压力；而产业结构不合理，生产高投入、高污染特征和人口红利消失等问题都对经济可持续增长形成挑战。未来中国经济能否继续实现持续较快增长成为各界热议的问题。理论上经济增长是否可持续取决于全要素生产率进步的可持续性。中国经济增长的动力来自何处，全要素生产率又在经济增长中发挥多大作用？这些问题关系到未来增长

* 本研究分别得到中国人民大学科学研究基金（中央高校基本科研业务费专项资金资助）项目（10XNJ005）"经济结构调整与全球经济一体化过程中中国宏观经济风险分散现状、渠道、福利分析和分散风险对策研究"和社科基金项目（12&ZD092）"加快推进经济发展方式转变和经济结构调整的我国财政政策及财政管理模式研究"以及自然科学基金青年科学基金（71103212）的资助。

的可持续性，而要回答这些问题必须对中国经济增长的模式进行研究。

另一个与此相关的问题是经济增长是否意味着收入也实现了同等的增长？尽管经济增长是实现收入增加的主要源泉，但最终决定福利水平的因素不是产出而是收入。在开放经济中，贸易条件的变化可能造成收入增加与产出增长之间出现较大差异。理论上，发展经济学家早就意识到发展中大国在某些极端条件下可能会出现"增产不增收"甚至"贫困化增长"现象，而在现实中经济学家也发现了贸易条件改善收入增长的反例。近年来，中国实际 GDP 增长率全球领先，但贸易条件恶化程度同样引人注目。根据世界银行发展指数（WDI）数据库（2000 年＝100），2010 年中国贸易条件指数仅为 75.7；同为"金砖五国"成员的巴西、印度、南非和俄罗斯的贸易条件指数分别为86.7、127.2、140.7 和 202.1，即便是贸易条件出现恶化的巴西，其程度相对中国也要缓和得多。[①] 尽管贸易条件直接影响国民收入，但在中国的政策实践中却在很大程度上被忽略了，究其原因是由于贸易条件改善本身并不能直接带来就业增长，也无法像 GDP 指标那样反映宏观经济状况的改善情况。然而迪沃特和莫里森（Diewert and Morrison，1986）发现贸易条件改善与技术进步的效果非常类似。而相关的经济指数理论（economic index theory）研究也发现，贸易条件变动会扭曲实际国内生产总值对国民收入以及居民福利的反映；贸易条件改善时，实际 GDP 增长率会低估实际国民收入增长；而当贸易条件恶化时，实际 GDP 增长率又会高估实际国民收入增长。近年来的贸易条件恶化究竟给中国国民收入的增长造成了多大的损失？

开放条件下国民收入增长依赖于产出增长或贸易条件改善，而产出增长又依赖于要素投入和全要素生产率的进步。生产要素、全要素生产率和贸易条件对中国产出和收入增长的贡献分别是多少？这些问题的答案对检讨和反思中国经济发展模式具有重要的意义，同时也为评估未来中国经济和收入增长的可持续性提供理论依据。围绕上述问题，本章主要进行了如下工作：首先，我们根据生产理论和经济指数方法，构建了中国 Törnqvist（唐奎斯特）国内支出价格指数、要素投入指数和国内生产总值指数等指标，核算了贸易条件以及各类因素对国民收入增长的贡献；其次，本章首次在开放背景下通过对中国超越对数形式生产函数的估计，评估了中国全要素生产率进步的特

---

① 本章所提贸易条件具体指价格贸易条件。关于中国贸易条件是否恶化，研究者有不同的结论，对该问题的深入讨论超出了本章的研究范畴，有兴趣的读者请参见相关文献。

征，并估计了价格因素和要素投入因素之间的相互影响以及二者对产出增长的影响，在一定程度上填补了国内研究的空白。

下面分四个部分来论述。第二小节进行相关文献研究，重点说明贸易条件改变如何导致实际 GDP 扭曲收入核算以及开放条件下基于生产理论和经济指数理论的国民收入增长核算方法。第三小节根据中国改革开放以来的数据，通过指数核算方法测算贸易条件及各要素对收入增长的贡献。第四小节通过对总量生产函数进行回归，计算了中国生产函数的各种弹性系数，进而分析了中国收入增长的特点。最后一部分是相关结论和未来改进的方向。

二、贸易条件改变的收入效应——开放条件下
收入核算模型文献

在 20 世纪 70—80 年代的两次石油危机期间，经济学家关注到石油进口国经济核算指标（特别是 GDP 或 GNP）的异常表现，开始研究贸易条件变化对国民收入核算的影响，如滨田和岩田（Hamada and Iwata，1984）。经济学家发现，当贸易条件发生剧烈变化时，实际 GDP 指标不仅无法准确测算一国收入的变化，甚至可能完全扭曲实际收入增减变化的方向。为了便于说明，我们需要首先界定本章所讨论的国民收入的概念。在相关文献中，名义国民收入等同于名义国民生产总值，在忽略国外要素净收益等假设下，往往将名义 GDP 等同于名义国民收入。在衡量实际国民收入时，需要用价格指数对名义国民收入进行平减，生产理论认为实际国民收入指标侧重于反映消费者福利水平（或者收入购买力）的变化，需要用国内支出价格指数进行平减。具体地，国内支出价格指数是指国内居民、政府所购买的消费品和投资品的价格指数，由于进口产品需要经过国内运输、分销等环节才能被最终使用，因此生产理论假定进口产品全部为中间产品，用于最终消费和投资的产品全部由国内生产，国内支出价格指数是衡量收入购买力变化的适宜指标。名义国民收入经国内支出价格指数平减后得到实际国民收入，这一定义在相关研究中得到广泛应用，例如寇赫里（Kohli，2004），芬斯特拉、赫斯顿、梯莫和邓（Feenstra，Heston，Timmer and Deng，2009）以及芬斯特拉、马、尼瑞和饶（Feenstra，Ma，Neary and Rao，2012）等。本章遵从上述定义，在下文中用国民收入总值（gross national income，GNI）表示国民收入。

（一）贸易条件为什么会扭曲收入核算

滨田和岩田（Hamada and Iwata，1984）、寇赫里（Kohli，2004）等研究指出了贸易条件改变时实际 GDP 指数可能扭曲收入增减的事实。那么在现有核算体系中，贸易条件变化为什么会扭曲国民收入核算？在现行国民经济核算体系下，用以对名义 GDP 进行缩减的 GDP 平减指数实际上是通过对国内支出（最终消费和最终投资）价格指数、出口品价格指数和进口品价格指数进行加权平均得到的，其中进口品价格指数的权重为负值。给定其他条件不变，进口品价格上升（意味着贸易条件恶化）将会导致 GDP 平减指数下降，从而导致以实际 GDP 表示的收入上升，这显然与消费者福利下降的事实相冲突。

与实际 GDP 侧重关注产出变化不同，实际 GNI 更多关注国民收入购买力的变化。因此在考察国民收入购买力变化时采用的价格指数是国内支出价格指数而非 GDP 平减指数。名义 GDP 等于名义 GNI，如果 GDP 平减指数高于国内支出价格指数就会导致实际 GDP 低于实际 GNI，从而认定为实际 GDP 低估了收入增长；反之则认定为实际 GDP 高估了收入增长。贸易条件对收入核算的扭曲实际上就是由于 GDP 平减指数和国内支出价格指数的差别造成的。寇赫里（Kohli，2004）在一个两国、两种商品的非完全分工模型中说明两种产品在产出和消费中的比例差异越大，GDP 平减指数和国内支出价格指数差异越大，贸易条件的扭曲效果越明显。而且该研究还发现当技术和生产要素不变时，贸易条件改变也可能导致实际 GDP 指数变动，因此开放条件下收入增长核算应该将贸易条件连同资本、劳动和全要素生产率等要素一起纳入到分析框架之内。

（二）开放条件下的收入增长和贸易条件福利效应核算

20 世纪 80 年代中期之后，随着生产理论和经济指数理论的发展，经济学家开始从生产和收入的角度衡量贸易条件改变的影响。[①] 基于生产理论的

[①]　20 世纪 50—80 年代中期经济学家主要基于效用理论来研究贸易条件改变的福利效应，相关研究包括尼克尔森（Nicholson，1960）、克鲁格和索南斯琴（Krueger and Sonnenschein，1967）、滨田和岩田（Hamada and Iwata，1984）等。尽管这些文献推动了相关研究的发展，但效用理论方法不可避免地存在对消费者偏好进行加总等方面的困难。随着生产理论和经济指数理论的快速发展，经济学家基本上放弃了基于效用理论的研究思路。相关文献在此不再赘述。

研究方法具有以下特点：第一，不是直接测算贸易条件改变对效用水平的影响，而是通过测算贸易条件对国民收入的影响间接反映其福利效用；第二，由于实际 GDP 不是反映收入变化的完美指标，而且贸易条件改善对实际产出的影响完全类似于技术进步，因此基于生产理论的定量研究多是以名义 GDP 为起点，通过构建国内支出价格指数，以实际 GNI 作为研究对象；第三，核算过程中进口商品均作为中间产品处理；第四，该方法能够整体分解出所有影响名义收入因素的影响，包括国内价格、全要素生产率、要素投入和贸易条件等；第五，在实证方法上可以采用参数估计方法，也可以采用经济指数方法。

具体来说，基于生产理论的收入核算方法往往以 GDP 函数为研究起点。在完全竞争、规模报酬不变、边际产出递减和厂商利润最大化的假设下，GDP 函数可以表示为：

$$z(p_{D,t}, p_{X,t}, p_{M,t}, x_{L,t}, x_{K,t}, t) = \left\{ \underset{y_D, y_X, y_M}{\text{Max}}\ p_{D,t} y_D + p_{X,t} y_X - p_{M,t} y_M \right\}$$

$$(2—1)$$

式中，z 是名义 GDP 函数；净产出向量一般被分为用于国内最终使用的产品 D（包含最终消费和最终投资）、出口品 X 和进口品 M；产品的数量和价格分别用 y_{it} 和 p_{jt} 表示，$i \in \{D, X, M\}$；要素投入为 x_{jt}，$j \in \{L, K\}$，L 和 K 分别表示劳动和资本，t 表示当期 GDP 函数的技术特征。[①] 在实证研究中，GDP 函数往往采取超越对数的函数形式，其优势在于函数形式灵活，可以提供其他形式 GDP 函数对数的二阶近似，具体形式参见方程（2—2）。[②]

$$\ln z_t = \alpha_0 + \sum_i \alpha_i \ln p_{i,t} + \sum_h \beta_h \ln x_{h,t} + 1/2 \sum_i \sum_j \gamma_{ij} \ln p_{i,t} \ln p_{j,t}$$

$$+ 1/2 \sum_h \sum_k \phi_{hk} \ln x_{h,t} \ln x_{k,t} + \sum_i \sum_h \delta_{ih} \ln p_{i,t} \ln x_{h,t}$$

$$+ \sum_i \delta_{iT} \ln p_{i,t} t + \sum_h \phi_{hT} \ln x_{h,t} t + \beta_T t + 1/2 \phi_{TT} t^2 \qquad (2—2)$$

---

① 下文用于对各变量进行区别的下标中，i，$j \in \{D, M, X\}$ 表示各类产出品；h，$k \in \{L, K\}$ 表示各类要素投入；s_i 和 s_h 分别表示各类产出和收入在总产出中的比例。由于篇幅所限，不再一一标明。

② 为保证名义 GDP 函数满足价格齐次性和规模报酬不变等特征，方程（2—2）中各参数应满足相关参数约束条件，因篇幅有限，不在此赘述，详见迪沃特和莫里森（Diewert and Morrison，1986）、寇赫里（Kohli，2004）等。

在此基础上，通过对超越对数 GDP 函数的参数进行估计或者通过构建统计指数的方法就可以得到各变量变化对名义 GDP 的影响。

1. 开放条件下的收入增长和贸易条件福利效应核算：参数估计法

寇赫里（Kohli，1978）采用了计量经济学方法对超越对数 GDP 函数进行回归，研究了加拿大进口需求函数和出口供给函数；福克斯和寇赫里（Fox and Kohli，1998）、孙和福吉尼提（Sun and Fulginiti，2007）分别采用该方法估计了贸易条件和技术进步对澳大利亚和中国台湾地区名义 GDP 的影响。根据此方法名义 GDP 增长率可以被分解为方程（2—3）的形式。

$$(\dot{z}/z)_t = \sum_i s_i \, (\dot{p}_i/p_i)_t + \sum_h s_h \, (\dot{x}_h/x_h)_t + \mu_t \qquad (2-3)①$$

式中，s_i 和 s_h 分别表示各类产出和要素收入在总产出中的比例；μ 表示全要素生产率对产出的贡献；各变量均是 GDP 函数中参数的函数。全要素生产率的变化被定义为方程（2—4）的形式。除了常数项之外还有两类因素影响全要素生产率的进步：一是产品价格和要素投入的间接影响（$\sum_i \delta_{iT} \ln p_{i,t} + \sum_h \phi_{hT} \ln x_{h,t}$）；二是时间因素的直接影响（$\phi_{TT} t$），其中 δ_{iT} 和 ϕ_{hT} 可以被理解为全要素生产率对产品价格和要素投入的半弹性。

$$\mu_t = \partial \ln z_t / \partial t = \beta_T + \sum_i \delta_{iT} \ln p_{i,t} + \sum_h \phi_{hT} \ln x_{h,t} + \phi_{TT} t \qquad (2-4)$$

对 GDP 函数进行回归得到各参数的估计值，就可以据此计算各要素对名义 GDP 增长率的贡献。该研究方法具有以下特征：首先，各类商品和要素收入在总产出中的份额不仅取决于 GDP 函数的参数，还依赖于要素投入量和产品价格，因此各类商品和要素收入在总产出中的份额，进而各因素对总产出的边际影响是随着时间变化的。其次，全要素生产率不仅与要素投入量有关，还与各类产品的价格有关，这为研究全要素生产率的进步提供了新的线索。第三，该方程需要对大量的参数进行估计，从而导致对样本数要求较高，在一定程度上限制了该方法的使用，导致采用该方法的文献数量相当有限。

2. 开放条件下的收入增长和贸易条件福利效应核算：经济指数法（非参数估计）

迪沃特（Diewert，1976，1983）以及迪沃特和莫里森（Diewert and

---

① 本方程中上方加点变量表示该变量对时间的导数，下同。

Morrison，1986）对经济指数理论方法的发展起了巨大的推动作用。相对于参数估计法，经济指数方法计算简便，对样本数量要求较低，因此在实证研究中得到了广泛采用。在指数方法中，贸易条件改变对收入的影响可以表示为其他因素固定在某个基准水平，进口、出口价格分别取当期值与基期值时得到的两个不同名义产出的比值。该方法源于费雪和谢尔（Fisher and Shell，1972）以及萨缪尔森和斯瓦密（Samuelson and Swamy，1974）为了反映价格变化对名义产出定义的"产出价格指数"。所谓"产出价格指数"是指给定要素投入和生产技术的基准水平，产出价格分别取当期水平和基期水平时名义产出的比值，其他变量的基准水平既可以是其基期水平也可以是其当期水平。迪沃特（Diewert，1983）发现，如果选择其他变量的基期水平做基准，那么拉氏产出价格指数将是"产出价格指数"的下限；而如果选择当期水平做基准，那么帕氏产出价格指数将是"产出价格指数"的上限。

既然帕氏指数和拉氏指数分别提供了"产出价格指数"的上下限，那么两个指数平均得到的 Fisher 理想函数（Fisher ideal index）似乎对经济学家具有更强的吸引力，因而在实践中得到了广泛的应用。此外，Fisher 理想指数还具有 superlative 指数特征，可以在一定程度上克服特定名义 GDP 函数形式对核算结果造成的影响。[1] 迪沃特和莫里森（Diewert and Morrison，1986）给出了各要素对名义产出贡献的 Fisher 指数核算方程，其中国内支出价格指数可以表示为方程（2—5）的形式，其他要素的贡献也可以通过类似方法得到。

$$P_{D,t,t-1} \equiv \sqrt{P_{D,t,t-1}^L \times P_{D,t,t-1}^P}$$
$$= \sqrt{\frac{z(p_{D,t}, p_{X,t-1}, p_{M,t-1}, x_{L,t-1}, x_{K,t-1}, t-1)}{z(p_{D,t-1}, p_{X,t-1}, p_{M,t-1}, x_{L,t-1}, x_{K,t-1}, t-1)} \times \frac{z(p_{D,t}, p_{X,t}, p_{M,t}, x_{L,t}, x_{K,t}, t)}{z(p_{D,t-1}, p_{X,t}, p_{M,t}, x_{L,t}, x_{K,t}, t)}} \quad (2—5)[2]$$

式中，$P_{D,t,t-1}^L$ 和 $P_{D,t,t-1}^P$ 分别是拉氏和帕氏国内支出价格指数。尽管方程（2—5）所定义的指标具有较好的理论含义，但在实际核算过程中部分指标

---

[1] 在生产理论中，超越对数 GDP 函数仅是对"未知的真正"GDP 函数的一个近似。根据迪沃特（Diewert，1976）的定义，如果一个指数对于某一特定形式的 GDP 函数是精确的，同时又能够对于"未知的真正"GDP 函数给出二阶可微近似，那么该指数可以被称为 superlative 指数，最为常用的 superlative 指数包括 Fisher 理想指数和下文将会用到的 Törnqvist 指数。

[2] 在本方程中基期为上一期，严格说来该指数为链式（chained）Fisher 理想指数，但这并不影响该指数作为 superlative 指数的性质。

无法直接观测到，因此在实践中受到一定的影响。

　　超越对数 GDP 函数为解决 Fisher 指数难以直接计算的问题提供了可行途径。寇赫里（Kohli，1990）证明在超越对数 GDP 函数假设下，名义 GDP 指数可以被分解为方程（2—6）的形式。

$$Z_{t,t-1} = P_{D,t,t-1} \cdot x_{L,t,t-1} \cdot x_{K,t,t-1} \cdot R_{t,t-1} \cdot A_{t,t-1} \qquad (2\text{—}6)$$

式中，$Z_{t,t-1}$ 为 $t-1$ 期到 t 期的名义 GDP 指数；$P_{D,t,t-1}$ 为国内支出价格指数；$R_{t,t-1}$ 为贸易条件指数；$x_{L,t,t-1}$ 和 $x_{K,t,t-1}$ 分别为劳动投入和资本投入指数；$A_{t,t-1}$ 为全要素生产率指数。寇赫里还进一步指出只要 GDP 函数是超越对数形式，不需要对 GDP 函数中的参数进行估计，仍然可以得到名义 GDP 指数的分解结果，并且证明上述指数均具有 Törnqvist 指数形式。Törnqvist 指数形式的国内支出价格指数可以由方程（2—7）得到，贸易条件指数 $R_{t,t-1}$、要素投入指数 $x_{h,t,t-1}$ 可以通过方程（2—8）和（2—9）得到。

$$P_{D,t,t-1} \equiv \exp\left[\sum_i \frac{1}{2}(s_{i,t} + s_{j,t-1})\ln\frac{p_{i,t}}{p_{i,t-1}}\right], \quad i = \{C, I, G\}$$
$$(2\text{—}7)$$

$$R_{t,t-1} \equiv \exp\left[\frac{1}{2}(s_{x,t} + s_{x,t-1})\ln p_{X,t,t-1} - \frac{1}{2}(s_{M,t} + s_{M,t-1})\ln p_{M,t,t-1}\right]$$
$$(2\text{—}8)$$

$$x_{h,t,t-1} \equiv \exp\left[\frac{1}{2}(s_{h,t} + s_{h,t-1})\ln\frac{x_{ht}}{x_{h,t-1}}\right], \quad h \in \{L, K\} \qquad (2\text{—}9)$$

式中，$s_{x,t}$、$s_{M,t}$ 和 $s_{h,t}$ 分别表示出口、进口和各类要素收入在总产出中的比例。

　　在经济指数方法中，全要素生产率是名义 GDP 指数中未被解释的部分，因此在一定程度上成为一个黑箱。针对这一问题，有研究结合计量经济学和经济指数方法，在具体指标的核算过程中，不以名义 GDP 的统计数据，而是以计量经济学方法中得到的名义 GDP 估计值作为分解对象，指标核算过程中需要的参数由计量模型得到，名义 GDP 的预测值与统计值之间的差被解释为未被解释的全要素生产率（Sun and Fulginiti，2007）。

三、开放条件下中国收入增长核算：投入、全要素生产率和贸易条件

2001 年以来贸易条件的持续恶化给中国实际国民收入造成了多少损失？

采取 WDI 数据库所公布的中国国内支出价格指数对名义 GDP 进行平减得到实际 GNI 指数，进而与国家统计局公布的实际 GDP 指数进行对比可以发现，贸易条件恶化导致部分年份实际 GNI 增长率与实际 GDP 增长率差异较大。平均而言，2001—2010 年 10 年间，中国实际 GDP 增长率平均为 10.3%，实际 GNI 增长率为 9.4%，低于实际 GDP 增长率约 1 个百分点。样本期间实际 GDP 增长率的标准差为 1.8%，而实际 GNI 增长率的标准差达到 3.7%，见表 2—1。

表 2—1　　　　　　　　中国实际 GDP 与实际 GNI 增长率比较（%）

	2001	2002	2003	2004	2005	2006	2007	2008	2009	2010	均值	标准差
GDP	8.3	9.1	10.0	10.1	11.3	12.7	14.2	9.6	9.2	10.4	10.3	1.8
GNI	8.4	7.2	10.1	10.4	11.2	13.1	9.5	7.0	15.6	2.1	9.4	3.7

说明：本表的目的在于评估贸易条件对实际收入的影响，因此采用的数据为 WDI 数据库公布的数据；本表结果与图 2—2 中基于自行测算的 Törnqvist 指数结果存在一定差异。

由此可见贸易条件的持续恶化确实已经对中国国民收入造成了显著的负面影响，不仅在一定程度上造成中国经济"增产不增收"的现象，还加大了中国国民收入的波动性。下文中我们将重新构建 Törnqvist 价格指数和数量指数，对中国国民收入增长进行重新核算。

（一）数据说明

对实际国民收入增长的因素分解需要构建 Törnqvist 价格指数和要素投入指数。如无特别说明，本章原始数据来自 WDI 数据库。各指数构建过程说明如下：

国内支出价格指数（$P_{D,t,t-1}$）：虽然 WDI 数据库中有各国国内支出价格指数数据，但收入增长核算需要构建 Törnqvist 指数形式的国内支出价格指数，因此本章自行构建该指数。国内支出被分解为最终消费和资本形成两部分，本章以最终消费和资本形成在总产出中的比例为权重对最终消费价格指数和资本形成价格指数进行加权平均得到 Törnqvist 国内支出价格指数。最终消费价格指数由现价消费支出和固定价格消费支出计算得到，资本形成价格可以通过相同方法得到。

国内生产总值平减指数：通过国内支出价格指数、进出口价格指数可以构建 Törnqvist 国内生产总值平减指数，进出口价格指数根据进出口价值指数和数量指数计算得到。

　　劳动投入和资本投入指数（$x_{L,t,t-1}$，$x_{K,t,t-1}$）：现有研究对劳动投入数据的取值较为一致，尽管存在一定的缺陷，大多数研究还是采用《中国统计年鉴》公布的就业人口数。在资本存量的估计方面存在较大分歧，除少数文献依照永续盘存法的基本原理对资本存量数据进行核算（如孙琳琳、任若恩，2005）外，多数研究采用简化的资本存量估计公式 $K_t = I_t/P_t + (1-\delta)K_{t-1}$ 进行估计，其中 I_t 是投资，P_t 是投资品价格，δ 是折旧率。简化的估计方法对数据要求相对较低，便于延展，但准确性可能相对永续盘存法低。该方法涉及四个方面的工作：初始年份资本存量的设定、历年投资流量指标的选取、价格指数的选取或构造以及折旧率的设定。其中当估计的资本存量序列较长时，初始年份资本存量对后期估计精度造成的影响逐渐减小；但是在其余的三个方面，包括投资流量指标、价格指数和折旧率设定，现有研究存在很大分歧。李宾和曾志雄（2009）对已有研究所采用的资本存量简化估计方法进行了比较，认为赫兹（Holz，2006）的方法更适宜估计中国资本存量数据。本章亦采用该方法并对其进行必要延展。[①]

　　劳动和资本收入在产出中的份额（s_h）：在规模报酬不变技术假设下，不考虑间接税的影响，劳动收入和资本收入份额之和为 1。以劳动收入份额为例，现有文献大致提供了三种估计方法。一是通过生产函数估计劳动和资本的产出弹性，从而得到劳动和资本收入份额，如张军和施少华（2003）、郭庆旺和贾俊雪（2005）；二是利用收入法 GDP 统计数据核算要素收入份额，如徐现祥和舒元（2009）；三是通过微观家庭调查数据来估计宏观层面劳动收入在总产出中的比重，如李宾和曾志雄（2009）。第一种方法涉及生产函数的估计，须以要素投入核算为基础，计算较为繁复，同时估算出来的数据多是在样本期间固定不变的；第二种方法由于经济体中或多或少存在劳动力自我雇佣现象（self-employed），会导致数据估计有偏（Gollin，2002；Krueger，1999），需要进行相应的调整，但该方法的好处是计算简便；第三种方法涉及众多统计数据细节的选取和计算，对数据质量要求较高，不免存在一定的误差。

---

　　① 本章还采用寇赫里（Kohli，2003）的方法对资本存量进行估计并对照核算结果，比较发现不同方法对核算结果没有造成实质性差异，从而显示了该方法的稳健性。

就实际数据而言，虽然通过各期《中国统计年鉴》"现金流量表（实物表）"中"劳动者报酬"在 GDP 中的比例可直接计算劳动收入份额，但该数据仅包含 1993—2008 年样本。徐现祥和舒元（2009）借助分省收入法 GDP 数据核算全国劳动收入份额可以有效弥补全国统计数据的不足，且数据相对容易获得。但白重恩和钱震杰（2009）指出该方法所得到 2004 年劳动收入份额下降一定程度上是由于统计口径的变化，导致前后数据不可比。李宾和曾志雄（2009）采用"人均收入乘以人口数"的思路计算劳动收入在总产出中的比重，该方法避免了上述方法中由于统计口径调整造成的影响，但是在核算过程中对数据要求较高，难免存在一定的误差。通过比较发现，上述三种方法在估计劳动收入份额方面存在较大差异，见图 2—1。李宾和曾志雄（2009）的研究结果在多数年份里远低于根据统计数据得到的结果，但原文作者认为其对劳动收入份额估算的均值与已有文献结果很相近。我们在下文中将分别借鉴李宾和曾志雄（2009）、徐现祥和舒元（2009）两种方法测算要素收入分配比例并就相关结果进行比较，两种方法得到的结果基本一致，见表 2—2。

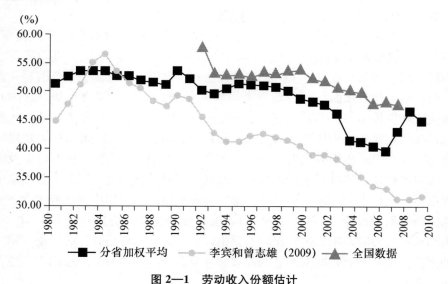

图 2—1　劳动收入份额估计

说明：分省数据加权平均方法参照徐现祥和舒元（2009）的研究，由于数据缺失，图中 2008 年数据为 2007 年和 2009 年的均值。李宾和曾志雄（2009）的研究中 2000 年前数据引自原文，其后数据为本章作者根据其方法自行测算。

（二）开放条件下中国收入增长核算

根据方程（2—6）可以对改革开放以来中国收入增长的绩效进行评估。以李宾和曾志雄（2009）的方法构建的劳动收入份额和资本存量数据为例，图 2—2 显示了改革开放以来中国实际国民收入的增长趋势及其源泉。

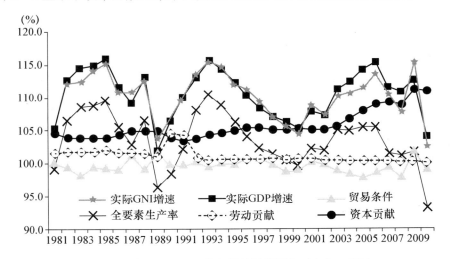

图 2—2　中国实际国民收入增长及其源泉（上年＝100）

根据图 2—2 我们可以得出以下结论：

第一，2003—2010 年几乎全部年份实际 GNI 增速低于实际 GDP 增速（2009 年除外），在此期间实际 GNI 指数平均为 109.8％，实际 GNP 指数平均为 111.2％，两者相差约 1.4 个百分点。近年来中国经济一定程度上存在"增产不增收"的现象。造成这一现象的主要原因在于贸易条件恶化，在此期间出口价格指数平均为 102％，进口价格指数平均为 105％，导致贸易条件对国民收入的贡献指数约为 99.1％，即每年贸易条件恶化造成国民收入增速降低约 1 个百分点。2009 年全球大宗商品价格下降使得中国贸易条件得到一定程度改善，实际国民收入增速罕见地高于实际 GDP；2010 年大宗商品价格反弹使得实际国民收入猛烈下降。由于中国经济严重依赖对外贸易，如果未来全球经济进入以大宗商品价格快速上涨的滞胀状态，对中国经济增长和国民收入提高将造成较大冲击。

第二，2003 年前后中国国民收入增长源泉出现结构性变化倾向。对方程（2—6）两边取自然对数可以近似计算各源泉对国民收入增长的贡献份额，见表 2—2。以李宾和曾志雄（2009）的方法得到的数据为例，1981—2002 年间资本、全要素生产率和贸易条件三要素对国民收入增长贡献的份额分别达到 46.8%、40.7%和—0.4%。贸易条件恶化的负面影响也日益加剧。而 2003—2010 年三要素对国民收入增长贡献的份额为 88.4%、19.8%和—10.0%。这说明 2003 年之后国民收入增长越来越多地倚重资本积累，全要素生产率 2006 年达到极值后出现持续下滑，这不仅降低了国民收入增长的效率，也对中国经济增长的可持续性形成了挑战。

表 2—2　　　　各要素对年均实际国民收入增长的贡献份额（%）

时间	贸易条件	基于李宾和曾志雄（2009）劳动收入份额			基于徐现祥和舒元（2009）劳动收入份额		
		劳动	资本	TFP	劳动	资本	TFP
1981—2010	—2.9	10.0	57.7	35.2	10.8	51.4	40.7
1981—2002	—0.4	13.0	46.8	40.7	13.9	42.5	44.1
2003—2010	—10.0	1.8	88.4	19.8	2.3	76.3	31.4

四、中国名义产出函数的结构特征：基于超越对数 GDP 函数

事实上，对超越对数 GDP 函数进行估计能够为了解中国经济的特征提供更多信息，包括产品价格和要素数量对产量和要素价格的影响等。由于超越对数生产函数形式复杂、参数众多，受数据局限，鲜有研究采用该形式对中国的名义 GDP 函数进行参数估计。下文中我们基于李宾和曾志雄（2009）的数据构建方法，对中国超越对数形式的名义 GDP 函数进行估计，进而对中国名义 GDP 函数的弹性特征进行研究。

（一）超越对数 GDP 函数的估计

超越对数 GDP 函数可以采用似不相关（SUR）模型进行估计。在基于

完全竞争假设的超越对数 GDP 函数中，资本、劳动收入和各类产品在总产出中的份额可以表示为方程（2—10）和（2—11）。

$$s_{h,t} = (\partial \ln z / \partial \ln x_h)_t$$
$$= \beta_h + \sum_k \phi_{hk} \ln x_{k,t} + \sum_i \delta_{ih} \ln p_{i,t} + \phi_{hT} t \qquad (2—10)$$
$$s_{i,t} = \partial \ln z_t / \ln p_{i,t}$$
$$= \alpha_i + \sum_j \gamma_{ij} \ln p_{j,t} + \sum_h \delta_{ih} \ln x_{h,t} + \delta_{iT} t \qquad (2—11)$$

方程（2—2）、（2—10）和（2—11）构成了似不相关模型系统。由于要素收入份额之和与各类产品在总产出中的份额之和为 1，因此方程（2—10）和（2—11）分别包含了 1 个和 2 个独立方程，加上方程（2—2），共 4 个方程构成了本章关注的似不相关模型体系。在方程估计过程中，我们删去资本收入和进口品份额方程。超越对数 GDP 函数自身的性质决定各参数之间存在以下约束关系：

$$\sum_i \alpha_i = \sum_h \beta_h = 1;$$
$$\sum_j \gamma_{ij} = \sum_k \phi_{ik} = \sum_h \delta_{ih} = \sum_i \delta_{ih} = \sum_i \delta_{iT} = \sum_h \phi_{hT} = 0;$$
$$\gamma_{ij} = \gamma_{ji};$$
$$\phi_{hk} = \phi_{kh}$$

方程（2—2）、（2—10）和（2—11）中部分系数相同，共对参数估计形成了 12 个约束条件，在回归过程中需要进行附加约束条件的似不相关回归。

在回归过程中，我们首先对似不相关模型进行无约束回归，并对上述 12 个约束条件进行检验，结果发现在 1% 的显著性水平下有 3 个约束条件被拒绝，见表 2—3。由于上文中 12 个假设条件来自于超越对数生产函数本身，本章同时提供了包含全部约束条件和剔除 3 个被拒绝约束条件后的似不相关估计结果，见表 2—4。在剔除了表 2—3 中被拒绝的 3 个约束条件后，模型 2 的估计结果对模型 1 中显著的变量估计结果并无颠覆性影响（剔除表2—3 中 3 个被拒绝变量的方程为模型 1，包括全部变量的模型为模型 2），由于 12 个约束条件来自理论模型本身，因此下文中的定性分析参照表 2—4中模型 1 的参数估计结果进行解释。

表 2—3　　　　　　　　　　　似不相关模型参数约束检验

原假设	$\chi^2(1)$	Prob.
原假设（1）：lnz 回归方程中的 γ_{DM} 等于 s_D 回归方程中的 γ_{DM}	11.49	0.001
原假设（2）：lnz 回归方程中的 δ_{ML} 等于 s_L 回归方程中的 ϕ_{LL}	8.11	0.004
原假设（3）：lnz 回归方程中的 $\delta_{XT}+\delta_{MT}$ 等于 s_X 回归方程中的 $-\delta_{XT}$	14.45	0.000

表 2—4　　　　　　　　　　超越对数生产函数参数估计

	参数	模型 1	模型 2	参数	模型 1	模型 2
lnz 方程	α_D	1.636***	1.607***	δ_{DL}	−0.043	−0.015
	α_X	0.835***	0.885***	δ_{ML}	0.025	−0.110
	β_L	0.283*	0.347**	δ_{DT}	−0.013***	−0.011**
	γ_{DD}	0.137**	0.134**	δ_{MT}	−0.005	−0.018**
	γ_{MM}	−0.052	−0.254	ϕ_{LT}	−0.001	−0.003
	γ_{DM}	0.017	0.092	β_T	0.012	0.017
	ϕ_{LL}	0.070*	0.070*	ϕ_{TT}	−0.001	−0.001
s_L 方程	δ_{ML}	—	0.085*			
s_X 方程	δ_{XT}	—	0.048			
s_D 方程	γ_{DM}	—	0.060			
可决系数 R^2	lnz 方程	0.99	0.99	s_M 方程	0.84	0.85
	s_D 方程	0.54	0.56	s_L 方程	0.93	0.93

　　说明：模型 1 是包含全部 12 个约束条件的估计结果，模型 2 是放松了表 2—3 中被拒绝的 3 个原假设得到的结果。此外，在无约束似不相关估计中模型以 1% 的显著性水平拒绝 4 个方程残差独立的原假设；由于个别方程解释变量和被解释变量中包含非平稳序列，本章还进行了残差平稳性检验，除 lnz 方程在 5% 的显著性水平外，其余方程均在 1% 的显著性水平上拒绝非平稳原假设。*** 代表 1% 的显著性水平；** 代表 5% 的显著性水平；* 代表 10% 的显著性水平。

　　基于超越对数生产函数，我们得到各要素对国民收入贡献指数（对数形式）的估计值如方程（2—12）、方程（2—13）和方程（2—14）所示，在此基础上求出各要素对国民收入贡献指数，并且与图 2—2 中基于经济指数核算方法得到的结果进行比较，如图 2—3、图 2—4 所示。①

――――――――――

　　①　在方程（2—12）至方程（2—14）中加^的变量为各变量的估计值。图 2—3 和图 2—4 中的估计数据由方程（2—12）至方程（2—14）的结果取指数得到。

$$\text{全要素生产率：} \widehat{\ln A_{t,t-1}} = \beta_T + \frac{1}{2}\Big[\sum_{i=D,M,X} \delta_{iT} \ln(p_{it} p_{i,t-1})$$
$$+ \sum_{h=L,K} \phi_{hT} \ln(x_{h,t} x_{h,t-1}) + \phi_{TT}(2t-1) \Big]$$

$$(2\text{—}12)$$

$$\text{要素投入：} \widehat{\ln x_{h,t,t-1}} = \ln\Big(\frac{x_{h,t}}{x_{h,t-1}}\Big)\Big\{ \beta_K + \frac{1}{2}\Big[\sum_{k=L,K} \phi_{hk} \ln(x_{k,t} x_{k,t-1})$$
$$+ \sum_{i=D,M,X} \delta_{hi} \ln(p_{i,t} p_{i,t-1}) + \phi_{hT}(2t-1) \Big]\Big\}$$

$$(2\text{—}13)$$

$$\text{贸易条件：} \widehat{\ln R_{t,t-1}} = \sum_{i=M,X}\Big\{ \ln\Big(\frac{p_{i,t}}{p_{i,t-1}}\Big)\Big\{ \alpha_i + \frac{1}{2}\Big[\gamma_{Di} \ln(p_{D,t} p_{D,t-1})$$
$$+ \sum_{h=L,K} \delta_{ih} \ln(x_{h,t} x_{h,t-1}) + \delta_{iT}(2t-1) \Big]\Big\}\Big\}$$
$$+ \frac{1}{2}\sum_{i=M,X}\sum_{j=X,M} \gamma_{ij} (\ln p_{it} \ln p_{jt} - \ln p_{it-1} \ln p_{jt-1})$$

$$(2\text{—}14)$$

为了验证指数核算方法和参数估计方法得到的结论是否一致，本章在图 2—3 和图 2—4 中比较了两种方法得到的相关主要变量。图 2—3 比较了全要素生产率对收入增长贡献的结果，"TFP（被解释的部分）"基于方程（2—12）得到；根据孙和福吉尼提（Sun and Fulginiti，2007）的研究，"TFP（未被解释的部分）"定义为名义国民收入估计方程的残差；而"TFP 整体估计值"则由被解释的部分和未被解释的部分组成。总体来看两种方法得到的结果表现出近似的变化趋势，其中 2000 年之前两种结果在绝对水平上存在一定的差异，此后无论是在绝对水平还是变化趋势上两种结果的一致性都在增强。图 2—4 与图 2—3 表现出相似的特点，两种方法对劳动贡献的测算基本一致；资本贡献的测算结果存在着一致的趋势，但计量模型得到的结果高于核算方法得到的结果且差额相当稳定；对贸易条件效应而言，基于计量模型得到的结果在绝对水平和波动程度上都要高于核算方法得到的结果，但变化趋势仍是一致的。①

----

① 此外由于 Törnqvist 指数的离散特征和本章计量模型中变量连续性假设之间的冲突也会造成两种方法所得的结果之间存在一定的差异。

　　总体来看，两种方法都显示在 2000 年代前半期，全要素生产率经历了一个上升阶段；此后则呈现出较快的下降趋势，这表明 2000 年代中期之后

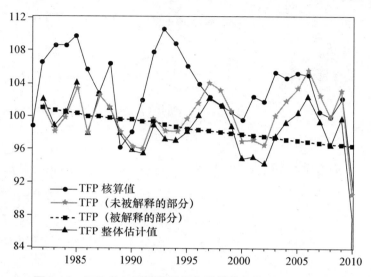

图 2—3　TFP 收入贡献估计值与核算值比较（上年＝100）

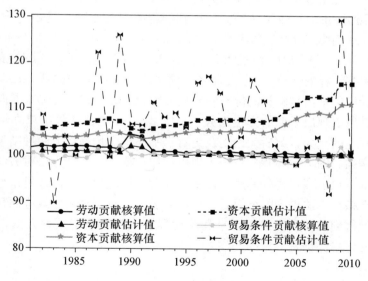

图 2—4　其他要素贡献估计值与核算值比较（上年＝100）

中国经济进入了全要素生产率持续下降状态；除个别年份外，劳动增长对收入增长贡献很小；而资本增长近年来日益成为收入增长主要的源泉；贸易条件恶化已经对国民收入增长造成了负面影响。此外，就全要素生产率而言，能够被计量模型解释的部分相对比较稳定，略呈单边下降趋势，并且只占全要素生产率中的较小部分，这说明全要素生产率的变化绝大部分并非由价格和要素投入变化造成的。

（二）基于超越对数的中国产出函数结构特征分析

对名义产出函数进行参数估计还可以为我们了解中国产出函数的结构特征提供部分重要参考信息。基于产出函数的参数估计还可以测算中国经济中产品价格和要素投入对产量和要素价格的影响。定义产出价格弹性 $E_{ij} = \partial \ln y_i / \partial \ln p_j$，要素需求弹性 $E_{kh} = \partial \ln x_k / \partial \ln w_h$，产出对要素投入的弹性 $E_{ih} = \partial \ln y_i / \partial \ln x_h$ 以及要素价格对产出价格的弹性 $E_{hi} = \partial \ln w_h / \partial \ln p_i$。[①] 基于本章对超越对数生产函数的基本假设，各弹性指标估算方程见表2—5。[②] 利用超越对数生产函数估计相关弹性不仅相对简便，同时各弹性指标具有时变特征，更能反映经济特征的变化，具体结果见图2—5至图2—10。

表 2—5　　　　　　　　　　相关弹性指标的测算公式

产出交叉价格弹性	$E_{ij} = \partial \ln y_i / \partial \ln p_j$	$(\gamma_{ij} + s_i s_j)/s_i, i \neq j$
产出自价格弹性	$E_{ii} = \partial \ln y_i / \partial \ln p_i$	$(\gamma_{ij} + s_i^2 - s_i)/s_i, i = j$
要素需求交叉价格弹性	$E_{kh} = \partial \ln x_k / \partial \ln w_h$	$s_h/(\phi_{hk} + s_h s_k), h \neq k$
要素需求自价格弹性	$E_{hh} = \partial \ln x_h / \partial \ln w_h$	$s_h/(\phi_{hh} + s_h^2 - s_h), h = k$
产出对要素投入的弹性	$E_{ih} = \partial \ln y_i / \partial \ln x_h$	$(\delta_{ih} + s_i s_h)/s_i$
要素价格对产出价格的弹性	$E_{hi} = \partial \ln w_h / \partial \ln p_i$	$(\delta_{ih} + s_i s_h)/s_h$

通过计算相关弹性指标，我们发现中国经济有以下几方面的结构特征值得特别关注：

第一，正的国内支出品自价格弹性（E_{dd}）反映了价格上涨和产出增长

---

①　严格说，进口品的价格弹性是需求价格弹性而非产出价格弹性，为了叙述方便在不造成误解的情况下，下文将各类商品对价格的弹性统称为产出价格弹性。

②　各公式的推导都是在其他条件不变的假设下实现的。

之间的正相关性，然而近年来国内支出品供给对价格弹性下降的现象也预示着，以拉动内需为主的扩张性需求政策效果正在逐渐削弱。与之前相比，扩张性需求政策的效果更多体现为价格上升而非产出增长。负的出口品自价格弹性（E_{xx}）绝对值小于 1 表明该商品缺乏价格弹性，一味降低价格反而会造成收入绝对下降。此外，我们还关注到国内支出品和出口品对进口品价格弹性（E_{dm} 和 E_{xm}）多年来持续为负且绝对值呈现增大趋势，表明进口品成本上升对我国经济日益增强的负面影响，详见图 2—5 和图 2—6。

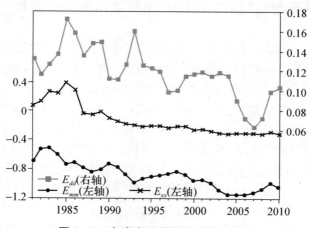

图 2—5　各类商品的自价格产出弹性

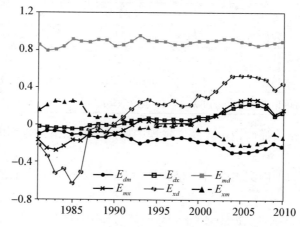

图 2—6　各类商品的交叉价格产出弹性

第二，劳动需求价格弹性（E_{ll}）和资本需求价格弹性（E_{kk}）绝对值大于1表明劳动需求和资本需求都是富有弹性的。2010 年劳动需求价格弹性（E_{ll}）为－2.2，即实际工资每上升 1%，就业人数将下降 2.2%，影响可见一斑。近年来 E_{ll} 和 E_{kk} 绝对值不断降低和升高的相反趋势显示劳动需求的价格敏感度在不断下降，而资本需求的价格敏感度不断上升。此外交叉价格弹性也表明，当资本价格上涨时，厂商越来越倾向于使用劳动代替资本；而当劳动成本上升时，厂商用资本替代劳动的倾向则越来越低，详见图 2—7 和图 2—8（E_{kl} 和 E_{lk} 分别表示资本和劳动需求对劳动价格和资本价格的弹性）。

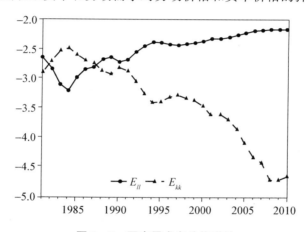

图 2—7　要素需求自价格弹性

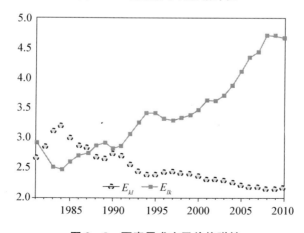

图 2—8　要素需求交叉价格弹性

第三，近年来产出对资本的弹性不断上升，而对劳动投入的弹性在不断下降。资本产出效率上升和劳动产出效率下降表明中国产业结构调整应从劳动密集型产业向资本密集型产业过渡。此外，将产出对劳动的弹性取倒数可以得到产出增长的就业弹性。本章发现从20世纪80年代中期开始内需和出口部门的就业弹性整体呈现增强趋势，而且内需部门对就业的吸收能力超过出口部门。然而特别值得关注的是2008年以来，无论内需部门还是出口部门的就业弹性均出现略微下降的现象，表明这两个部门对劳动的吸收能力在边际上可能呈现下降，值得政策制定者特别关注。E_{ih}，$i=d,m,x$；$h=l,k$，分别表示 i 部门产出对要素 h 变化的弹性，详见图2—9。

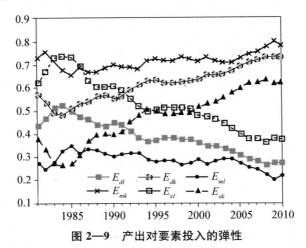

图2—9　产出对要素投入的弹性

第四，就要素价格对产出价格的弹性而言，国内支出品和出口品价格上涨均会推动劳动和资本价格上涨，但国内支出品价格上涨对资本价格的拉动作用高于对劳动价格的拉动作用；出口品价格上涨的作用却恰恰相反。进口品价格上涨则对资本和劳动价格均造成负面影响。1981—2010年间，资本价格对国内支出品价格的弹性（E_{kd}）均值为1.05，而劳动价格对国内支出品价格的弹性（E_{ld}）为0.88，其他条件不变时国内支出品价格上涨会恶化劳动者的福利水平，却使资本所有者的福利水平上升。类似的通过计算 $(E_{kd})^{-1}$ 可以发现资本和劳动价格上涨对国内支出品价格上涨的推动作用相对平稳，样本区间国内支出品价格对劳动成本和资本成本的弹性分别是1.15和0.95，可见国内支出品价格对劳动成本上涨的压力反应相对灵敏，见图2—10。

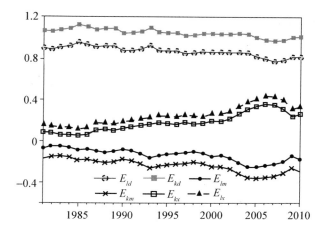

图2—10　要素价格对产出价格的弹性

五、结　论

本章在开放条件下对中国近年来国民收入增长的状况及其特征进行了核算。从计算的结果来看，尽管中国国民收入和经济增长近年来取得了举世瞩目的成就，但是国民收入增长主要依靠资本投入，持续增长的基础并不牢固。具体来说包括以下几个方面：

第一，无论是指数核算方法还是计量经济学方法都显示中国全要素生产率在2000年代中期之后出现了快速下降的现象，并且对实际国民收入增长贡献的份额也出现下降趋势。生产要素投入对国民收入增长贡献也出现结构性分化。劳动力增长对国民收入增长的贡献逐渐降低；资本投入增长对国民收入增长的贡献份额逐年上升，业已成为推动国民收入增长的最主要来源。国民收入增长日益依赖资本投入对中国未来国民收入的持续增长构成了挑战。

第二，2003—2010年各年实际国民收入增速低于实际产出增速（2009年除外），中国经济一定程度上存在"增产不增收"的现象。造成"增产不增收"现象的主要原因在于贸易条件恶化，在此期间贸易条件恶化造成国民收入减少每年约1个百分点。

第三，国内支出品供给价格弹性呈现下降趋势，扩张性需求政策的效果将因此而削弱。出口产品供给缺乏弹性，一味降低出口价格反而会造成收入绝对下降。进口品价格上升会降低国内支出品和出口品产量，且影响效应呈现增大趋势，进口品成本上升对我国经济的负面影响日益增强。

第四，劳动需求富有弹性，实际工资上涨不利于就业增长。近年来，资本投入的产出效率不断增强而劳动投入的产出效率不断下降，中国经济结构的调整应从劳动密集型产业向资本密集型产业过渡。此外从20世纪80年代中期开始持续增强的内需和出口就业弹性在2008年后均出现略微下降的现象，但内需部门吸纳就业的能力仍大于出口部门，显示出扩大内需在就业方面的重大意义。

第五，国内支出品和出口品价格上涨会拉动劳动和资本价格上涨。国内支出品价格上涨对资本价格的拉动作用高于对劳动价格的拉动作用；而出口品价格变化的结构影响刚好相反。在其他条件不变时，国内支出品价格上涨会导致要素收入分配进一步恶化，降低劳动者相对于资本所有者的福利水平。

今后的研究尚需在以下几个方面进一步完善：其一，由于理论研究的局限，国民收入的实证研究几乎均基于规模报酬不变和完全竞争生产函数假设，本章也不例外。规模报酬不变和完全竞争假设对于中国是否合理一直存在争论，但在经济学理论研究获得突破之前，实证研究仍只能长期拘泥于该假设。其二，超越对数生产函数本质上是新古典生产函数，实证研究中没有包含人力资本等其他因素，一个主要的原因是无法直接观察到人力资本的价格或人力资本收入在总产出中的比重。其三，由于资本存量、劳动收入份额等核心变量没有权威统计数据，数据的准确性和样本量偏低造成自由度偏小都对实证结果的准确性造成一定影响。这些都是后续研究需要改进的地方。

参考文献

1. 白重恩，钱震杰. 国民收入的要素分配：统计数据背后的故事. 经济研究，2009（3）.

2. 郭庆旺，贾俊雪. 中国全要素生产率的估计：1979—2004. 经济研究，2005（6）.

3. 李宾，曾志雄. 中国全要素生产率变动的再测算：1978—2007. 数量经济技术经济研究，2009（3）.

4. 孙琳琳，任若恩. 中国资本投入和全要素生产率的估算. 世界经济，2005（12）.

5. 徐现祥，舒元. 基于对偶法的中国全要素生产率核算. 统计研究，2009（7）.

6. 张军，施少华. 中国经济全要素生产率变动：1952—1998. 世界经济文汇，2003（2）.

7. Diewert，W. E. and Morrison，J. C.. 1986. Adjusting Output and Productivity Indexes for Changes in the Terms of Trade. *Economic Journal*，Vol. 96：659－679.

8. Diewert，W. E.. 1976. Exact and Superlative Index Numbers. *Journal of Econometrics*，4：115－145.

9. Diewert，W. E.. 1983. The Theory of the Output Price Index and the Measurement of Real Output Change. in Diewert，W. E. and Montmarquette，C. （eds.）. *Price Level Measurement*. Ottawa：Statistics Canada：10149－11113.

10. Feenstra C. Robert，Ma Hong，Neary J. Peter，Rao D. S. Prasada. 2012. Who Shrunk China? Puzzles in the Measurement of Real GDP. NBER Working Paper No. 17729.

11. Feenstra，C. R.，Heston，A.，Timmer，P. M.，and Deng，H.. 2009. Estimating Real Production and Expenditures Across Countries：A Proposal for Improving the Penn World Tables. *Review of Economics and Statistics*，91（1）：201－212.

12. Fisher，M. F. and Shell，K.. 1972. *The Economic Theory of Price Indices：Two Essays on the Effects of Taste，Quality，and Technological Change*. New York：Academic Press.

13. Fox，J. K，and Kohli，U.. 1998. GDP Growth，Terms-of-Trade Effects，and Total Factor Productivity. *Journal of International Trade and Economic Development*，7：87－110.

14. Gollin，D.. 2002. Getting Income Shares Right. *Journal of Political Economy*，110（2）：458－474.

15. Hamada Koichi and Iwata Kazumasa. 1984. National Income，

Terms of Trade and Economic Welfare. *The Economic Journal*, Vol. 94, No. 376: 752—771.

16. Holz, C. A.. 2006. New Capital Estimates for China. *China Economic Review*, 17: 142—185.

17. Kohli, U.. 1978. A Gross National Product Function and the Derived Demand for Imports and Supply of Exports. *The Canadian Journal of Economics*, Vol. 11, No. 2: 167—182.

18. Kohli, U.. 1990. Growth Accounting in the Open Economy: Parametric and Nonparametric Estimates. *Journal of Economic and Social Measurement*, 16: 125—136.

19. Kohli, U.. 2003. Growth Accounting in the Open Economy: International Comparisons. *International Review of Economics & Finance*, Volume 12, Issue 4: 417—435.

20. Kohli, U.. 2004. Real GDP, Real Domestic Income, and Terms-of-Trade Changes. *Journal of International Economics*, 62: 83—106.

21. Krueger, A.. 1999. Measuring Labor's Share. *American Economic Review*, 89: 45—51.

22. Krueger, O. A. and Sonnenschein, H.. 1967. The Terms of Trade, the Gains from Trade and Price Divergence. *International Economic Review*, Vol. 8, No. 1: 121—127.

23. Nicholson, J. L.. 1960. The Effects of International Trade on Measurement of Real National Income. *Economic Journal*, vol. 70, No. 279: 608—612.

24. Samuelson, P. A. and Swamy, S.. 1974. Invariant Economic Index Numbers and Canonical Duality: Survey and Synthesis". *American Economic Review*, 64: 566—593.

25. Sun, Ling and Fulginiti Lilyan. 2007. Accounting for Taiwan GDP Growth: Parametric and Nonparametric Estimates. *Journal of the Chinese Statistical Association*, 45: 74—98.

第三章　制约我国内需增长的结构性因素及其政策选择

一、我国内需增长动力的前景仍然不容乐观

我国正处在向市场经济体制转型的加速时期，在市场经济的大背景下，需求是拉动一国经济实现长期增长的根本动力。但是，分析自 2000 年以来我国 GDP 构成的动态演变过程，可以发现在拉动经济增长的"三驾马车"中，投资和净出口所占比重持续上升，消费所占比重则不断下降（如图3—1所示）。1980—2010 年，最终消费占 GDP 的比重下降了 18 个百分点，从 65.5％降至 47.4％；资本形成占比上升了近 14 个百分点，从 34.8％升至 48.6％。在最终消费中，政府消费占 GDP 的比重较为稳定，30 年间的变化不超过 4 个百分点。最终消费占比的下降主要来自家庭消费占比的下降。1980—2010 年，家庭消费占 GDP 的比重下降了 17 个百分点，从 50.8％降至 33.8％。

虽然如此，投资扩张带来的总供给的持续增加和净出口的持续增加，在外部需求良好的大背景下，依然使我国的总体经济保持了年均 10％的超高速增长（如图 3—2 所示）。

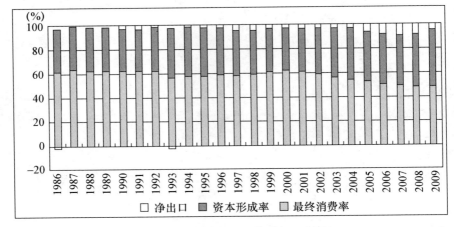

图 3—1 支出法 GDP 构成——中国

资料来源：根据《中国统计摘要 2010》相关数据整理。

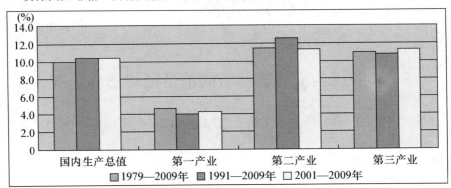

图 3—2 我国第一、二、三产业及国内生产总值年均增长率

资料来源：同图 3—1。

然而，在这种由投资和净出口拉动的高增长的背后，其增长的可持续性受到广泛质疑，并且这种过分依赖投资和出口的畸形的总需求构成，给我国宏观经济带来了严重的失衡压力，特别是 2004 年以后我国所面临的不断加大的通货膨胀压力、外汇资产损失、宏观经济调控难度以及更深层次的环境、资源和社会压力。2007 年以来，随着美国次贷危机的爆发和蔓延，并最终演变成全球系统性金融动荡，我国经济的外部需求环境急剧恶化。在此影响下，我国的出口和国内投资增速大幅回落，并导致我国经济总体增速的大幅下降。无论是 2007 年以前的宏观经济失衡压力，还是 2007 年以后外需冲击对我国经济增长的巨大影响，都凸显了我国失衡的总需求构成具有内在的不可持续性。

另一方面，通过刺激消费拉动内需的经济增长方式则普遍被学界认为是一种可持续的经济增长方式。首先，通过扩张性的投资拉动内需，已被历史证明不具有可持续性。1923年爆发的资本主义经济危机催生了凯恩斯主义，主张通过政府投资拉动国内需求，在外部环境恶化的经济背景下维持经济增长。但是，20世纪70年代爆发的滞胀危机充分证明了凯恩斯主义经济增长方式的不可持续性。政府通过由投资导向的扩张经济政策转向消费导向的刺激国内消费经济政策，取得了显著的成效。其次，出口导向型经济面临的外部风险不可控制，不是可靠的经济增长方式。出口贸易的快速发展，已经使国际格局发生了巨大的变化，贸易争端和贸易摩擦日益增多。在目前各国经济普遍元气大伤的背景下，为了使本国经济尽快走出低谷，贸易保护主义在各国都有抬头的迹象。在这种外需不足情况下，由外需（出口）导向型经济转向内需主导型经济，是我国经济发展的必然要求。

在中国经济已经出现下滑趋势的情况下，我国政府及时果断地采取了扩大内需的方针，这些政策措施的出台对于熨平经济波动和推动经济增长起到了积极的作用，内需的拉动作用增强，外需的依赖程度下降。一方面，通过政府投资拉动内需增长，出台4万亿政府投资政策。从直接受益产业来看，4万亿政府投资将对第二产业中的上游制造业产生直接的刺激作用，主要是钢铁、建材、工程机械等行业；从投资内容来看，4万亿政府投资将集中安排于保障性安居工程、农村民生和农村基础设施、铁路公路和机场等重大基础设施，医疗卫生，教育事业，生态环境工程，自主创新和结构调整等六个大的方面。另一方面，通过积极推进增加居民收入的相关措施的施行，确保最终消费在GDP构成中的比重稳步上升；通过提高收入，增强居民的消费能力；同时，通过改善消费环境，培育新的消费热点，带动国内消费需求的上升。

但是应当注意到，简单的需求管理政策可以在短期刺激内需、缓解外需减少带来的宏观经济压力，但是不足以实现内需的长期可持续增长。我国居民消费支出的增长受制于很多深层次的制度和结构性问题，例如收入分配体系和金融市场的缺陷，医疗、教育和社会保障等公共性服务供给的不足。由此，扩张性宏观经济政策对国内需求的刺激作用，主要是通过投资需求的增长实现的。这在短期可以实现国内总需求的增长，缓解外需下降所带来的宏观经济压力。但在长期，国内投资扩张带动生产能力的进一步扩张，在国内消费需求不能实现持续增长的情况下，经济增长和平衡对外需的依赖性将进一步增加。这将加剧我国总需求结构失衡的状况，使得我国宏观经济的稳定与增长，在面对外需冲击时的脆弱性进一步增加。

所以，简单的总需求管理政策并不能实现我国内需的长期可持续增长，进而无法为我国经济的长期增长与稳定构建可持续的总需求基础。那么，如何才能实现我国内需的长期可持续增长？要回答这一问题，就必须对制约我国内需长期可持续增长的深层次因素，特别是对制约国内消费需求长期可持续增长的因素展开分析。

二、制约我国当前内需增长的因素探讨

（一）收入分配与消费

1. 居民绝对收入的提高与相对差距的扩大

近年来，经济保持了持续稳定增长的态势，同时居民收入水平也不断提高。我国农村居民的年人均收入由 2000 年的 2 253 元提高到了 2010 年的 5 919 元，相比之下，我国城镇居民人均可支配收入也由 2000 年的 6 280 元上升至 2010 年的 19 109 元，居民收入水平得到了显著提高。而在居民绝对收入提高的同时，我国的基尼系数也有较大的提高，陈宗胜的统计及计算结果表明，2000 年全国总体的基尼系数已经达到了 0.458，这表明我国居民之间收入的不平等已进入绝对不平均的区间，超过了国际公认的警戒标准，并有继续扩大和加速的趋势。

当前，收入分配的不合理现象已经引起了政府的重视，政府也已经采取了一系列的措施调节居民的收入分配，如通过税收、转移支付等手段缩小不合理的差距，但各种差距仍然没有得到较为有效的控制。

2. 金融危机下的消费需求降低

以按劳分配为主体的收入分配政策适应了我国国情，促进了国民经济的发展和人民生活水平的提高，但各种其他因素的干扰，尤其是 2008 年席卷全球的经济危机，导致分配改革环境不断恶化，各种因素都不同程度地影响了原有的平衡。在此期间，我国政府宏观调控力度逐渐加强，面对恶劣的外部环境，人民币升值的压力一直较大，我国对外贸易面临着更大的挑战。除大量能源和原材料价格不断上涨之外，各种生活用品的价格也持续走高。就业与收入的不确定因素的增加，使得很多居民财产性收入增速减缓，居民消费面临内部的约束，加之经济过冷，居民消费信心也陷入极度失落之中。

受金融危机的冲击，我国产业结构不合理的矛盾进一步加深，许多投资者的悲观情绪继续蔓延，导致许多新项目计划的总投资大幅降低，因得不到有力的资金支持许多项目不得已停滞不前或中断。居民消费需求不足又制约着我国生产力发展和投资增长；社会保障资金的拖欠、下岗职工基本生活费和离退休职工基本养老保险金发放的不足和延时等问题，使我国经济运行和分配改革面临艰难局面。我国的收入分配体制进入了一个新的调整时期。

（二）社会保障体系与消费

由于社会保障制度建立和发展的主要功能是要保证社会各阶层的个人在退休之后都能享受到某种比较一致的利益结果，因此，社会保障制度可以适度缩小不同收入阶层之间的社会差异，并保证居民个人在其生命周期内的各个阶段都具有较稳定的消费水平。由此可以看出，社会保障制度对个人消费的影响也是多方面的，主要可以从以下几个方面来看：

社会保障制度的存在增加了人们对未来预期的乐观性，这在某种程度上替代了个人为实现跨期消费所要进行的预防性储蓄，如此，居民个人便会倾向于减少自己的预防性储蓄，将被替代下来的储蓄应用于个人消费，从而增加了即期整体的消费。

然而在建立社会保障制度的情况下，自愿性储蓄依然存在，但人们对未来预期的乐观度总体上来说还是增加了，从而有助于扩大消费需求。进一步来看，社会保障制度的建立提高了低收入阶层的消费能力和倾向。正如福利经济学庇古所认为的，一元钱对于穷人和富人的边际效用是不同的，相对来说，穷人的边际效用要更高一些，而富人的边际效用则相对较低。这样，实行具有收入均等化效用的社会保障制度，可以提高低收入者未来可支配收入的水平，从而提高了低收入阶层的边际消费倾向和能力，有助于全社会消费总量的提高。因此，从上述两个角度来说，社会保障制度对消费的影响是积极的。

尽管如此，社会保障制度也有其可能存在的消极影响。社会保障制度的建立有可能使居民选择较短的工作时间和更长的退休期，与之相伴的是积累社保资金的工作年份的相应减少，这就使得居民在退休前减少消费，以保证退休后有稳定且比较宽裕的生活来源；有遗赠动机的消费者会增加储蓄以提高给子女的遗赠。因此，社会保障的退休效应和遗赠效应会对个人消费产生负面的影响。综上所述，社会保障制度对居民消费产生影响的作用和程度存在很大的弹性。

（三）金融体系与居民消费

改革开放以来，我国经济体制逐渐从计划经济转向市场经济，生产力水平得到了长足的发展，人民生活水平迅速提高。居民家庭资产也经历了由无到有、从少到多的过程，所拥有的金融与实物资产均达到空前的规模，成为国民经济中的重要组成部分。整个国民经济的运行必然会受到居民金融资产发展的影响，居民个人资产在经济生活中扮演的角色越来越重要。总体来看，随着金融市场的发展和金融资产的不断涌现，居民收入、居民消费和居民资产三者之间的发展关系，大体可以分为前后两个不同的模式：

第一种模式是 1979 年以前的单一模式。单一模式的特点是，居民家庭或个人的资产主要来源于家庭或个人的劳动报酬，另外很少的一部分来源于存款利息收入。这两种途径下居民个人可支配资金的总量是有限的，而且不能实现跨期消费。这些有限的资产又被分割为两部分，一部分用于各种生活消费，另一部分则用来进行储蓄。这种单一模式的金融关系，极大地限制了居民生活条件的改善，降低了经济活力和社会的快速发展。第二种模式是 1979 年以后的多元化模式。该种模式下，居民收入多元化、投资多元化，同时消费也多元化。居民个人资金的获得途径已经不单单是劳动报酬和存款利息，而是以工资、奖金为主体模式，通过投资理财收入，诸如股票投资收入、储蓄存款收入、债券投资收入、基金投资收入、住宅房屋等不动产投资收入等多种模式来获得更多的个人资产。这种模式适应了我国经济快速增长和市场经济体制改革的需要，具有极大的活力和生命力。收入的多元化、投资的多元化从根本上奠定了居民消费行为多元化的基础。

然而，金融体系的发展和完善同样会带来一定的负面影响，即如果各种有利条件发生逆转，各种积极作用的反面同样以相同倍数或更大的比例带来消极的影响。金融工具的多元化必然会带来一定的不稳定性，一旦经济在某个点发生逆转，多米诺骨牌效应会使得居民金融资产、居民收入、居民可支配资产等都受到严重的打击和影响。金融危机便是这一现象的极端体现。尽管我国金融体系的发展和完善是比较令人满意的，但是过快的发展没有坚实的基础。不同时期的金融政策相继出台，反映了在应对经济波动时的不够成熟，也直接体现了我国金融体系内在的不稳定性和基础的不牢固。正是基于这种原因，我国居民在收入持续增长的同时，面临着较大的不确定性，因为他们不知道将来的金融政策会呈现何种走势，这也导致了我国居民在参与金融活动时有一定的盲目性。

（四）对外贸易与消费

1. 我国出口商品结构变化

20 世纪 70 年代后期，我国改革开放的经济时期以十一届三中全会为标志而全面展开，自此，我国对外贸易开始快速发展。从过去简单的资料互通有无、调剂余缺开始转向规范化的国际贸易，通过国际分工、根据比较成本优势，我国开始了对外贸易强劲发展时期。我国发挥劳动力资源丰富的比较优势，努力发展外向型经济，通过进口各种生产资料、技术等，极大地推动了国民经济的快速发展。

在图 3—3 和图 3—4 中可以看出，在 1980—1994 年，我国出口的初级产品和工业制成品都处于较低水平。我国出口的商品按其金额排名的状况逐年变化，本章选取了若干年份的排名情况列举如下：

1986 年我国出口的前十名的商品分别是织物服装、原油、棉布、成品油、玉米、原棉、涤棉布、棉纱、煤、真丝绸缎；到 1989 年这一排名变为织物服装、原油、棉布、成品油、真丝绸缎、涤棉布、煤、厂丝、蔬菜、玩具；而到 1992 年这一排名又变为服装、原油、棉布、电讯设备、家用电器、棉针织品、玉米、抽纱、钢材、涤棉布；1994 年的排名为服装、家用电器、电讯设备、玩具、棉布、棉针织品、原油、毛针织品、体育用品、棉织品。由这几个年份的排名情况可以看出，在 1986—1994 年间，我国出口商品的种类和数量变动幅度并不是很大。

比较重要的一点是，这一排序表明，我国在此期间出口的商品主要是集中在劳动密集型产业上，通过我国相对较为廉价的劳动力和丰富的各种初级

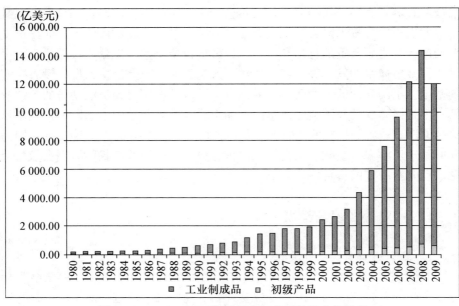

图 3—3　1980—2009 年我国出口商品结构变化情况

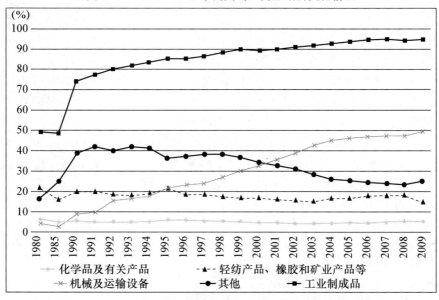

图 3—4　1980—2009 年中国出口工业制成品占比及其构成情况

资料来源:《中国统计摘要 2010》。

产品或资源的组合，拉动了我国对外贸易中出口的增长，此时处于对外贸易的初级阶段。

我国贸易结构的第二次转变从 1995 年开始，以资本和技术密集型产业的发展为标志。我国出口贸易中，初级产品的出口在所有出口商品中所占的比例开始下降，并且有持续下降的趋势，而工业制成品出口所占的比例则稳步持续上升，并逐渐在出口商品的结构中占据了绝对优势。由图 3—3 可以看出，我国出口贸易额急剧上升，尽管工业制成品和初级产品都有所增长，但是工业制成品的增长速度远远超过了初级产品的增长速度。从图 3—4 中也可以看出，我国出口的工业制成品的比例，自 1985 年之后急剧上升，在 1990 年之后一直处于高位缓慢增长状态，在 1995 年之后，这一比例始终处于 85％的水平之上。从图 3—4 中出口工业制成品内部各种产品种类的比例可以看出，机械及运输设备在 1995 年之后所占比例迅速提高，并且发展迅速，一跃成为我国第一大出口类别，并且呈现出不断上升的趋势。以轻纺产品、橡胶和矿业产品等为代表的劳动密集型产业的贸易额比重开始出现下降趋势。由此可以看出，我国的出口贸易已经进入一个新的发展阶段。

2. 我国进口商品结构变化

对外贸易的发展，使得一个国家可以运用的经济资源有了更多的来源，这一变化使得资源整合与利用变得日益国际化，同时，商品的生产和消费等也都逐渐国际化。市场主体也日益丰富化、多样化，外国的消费者、投资者、跨国企业、国际金融和贸易组织等，都对各国的经济发展产生了深远的影响。这也是我国发展对外贸易以来所取得的直接经验。与此同时，随着我国改革开放的不断深入，我国经济持续增长，无论是国内市场还是国际市场都处于持续旺盛阶段，我国逐步成为吸纳全球产业的中心地带。各国向我国出口的商品逐渐向机械运输设备倾斜，开始在我国投资建厂。化学品及有关产品的出口也处于相对稳定的状态，然而不具有比较优势的轻纺产品、橡胶和矿业产品等的出口量逐年降低。日本、韩国、美国、德国等国家，纷纷把国内成熟的产业向我国转移，如 IT、汽车、机械、化工等。这些产业大多投资在我国沿海地区，也促使我国的产业结构得到了极大提升。我国进口商品的结构，恰恰符合了国际间产业转移和我国国内产业结构升级的要求，随之发生了较为显著的变化，如图3—5和图3—6所示。

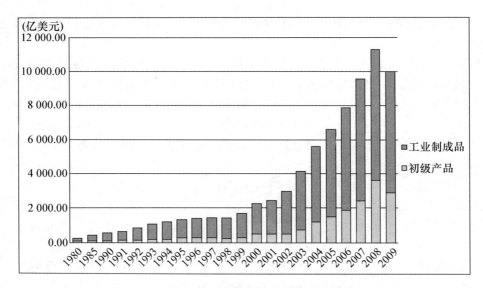

图 3—5　1980—2009 年我国进口商品结构变化情况

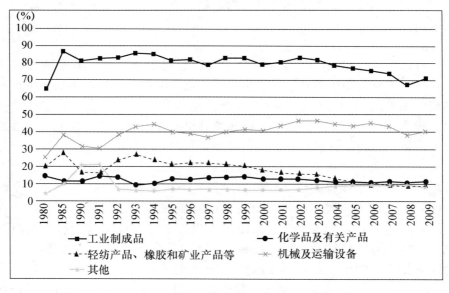

图 3—6　1980—2009 年我国进口工业制成品占比及其构成情况

资料来源：《中国统计摘要 2010》。

同我国出口商品结构类似，我国进口商品结构的变化，也呈现出类似的特点，即进口的商品结构存在一个时间点，在此时间点之前和之后的进口商品数量和产品比例都发生了较为明显的变化。仍然是以 1994 年为分水岭，1994 年之前，以金额计算的我国进口产品数量一直处于较平稳的发展时期，并没有大幅度的变动；1994 年以后，尤其是进入 21 世纪后，我国进口产品金额实现了跨越式的发展，进口的初级产品和工业制成品都有较快的发展。但是有一个突出的特点是，我国进口的工业制成品的比例，大体呈现出降低的趋势，如图 3—5 所示。这表明我国国内市场对初级产品的需求略有上升，说明我国国内的技术和资本有所提高，开始发展起具有自己技术的产业，我国国内产业进入较快的高端发展阶段。

（五）供给结构

同需求相对应的范畴是供给。需求和供给是相互对应、相互匹配的，有什么样的有效需求就要求有什么样的供给相对应，同样，有什么样的供给就基本会产生什么样的需求。从某种意义上来说，需求和供给是相互影响、相互制约的，两者既对对方产生直接的决定和影响作用，同时也会受制于对方的决定和影响。

1. 产业供给同消费需求间的变动关系

从产业供给的角度分析同需求的关系。均衡的市场上产品的供给与需求是相平衡的，此时存在一个均衡价格，这个均衡价格在某种程度上决定了消费者对该消费品消费的一个心理预期与接受程度，因此，产品的价格可以看作需求大小的一个测度标准。

产业供给作为社会生产成果的体现，决定了产业供给结构与消费结构的关系同生产与消费的关系是一致的。二者相互联系，互为前提，产业供给结构决定了生产出来的产品的结构，从而决定了消费者消费时产品的构成，没有产业供给结构的变化，消费商品的结构就没有了物质基础，因此，产业供给结构是消费结构的基础；消费结构对产业供给结构的决定作用也是显而易见的，消费需求决定了产业供给结构的形态，是产业生产的目的和出发点，是厂商生产的指引和动力，没有消费的生产是无效率的生产，是没有市场的，因此，产业供给必须同居民消费需求结构相适应。

2. 我国目前三大产业供给结构

为直观地研究我国三大产业的结构布局，本章对我国 1981—2009 年的三次产业的数据进行整理，分别对三大产业产值绝对值的变动趋势和各自所占比例的构成情况进行了分析，最终结果如图3—7和图3—8所示。

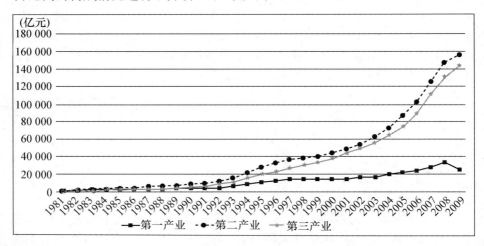

图3—7　我国三大产业产值绝对值变动图

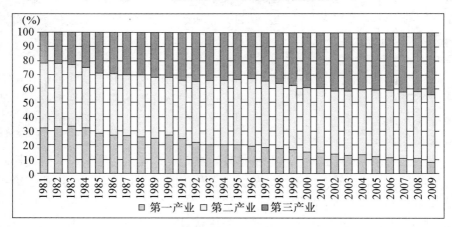

图3—8　我国三大产业产值比例变动图

由图3—7可以看出，我国三大产业产值呈现逐年升高的趋势，第二产业的增长速度最快，其次是第三产业，而作为基础产业的第一产业则增长速度最慢。而且从图中我们可以看出，在1981—2009年间产业增长的趋势可以分为较明显的三个阶段：第一阶段是1981—1991年，三大产业都处于低速发展时期，尽管都有所增长，但增速是相当缓慢的；第二个阶段是

1991—2002 年，三大产业的增速都有所提高，并且三大产业之间已经出现了较为明显的差距；第三个阶段是 2002—2009 年的飞速发展时期，尤其是 2003 年之后，第二产业同第三产业的发展迅速加快，相比之下，第一产业仍处在较低位的缓慢发展状态。由此可以看出，我国三大产业供给结构是不均衡的，其贡献率从大到小分别为第二产业、第三产业和第一产业。

另外，从图 3—8 我国三大产业产值比例变动图可以更直观地看出，我国第一产业在三大产业中所占比例逐年降低，而第三产业的比例逐年上升，与此同时，第二产业所占比例除个别年份有所降低之外，也基本处于逐年增加的趋势，但增加的比例远远小于第三产业增加的比例。

由此可以看出，在我国三大产业的供给结构中，第二产业产值增加的比例小于第三产业产值增加的比例，但是其绝对值仍然处于绝对的优势；第一产业作为基础产业，所占比例逐年下降，但产值却是逐年稳步上升的；第三产业作为我国优先发展的产业，尽管其绝对值小于第二产业的产值，但增长速度是极快的。据此可以看出，我国产业供给结构正处于优化发展阶段。

三、影响内需长期可持续增长的结构性因素

收入分配制度、社会保障制度、金融制度和对外贸易制度共同构成了影响居民消费的内部结构性因素。通过以上分析可以看出，每一制度安排都会对居民消费产生影响。在消费这个相对独立的体系内部，尽管各个因素都发挥着比较大的作用，然而，每个因素发生作用又不是相互独立的，而是相互关联，对彼此作用强度会产生一定的影响。

收入分配制度是居民消费行为的第一道强有力的支撑。正是存在着这一收入分配制度，居民个人才有了消费的基础和动因。收入分配强度如何、结构如何，从根本上决定了居民有效需求的强度。

社会保障制度作为社会最基本的保护网，属于收入再分配制度。这一再分配有个特点，即其时间跨度概念较初次分配存在更大的计划性，从一个历史的角度或说时间的角度，提高了居民一定时间内可持续稳定支出的保障。因此，社会保障制度对居民消费的影响是显著存在的。拉动经济增长的三驾马车——消费、投资和净出口，构成了一国经济的产出。作为经济产出的主要组成部分的消费，也会受到社会保障制度的影响，而对经济产出产生比较

明显的影响。

金融制度对消费者消费行为的制约是比较明显的，利率的变化和消费信贷能力的强弱，都从最为直接的基础上影响了居民在可能性消费和可能性储蓄之间的权衡，进而最终表现为居民在消费上的支出变化。

对外贸易则在三部门经济中，从更为宽广的角度，对消费者消费行为产生较为深刻的影响。一是在对外贸易中居民个人收入的开源，二是在对外贸易中居民个人消费品的分流；前者是对消费者个人收入方面的影响，后者是对消费者消费品结构方面的影响。

由上面的讨论可知，这些因素对消费者内需的影响是相互关联的，并在各自的程度上存在着一些差别。然而，由于经济体的一体性，诸多因素之间必然存在着一定的关联，独自或者共同作用，对我国内需产生着影响。因此，在一个大的结构性框架内对诸多因素进行分析、研究不仅是十分科学合理的，也是十分必要的，唯有如此，才能从根本上更全面地分析我国消费者需求的整体影响因素，才能从根本上解决我国消费内需不足的问题。

四、结论与政策选择

研究表明，在影响我国内需发展的内部微观因素中，收入分配制度、社会保障制度、金融制度和对外贸易制度四个因素，分别从居民收入状况、居民转移支付、居民金融资产的影响和对外商品与资源互通的角度对消费需求的总量和结构存在着不同的影响。同需求相对应的范畴——供给，则从中观角度出发，通过产业和投资的结构，进而影响到居民可支配收入的数量，并直接影响到居民可消费的商品的种类和数量。研究我国内需长期可持续性增长问题，则是从宏观的结构和总量角度进行分析，因此，应该从内需的微观支撑和中观匹配两个角度综合进行研究，以构建内需长期可持续性增长的结构性基础。

（一）收入分配政策

1. 完善收入分配制度改革

"深化收入分配制度改革，增加城乡居民收入。合理的收入分配制度是社会公平的重要体现"。党的十七大报告中这一观点体现出：对我国分配制度的规定，要坚持和完善按劳分配为主体、多种分配方式并存的分配制度，初次分配和再分配都要处理好效率和公平的关系，再分配则要更加注重公平。这要求我们做到如下几点：第一，增加企业支付给劳动者的劳动报酬，以提高国民收入初次分配中居民收入所占的比重；第二，优化资本市场结构，拓宽投融资渠道，发展、完善各类金融市场主体，以提高居民财产性收入的比重；第三，通过财政手段、金融手段、法律手段等诸多方式调节过高收入、保护合法收入、取缔非法收入，保障低收入者的生活需求。

根据我国分配制度的规定，以按劳分配为主体，意味着不仅只是按劳分配形式，还应多种分配方式并存，要完善生产要素按贡献分配的制度，要逐步探索按劳动力、技术、资本和管理等生产要素的贡献分配的制度，制定科学、合理的分配方式、方法，这不仅是我国社会主义初级阶段分配制度的要求，更是市场经济的要求，同时也是社会主体原则的体现，不仅可以充分调动一切积极因素参与经济建设，还可以消除收入与贡献背离的不合理现象，从而保证效率原则和公平原则的实现。

2. 提高转移支付的调节作用

收入分配制度从根本上决定了居民可用于消费的可支配收入的多少，而转移支付则对居民可支配收入具有较强的调节作用，可以说是收入分配制度的重要补充。从整个社会角度来看，城市居民之间、城乡居民之间的转移支付对促进城市低收入者和农村居民收入的提高具有十分重大的意义，能使低收入的城镇居民和农村居民逐渐加入到中等收入者行列，在其消费需求、消费层次上得到提升，从总体上提高总需求。

就农村而言，应从以下三方面着手：第一，增加农业财政拨款，增加农业基础设施建设的投入。这是对农业的技术投入支持，可以解决农业生产中的技术问题，保证农业生产的高质量、高效率，提高农产品的附加值，并提高农民的收入，从而保护农民的利益。第二，提供技术支持，引导农民调整产品结构。农业作为农村收入的主要来源，农产品的种类和数量决定了农民的收入水平。增加财政拨款，提供技术支持，帮助农民调整农产品结构，促进质优高产的农作物的种植，能够使农民获得更多更为直接的收益。第三，培养新型项目，积极发展农村第二产业和第三产业。在农村，第二产业的某些项目存在一定的立项困难，但仍然可以在某些行业尝试；而第三产业在农村的兴起和发展，则具备一定的优势，如农村旅游业。拓宽农村产业渠道，大力发展第二和第三产业，可以提高农村经济活力，拓宽就业渠道，增加农民的收入来源，从而提高其收入水平。

3. 发挥税收政策的杠杆作用

税收政策具有比较强大的杠杆作用，主要是指税收对高收入者的调节，这直接体现为累进制的税收制度可以有效平滑高、中、低收入者的收入差距，促进社会整体消费倾向的提高，并最终提高总需求。充分发挥税收政策的杠杆作用，应以个人所得税为主体，逐步扩展到消费税、增值税、遗产税、赠与税、物业税等项目，其中最重要的是个人所得税的管理。

我国个人所得税起征点正在逐年提高，2006 年上调为每月 1 600 元，2008 年调整为每月 2 000 元，2011 年又上调为每月 3 500 元。个税起征点的提高，有效地保障了低收入者的收入水平，提高了低收入者的消费能力，同时不至于使居民高低收入差距过大。然而，累进税制的一个前提是个人收入的高度透明，但我国目前的收入透明度并不高，这便限制了累进税制作用的发挥。因此，提高居民收入的透明化管理水平将是税收发挥杠杆作用的重要支撑。其他税种，如遗产税、赠与税等的征收，有利于改变我国居民的消费观念，使他们放弃个人资产的过度积累，通过消费、投资等方式将个人资产分散出去，从而促进总需求的扩大。

提高税收政策的杠杆作用，应从以下几个方面着手：

第一，加强立法管理，修订个人所得税法，修改某些不利于实际操作的条款，使有关法律更能促进对个人收入的调节。第二，加强税收管理，强化税收代扣代缴工作的落实，适当提高个人所得税的起征点和累进税制的规定、章程，对储蓄利息税也实行按比例税率征收的办法，实行累进税制。第三，加强个人财产和金融资产的管理，提高个人收入的公开化和透明化管理水平，对个人银行储蓄和金融交易实行实名制管理等。第四，采取基本一致、个别优惠的税收优惠政策，针对高收入家庭，特别是个体业主、私营企业家群体的家庭收入再投资，通过税收优惠鼓励其健康消费，尤其是科教文卫方面的消费支出。第五，加紧税种立法和执法，尽快建立适合我国国情的财产税、遗产税和赠与税等国际通行的税种制度。

4. 促进劳动力自由流动

市场经济的显著特点是各种资源的自由配置，以达到最有效的状态。劳动力的自由流动，主要是在城乡之间、地区之间的自由流动，使他们能够有同等的就业机会，可以很好地促进劳动力资源在经济建设中发挥能动优势，对提高经济活力、促进经济发展、提高内需有重要的作用。这都取决于落后地区的劳动力流到发达地区后产生的收入分配效应：首先，劳动力的流动缓解了输出地剩余劳动力的压力，取而代之的是流出后劳动力获得的高报酬；其次，劳动力的流动，平抑了输入地由于劳动力短缺造成的工资率上升的压力。但城乡二元的经济结构阻碍了这种流动，因此，应打破城乡和地区壁垒的制度障碍，推进制度创新，促进劳动力资源的合理流动。

首先，取消农村劳动力向城镇流动、就业的不合理限制。尽管现在许多城市都面临着比较大的就业压力，但一些大中城市为了保证本市居民的就业，对进城务工的农村劳动力的行业和工种设置了诸多限制，各种名目繁多的证件，过多、过滥的收费项目等，甚至某些粗暴清退进城农民工的做法，都极大地限制了农村劳动力在城乡之间的流动。因此，应该在城乡兼顾、适度控制、管理得当的原则指导下，进一步完善和规范城镇劳动力市场的管理，禁止一些不合理的限制政策，取消乱收费的一些项目，特别是要杜绝简单粗暴的清退做法，促进劳动者在城镇劳动力市场中的高效配置。其次，进一步加大户籍改革力度，加快户籍管理制度的改革。只有消除城乡分治的户籍制度，才能从根本上消除城乡居民两种身份，也才能从根本上解决由此带来的就业不平等问题，加快全国统一的劳动力市场的建立和完善，促进城乡经济的一体化，缩小收入差距，扩大总需求。

5. 推进农村城镇化进程

推进农村城镇化的建设，是促进农村经济发展、改善农村同城镇之间经济发展不平衡状况的根本措施。农村城镇化的建设，最重要的标志是农村居民生产关系和生活方式的转变。劳动力在城乡之间的流动，仅仅是劳动者在空间上的转移，并不能说农村劳动者进入城镇工作，在某些生活方式上城镇化就意味着城镇化的完成。因此，要从以下两方面着手：一方面，逐步提高和改善进城农村劳动力在教育、就业机会等方面的条件，提升他们自身的素质、经济条件和收入水平；另一方面，加快农村教育、科技投入，加快新农村建设，使农民真正享有同城镇居民一样的各种便利条件，消除城乡之间的各种显著差异，加快促进城乡一体化建设，促进整体经济社会的协调发展。

（二）社会保障政策

我国目前正处于市场化进程中，各项改革措施都已相继推出，但是还亟待进一步完善。正是由于社会保障制度的不完善，加大了消费者对未来不确定性的预期，这是导致居民消费谨慎的一个重要因素。社会保障的主要作用是解决低收入者的生活保障问题，以免除其后顾之忧，尽管不能扩大中等收入者的比例，但也有利于缩小居民之间的收入差距。因此，扩大社保资金的来源、增强社保制度的抗风险能力对于扩大社会保障的覆盖面，是非常重要的。

进一步发展覆盖城乡的社保体系计划，在社会保障制度的改革过程中应坚持城乡互动、待遇平等和保障对接的原则，多渠道、多层次、多方式地兴办养老保险、医疗保险、生育保险和伤残保险等，尽快出台改革的明确方案，最终突破二元社会结构的束缚，建立起统一、完善的社会保障制度。具体来说，一个全面的社会保障体制改革方案，就是要建立起适度、公平、有效的三维结构的社会保障体系。

所谓三维结构，包括四个方面、四个层次和四个支柱：四个方面，即养老保险、失业保险、医疗保险、工伤和意外事故保险；四个层次，即社会救助、社会福利、社会保险和商业保险；四个支柱，即政府、社会、单位和个人。只有上述诸多因素综合起来，才能真正建设起完善的社会保障体系。因此，应着力做到以下几点：

第一，做好社会福利、社会救济、优抚安置和社会互助等社会保障工作，建立多渠道的、完善的对低收入者的救助制度，妥善解决城市特殊困难家庭的各方面问题，将尽可能多的城镇贫困人口纳入到社会保障体系中来。第二，根据建立公共财政框架的要求，调整公共财政的支出结构，适当增加社会保障各项费用的投入。第三，保证下岗职工基本生活费、企业离退休人员工资逐月足额按时发放。第四，合理确定城市"低保"标准和保障对象，合理确定各类人员的补助水平，切实做到应保尽保。最后，应加快我国保险业的发展和建设，提高商业保险对居民生活的保障作用，提高社会救助和社会福利的水平，做到农村和城镇待遇有区别但相对项目统一的完善的社会保障体系。

农村社会保障制度的建立和完善是社会保障制度在农村所面临的紧迫任务。建立与城镇社会救助制度相平等的救助制度，而不是有所区别的最低生活保障制度，是解决农村贫困人口最低生活问题的根本；根据农村当前的经济发展水平和客观需要，应该建立起农村社会保险制度，最迫切的是要完善和扩大养老保险及医疗保险。我国农村的经济发展状况和农村集体所有制经济的性质，决定农村社会保险同城镇之间必然存在着很大的差别。具体来说，农村养老保险宜采取强制储蓄积累的模式，医疗保险制度可实行大病统筹与个人账户相结合的办法，国家、乡村集体和个人共同为个人账户缴纳费用，积累的基金属于账户所有人个人所有。鉴于农村贫困人口看病难的问题比较严重，可以建立医疗救助制度，资金由政府财政和社会力量共同承担。

（三）金融政策

宏观经济政策的长期目标是促进国民经济的增长、扩大就业、提高人民的生活水平，而经济的增长带来的一个直接结果是社会储蓄率的提高，而高储蓄率又会带来整个社会的高投资。因此，经济政策的有效运用，必然能够促进整个社会经济的发展。单一的财政政策或货币政策都或多或少存在着一些无法克服的市场缺陷，必须综合运用财政政策和货币政策来调节社会资源的配置。加快金融市场的改革，运用各项政策提高财政收入在国民收入中的比重，抑制居民收入的过快增长，实现居民消费和储蓄的合理变动，改善居民单一的金融资产结构，改善社会投资资金的配置等，将会有非常重要的经济意义。

第一，充分利用货币政策工具，调节金融机构存放款水平。

紧缩或宽松的货币政策都会对社会上的金融资产产生非常直接的影响，这一影响从某种程度上来说是通过对金融机构存放款水平的调节实现的。金融机构存放款量的改变，可以有效改善流动性约束，比如增加投资者的投资预期收益率便是一个很好的途径。

第二，丰富金融工具，发展规范化的融资形式。

丰富金融工具，发展规范化的融资形式，对促进宏观经济的稳定、提高居民消费能力具有十分重要的意义与作用。首先，可以向居民提供各种不同的金融工具，以满足不同需要；不同种类的储蓄产品可刺激储蓄，不同组合的金融投资品可刺激投资等。其次，居民大量的定期存款集中起来转化为更长期的金融资产，这样一方面会提高金融体系的稳定性，另一方面也会促进经济的持续增长。再次，由于投资领域的专业化，一些非银行金融机构要比商业银行更能有针对性地为企业筹配资金，通过各种不同的资金配置形式，提高资金配置的有效性，并最终促进经济增长。四是，非银行金融机构在债券销售及承保方面对地方经济体能够做出更大的承诺，中央及地方政府会发现通过非银行金融组织向公众出售政府债券将是一个很好的途径，从而可以避免财政赤字货币化的货币直接融资。最后，非银行金融机构在兼并和收购业务中具备较突出的优势，在市场经济中，这些非银行金融机构将会对经济的稳定性做出自己特有的贡献。

第三，优化信贷结构，提高信贷体系对内需的支持作用。

市场经济一旦失灵，便无法通过自己的调整实现优化，而政府财政政策和货币政策的实施，就成为一种必然。无论是财政政策还是货币政策，必须有利于促进社会投资的增长。通过创造条件，促进投资信贷的发放是一个很好的途径。银行等金融机构作为企业，其出发点也是使得自己组织的利益最大化。在市场无利可图时，它们对信贷的发放将不会再足额、及时。因此，政府出台一系列的政策显得尤为必要。

首先，要通过政策的指导，提高投资者的投资预期收益率，或降低贷款利率，使得投资预期收益率大于贷款利率，从而可以吸引银行等金融机构促进放贷。其次，政府可以降低企业设立的门槛，降低新建企业的审批费用，对新增投资给予一定比例和一定年限的税收减免等，从而促进社会投资的增长。再次，为促进消费信贷的发展，政府还应改善消费信贷发展的外部环境，如创造良好的法律环境，促进消费信贷的健康发展。通过以上种种措施，逐渐优化信贷结构，增强信贷对经济的促进作用。

第四，规范个人信用制度，增强居民消费信心。

调整现期的收入政策，增强人们对未来的信心，调整当前我国的消费政策，转变人们的消费观念，完善创新消费信贷工具，降低金融市场上的各种风险，完善消费信贷发展的外部环境，这些都需要建立健全个人信用制度。通过优化个人消费信贷的环境，增加居民个人的消费信心。

（四）对外贸易政策

1. 大力改善对内贸易

要扩大国内消费需求，必须重视改善和调整国内外的需求结构。改善和调整国内外需求结构最重要的是促进内需，鼓励居民提高对民族产品的消费。为抑制国内经济的过度波动，增加居民对民族品牌的消费，减少国外产品的需求，需从以下几方面着手：

第一，畅通流通渠道以最大限度促进消费。

搞活流通作为促进消费、扩大内需的重要切入点，具有十分重要的意义。对外贸易政策的制定和执行对促进消费有着极其重要的作用，各种政策的制定要以下原则为重要导向：一要健全农村流通网络，增强农村信息流通和物流事业的发展；二要进一步扩大品种，加大如"家电下乡"等活动的推广力度，促进农村消费结构同城镇的协调；三要完善城市社区便民服务设施，提高城市居民服务的便利程度；四要促进城市耐用消费品的升级换代，改善消费的种类和数量；五要促进流通企业的发展，降低单位商品的成本；六要积极培育新的消费热点，大力促进节假日和会展消费等消费方式和模式，促进消费结构的优化升级。

第二，加大国内产品的区际贸易自由化程度。

区域经济是我国经济发展的一大特点，经济发展的不平衡，使得各地方保护主义措施也逐步增强。这种力图扶持本地产业的政策，反而在更大程度上阻碍了经济的发展，造成了我国区域经济和区域市场一体化滞后严重的局面。这种局面削弱了国内产品的竞争力，给国外产品的乘虚而入带来了大好时机，国外产品进而大举占领了国内市场。在某些国外产品的确比国内同类产品质优的前提下，再加上当地消费政策的引导，国内居民易于形成较歪曲的消费观念和方式，觉得国外品牌质量上比国内同类产品更胜一筹，更易于购买和消费，如此，部分国外产品的进入取代了部分国内产品的需求，这种取代很大程度上取决于我国对外贸易政策的引导和促进作用。然而，行政区划的存在，给我国国内区域之间设置了一系列的贸易壁垒，而国外资本和商品便利用这种壁垒，占据了我国很多产品市场，从而给我国的产品需求造成了一定的损失。因此，在同世界经济融合、我国的国际贸易逐步深化和自由化这一进程中，必须重视清除国内区域间的贸易阻碍，使居民消费品结构在国内外消费比例上逐步达到一种平衡的状态，同时这也必定会扩大国内产品的市场需求。

第三，采取积极的收入分配调整和区域经济协调发展政策。

采取积极的收入分配调整政策和区域经济协调发展政策，可以有效调节国内市场上劳动者群体的收入分配状况，从而有利于调节低收入地区对国内商品和劳务的需求。

缩小我国城乡和地区之间的收入差距，切实增强低收入阶层的保障措施，确保各项政策措施落到实处。比如在农村建立农产品的价格保障制度，取消各种税费的征收，增加农村基础设施的建设投入，鼓励农村剩余劳动力向城镇的流动；在城镇，健全各类下岗职工的保障措施，促进信息的及时快速公布，多方面进行就业培训和指导，多渠道解决再就业问题等。只有区域之间协调发展，才能从根本上促进各地区经济的协调，从而最终促进国内需求的持久旺盛和国内外产品需求的平衡。

2. 积极应对对外贸易

在经济全球化背景下，为促进国内消费需求，改善人民消费结构，不应拘泥于传统的贸易理论，而应在对外经济贸易工作中，综合考虑我国的国情及国际市场经济法律环境，恰当应用战略性贸易政策，在促进全国贸易自由化、竞争化的同时，实现由贸易大国向贸易强国的转变。积极应对对外贸易，可以从以下几个方面着手：

第一，寻求新的资源和市场，提高进口替代部门的技术水平。对于部分产品，国内生产的成本和质量同国外同类产品确实存在着一定的差别，这种差别来自多方面，最主要的如技术和资源。而相同的商品在不同的市场上所面临的消费群体也不同，因此，寻找新的市场，对产品需求同样有着极为重要的作用。

第二，合理调整进出口产品结构。在进口产品的需求上，应该以扩大国内有需求的产品进口为主导，分清轻重和主次，主要引进国外先进技术和关键设备等关键性产品以及部分产品的元器件与能源材料等初级产品和制成品。这些产品的进口会有效改进国内产品的质量和水平，对提高国内产品需求具有非常直接的现实意义。另外，通过制定各项政策和措施，可以有效促进国外投资投向高新技术产业、节能环保产业和现代服务业等，通过大力发展各种产品及服务的外包业务，可以有效优化我国的产业结构，对促进消费品的产品升级具有重大的意义。

第三，积极促进贸易的便利化。积极应对对外贸易还应处理好对外贸易中各方面的关系，营造良好的国际环境，坦然面对国际贸易中存在的各种摩擦，并积极予以解决，严肃处理出口品的质量问题和安全隐患，制定一些优惠政策，促进国内企业对国外新兴市场的开发和利用。

（五）产业政策与投资政策

在工业化发展的进程中，三大产业之间的平衡发展是促进就业提高、收入增长的最有效的方式。以制造业为中心和基础的第三产业的发展，在某种程度上会依赖于制造业的发展。制造业技术的提高，会促进劳动生产率的提高，从而促进就业和经济的增长，并最终会影响作为消费者的劳动者的消费需求的提高。因此，科学合理的产业结构的作用是巨大的。为此需要着重于以下几个方面：

第一，转换经济增长方式，促进产业结构升级。劳动密集型经济的发展适合我国劳动力资源丰富的特点，而在结构调整上不能忽略我国资金和自然资源相对短缺这一事实，因此，在工业化进程中相当长的时期内不能放弃劳动密集型产业，但发展劳动密集型产业并不意味着继续采取粗放型的经营方式，取而代之的是加快向集约型的经营方式转变，促进劳动者综合素质和专业能力的提高，增强劳动密集型产业的技术创新水平和综合竞争能力。

第二，优化城乡二元结构的产业布局。与我国特定的经济与社会制度相适应的城乡二元经济结构是我国经济社会的一大主要特点。在现代化建设的过程中，这一二元分制的特点，给我国经济发展带来了重重阻碍。因此，在我国工业化发展的进程中，要积极制定适合城乡特色的产业结构政策，促进产业链的完整和顺畅，巩固城镇第二产业的主导地位，同时逐步提高第三产业对城镇经济发展的促进作用。另外，在一些适合发展第二产业的农村地区，要制定各项政策，大力吸引投资，促进城乡产业格局的合理化和高效化。在城乡接合地区，加大城镇对农业的帮扶带动作用，引导城镇工业和服务业对农村相关产业的示范作用，做到城乡相互协调发展，产业布局更加合理化。

第三，加强西部地区吸引投资的政策支持。与东部和中部地区相比，西部地区资源匮乏，交通运输不便，产业结构和产业布局不合理，现有资源闲置、浪费较为严重。为促进区域经济的和谐发展，应进一步继续积极地实施西部大开发战略，加快西部的发展，以缩小东西差距。缩小和控制东、中、西部居民收入差距的根本途径是要大力发展、加速提高中西部的经济实力，唯有如此，才能控制和缩小省际居民收入差距。

实施西部大开发战略，帮助西部落后地区发展经济，通过制定各项优惠让利政策，提高西部地区吸引投资的力度。充分发挥西部地区的资源优势，设法将各种经济活动吸引到这些地区，吸引沿海发达地区的人才、资金和技术参与内地开发。另外，通过财政资金的支持，配合一定的政策优惠，大量吸引海内外资金，逐步形成西部发展的良好格局，促进西部居民生活水平较快地提高，这些举措对缩小东西部居民的收入差距，从而全面提高我国居民的消费需求将起到重要的作用。

第四章　房地产业投资对地方财政收入的影响

一、引　言

我国房地产行业的发展经历了漫长的过程。计划经济时期,我国实施"统一管理,统一分配,以租养房"的公有住房实物福利分配制度。城镇居民的住房主要由所在单位解决,各级政府和单位同意按照国家的基本建设投资计划进行住房建设,住房建设资金来源中的 90％靠政府拨款,少量靠单位自筹(周运清、向静林,2009)。而由于这一时期实行先生产后生活、高积累低消费的方针,住宅被视为耗费资源的非生产性支出,住宅建设被列入非生产性建设,因此住宅投资规划在计划安排中只占很小比例(中国社会科学院财政贸易经济研究所等,1996)。改革开放后,随着各产业重新起步以及居民住房需求的增长,房地产业发展迅猛。1978—1985 年,政府进行了公房出售和补贴出售住房试点,1980 年 6 月正式提出实行住房商品化政策。1996—1998 年间,为应对当时的经济不景气,国家强调住宅建设"有可能形成新的消费热点和新的经济增长点"、"是今后带动国民经济发展的一个新的经济增长点",并提出"十几年来住宅建设已经成为我国的经济增长点"的观点(中国房地产及住宅研究会,1997)。1998 年 7 月国务院出台了《关于进一步深化城镇住房制度改革加快住房建设的通知》，决定停止住房实物分配，逐步实现住房分配货币化，各地相继出台许多住房改革政策，随之而来的是商品房的快速发展以及房价的持续大幅上涨。

经过改革开放以来的发展，房地产行业在国民经济中逐渐占据了重要地位。根据国家统计局 2000 年的有关数据显示，房地产需求每增加 100 元，将会推动机械制造业需求增长 34 元、金属制造业增长 33 元、化学工业增长 19 元、煤炭业和石油气工业增长 17 元、农业增长 17 元，综合对所有行业的影响，100 元的房地产业需求将会引致大约 315 元的总生产需求。改革初期，住宅投资占 GDP 的比重就从 1949—1978 年间的平均 1.5% 上涨到 1981—1989 年间的超过 7%（World Bank，1992）。而 90 年代初期到现在，房地产投资占 GDP 的比重则经历了小幅下降之后的迅猛上升阶段，如图 4—1 所示，从 1997 年的占 GDP 比重为 4.0% 飙升到 2011 年的 13.1%，而同时期美国的住宅投资占 GDP 比重则稳定在 4%~5%。

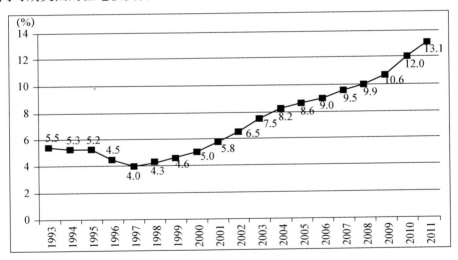

图 4—1　1993—2011 年房地产投资占 GDP 比重的变化

此外，房地产业税收收入在地方财政收入中也占据了举足轻重的地位。地方税收收入是地方财政收入的主体，如图 4—2 所示，无论是从全国范围，还是分级层考察，2002—2010 年房地产业税收收入占全部税收收入的比重都呈上升态势，在地方税体系中占比最高且增长最快，从 2002 年的 7.1% 上升至 2010 年的 19.0%。

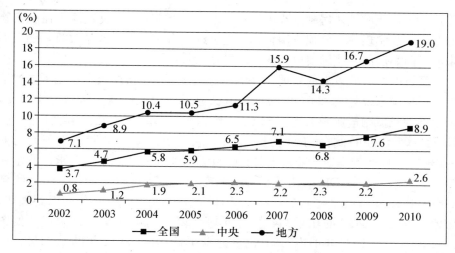

图4—2　2002—2010 年房地产业税收收入占全部税收收入的比重

资料来源：根据 2003—2011 年《中国税务年鉴》中相关数据，作者整理计算。

　　关于房地产投资在经济发展中的作用，长期以来在学术研究及政策分析领域存在着争论。早期对住房投资的作用评估集中在对发展中国家的分析，且以负面为主。这些学者主张，有限的资源应当投入到能快速带来投资回报、提高生产效率的领域，而住房投资并不属于这一类。索洛（Solow，1955）认为住房投资与其他投资相比，资本—产出率很高，投资效率低。韦斯曼（Weissman，1955）以及哈里斯和吉里斯（Harris and Gillies，1963）提出住房投资占用了外汇，在长期内对国际收支平衡造成不利影响。因此，这些学者将住房投资视为减缓经济增长、挤占工业产业投资的一种投资形式（Gilbert and Gugler，1992；Drakakis-Smith，1997）。他们认为住房条件的改善应当是经济增长的副产品，因而只有在经济发展的后期才应当予以重视。此外，关于住房投资在提供就业岗位、吸收剩余劳动力方面的作用，彭斯和格雷布勒（Burns and Grebler，1977）认为人力资源在其余部门的利用效率比在住房投资领域更高。他们还认为，住房投资不仅没有减缓区域经济发展的不平等，反而由于投资在城市中心的集中，导致了更多的不发达地区向发达地区的移民，加剧了不平等。

　　这一观点在政策领域也得到了支持。联合国非洲经济委员会前顾问纳芬（Nerfin，1965）提出，非洲住房问题在解决了工业化问题之后，将会自然而然得到解决。澳大利亚前驻美大使斯宾塞（Spencer）在 1953 年的一次会议上表明了澳大利亚政府的当务之急是提高生产力，而人们将在生产效率提高之后自发解决住房问题（Kelly，1955）。联合国 1969 年对 40 多个发展中国家的一项研究表明，这些国家对住房投资与其余经济部门的相互作用几乎没有投入关注。

另一方面，住房投资对经济发展的积极影响也逐渐得到了关注。较早提倡重视住房投资的两位联合国官员艾布拉姆斯（Abrams）和特纳（Turner）提出了"self-help housing"（自助式住房）的概念，强调了住房投资对低收入者的作用。他们提出，在不发达地区进行住房投资能通过建立生产中心的方式，直接或间接地吸引就业，促进经济整体发展（Abrams，1964；Turner，1976）。彭斯和周（Burns and Tjioe，1967）在美国和韩国分别进行了研究，通过对比居民在住房重建前后的生活变化，验证了住房条件的改善可以提高工作效率，降低缺勤率，改善健康状况。近年来的诸多研究逐步发现了住房投资在经济增长中的重要作用。格林（Green，1997）对美国 1959—1992 年经济周期的研究表明，住房投资率先引领了经济周期。平山（Hirayama，2003）对日本经济的研究表明，在 20 世纪 70 年代和 90 年代的经济衰退中，公共住房投资以及住房贷款通过刺激需求、增加就业，起到了宏观经济稳定器的作用。他还认为大规模住房建设是日本自 20 世纪 50 年代中期开始的快速经济增长的关键因素。

在实证研究领域，住房投资对经济活动的影响主要从以下几个方面考察：第一，住房投资作为其他投资的"催化剂"（Arku，2006），对经济增长有显著贡献。自 1970 年开始，诸多文献对住房建设与经济增长的关系进行了研究（Strassman，1970；Turin，1978a，1978b；Drewer，1980；Wells，1984，1985；UNCHS/ILO，1995）。实证研究常用 Granger（格兰杰）因果检验的方法验证二者的关系。格林（Green，1997）通过 Granger 因果检验，得出了住房投资推动了 GDP 增长的结论，并且发现，非住房投资则是由 GDP 增长决定的。库尔森和金（Coulson and Kim，2000）验证了格林的结论，并且发现非住房投资对住房投资有挤出效应。维格伦和威廉森（Wigren and Wilhelmsson，2007）用西欧 14 国的数据分析表明，住房建设投资对 GDP 有显著的短期影响，但长期影响很小。第二，住房建设与就业的关系也得到了进一步的证实。阿库（Arku，2006）和斯特雷顿（Stretton，1981）在对加纳和菲律宾进行研究后发现，建筑行业对于来自农村的熟练工与非熟练工，都是重要的工作来源，并且住房投资对就业的影响不仅体现在单纯的雇用劳动力的数量上，还体现在与其他行业的前向、后向联系上。格兰姆斯（Grimes）在 1976 年的文章中估计，在低收入居民群体中，建筑行业的乘数效应为 2%，这与莫文查德（Moavenzadeh，1987）的估计相同，即建筑行业每创造一个新工作，就会在其他行业创造两个。第三，由于就业水平是经济周期的一个指示变量，通过考察住房数量、房屋价格等变量与就业率的关系，可以得出住房投资与经济周期的关系。斯梅茨（Smets，2007）揭示了住房投资对经济周期的指示作用，同时分析了影响机制，并且指出这一影响是通过利率传导的。第四，在低收入及中等收入地区，除了自住房外，出租房屋以及"家庭企业"（home-based enterprises，HBEs）是重要的收入来源。斯特拉斯曼（Strassman，1987）调查了赞比亚、斯里兰卡以及秘鲁的三个地区，发现 HBEs 是社会就业和家庭收入的重要来源，并且拥有自己的小店的家庭，其收入比其他家庭高 10%。第五，由于发展中国家居民收入水平较低，且金融体系不发达，大多数人倾向于拥有自己的住房，作为财产保值的一种形式，甚至牺牲其他消费来购买住房。因此，如果金融体系可以得到改善，融资渠道可拓展到房地产领域，可以预计金融行业和国民经济都将得到快速发展（Arku，2006）。

除了上述领域之外，另一个与房地产投资有重要关联的领域是政府财政收支。艾森巴赫和舒克内希特（Eschenbach and Schuknecht，2002）对 17 个 OECD 成员国的研究表明，在大多数国家中房价与股价对财政收入有显著的影响。平均而言，房价与股价变动 10% 对财政收入的影响等同于经济产出变化 1%。更进一步，艾森巴赫和舒克内希特（Eschenbach and Schuknecht，2004）发现国家财政状况恶化主要发生在资产价格显著下降和金融危机的时候，这种恶化单靠经济周期和相机抉择的财政政策无法完全解释。类似的研究还有霍诺翰和克林格比尔（Honohan and Klingebiel，2003），耶格和舒克内希特（Jaeger and Schuknecht，2004），图尤拉和霍斯韦克（Tujula and Wolswijk（2007），莫里斯和舒克内希特（Morris and Schucknecht，2007），莱因哈特和罗戈夫（Reinhart and Rogoff，2009）等。

与上述大量国外文献形成对比的是，国内在房地产投资与经济活动关系方面的研究文献并不多。相关研究主要关注房地产业波动对国民经济的影响（黄忠华等，2008）。也有一些研究专门关注房地产价格变动对地方财政收入的影响（袁振华，2010），目前还没有利用房地产投资额数据来评估两者关系的研究。

本章将着重研究房地产投资与地方政府财政收入的关系。选择财政收入作为研究对象的原因有：首先，与 GDP 数据相比，财政收入的数据真实性更强，受外部因素干扰较少。因此，评估房地产行业的影响，财政数据比 GDP 数据能更好地反映现实。其次，研究财政收入有重要的现实意义。在高房价压力下，中国中央政府出台了调控房价的政策，要求各地实施住房限购政策，而这一政策将会对地方政府财政收入造成一定的影响。为评估地方政府对调控政策的承受能力，前提是评估房地产行业在多大程度上影响财政收入。再次，由于对房地产行业财政收入即所谓"土地财政"依赖越强烈的地区，越倾向于消极执行中央政府的调控政策，我们对房地产业影响财政收入的程度研究也就有利于理解地方政府的不遵从行为。

此外，房地产行业可能存在溢出效应，对周边地区的投资建设及财政收入产生影响。文献方面，梁（Leung，2004）考察了房地产行业发展的周期性，发现了不同决策者间的策略互动对新住房建设的影响。格雷纳迪尔（Grenadier，1996，1999），王、周（Wang and Zhou，2000）和王等（Wang et al.，2000）通过构建局部均衡模型，验证了附近地区的房地产建设对本地决策的影响。我们将运用空间计量经济学工具来评估一个地区房地产投资对周边地区的影响。

本章余下内容安排如下：第二节详细分析房地产业影响财政收入的机制；第三节设定计量模型，选取变量并进行数据描述性统计；第四节报告主要发现；第五节分析空间遗漏变量的影响；第六节得出结论。

二、现行财税体制下房地产业对财政收入的影响机制

（一）税收渠道

房地产业通过税收影响财政收入的渠道几乎涉及中国税制结构体系中的所有税种，一类是通过城镇土地使用税、耕地占用税、房产税、城市房地产税、土地增值税、契税等专门针对房地产设立的税种；另一类是在交易、流通等环节产生的与房地产相关的一般性税种，如营业税、城市维护建设税、企业所得税、个人所得税、印花税等。以上十多个税种可按取得、交易和保

有三个环节来划分，同一税种可能涉及多个环节（见表 4—1）。

表 4—1 　　　　　 按照取得、交易、保有环节划分的中国房地产业税收

环节	纳税人	涉及的主要税种
取得环节	房地产开发企业	就其拥有的土地使用面积缴纳城镇土地使用税； 就其占用的耕地缴纳耕地占用税； 就土地成交价格缴纳契税； 就土地转让合同成交额缴纳印花税。
交易环节	房地产交易双方	销售方： 就房地产销售收入缴纳营业税、所得税、城市维护建设税； 就房地产转让增值额缴纳土地增值税； 就销售房地产过程中的应税行为缴纳印花税。 购买方： 就房地产成交价格缴纳契税； 就房地产销售合同成交额缴纳印花税。
保有环节	房地产的产权人或实际使用者	房地产用于居住： 就其拥有的土地使用面积缴纳城镇土地使用税； 就其拥有的房产余值缴纳房产税。 房地产用于出租： 就其拥有的土地使用面积缴纳城镇土地使用税； 就房地产出租收入缴纳营业税、城市维护建设税、所得税、房产税； 就房地产租赁合同成交额缴纳印花税。

　　资料来源：作者整理自石坚：《中国房地产税制：改革方向与政策分析》，北京，中国税务出版社，2008；吴旭东、李晶：《房地产各环节税种设置与税负分配研究》，载《财经问题研究》，2006（9）。

　　房地产业可通过上述三个环节影响税收收入。房地产市场繁荣时，首先在取得环节，购置土地的面积增加、价格上涨，所需缴纳的城镇土地使用税、耕地占用税、契税、印花税随之增加。其次在交易环节，房地产交易活跃，销售量扩大且价格上涨，销售总额增加，相应的营业税、所得税、土地增值税、契税、印花税等税收收入也会明显提升。最后在保有环节，当房地产用于居住时，由于房屋升值及数量增加，房产税、城市房地产税和城镇土地使用税将会随之增加；当房地产用于出租时，房地产租金上涨，租赁成交量上升，营业税、所得税、城市维护建设税、房产税、城市房地产税、城镇土地使用税、印花税等也会增加。反之，房地产市场低迷时，各个环节征收的税收也会萎缩。

房地产业税收的主要受益者是地方政府。在上述税收中，除了企业所得税和个人所得税为中央地方共享税（2002 年中央地方各占 50%；2003 年及以后中央占 60%，地方占 40%），其余均为地方税①，因此中央财政对房地产业税收的依赖程度很小。更进一步，我们考察地方房地产业税收收入的税种结构。2010 年，地方房地产业税收收入中 55% 来自营业税，20% 来自土地增值税，13% 来自企业所得税（包括内资和外资），三种收入占到全部收入的 88%。这些税收主要来自房地产交易，而针对保有环节征收的城镇土地使用税和房产税只占到了 6%（见图 4—3）。

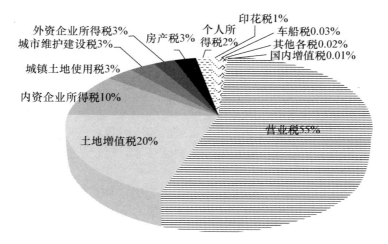

图 4—3　2010 年地方房地产业税收收入的税种结构

资料来源：《中国税务年鉴 2011》，经作者整理计算。

（二）产业间关联

　　房地产业对地方政府税收收入的影响还可以通过对关联产业的带动效应来实现。这种带动效应可分为三种：前向关联效应、后向关联效应和环向关联效应。前向关联效应是房地产业向其他产业提供产品或服务而对其产生的

―――――――――

　　① 营业税除铁道部门、各银行总行、各保险公司总公司集中交纳部分归属中央，其余全部归属地方，因此房地产业营业税是地方税。上文所指印花税不包括证券交易印花税，收入全部归属地方，因此是地方税。

影响，主要靠供给推动实现。后向关联效应是房地产业通过吸收其他产业的产品或服务而对其产生的影响，主要靠需求拉动实现。如果对某些产业既存在前向关联效应又存在后向关联效应，那么称房地产业对这些产业存在环向关联效应，这些产业与房地产业关系往往最为紧密。房地产业对不同产业的带动效应有较大差异，在密切关联产业中，房地产业的前向关联产业主要有轻纺工业、技术服务以及电子通信业等生活消费型、服务型产业；房地产业的后向关联产业主要有矿物采选业、制造业、邮电运输业等基础的原材料消耗型产业；房地产业的环向关联产业主要有金融保险业、建筑业、社会服务业、商业等。[①]

房地产业繁荣时，将通过后向关联效应拉动其上游产业繁荣，通过前向关联效应推动其下游产业繁荣，通过环向关联效应拉动和推动其最紧密相关产业繁荣，这些关联产业的产出与利润增长将促进地方财政增收。然而如果房地产业发展过热，可能产生"挤出效应"，资源大量转移到房地产业以及与房地产业关联度较高的产业，那些与房地产业关联度较低或者不相关的产业发展将受到阻碍，势必对这些产业贡献的地方财政收入产生不利影响。同时，资源大量转移到房地产业及其密切关联产业，超过配置的最优水平，可能造成资源利用效率低下。

反之，房地产业低迷，则关联产业发展受阻，甚至陷入不景气，对地方财政收入的贡献减少。如果房地产泡沫破裂，或者其他原因导致房价大幅下跌，房地产投资规模骤减，相关产业将出现大量产能闲置和资源浪费，尤其是环向关联产业将受到巨大负面冲击（例如银行贷款质量恶化，银行面临巨大的坏账风险；建筑业停工，建筑工程款无法收回）。这些产业产出与利润下降，甚至出现亏损，将严重削弱它们对地方财政收入的贡献能力。

（三）财富效应

一般而言，财富效应是指家庭财富存量变动对消费者消费水平的影响。

---

① 房地产业对相关产业的带动效应是指房地产业通过需求拉动和供给推动产生的总效应。房地产业密切关联产业的选择方法是：将后向、前向关联效应分别按降序进行排列并计算平均数，将关联效应高于平均关联效应的产业作为房地产业的密切关联产业；关联度大于0但小于平均关联度对应的产业是房地产业的非密切关联产业；关联度为0时，说明产业之间无关联关系。参见王国军、刘水杏：《房地产业对相关产业的带动效应研究》，载《经济研究》，2004（08），39～40页。

房地产业可以通过财富效应影响消费者的消费支出，从而通过增值税、营业税等间接影响地方财政收入。

房地产市场繁荣、房地产价格上涨对消费者的消费支出有多方面影响。首先，房产所有者净财富增加，可通过出售房产来实现收益，进而促进消费。即便没有出售房产，由于所有者预期未来财富增加，仍会增加当期消费。对于房产出租者，租金收入增加将会刺激消费支出。其次，在金融体系较为健全的社会，房地产价格上涨，房产所有者可利用升值的房产申请更多信贷，获得更大的流动性。然而，房地产价格上涨对买房、租房的消费者将产生负面影响。对于计划买房的家庭，房价上涨意味着较高的首付和更多的贷款，从而使他们选择降低消费标准。房地产价格上涨推动房租上升，租房者预算约束变紧，对其个人消费产生负面影响。上述影响可能相互抵消，所以很难直接判断房地产市场繁荣时消费支出的变化。

类似地，房地产市场萧条、房地产价格下降时，所有者持有的房产市值缩水，部分在高价购入房地产的所有者甚至成为"负资产者"，出租者的租金收入减少，这些都会产生"负财富效应"，降低消费水平。此外，房地产市场萧条时，消费者利用房产借贷较为困难，流动性变小，陷入财务困难的可能性提高，消费支出，尤其是需求弹性较大的消费品支出将会减少。对于购房者和租房者，房地产价格下降时，购房支出和租金支出减少，预算约束放宽，对他们的消费支出有正面影响。

需要说明的是，对于投资房地产的所有者而言，财富效应更为明显。无论将房地产用于出租还是再出售，只要房价上涨就能直接带来收益，只要房价下跌就会立即造成损失。而对于消费房地产的所有者，无论房价如何变化，对自住房的需求都是刚性的，因此财富效应对他们的影响较小。房地产市场上，这两种所有者的构成将会影响财富效应的大小。

（四）金融加速器效应

伯南克和格特勒（Bernanke and Gertler，1989）最先提出了金融加速器效应的思想：当企业遭受到经济中的正向冲击或负向冲击时，其净值随之升高或降低，经由信贷市场作用将这种冲击对经济的影响放大，这种效应称为金融加速器效应。房地产业可以通过金融加速器效应影响企业和地方政府的投资，从而间接影响地方财政收入。

房地产市场繁荣时，企业拥有的房地产升值，企业资产净值增加。此时，企业可以通过出售房地产实现增值收益并将其用于新的投资，也可以将升值的房地产作为抵押，借到更多的贷款用于投资。反之，当房地产价值下降、企业资产缩水时，企业向资本市场借贷的成本增加，企业投资热情冷却、投资规模下降。

金融加速器效应同样适用于地方政府的投资。房地产市场繁荣时，土地价格上涨，地方政府土地出让收益增加，可用于投资建设的资金也就越多。同时，土地出让收益是地方政府融资平台偿还贷款本息的重要来源，土地升值时，地方政府可以借到更多的投资建设资金。如果房地产业的严厉调控使土地出让金大幅下降，将会严重削弱地方政府的投资借贷能力与还贷能力，甚至引发地方债务危机。

三、模型设定及数据描述

我们在第二节中定性分析了房地产业对地方财政收入的影响机制，包括税收渠道、产业间关联、财富效应和金融加速器效应。通过这些影响机制，房地产业发展既可能促进也可能抑制地方财政收入增长。我们初步判断正面影响占据主导地位。此外，通过计量模型，我们可以定量估计这种影响的大小。如果影响不具有经济显著性，那么不必过分强调房地产业对地方财政收入的影响；如果影响具有经济显著性，那么就需要慎重考虑房地产调控政策的影响。

（一）模型设定

本章的被解释变量为人均实际地方财政预算内收入。地方财政预算内收入包括：税收收入、专项收入、行政事业性收费、罚没收入和其他收入。国有土地使用权出让收入属政府性基金收入，不包括在地方财政预算内收入中。地方财政收入的另一个统计口径是地方财政总收入，它等于地方财政一般预算内收入加中央税收返还和转移支付。地方财政预算内收入中，税收收入占据绝对的主体地位，以2010年的数据为例，税收收入占地方财政预算内收入的81%，非税收入占19%（见图4—4）。

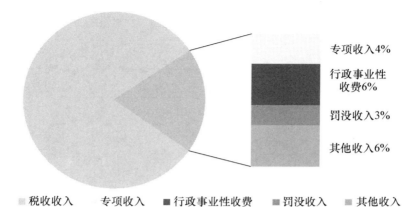

专项收入4%

行政事业性
收费6%

罚没收入3%

其他收入6%

■ 税收收入　　　专项收入　■ 行政事业性收费　■ 罚没收入　■ 其他收入

图4—4　2010年地方财政预算内收入构成

资料来源:《2010年地方公共财政收入决算表》,见中华人民共和国财政部网站,http://yss. mof. gov. cn/2010juesuan/201107/t20110720_578445. html。

本章的主要解释变量为人均实际房地产开发投资完成额。房地产开发投资完成额是指从本年1月1日起至本年最后一天止完成的全部用于房屋建设工程和土地开发工程的投资额,它是反映房地产市场状况的最重要的指标之一。指示房地产市场状况的另一个重要指标是房地产价格指数,但是这个指数编制过程中的样本选取和计算方法可能使其与真实情况存在较大差别,无法准确反映房地产市场的状况,因此我们选择数据获取更为容易也更客观可靠的房地产开发投资完成额作为主要解释变量。为了更准确刻画房地产开发投资完成额的实际变化,我们用GDP平减指数(1995年＝100)对全国房地产开发投资完成额进行调整。如图4—5所示,1995—2010年全国房地产开发投资完成额呈快速上涨,年增长率稳定在95%～125%之间。

除此之外,我们还需控制其他影响地方财政收入的因素。在上述众多因素中,最主要的是经济发展水平和产业结构。经济发展水平在很大程度上决定了一个地区可以实现的财政收入。经济总量越大,可供财政参与分配的基数越大,所提供的财政收入就越多;经济效益越好,企业上缴的所得税和地方国有企业上缴的利润越多,地方财政收入就越多。一般而言可以用人均实际地区生产总值来刻画一个地区的经济发展水平,但这里需要做一些调整。房地产开发投资属于地区生产总值的一部分,为了避免重复估计房地产开发投资的影响,我们用人均实际地区生产总值减去人均实际房地产开发投资完

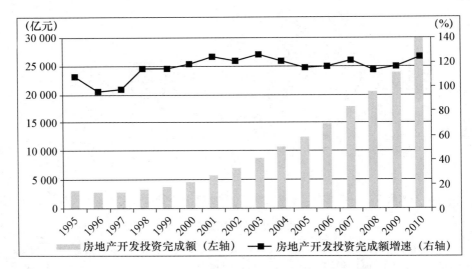

图 4—5　1995—2010 年全国房地产实际开发投资完成额及增速

资料来源：中经网统计数据库。

成额作为经济发展水平的代理变量。

　　由于各个产业的税负水平不同，产业结构变动会对地方财政收入造成影响。第一产业的增加值低，税负水平低，尤其是 2006 年取消农业税后，第一产业增产不征税，因此第一产业发展对地方财政收入影响甚微。增值税是全国税收收入贡献最多的税种，增值税主要源自第二产业，第二产业发展可以增加地方从增值税中分享的收入；此外，地方政府享有的国有资源大多集中在第二产业，第二产业的发展有利于地方政府取得更多国有资产收益。第三产业形成的税收收入绝大部分归属地方财政，因此第三产业的发展对地方财政增收的效果最为明显。我们在模型中加入第二产业占 GDP 的比重、第三产业占 GDP 的比重两个变量来刻画产业结构对地方财政收入的影响。

　　除了上述变量之外，一些影响地方财政收入的变量由于数据可得性以及量化困难，无法列入模型中，因此，我们使用面板数据的个体效应模型（individual-specific effects model）来控制不可观测的个体差异（即地区效应），如自然灾害；通过加入年份虚拟变量来控制不可观测的随年份而变化的变量（即控制时间效应），如税制调整、政策调整等。通过控制地区效应和时间效应，我们能使人均实际房地产开发投资完成额对人均实际地方财政收入影响的估计更为准确。根据上述分析，我们建立如下回归等式：

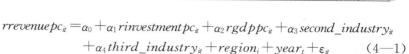

$$rrevenuepc_{it} = \alpha_0 + \alpha_1 rinvestmentpc_{it} + \alpha_2 rgdppc_{it} + \alpha_3 second\_industry_{it}$$
$$+ \alpha_4 third\_industry_{it} + region_i + year_t + \varepsilon_{it} \qquad (4\text{—}1)$$

（二）数据描述

本章的计量数据均来自中经网统计数据库。考察样本包括 287 个地级市，时间跨度为 1995—2010 年。由于地级市所管辖县（市）的数量变动较大，而市辖区则相对稳定，我们的数据仅包括市辖区，不包括市辖县（市）。人均房地产开发投资完成额、人均地方财政预算内收入、人均地区生产总值均为当年价格，在进行回归之前我们用 GDP 平减指数（1995 年为基年）对其进行调整，消除价格因素的影响（见表 4—2）。

表 4—2　　　　　　　　　回归变量描述性统计

变量	变量解释	个数	单位	最小值	最大值	平均值	标准差
$rrevenuepc$	人均实际地方财政预算内收入	4 300	元	21.19	26 454.29	1 255.95	1 733.47
$rinvestmentpc$	人均实际房地产开发投资完成额	4 281	元	1.05	38 699.91	1 747.51	2 535.40
$rgdppc$	人均实际地区生产总值减去人均实际房地产开发投资完成额	4 272	元	1 442.38	218 052.00	16 170.23	16 120.73
$second\_industry$	第二产业占 GDP 的比重	4 374	%	8.05	92.30	49.99	13.00
$third\_industry$	第三产业占 GDP 的比重	4 374	%	7.30	83.30	40.56	10.48

四、主要发现

利用面板数据，基于固定效应模型，我们从经验研究的角度评估了房地产投资对地方财政收入的影响。我们首先报告基本结果，然后报告加入滞后影响后的结果。

1. 基本结果

考虑到我们的数据几乎涵盖了所有的地级市政府，使用固定效应是较为合适的选择。另外，借助 Hausman（豪斯曼）检验，得出的结论也是适用固定模型。为了比较，我们在下文中仍然报告随机效应结果（见表 4—3）。

表 4—3　　　　　　　　　1995—2010 年面板数据回归结果

变量	随机效应	固定效应
rinvestment pc	0.21***	0.20***
	(0.01)	(0.01)
rgdp pc	0.07***	0.07***
	(0.00)	(0.00)
second _ industry	−10.38***	−15.27***
	(1.91)	(2.30)
third _ industry	−1.19	−6.55**
	(2.17)	(2.47)
constant	405.0*	877.6***
	(166.2)	(195.0)
year dummies	YES	YES
N	4 266	4 266
R^2		0.76
Adj. R^2	.	0.75

注：括号中为标准误差。＊＊＊表示 p 值小于 0.01，＊＊表示 p 值小于 0.05，＊表示 p 值小于 0.1。

人均实际房地产开发投资完成额在 1％的水平上显著，系数为 0.21。这个结果说明，在控制其他条件的情况下，人均实际房地产开发投资完成额增加 1 元，人均实际地方财政预算内收入增加 0.21 元。可见房地产投资对地方财政收入有较大的影响。这与第一节引言中列示的房地产业税收收入在地方税收收入中占据举足轻重的地位是一致的。同时也印证了第二节理论分析中，房地产业对地方财政收入的正向影响占主导地位。

人均实际地区生产总值减去人均实际房地产开发投资完成额的系数为正，但没有人均实际房地产开发投资完成额的系数大，表明经济发展水平对地方财政收入有正面影响，但其中有很大一部分作用来自房地产投资及其间接影响。

出乎我们意料的是，第二产业占 GDP 的比重和第三产业占 GDP 的比重的系数为负，这与我们之前理论分析预测的结果相反。通过考察样本数据，我们发现第二产业占 GDP 的比重与第三产业占 GDP 的比重之和一般较为稳定，即地区间产业结构变化主要体现在二、三产业之间比例的变化，因此同时加入第二产业占 GDP 的比重和第三产业占 GDP 的比重这两个变量可能产生多重共线性，使参数估计不准确。因此，我们分别去掉变量第二产业占 GDP 的比重和第三产业占 GDP 的比重，重新对方程用固定效应模型进行估计，估计结果如表 4—4 所示。在模型（1）中，第二产业占 GDP 的比重在 1% 的水平上显著，系数为 −10.88，在模型（2）中，第三产业占 GDP 的比重在 1% 的水平上显著，系数为 5.25。这个结果可以解释为地方税收收入主要源自第三产业（如营业税），且地方税收收入是地方财政收入的主体，所以第三产业所占比重越大地方财政收入就越多。由于第二产业占 GDP 的比重与第三产业占 GDP 的比重之和较为稳定，第二产业占 GDP 的比重上升意味着第三产业占 GDP 的比重下降，因此模型（1）中，第二产业占 GDP 的比重的系数为负。

表 4—4　分别去掉第二产业占 GDP 的比重和第三产业占 GDP 的比重的回归结果

变量	(1)	(2)
$rinvestment\,pc$	0.20***	0.20***
	(0.01)	(0.01)
$rgdp\,pc$	0.07***	0.07***
	(0.00)	(0.00)
$second\_industry$	−10.88***	
	(1.60)	
$third\_industry$		5.25**
		(1.72)
$constant$	415.6***	−328.0***
	(87.53)	(70.87)
$year\,dummies$	YES	YES
N	4 266	4 266
R^2	0.76	0.76
$Adj.\,R^2$	0.75	0.74

　　注：括号中为标准误差。*** 表示 p 值小于 0.01，** 表示 p 值小于 0.05，* 表示 p 值小于 0.1。

　　2. 滞后影响

　　房地产投资作为地方财政收入的解释变量，可能存在一定的滞后性。具体表现为：第一，房地产投资的收益往往延期实现，相关的所得税等税收收入无法在投资当期就全部实现收齐；同时，由于征管程序等原因，税收不一定在纳税义务发生时就上缴。第二，房地产业变动传导到某些相关产业需要一定的时间，从而对这些产业财政贡献的影响存在滞后。第三，由于生命周期储蓄行为等原因，家庭可能会平滑各期消费，从而房地产业财富效应对地方财政收入的影响不一定全部体现在当期。第四，根据信贷市场的发展程度，金融加速器效应的发挥也会存在不同程度的滞后。因此我们在方程（4—1）中加入人均实际房地产开发投资完成额的滞后项重新进行估计。我们共估计了三个滞后模型，分别是加入了滞后一阶，滞后一阶、二阶，滞后一阶、二阶、三阶的人均实际房地产开发投资完成额。对这三个滞后模型进行 Hausman 检验，需要选用固定效应模型，估计结果如表4—5所示。其中人均实际地区生产总值减去人均实际房地产开发投资完成额和第三产业占GDP 的比重这两个变量的系数在显著性和数值上与原模型没有太大差异。人均实际房地产开发投资完成额及其滞后项的系数则出现明显变化。我们发现随着添加滞后变量的增加，各期效应总和逐渐增大，效应总和大致稳定在0.2~0.28 之间，滞后效应之和略大于当期效应（见表4—6）。可见房地产业对地方财政收入的影响在经济意义上依然显著，只是这种影响存在一定的滞后性。我们未列出添加滞后四阶及更高阶变量的情况，因为回归发现此时当期变量及部分滞后变量系数已经不显著。

表 4—5 考虑房地产投资滞后影响的回归结果

变量	滞后一阶	滞后一阶、二阶	滞后一阶、二阶、三阶
$rinvestment\,pc$	0.11***	0.112***	0.10***
	(0.01)	(0.01)	(0.01)
$L.\ rinvestment\,pc$	0.12***	0.04	0.06**
	(0.016)	(0.02)	(0.02)
$L2.\ rinvestment\,pc$		0.11***	0.07**
		(0.02)	(0.03)
$L3.\ rinvestment\,pc$			0.04
			(0.02)
$rgdp\,pc$	0.06***	0.06***	0.06***
	(0.00)	(0.00)	(0.00)
$second\_industry$	−16.92***	−15.24***	−13.59***
	(2.72)	(3.18)	(3.637)
$third\_industry$	−8.52**	−7.65*	−6.15
	(2.89)	(3.36)	(3.80)

续前表

变量	滞后一阶	滞后一阶、二阶	滞后一阶、二阶、三阶
constant	1 010***	887.9**	786.1*
	(234.0)	(279.0)	(321.0)
year dummies	YES	YES	YES
N	3 926	3 592	3 299
R^2	0.76	0.76	0.75
Adj. R^2	0.74	0.73	0.72

注：括号中为标准误差。＊＊＊表示 p 值小于 0.01，＊＊表示 p 值小于 0.05，＊表示 p 值小于 0.1。

表 4—6　　　人均实际房地产开发投资完成额的各期效应

模型	各期效应之和
未添加滞后变量	0.203 131 2
添加滞后一阶变量	0.104 973＋0.127 646＝0.232 619
添加滞后一阶、二阶变量	0.111 367 4＋0.037 644 1＋0.113 603 1＝0.262 614 6
添加滞后一阶、二阶、三阶变量	0.094 816 3＋0.061 974 2＋0.073 671 9＋0.040 018 5＝0.270 480 9

五、稳健性检验：空间遗漏变量分析

　　房地产投资除了存在时滞性外，溢出效应也是重要影响因素。由上文房地产业影响财政收入的机制分析可知，房地产业的产业关联度很高，因此房地产投资会带动上下游如钢铁、建材、机械、化工、陶瓷、纺织、家电等一系列产业的发展。而由于一个地区往往无法满足上述所有产业供给需求，诸如部分产业发展欠发达，或供给量不够大，一些原材料及产成品通常需要从邻近地区获得。因此，房地产业对其他产业的拉动不仅局限于当地，还会影响邻近地区，从而也会对邻近地区的财政收入做出贡献。以北京市为例，图4—6 为 1992—2011 年间房地产投资额的增长变化情况。

　　由图 4—6 可见，进入 2000 年后，北京市房地产投资额增长迅猛，与此

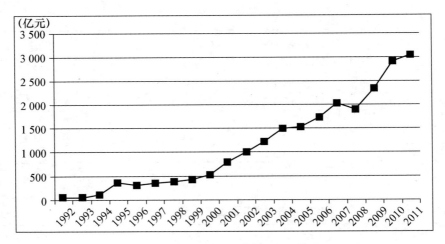

图 4—6　1992—2011 年北京市房地产投资额增长变化

同时，对水泥、钢铁、建材等行业的原材料需求也大幅增加。然而本市相关行业的供给远不能满足城市大建设的需求，因此毗邻北京的河北省成为钢铁、建材的重要供应商。我们将 1992—2011 年河北省水泥、钢和成品钢材产量与北京市房地产投资额结合绘制了 X—Y 散点图，如图 4—7 所示，可知伴随着北京市房地产投资额的上升，河北省水泥和钢铁建材的产量也迅速上升。

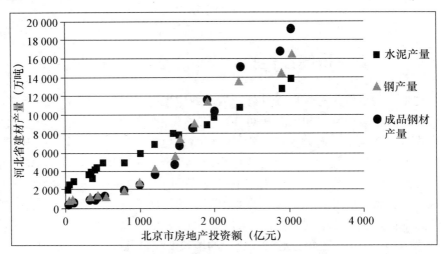

图 4—7　河北省建材产量与北京市房地产投资额散点图

因此我们可推断，邻近地区的房地产投资额是影响本地财政收入的一个重要变量。为检验该遗漏变量的合理性，我们将构建模型刻画出邻近地区房地产行业的溢出效应。此外，由于运输成本会随着距离的增加而上升，邻近地区被选为材料供应商的一个重要原因是运费相对便宜，因此我们估计这种溢出效应将随着距离的增大逐渐衰减。我们在解释变量中加入了邻近地区加权人均实际房地产投资额（$Wrinvestment pc$），其设置方法如下：

$$Wrinvestment pc = W * rinvestment pc，其中 W = \begin{bmatrix} 0 & \cdots & \omega_{1i} & \cdots & \omega_{1n} \\ \vdots & & \ddots & & \vdots \\ \omega_{n1} & \cdots & \omega_{ni} & \cdots & 0 \end{bmatrix}$$

$$\omega_{ij} = \begin{cases} \dfrac{1}{distance(i,j)}, & i \neq j \\ 0, & i = j \end{cases}$$

这样一来，邻近地区的权重就比较大，距离较远地区的权重就比较小，可以很好地反映房地产溢出效应随距离衰减的特征。得到的加权人均房地产投资额反映了除本地外，其他地区本年度的实际房地产投资水平，加入回归等式中，其系数就反映房地产行业对其他地区财政收入的溢出效应。回归结果如表4—7所示。其他变量的回归结果与不考虑滞后效应的回归结果几乎完全一致，也可以反映出原有回归结果的稳健性。邻近地区人均实际房地产投资额加权平均的系数为0.115，即在控制其他条件的情况下，邻近地区人均实际房地产开发投资完成额增加1元，本地区人均实际地方财政预算内收入增加0.115元，影响程度是本地房地产对财政收入影响的一半。可见空间效应确实是一个重要的遗漏变量，房地产投资额对其他地区地方财政收入有较大的影响，印证了房地产业对地方财政收入正向的溢出效应。

表4—7　　　　　　　　考虑房地产投资溢出影响的回归结果

变量	固定效应	随机效应
$rinvestment pc$	0.193***	0.204***
	(0.006 12)	(0.005 97)
$Wrinvestment pc$	0.115***	0.100***
	(0.014 1)	(0.013 1)

续前表

变量	固定效应	随机效应
rgdppc	0.064 3***	0.066 0***
	(0.001 25)	(0.001 15)
second _ industry	−14.86***	−10.28***
	(2.286)	(1.901)
third _ industry	−6.596***	−1.273
	(2.450)	(2.153)
	(69.17)	(64.66)
constant	806.5***	361.1**
	(193.6)	(165.6)
year dummies	YES	YES
observations	4 266	4 266
R^2	0.768	
number of region	286	286

注：括号中为标准误差。***表示 p 值小于 0.01，**表示 p 值小于 0.05，*表示 p 值小于 0.1。

六、结　论

通过构建一个系统的理论框架，本章分析了房地产业对地方财政收入的影响。房地产业发展从税收渠道、产业间关联、财富效应和金融加速器效应四个方面影响地方财政收入。正向与负向影响同时存在，其中正向影响占主导地位。在随后的计量部分中，本章以人均实际房地产开发投资完成额作为衡量房地产业情况的指标，以人均实际地方财政预算内收入作为衡量地方财政收入状况的指标，利用中国 1995—2010 年 287 个地级市的面板数据运用固定效应模型进行回归，结果显示，房地产业发展对地方财政收入有显著正向影响。在其他条件保持不变的情况下，人均实际房地产开发投资完成额增加 1 元，人均实际地方财政预算内收入增加 0.2~0.28 元。我们同时发现，这种影响存在 1~3 年的滞后性。我们还发现房地产投资存在溢出效应。一个地方的房地产投资额不仅影响本地财政收入，对邻近地区的财政收入也有一定影响，即本地区人均实际房地产投资额增加 1 元，邻近地区的人均实际地方财政收入会增加 0.11 元。

上述发现对当前与房地产业相关的政策制定有一定的参考意义。上述经验研究结果有助于我们理解地方政府对待房地产调控的态度。由于房地产业相关税收在地方财政收入中占据重要份额，房地产市场调整会给地方财政收入带来较大冲击。中央政府在治理高房价的过程中，为了获得地方政府的配合与支持，使调控政策落到实处，需要将房地产投资下降对地方政府财政收入的负面影响考虑在内。

参考文献

1. 黄忠华，吴次芳，杜雪君．房地产投资与经济增长——全国及区域层面的面板数据分析．财贸经济，2008（8）：56~72.

2. 袁振华．房地产价格波动对地方财政收入的影响研究——基于上海市的实证分析．上海：上海师范大学，2010.

3. 中国房地产及住宅研究会．住房建设将成为新的消费热点和经济增长点//《中国房地产市场年鉴》编委会．中国房地产市场年鉴 1997．北京：中国计划出版社，1997.

4. 中国社会科学院财政贸易经济研究所，美国纽约公共管理研究所．中国城镇住宅制度改革．北京：经济管理出版社，1996.

5. 周运清，向静林．住房改革理论与实践：一个文献综述．重庆社会科学，2009（4）.

6. Abrams，C..1964. Housing in the Modern World. London：Faber and Faber.

7. Arku，G..Forthcoming，2006. Housing and Development Strategies in Ghana，1945-2000. International Development Planning Review.

8. Ben Bernanke，Mark Gertler. 1989. Agency Costs，Net Worth，and Business Fluctuations. *American Economic Review*，79（1）：14-31.

9. Burns，L. S.，Grebler，L..1977. *The Housing of Nations：Analysis and Policy in Comparative Framework*. New York：Wiley.

10. Burns，L. S.，Tjioe，B. K..1967. Does Good Housing Contrib-

ute to Sound Economic Development? *The Journal of Housing*, 24 (2):
86-89.

11. Charles Leung. 2004. Macroeconomics and Housing: A Review of the Literature. *Journal of Housing Economics*, Volume 13, Issue 4, December : 249-267.

12. Drakakis-Smith, D.. 1997. Third World Cities: Sustainable Urban Development iii—Basic Needs and Human Rights, *Urban Studies*, 34 (5-6): 797-823.

13. Drewer, S.. 1980. Construction and Development: A New Perspective. *Habitat International*, 5 (3/4): 395-428.

14. Felix Eschenbach, Schuknecht Ludger. 2004. Budgetary Risks from Real Estate and Stock Markets. *Economic Policy*, Volume 19, Issue 39: 313-346.

15. Felix Eschenbach, Schuknecht Ludger. 2002. Asset Prices and Fiscal Balances. ECB Working Paper No. 141.

16. Gilbert, A. , Gugler, J.. 1992. *Cities, Poverty and Development: Urbanization in the Third World*. New York: Oxford University Press.

17. Godwin Arku. 2006. The Housing and Economic Development Debate Revisited: Economic Significance of Housing in Developing Countries. *Journal of Household and the Built Environment*, Volume 21, Number 4.

18. Green, R.. 1997. Follow the Leader: How Changes in Residential and Non-residential Investment Predict Changes in GDP. *Real Estate Economics*, 25 (2): 253-270.

19. Grenadier, S.. 1996. The Strategic Exercise of Options: Development Cascades and Overbuilding in Real Estate Markets, *Journal of Finance*, 51 (5): 1653-1679.

20. Grenadier, S.. 1999. Information Revelation through Option Exercise. *Review of Financial Studies*, 12 (1): 95-129.

21. Grimes, O. F. Jr.. 1976. *Housing for Low-income Urban Families Economics and Policy in the Developing World*. Baltimore, London:

The Johns Hopkins University Press.

22. Harris, W. D. , Gillies, J. (Eds.) . 1963. *Capital Formation and Housing in Latin America*. Washington DC: Pan American Union.

23. Hirayama, Y. . 2003. Home-ownership in an Unstable World. in R. Forrest, J. Lee (Eds.) . Housing and Social Change, Routledge, London, NY: Taylor and Francis Group.

24. Honohan, P. , Klingebiel, D. . 2003. The Fiscal Cost Implications of an Accommodating Approach to Banking Crises. *Journal of Banking and Finance* 27: 1539-1560.

25. Jaeger, A. , Schuknecht, L. . 2004. Boom-bust Phases in Asset Prices and Fiscal Policy Behavior. IMF Working Paper.

26. Kelly, B. (Ed.). 1955. Housing and Economic Development. MA: A Report of A Conference Sponsored at the Massachusetts Institute of Technology by the Albert Farwell Bemis Foundation.

27. Moavenzadeh, F. . 1987. The Construction Industry. in L. Rodwin (Ed.) . *Shelter, Settlement and Development.* Boston: Allen and Unwin, 1987: 73-109.

28. Morris, R. , Schucknecht, L. . 2007. Structural Balances and Revenue Windfalls: The Role of Asset Prices. ECB Working Paper.

29. N. Edward Coulson, Myeong-Soo Kim. 2000. Residential Investment, Non-residential Investment and GDP. *Real Estate Economics*, Volume 28, Issue 2, June : 233-247.

30. Reinhart, C. M. , Rogoff, K. S. . 2009. The Aftermath of Financial Crises. *American Economic Review* 99: 466-472.

31. Richard K. Green. 1997. How Changes in Residential and Non-residential Investment Predict Changes in GDP. *Real Estate Economics*, Volume 25, Issue 2: 253-270.

32. Rune Wigrena, Mats Wilhelmsson. 2007. Construction Investments and Economic Growth in Western Europe. *Journal of Policy Modeling*, Volume 29, Issue 3, May-June : 439-451.

33. Smets, Frank. . 2007. Commentary: Housing is the Business Cycle. in Proceedings of the Jackson Hole Symposium on Housing, Housing

Finance, and Monetary Policy.

34. Solow, A. A.. 1955. The Importance of Housing and Planning in Latin America. in B. Kelly (Ed.). Housing and Economic Development. MA: A Report of A Conference Sponsored at the Massachusetts Institute of Technology by the Albert Farwell Bemis Foundation.

35. Strassman W. P.. 1970. The Construction Sector in Economic Development. *Scottish Journal of Political Economy*, 17: 391-409.

36. Strassman, W. P.. 1987. Home-based Enterprises in Cities of Developing Countries. *Economic Development and Cultural Change*, 36 (1): 121-144.

37. Stretton, A. W.. 1981. The Building Industry and Urbanization in Third World Countries: A Philippine Case Study. *Economic Development Cultural Change*, 29 (2): 121-144.

38. Tujula, M., Wolswijk, G.. 2007. Budget Balances in OECD Countries: What Makes Them Change. *Empirica* 34: 1-14.

39. Turin, D. A.. 1978a. Construction and Development. *Habitat International*, 3 (1/2): 33-45.

40. Turin, D. A.. 1978b. It Had to be Said. in O. H. Koenigsberger, S. Groak (Eds.). *Essays in Memory of Duccio Turin (1929-1976)*. Oxford: Pergamon Press.

41. Turner, J. F. C.. 1976. Housing by People. London: Marion Boyars Publishing.

42. UNCHS/ILO. 1995. Shelter Provision and Employment Generation. Geneva: ILO Office.

43. Wang, K., Zhou, Y., Chan, S. H., Chau, K. W.. 2000. Over-confidence and Cycles in Real Estate Markets: Cases in Hong Kong and Asia. *International Real Estate Review*, 3: 93-108.

44. Wang, K., Zhou, Y.. 2000. Overbuilding: A Game-theoretic approach. *Real Estate Economics*, 28: 493-522.

45. Weissmann, E.. 1955. Importance of Physical Planning in Economic Development. in B. Kelly (Ed.). Housing and Economic Development, MA: A Report of A Conference Sponsored at the Massachusetts In-

stitute of Technology by the Albert Farwell Bemis Foundation.

46. Wells, J.. 1984. The Construction Industry in the Context of Development: A New Perspective. *Habitat International*, 8 (34): 9－28.

47. Wells, J.. 1985. The Role of Construction in Economic Growth and Development. *Habitat International*, 9 (1): 55－70.

48. World Bank. 1992. *China*: *Implementation Options for Urban Housing Reform*, Washington, D. C. .

第五章 中国商业银行高利润之谜

一、引 言

2011 年，中国商业银行净利润突破万亿元大关，达到 10 412 亿元（约 1 653 亿美元）。其中，16 家上市银行的净利润占到沪深全部 2 000 多家上市公司的净利润的 40％以上。这种对比清晰和客观地反映出银行与实体经济发展的扭曲关系。近年来，大多数行业（尤其是中小企业）经历着一场凄风苦雨，实体经济的利润普遍收窄或下滑，但银行业的利润却逆势增长，屡创新高，走出了一条与实体经济完全不同的轨迹。实体经济与商业银行冰火两重天，引发了中国社会各界对银行高利润的不满和质疑。

到底是什么因素决定了银行的高盈利？如何看待中国商业银行的高利润？本章试图解释中国商业银行的高盈利性之谜。

本章从理论和实证两个方面探究中国商业银行的高利润之谜。首先，本章构建了一个简化的产业组织理论模型，将宏观因素——全社会资本回报率、银行业的市场竞争和货币供给下的信贷决策行为结合在一起，从理论上分析了影响商业银行盈利能力的行业及宏观层面的因素，并在逻辑上进一步梳理了理论脉络。在理论分析的基础上，实证研究以 2003—2010 年的数据作为依据，分两个层次展开研究。第一，选择 14 家全国性股份制商业银行的面板数据，从大中型银行的角度分析决定中国银行业高额利润的主要原因。本章采用随机效应模型和动态面板回归模型（SYS-GMM 模型）对影响商业银行盈利能力的个体因素、行业因素以及宏观因素进行分析。研究结果表明，体现中国经济持续快速增长的指标——全社会资本回报率、相对垄断的市场结构环境和政策支持是决定银行业高额利润的主要因素。银行业本身的变化，例如效率的提高、规模的扩张等对利润的增长也有明显的推动作用。第二，进一步研究了全国 31 个省（区、市）的省际数据，考察商业银行的改革因素对高利润的影响效应，探寻中国商业银行的市场化程度。本章的实证结果表明，虽然自 2003 年以来商业银行市场化有了长足的进步，但是银行还没有做到完全的市场化，还不是真正的企业。由此我们进一步说明，中国银行业的高额利润更多是来自优越的宏观环境和政策保护。

　　本章的主要贡献在于：以往的研究大多只是研究商业银行利润的影响因素，没有从深层次上挖掘商业银行高盈利存在的原因。本章采用银行层面数据研究决定银行盈利的因素，采用地区数据研究银行市场化程度问题，较为全面和深入地揭示了中国银行业高盈利性背后的原因。

　　本章的结构安排如下：第二节介绍理论模型和研究假说，第三节探讨决定银行高利润的主要因素，第四节进一步讨论中国商业银行是否是真正的市场化主体，第五节是结论和政策建议。

二、理论模型和研究假设

　　国内外有不少文献研究决定商业银行利润的因素（Demirgüc and Huizinga，1999；Goaied，2008；谢升峰、李慧珍，2009）。总体来看，这些因素可以分为银行个体特征因素、行业因素以及宏观因素。银行个体特征因素主要指商业银行的资产规模、资本充足率和是否上市等。行业因素是指银行业的市场竞争程度等。宏观因素则包括经济发展水平、货币政策等大环境指标。

　　本章主要有两个假设：

　　1. 良好的经济发展、相对垄断的市场结构和银行业的效率提高是中国商业银行高利润的主要原因

　　首先采用一个简化的数理模型来说明。中国是典型的银行主导型的金融

体系，银行业进入门槛很高，存款利率实行管制，贷款利率浮动幅度较大。存贷款利差收入占据了商业银行总收入的 80%～90%。由此本章假设：（1）市场上只有两家个体特征和市场地位一样，并且相互竞争的商业银行，银行只从事存贷款和结算业务。（2）企业投资所需要的外源资金全部来自这两家银行的贷款。（3）企业投资的回报率是边际递减的。形式如下：

$$r(inv) = r_0 - b \times inv,$$

式中，$inv = inv_1 + inv_2$ 是投资的数量，inv_1、inv_2 分别为企业从银行 1、银行 2 贷款的数额；r_0 为初始投资的回报率；b 为投资回报率边际下降的速度。两家银行的贷款利率为 i_{C1} 和 i_{C2}，每单位贷款所花费的资金成本之外的其他成本为 i_W，吸收存款的成本为 i_D（贷款以及吸收存款的成本都是跟个体特征变量有关的，假设两家银行的成本是一样的）。法定存款准备金率为 RRR，这里央行对商业银行存款支付的利息忽略不计。

当企业投资的回报率超过银行的贷款利率时，就会选择贷款，而当银行的贷款利率高于存款的成本加上发放贷款的其他成本时，就愿意贷款。因此有以下等式成立：

$$r(inv) \geqslant i_{Ck}, \quad k=1,2$$

$$i_{Ck} \geqslant i_W + \frac{i_D}{1-RRR}, \quad k=1,2$$

假设基础货币的供给量为 m_0，每次发放贷款之后，滞留于银行体系外的现金的比例、银行贷款前预留的超额准备金的比例之和为 D。则银行可创造的总货币供给量最多为 $\frac{m_0}{RRR+D}$。假设每家银行最多能占领一半的市场份额，即：

$$inv_k \leqslant \frac{m_0}{2(RRR+D)}, \quad k=1,2$$

商业银行通过自主决定贷款利率和金额，以使利润最大化，可以表示为：

$$\max_{inv_k, i_{Ck}} \pi_k = inv_k \times \left(i_{Ck} - \frac{i_D}{1-RRR} - i_W \right)$$

$$\text{s. t. } r(inv_1 + inv_2) \geqslant i_{Ck}, \quad inv_k \leqslant \frac{m_0}{2(RRR+D)}$$

通过求上式可得最优解为：

（1）当总货币供给量 $m_0 \geqslant m_1^*$ 时（其中 $m_1^* = (RRR+D)\left[\dfrac{r_0}{b} - \dfrac{i_W}{b} - \dfrac{i_D}{b(1-RRR)}\right]$），

$$inv_1^* = inv_2^* = \frac{r_0}{2b} - \frac{i_W}{2b} - \frac{i_D}{2b(1-RRR)}$$

$$i_{C1}^* = i_{C2}^* = i_W + \frac{i_D}{1-RRR}$$

$$\pi_1^* = \pi_2^* = 0$$

即在竞争的市场中，当货币供给足够多时，银行的贷款利率等于其成本，利润为零。

（2）当基础货币供给 $m_0 < m_1^*$ 时，

$$inv^* = \frac{m_0}{2(RRR+D)}$$

$$i_C^* = r_0 - \frac{bm_0}{RRR+D}$$

商业银行的最大化利润为：

$$\pi_B^* = \frac{m_0}{2(RRR+D)}\left[r_0 - \frac{bm_0}{RRR+D} - i_W - \frac{i_D}{(1-RRR)}\right] \qquad (5\text{—}1)$$

由（5—1）式可以看出，直接影响经济增长的宏观因素——全社会资本回报率 r_0 和货币发行量 m_0、银行间的竞争 i_W、银行对利润的追求等是决定商业银行盈利能力的重要因素。

银行所处的优越的宏观环境、市场结构和银行的改革主要表现在：

第一，中国经济的快速增长使政府、企业和个人的财富都迅速增加，对财富管理的需求日益增长。近十年来，中国经济每年以 8％以上的增长速度高速增长，2008 年中国的人均 GDP 历史性地跨越 3 000 美元大关，2011 年突破了 5 000 美元。世界各国经济发展的历程显示，人均 GDP 为 3 000 美元意味着这个国家的经济迈入了中等收入水平，城镇化和工业化的进程会加快，居民消费将从温饱型向享受型转变，是一个从量变到质变的转折点。对金融服务和金融产品的需求会突然增加并向高层次、精细化方向发展，财富管理成为普遍需求，而中国正处于这样一个时期。

近十年，中国外贸顺差的迅猛增长迫使中央银行发行了大量的货币，再加上 2009 年政府对经济强刺激下的天量信贷，货币发行量的增长率远远超过 GDP 的增长速度。巨大的外部需求使经营货币的银行业处于一个非常好的市场环境。改革开放以来，中国储蓄率一直居高不下，且持续上升。2005年之后中国储蓄率超过 50％，2009 年占全球储蓄的 28％①，目前中国是全球储蓄率最高的国家之一。政府高税收和政府主宰的高投资也是高储蓄率的原因之一，而且企业和政府对储蓄率上升的贡献率为 80％。高额的储蓄率给银行提供了坚实的经营基础。

第二，相对垄断的市场结构和利差控制保护了银行。虽然四大银行的集中度在降低，竞争程度有所提高，但是其速度与蒸蒸日上的金融需求相比慢很多。低成本存款利率的管制，较高幅度的贷款利率浮动权，民间金融的严格控制和严重压抑，这些政策因素使银行处于一个相对垄断和利差保护的经营环境中，银行的产品和服务远远落后于与日俱增的市场需求。与需求相匹配的、满足不同层次需要的金融产品和服务的供给与创新，中小金融机构的严重缺失和资金的供给等诸多方面都远远无法满足需要。消费者和银行的地位不平等、市场竞争不足使得银行拥有绝对的定价权，消费者难以维护自身的权益。其结果是银行随意抬高贷款和收费价格，客户只能被动无奈地接受。传统存贷款业务的利差保护和新增加的手续费的双重驱动，形成了中国银行业的高利润源泉。

近些年中国银行业的高利润是在宽松货币政策刺激下流动性泛滥、资本账户没完全开放、利率和汇率机制还没有充分市场化、增长方式和经济结构未实现根本转变之前的情况下取得的。银行业基本盈利模式是依赖廉价资本与规模驱动下的信贷扩张。

许多研究者都证实了宏观经济条件在决定银行经营中可以起到关键作用（Demirgüc and Huizinga，1999；Aburime，2008；Heffernan and Fu，2008）。

第三，市场化改革使银行业的效率提高。2001 年，处于技术性破产边缘的中国银行业迎来了中国入世。面对外资银行全面进入中国市场倒计时的强大压力，从 2003 年开始，国有商业银行开始了大刀阔斧的改革。中央汇

---

① 参见《中国惊人的储蓄率》，载《新民晚报》，2010-10-27。

金公司向四大国有银行注资 800 亿美元，通过财政核销和市场化处置了高达2 万余亿元（约 3 174 亿美元）的不良资产，使四大国有银行卸掉了沉重的历史包袱。通过股份制改造、引入海外战略投资者和公开上市，四大银行逐步建立一整套全新的市场激励和约束机制。由于四大银行举足轻重的地位，它们的改革带动了整个商业银行市场化程度的全面提升。

2. 中国的银行业还不是真正的企业

2003 年开始的四大国有银行股份制改造、上市、引入外资、激励机制的建立等极大地激发和释放了压抑已久的发展动力和能量，市场化程度有了长足的进步。

虽然在形式上中国商业银行建立了比较完善的治理架构，但实质上由于占据银行业主体的大银行大多是国有控股企业，始终没有改变政府对银行的主导地位。政府在很大程度上主导着银行的发展，商业银行在某种程度上仍然是实施国家政策的一个工具。政府色彩过于浓厚使银行的行为并不是以市场为中心，这也是商业银行产生不良资产的重要原因。中国商业银行的管理层大多是从官员身份转变过来的，银行的核心管理层缺乏具有真正企业家使命和素养的银行家。如果没有真正的企业家，商业银行的市场化很难有一个质的变化和飞跃。总体来说，中国的银行业贷款主要流向国有企业，经常有机会将坏账核销以及有政府的隐性保护是中国银行业的特征。

弗泽格鲁（Feyzioglu，2009）的研究发现，利率管制使银行可以获得较低成本的资金来源（存款利率被管制在较低的水平）和保持较大的利差水平。中国商业银行的高盈利与效率之间没有关系，也就是说，银行的高盈利并不意味着运营效率很高。利率管制和贷款配给等行政干预因素使银行享受到政策的倾斜和处于政府的保护之中，降低了银行提高效率的动机。

如果银行是一个真正的现代企业，它的资金流向应该是追逐利润的。因此，就银行贷款投放的地区结构而言，应该是盈利能力越好的地区，其贷款增长越快，否则，则说明市场化程度不高（Podpiera，2006）。如果银行是真正的企业，它应该以股东利益最大化为目标，而不会成为政府经济刺激和执行产业政策的工具。2009 年在国家经济强刺激的情况下，政府主导的信贷膨胀表明，中国政府在投资和银行信贷资源的配置中仍然具有绝对的影响，银行业要成为真正的市场主体，任重而道远。

三、什么因素决定了中国银行业的高利润？

首先，本章从银行层面来研究决定商业银行利润的主要因素。

（一）计量模型和变量

根据前面的理论分析，我们设定以下回归模型：

$$ROIF_{it} = \alpha + X_{1it}\beta_1 + X_{2it}\beta_2 + X_{3it}\beta_3 + \varepsilon_{it} \qquad (5—2)$$

式中，α、β 分别表示常数项和变量的系数；ε 为随机扰动项。

1. 被解释变量

$ROIF_{it}$ 为投入资金回报率，即营业利润/（带息债务＋股东投入资本），其中，营业利润＝主营业务利润＋其他业务利润－存货跌价损失－营业费用－管理费用－财务费用。除了 $ROIF_{it}$，还有其他反映商业银行盈利能力的指标，例如，净资产回报率、总资产回报率等。净资产回报率是净利润与净资产的比值，反映的是净资产的盈利能力；总资产回报率反映了银行全部资产的盈利能力。由于在样本银行中，有些银行在股份制改造前净资产出现负数，使得净资产回报率并不能恰当地反映出银行的盈利能力。因此本章采用投入资金回报率作为银行盈利能力的代表，在稳健性检验中以总资产回报率作为因变量。

2. 主要解释变量

X_{1it} 为商业银行的个体特征变量，X_{2it} 代表行业竞争状况的变量，X_{3it} 为影响商业银行的宏观变量。

（1）商业银行的个体特征变量。

银行总资产规模、资本充足率、技术效率、非利息收入占总收入比重和是否上市等都是反映银行个体经营特征的指标。

本章用 $IsListed_{it}$ 代表银行是否上市，具体表述如下：

$$IsListed_{it} = \begin{cases} -1, & \text{如果 } t \text{ 期为上市之前的年份} \\ 0, & \text{如果 } t \text{ 期为上市当年} \\ 1, & \text{如果 } t \text{ 期为上市之后的年份} \end{cases}$$

在银行的个体特征变量方面，本章加入了技术效率指标，用来考察 2003 年改革以后银行内部管理水平的变化对利润的影响。

所谓技术效率指的是银行的 X 效率。X 效率是对某一机构相对于行业内最佳表现的测度，指一个公司由投入获得最大产出的能力。X 效率是一个相对指标，是用给定投入和产出要素价格计算出一家银行与其他银行的效率之间的相关性，找出行业中广泛认可的"最优"的成本边界（或称"前沿"，通常用 1 表示），而某个银行效率的度量是看它与边界之间的距离，距离越远说明该银行的效率越差。

本章采用随机前沿生产函数（参数）的方法，主要通过最小二乘法或者极大似然估计法对生产函数进行估算。假设企业投入为 X_{it}，产出函数为 $y_{it} = f(X_{it}) \exp(v_{it} - u_{it})$，其中 v_{it} 为影响产出的随机冲击（假设其服从随机正态分布），而 $u_{it}(u_{it} \geqslant 0)$ 为由于非效率造成的对产出的负面冲击（假设其服从半正态分布）。理想的产出为 $\tilde{y}_{it} = f(X_{it}) \exp(v_{it})$。根据定义，技术效率为：

$$
\begin{aligned}
TE_{it} &= \frac{y_{it}}{\tilde{y}_{it}} = \frac{f(X_{it}) \exp(v_{it} - u_{it})}{f(X_{it}) \exp(v_{it})} \\
&= \exp(-u_{it})
\end{aligned} \tag{5—3}
$$

本章借鉴玛·特克·阿里斯（Rima Turk Ariss，2009）的方法，将模型设定为：

$$
\begin{aligned}
\log(PreTaxProfit_{it}) = & c_1 \log(TotalAss_{it}) + c_2 \log(W_{1it}) \\
& + c_2 \log(W_{2it}) + c_3 \log(W_{3it}) \\
& + v_{it} - u_{it}
\end{aligned} \tag{5—4}
$$

式中，表示产出的因变量 $PreTaxProfit$ 为银行的税前利润；$TotalAss$ 为银行的总资产；W_{1it}、W_{2it}、W_{3it} 代表投入部分（包括资本、人力、固定资产）的价格，分别用利息支出/平均有息负债、工资支出/总资产、其他支出/总资产计算得到。

（2）市场结构指标。

行业集中度 CR_4 采用规模最大的四家商业银行的总资产占全部银行业总资产的比重来衡量，本章用 $1 - CR_4$ 表示竞争程度。

（3）宏观经济指标。

全社会的资本回报率在很大程度上影响着 GDP 的增长，本章选取 r_t 为资本的边际投资回报率作为中国经济持续发展的指标。

根据新古典的增长模型，生产函数可以表示为：

$$Y_t = A_t K_t^{\alpha_t} L_t^{1-\alpha_t}$$

式中，Y_t 为生产总值；K_t 为资本存量；L_t 为劳动力投入；A_t 为除资本及劳动之外的其他影响生产效率的因素，包括生产的技术、管理组织效率、劳动力素质、需求及供给冲击等。根据该生产函数，可以得到资本的回报率为：

$$\tilde{r}_t = \frac{\partial Y_t}{\partial K_t} + (P_{Kt} - P_{Yt}) - \delta_t$$

$$= \frac{\alpha_t Y_t}{K_t} + (P_{Kt} - P_{Yt}) - \delta_t \tag{5—5}$$

式中，P_{Kt} 为资本的价格变化；P_{Yt} 为产出的价格变化；δ_t 为折旧率；$1-\alpha_t$ 为劳动投入的份额，可以通过国家统计局的数据查到（劳动者报酬/GDP）。而资本存量则根据徐杰等（2010）用永续盘存法的测算得到。由于折旧容易受会计政策影响，而本章研究的时间长度比较短，因此真实的折旧率变化不大。而企业投资时，无法准确地预见未来资产与产出的价格变化，因此影响投资需求的主要还是 $\frac{\partial Y_t}{\partial K_t}$ 这一项。本章在回归中，采用 $r_t = \frac{\partial Y_t}{\partial K_t}$ 作为全社会资本回报率的代理变量。

（二）数据说明

本章选取中国工商银行、中国建设银行、中国银行、中国农业银行、交通银行、中信银行、浦东发展银行、招商银行、民生银行、光大银行、华夏银行、深圳发展银行、广东发展银行、兴业银行共 14 家全国性商业银行的数据作为研究样本。行业竞争度的数据由银行个体特征数据计算得到，银行个体特征数据均来自全球银行数据分析库（Bankscope）。宏观数据包括 GDP、固定资本形成总额、劳动者报酬、法定存款准备金率、基础货币供给等来自 Wind 数据库、国泰安经济金融数据库、《中国统计年鉴》以及中国人民银行和中国银监会网站。由于从 2003 年开始银行业的全面改革，所以以 2003—2010 年的数据作为考察对象。

由表 5—1 可以看出，银行之间非利息收入占比波动加大，四大银行的市场占有率为 50％左右。

表 5—1　　　　　　　　　　　　变量描述性统计

	均值	标准差	最小值	最大值
log（总资产）	14.13	1.16	12.15	16.42
是否上市	0.21	0.94	−1.00	1.00
投入资金回报率（％）	1.20	0.47	0.10	2.19
一级资本充足率（％）	7.21	2.59	−1.47	13.14
技术效率指标	0.67	0.21	0.07	1.00
非利息收入占总收入比（％）	12.48	7.57	−4.32	43.34
市场竞争（$1-CR_4$）（％）	48.70	2.30	45.10	52.20
基础货币供给增速（％）	19.57	8.54	9.32	30.59
全社会资本回报率（资本折旧前，％）	26.98	2.55	23.96	30.26
法定存款准备金率（％）	10.75	3.79	6.25	16.52

（三）实证结果和分析

由于个别银行在股改前大规模核销不良资产，个别指标因为账务处理出现较大的波动，因此本章剔除了个别异常的样本。

首先对面板数据进行 Hausman 检验，$\chi^2(9)=1.96$，p 值为 0.99，表明采用随机效应模型更为合适，该模型的回归结果见表 5—2 的（A）部分。

表 5—2　　　　　　　　　　　　回归结果

变量	(A) RE（随机效应） ROIF（投入资金回报率）	(B) SYS-GMM（系统广义矩估计方法） ROIF	(C) SYS-GMM ROA（资产回报率）
log（总资产）	0.192***	0.163***	0.154***
	(0.032 6)	(0.043 8)	(0.043 4)
是否上市	0.050 5**	0.055 6**	0.054 9**
	(0.022 6)	(0.028 3)	(0.027 9)
资本充足率	0.002 70	0.009 61	0.009 75
	(0.009 75)	(0.012 0)	(0.011 9)

续前表

变量	(A) RE（随机效应） ROIF（投入资金回报率）	(B) SYS-GMM（系统广义矩估计方法） ROIF	(C) SYS-GMM ROA（资产回报率）
法定存款准备金率	0.026 2***	0.039 6***	0.037 8***
	(0.007 34)	(0.007 82)	(0.007 70)
技术效率	1.280***	1.595***	1.575***
	(0.084 6)	(0.098 2)	(0.097 3)
竞争度（$1-CR_4$）	−0.026 8*	−0.031 6*	−0.028 9*
	(0.014 1)	(0.017 6)	(0.017 4)
基础货币供给增速	0.008 93***	0.006 28***	0.006 19***
	(0.002 00)	(0.002 05)	(0.002 02)
全社会资本回报率	0.028 6***	0.028 0***	0.027 4***
	(0.005 81)	(0.006 69)	(0.006 60)
非利息收入占比	−0.000 294	−0.006 10	−0.005 82
	(0.003 56)	(0.005 30)	(0.005 24)
ROIF（−1）		−0.026 3	
		(0.058 1)	
ROA（−1）			−0.021 8
			(0.058 3)
常数项	−2.298***	−1.890***	−1.871***
	(0.574)	(0.723)	(0.714)
样本数	90	74	74

注：括号中数字为异方差一致性标准差；上标 *、**、*** 分别表示估算值在10%、5%和1%的水平上显著性。

（1）宏观变量效应。

由回归结果可以看出，全社会资本回报率与银行的盈利正相关，而且通过了统计检验。根据前面的理论，全社会资本回报率是决定商业银行盈利的重要因素，银行的利润依赖于整体经济的良性循环和增长。这个结论印证了第二节的理论模型。

根据理论模型，基础货币供给的增加以及法定存款准备金率的下调对商业银行的影响有两方面：一是使得银行的可贷资金增加，有利于扩大银行盈利资产；二是使得市场的资金供给增加，导致利率下降。也就是说，对商业银行盈利的影响可能为正，也可能为负。从回归结果可以看到，在样本期内，基础货币供给的增加和法定存款准备金率的下调都能显著增加商业银行的盈利。即法定存款准备金率的提高会导致市场资金供给的减少，刺激贷款的利率提高，其收益超过了可贷资金减少带来的损失。而基础货币供给增加时，导致可贷资金增加的收益超过贷款利率下降的损失。这两种货币调整的影响不一致的原因，可能是当基础货币供给增加时，投资的需求也在增加。比如国外需求旺盛时，会带来大量的顺差，于是就可以看到基础货币供给被动增加，在这种情况下，虽然货币的供给增加，但是投资以及对贷款的需求也会增加。还有一种情况是，当经济形势好，GDP 快速增长时，中央银行为了避免通缩，也会增加货币的供给，这种情况下，投资的需求也会增加，从而使得利率上升。

（2）市场结构效应。

计量结果表明，银行业的市场竞争与银行的盈利性呈反向关系，而且全部通过检验，即竞争越激烈，银行的利润越低，这印证了我们的预期。从原始数据看，样本期内银行的集中度在下降，而利润在增加。而银行竞争度的指标在控制住效率的影响之后，系数显著为负，即市场竞争加大将会削弱银行的盈利能力。这说明银行业的市场化改革以及竞争的加剧使银行经营管理的效率提高，但是总体来说竞争本身还是降低了银行的盈利能力。

由于存款利率的管制导致存款成本低廉，经济快速发展带来巨大的贷款需求，只要商业银行能够获取大量的存款，就能轻易获得丰厚的利润回报。低成本的资金来源和强烈的市场需求使贷款利率水涨船高，而这种得天独厚的优越地位是国家金融管制和政策保护的结果。目前中国商业银行的利润主要来源于存贷款利差，而这部分收入主要不是由于它的经营和创新带来的，是国家政策给予的。长期以来，政府一直严格控制民营中小金融机构，导致中小企业融资无门，民间借贷和地下钱庄的高利贷行为加剧。市场结构造成的供需严重失衡导致银行利润不断攀升，因此强化竞争可以降低银行的利润。

（3）银行个体变量效应。

从回归结果可以看到，银行的规模越大，则盈利能力越强，表明银行业中存在规模经济的现象。本章考察的对象是全国最大的 14 家银行。这些银行大多有政府背景，实力和信誉都较好，容易吸收到成本较低的存款。

从回归结果表 5—2（A）可以看到，技术效率指标的系数显著为正，即银行的效率促进了盈利能力的提高。2003 年银行业改革后，银行建立了一整套崭新的激励机制和成本控制机制，银行内生的动力导致效率逐步提高。说明银行业的市场化改革是银行高利润的主要原因之一。

本章考察的全国性股份制商业银行全部为上市银行。从原始数据看，上市前后，银行的变化很大（尤其是由国有银行改制过来的银行）。回归结果也证实了上市促进了这 14 家大中型银行利润的大幅度提升这个结论。

非利息收入占比对商业银行盈利的影响并不显著。虽然伴随着财富的快速增长，全社会的理财意识在不断加强，商业银行非利息业务的丰富只是最近 2～3 年的事情，但是从 2003—2010 年间的数据来看，商业银行非利息收入占比波动较大。如果以收费的中间业务为主，基本上没有风险。涉足资本市场的产品，则非利息收入在增加银行收入来源的同时会加大银行收入波动的风险（黄隽、章艳红，2010）。

（四）稳健性检验

为了避免可能存在的内生性问题带来的偏误，下面采用动态面板回归模型，并用税前总资产回报率（ROA）进一步检验回归结果。

阿雷利亚诺和邦得（Arellano and Bond，1991）提出了一阶差分广义矩估计法（DIF-GMM），通过对面板数据进行差分，消除由于未观察到的截面个体效应造成的遗漏变量偏误。根据这个方法，得到差分后的方程为：

$$\Delta ROIF_{it} = \Delta ROIF_{i,t-1}\gamma + \Delta X_{it}\beta + \Delta \varepsilon_{it} \qquad (5—6)$$

式中，X_{it} 为影响商业银行变量组成的向量组。在方程（5—6）中，$\Delta ROIF_{i,t-1}$ 是与 $\Delta \varepsilon_{it}$ 相关的（因为 $\Delta ROIF_{i,t-1} = ROIF_{it} - ROIF_{i,t-1}$，$\Delta \varepsilon_{it} = \varepsilon_{it} - \varepsilon_{i,t-1}$，而 $ROIF_{it}$ 是关于 ε_{it} 的函数），因此需要引入 $\Delta ROIF_{i,t-1}$ 的工具变量。根据 DIF-GMM 估计法，在第 3 期，$ROIF_{i1}$ 是 $\Delta ROIF_{i3}$ 的工具变量；在第 4 期，$ROIF_{i1}$、$ROIF_{i2}$ 是 $\Delta ROIF_{i4}$ 的工具变量；在第 5 期，$ROIF_{i1}$、$ROIF_{i2}$、$ROIF_{i3}$ 是 $\Delta ROIF_{i5}$ 的工具变量。依此类推，其他外生变量也同时作为工具变量。

由于 DIF-GMM 估计量容易受弱工具变量以及小样本偏误影响，很多时候并非有效的估计量。为了克服这一缺点，布伦德尔和邦得（Blundell and Bond，1998）提出另外一种方法，即系统广义矩估计方法（SYS-GMM）。其做法是在 DIF-GMM 方法的基础上，同时估计水平方程，并把差分变量的滞后项作为水平变量的工具变量。即估计差分方程 $\Delta ROIF_{it} = \Delta ROIF_{i,t-1}\gamma + \Delta X_{it}\beta + \Delta \varepsilon_{it}$ 的同时，也估计水平方程 $ROIF_{it} = ROIF_{i,t-1}\gamma + X_{it}\beta + Fe_i + \varepsilon_{it}$（$Fe_i$ 为商业银行的个体固定效应），并把 $ROIF_{i1}$，…，$ROIF_{i,t-2}$ 作为 $\Delta ROIF_{it}$ 的工具变量。与 DIF-GMM 相比较，SYS-GMM 进一步增加了可用的工具变量，并且在估计过程同时使用了水平方程和差分方程，因此估计的结果具有更好的统计性质。根据本章的数据，得到了 37 个工具变量。利用 Sargan 统计量来检查工具变量的有效性，得到 $\chi^2(26) = 35.37$，$Prob > \chi^2(26) = 0.104$，表明工具变量是有效的，结果见表 5—2 回归结果（B）。表 5—2 回归结果（C）中还报告了以税前总资产回报率作为被解释变量的回归结果。回归结果再次确认前面的结论是相当稳健的。

由此看来，银行业高盈利水平是良好的经济发展、相对垄断的市场环境、银行资产规模膨胀和银行效率提高等多重因素共同作用的结果。

四、中国商业银行是不是真正的企业？

在这部分，我们进一步讨论中国商业银行的市场化问题，探究中国商业银行高利润是否来自具有持久性的内生动力。

如前面理论部分所述，本章将贷款在地区间的流向是否追逐利润作为说明银行是否具有商业化导向的标志，即用商业银行在不同区域内贷款增长与盈利能力的相关性来判断贷款行为是否遵循商业导向。本章借鉴波皮尔（Podpiera，2006）的思路，讨论地区的盈利能力是否对贷款增长率具有显著的影响。同时我们还考察国家政策对商业银行的影响。

本节选取中国 31 个省（区、市）在 2003—2010 年间的经济活动为研究对象，贷款和存款等数据来自《中国金融年鉴》，其余数据来自《中国统计年鉴》。由于 2004 年及 2008 年的营业盈余数据缺失，因此估计模型时，没有用到这两年的数据。

本章以省份的整体贷款增长率为被解释变量。模型选取了能够对银行的信贷增长造成影响的控制变量，用省 GDP 增长率表示当地的经济发展。由于没有可靠的和综合的地区所有企业业绩的数据，所以我们将营业盈余占生产总值的比例作为所有企业盈利能力的代表。我们还考察了国有企业工业值占地区工业总值比例对信贷增长的影响（见表 5—3）。

表 5—3   数据的统计描述

统计量	观察值	均值	标准差	最小值	最大值
贷款增长率（%）	248	17.73	9.74	−9.50	50.50
存款增长率（%）	248	19.82	5.94	4.05	39.51
GDP 增长率（%）	248	12.92	2.18	5.40	23.80
营业盈余占 GDP 比例（%）	186	25.01	6.57	8.33	38.19
国有企业工业生产总值/工业生产总值（%）	217	45.29	19.13	10.73	83.37

回归模型如下：

$$gLoan_{it} = \alpha_i + \beta_1 gLoan_{it-1} + \beta_2 gDeposit_{it} + gGDP_{it}$$
$$+ \beta_3 surplus_{it}/GDP_{it} + \beta_4 shareofSOE_{it}$$
$$+ \beta_5 shareofSOE_{it} \times D_t + \varepsilon_{it} \tag{5—7}$$

式中，$gLoan_{it}$、$gDeposit_{it}$、$gGDP_{it}$、$surplus_{it}/GDP_{it}$、$shareofSOE_{it}$、D_t 分别为第 i 个省在时期 t 的贷款增长率、存款增长率、国民生产总值增长率、营业盈余占地区生产总值比例、地区的国有企业工业值占总工业值比例以及 t 年的 0~1 变量。

银行是否商业化，并不是单单看营业盈余占比跟贷款增长率的关系，还要看商业银行的贷款行为受政府的影响程度。为了观察贷款的增长与地区的营业盈余随时间变化的情况，在回归变量中，我们特别关注了 2009 年、2010 年国家经济刺激计划下的银行行为。加入国有企业工业占地区总工业比例与 $D_{2009/2010}$（如果当年为 2009 年或 2010 年，则设置为 1，否则设置为 0）的交叉变量，考察国有工业经济占比跟贷款增长率的相关关系。

$$gLoan_{it} = \alpha_i + \beta_1 gLoan_{it-1} + \beta_2 gDeposit_{it} + \beta_3 gGDP_{it}$$
$$+ \beta_4 surplus_{it}/GDP_{it} + \beta_5 shareofSOE_{it}$$
$$+ \beta_6 t \times surplus_{it}/GDP_{it}$$
$$+ \beta_7 shareofSOE_{it} \times D_{2009/2010} + \varepsilon_{it} \tag{5—8}$$

用 Hausman 检验来判断应该选择固定效用还是随机效用模型，得到检验结果如表 5—4 所示，两个方程的卡方统计量的 p 值均小于 0.1，采用固定效应模型更合适。

表 5—4　　　　　　　　　**面板数据模型检验结果**

Hausman 检验结果

H_0：随机效应模型与固定效应模型估计的结果无系统性差别

	模型（5—3）	模型（5—4）
卡方统计量	20.76	80.85
p 值	0.002 0	0.000 0

我们在表 5—5 固定效应（A）和（B）中分别汇报了模型（5—7）、（5—8）的估算结果。

表 5—5　　　　　　　　　**模型估算结果**

	固定效应（A）	固定效应（B）
因变量	$gLoan_{it}$	$gLoan_{it}$
常数项	0.336***	0.246***
	(0.086 0)	(0.074 9)
$gLoan_{it-1}$	−0.218***	−0.445***
	(0.060 7)	(0.062 3)
$gDeposit_{it}$	0.634***	0.551***
	(0.118)	(0.102)
$gGDP_{it}$	0.000 645	0.004 17
	(0.003 36)	(0.002 92)
$surplus_{it}/GDP_{it}$	−0.173	−0.755***
	(0.178)	(0.176)
$t \times surplus_{it}/GDP_{it}$		0.110***
		(0.016 6)
$share of SOE_{it}$	−0.524***	−0.275***
	(0.107)	(0.099 1)
$share of SOE_{it} \times D_{2009/2010}$	0.198***	0.123***
	(0.039 0)	(0.035 3)
样本数	155	155
R^2	0.776	0.837

注：括号中数字为异方差一致性标准差；上标 *、* *、* * * 分别表示估算值在 10%、5% 和 1% 的水平上显著性。

回归结果显示，存款数量作为资金来源是影响贷款增长的重要因素，这符合人们的共识。从表5—5中的回归结果（A）和（B），我们看到了现阶段中国商业银行行为的两个突出特点。

第一，商业银行的市场化倾向在逐步增强。为了考察中国银行商业化发展的轨迹，本章在模型中增加了营业盈余时间趋势的交叉项，回归结果见表5—5固定效应（B）。我们看到伴随着时间趋势的变化，中国商业银行的市场化程度进步的轨迹，商业银行已经不再是过去那种不问利润的行政机关，商业银行经营的行为越来越商业化。同时回归结果还显示，从总体来看，地区的国有企业工业占比与贷款增长是负相关关系，在统计上通过了检验。从采集的数据来看，国有企业工业生产总值占比较大的区域主要是经济不发达的地区，例如新疆、甘肃、青海、黑龙江等，说明商业银行的资金偏好流向经济发达、赚钱效应强的地区。

第二，商业银行还没有成为真正的企业。地区GDP增长、盈利水平（营业盈余占GDP比例）对贷款的增长影响都不显著，表明商业银行的贷款行为不受经济增长和利润的影响，信贷的流向并没有追逐利润，也就是说银行没有按照市场原则决策，还不是真正的企业。

为了防止次贷危机带来的经济衰退，中国在2009年新增贷款高达9.59万亿，比上年增长32%[①]，这些信贷的增长是政府主导的。从回归的结果也可以看到，在2009年，国有企业占比对贷款增长率影响是显著为正的，说明2009年大量的贷款流向国有企业和政府融资平台。根据世界银行2010年6月发布的《中国经济季报》提供的数据，2009年以后，国有企业突然发力，打破了前些年投资增长低于非国有企业的态势，投资增速超过非国有企业。国有企业投资的主要资金来源于银行的信贷，地方政府性债务中80%是银行贷款。[②] 模型（5—8）的回归结果再次确认了模型（5—7）的结果，即在2009—2010年政府干预的情况下，商业银行根本不考虑地方政府的还款能力，商业银行大量的信贷资金流向政府的融资平台和国有企业。商业银行还没有真正成为完全自主化经营的企业。

[①] 参见中国人民银行官方网站。
[②] 参见《刘明康：中国地方政府性债务中80%是银行贷款》，载《财经》，2011（10）。

五、结论和政策建议

　　本章分银行和省际两个层面探讨了中国商业银行高盈利的原因。研究的结论显示，经济持续良好的增长使人们的收入持续提高，人们对银行产品和服务的需求日益高涨；银行业自身的改革使效率提升；政府对存款利率和民间金融等的严格控制，使商业银行处于相对垄断和利差保护的经营环境中，这些是商业银行利润持续走高的最主要原因。不可否认，2003年开始的银行业改革使银行的市场化程度和原来相比得到大幅提高，但是中国的银行业仍不是真正的企业。中国商业银行的高利润更多地或者说主要得益于良好的宏观经济和相对垄断的市场结构环境。

　　根据以上分析，我们提出以下政策建议：

　　第一，政府需要明确商业银行的定位，采取措施引导资金流向实体经济。商业银行等金融机构的定位应该是为实体经济服务。根据信贷理论，商业银行的利率应该低于社会平均利润率。但是在当下的中国，银行业的利润率和收益率远远高于实体经济，这使大量的资金逃离实体经济涌入金融业。产业空心化，严重背离了银行业的基本定位。银行高利润，企业经营艰难，这是一种畸形的金融化过程。诚然，银行业的发展能够创造价值，对于一国经济起飞很重要，但是一个国家民营经济或实体经济无法生存，光靠金融的繁荣必定死路一条。

　　目前中国经济不缺钱，流通中的货币量很充足，现在缺的是把钱用到实体经济去的机制和制度。资金总是追逐利润，要想让资金流向实体经济，需要坚持改革，提高实体经济的回报率，适当降低银行业的利润率，保障实体经济与银行的主辅关系。

　　第二，采取措施改变银行业相对垄断的优越地位。一是推进利率市场化。在严格管控的低存款利率的情况下，大量的社会资金体外循环追逐高利率。利率市场化之后，竞争可能导致存贷利差收窄，商业银行将面对复杂多变的市场环境。伴随着银行间的竞争更多地转向价格竞争，商业银行将把更多精力放到产品和服务的创新上去，这将加速商业银行的分化，同质化竞争将会有所减弱。利率市场化将鼓励有特色的、细分市场和客户、有比较优势的银行发展，产品创新、差异化服务、综合定价及风险管理能力将成为银行争取市场地位的核心竞争力。利率市场化将对银行业产生较大的业务转型和风险防控压力，促使商业银行成为真正的市场主体。二是降低门槛，放宽准入，鼓励、引导和规范民间资本进入银行业。建立多元化和多层次的融资机制，大力发展立足地方、服务小微企业的中小金融机构，通过地缘优势和标准化的产品降低小微企业信贷成本。

参考文献

1. 黄隽，章艳红. 商业银行的风险：规模和非利息收入. 金融研究，2010（6）.

2. 谢升峰，李慧珍. 外资银行进入对国内银行业盈利能力的影响. 经济学动态，2009（5）.

3. 徐杰，段万春，杨建龙. 中国资本存量的重估. 统计研究，2010（12）.

4. Aburime. 2008. Determinants of Bank Profitability：Macroeconomic Evidence from Nigeria. http：//papers. ssrn. com/sol3/papers. cfm? abstract_id＝1231064.

5. Arellano，M. , S. Bond. 1991. Some Tests of Specification for Panel Data：Monte Carlo Evidence and an Application to Employment Equations. *Review of Economic Studies*：58（2）：277−297.

6. Blundell and Bond. 1998. Initial Conditions and Moment Restrictions in Dynamic Panel Data Models. *Journal of Econometrics*：87（1）：115−143.

7. Demirgüç-Kunt，A. , Huizinga，H. . 1999. Determinants of Commercial Bank Interest Margins and Profitability：Some International Evidence. *World Bank Economic Review*，13（2）：379−408.

8. Demirgüç-Kunt，A. , Huizinga，H. . 2001. Financial Structure and Economic Growth：A Cross-Country Comparison of Banks，Markets，and Development. Cambridge：MIT Press.

9. Feyzioğlu，T. . 2009. Does Good Financial Performance Mean Good Financial Intermediation in China？. IMF Working Paper.

10. Goaied，M.，Bennaceur，S..2008. The Determinant of Commercial Bank Interest Margin and Profitability：Evidence from Tunisia. *Frontiers in Finance and Economics*，5 (1).

11. Heffernan，S.，Fu，M..2008. The Determinants of Bank Performance in China. http：//papers. ssrn. com/sol3/papers. cfm? abstract_id=1247713.

12. Podpiera Richard. 2006. Progress in China's Banking Sector Reform：Has Bank Behavior Changed. IMF Working Paper.

13. Rima Turk Ariss. 2009. On the Implications of Market Power in Banking：Evidence from Developing Countries. *Journal of Banking and Finance*：34 (4)：765-775.

第六章　商业信用、银行信用与货币政策

一、引　言

近年来，我国通货膨胀水平较高。2009 年以来，代表通货膨胀程度的 CPI 与 PPI 指数逐月上升，至 2011 年 7 月，CPI 指数攀升到了 6.45% 的高位，创下了从 2008 年 6 月以来的新高。为了稳定币值、保证人民生活质量、防止通货膨胀恶化，中国人民银行开始实行从紧的货币政策。在执行从紧的货币政策过程中，央行较多采用了数量型货币政策来调控货币增长速度。例如，从 2010 年 2 月开始，连续 12 次上调存款准备金率，至 2011 年 6 月，大型金融机构的存款准备金率升至 21.5% 的历史新高。在此背景下，M1、M2 与人民币贷款余额增速都出现了较快下降。

在这种紧缩的货币环境下，很多企业，特别是中小企业普遍出现了融资难的问题，引起了社会各方的关注。与此同时，民间借贷利率不断攀升，很多企业不堪忍受"高利贷"的重压，资金链断裂。那么，数量型调控对于企业融资的影响机制究竟如何？为什么会出现上述状况？这是本章希望回答的问题。

作者曾经对于中国货币的性质进行了识别，发现其具有内生性。因为货币的本质是债务的计量工具，本章在此基础上认为企业融资中的应付账款在性质上就是货币。这意味着，央行实际上无法控制货币数量。在央行控制银行贷款的时候，企业会转向应付账款融资，这就导致了民间借贷频发。应付账款融资对于借款企业的资金链非常敏感，一个偶然风险因素的爆发就可能导致整个融资链条崩溃，从而导致局部金融风险放大。

利用我国上市公司的数据进行估计，我们发现我国企业确实在利用应付账款进行融资。此外，我们发现准备金率对于这种融资没有影响，而利率对其有显著影响，这与内生货币理论一致。因为央行无法控制用于计量债务的货币，所以无法利用数量型工具调整其数量。当央行控制银行贷款的时候只能增加应付账款。同时，调整融资价格，即变动利率是有效的政策。

在这种情况下，如果我国要稳定金融体系，发挥金融对于实体经济的支持作用，应该放弃数量型调整策略，不要频繁采用准备金政策，而是应该发挥利率的调节作用。这就要求我国进一步推进利率市场化。我们认为，放开贷款利率具有较强的市场基础。虽然，为保证稳妥，可以暂时不采取一次性放开的方式，但是通过不断降低贷款利率下限或者简化贷款利率期限档次的方法总体来说都是可行的，并不会对商业银行的贷款业务构成较大冲击。贸然放开存款利率是不可行的，逐步提高存款利率上限也只会"一浮到顶"，达不到区别定价的目的。因此，从发展替代性金融产品入手推动存款利率市场化相对可行。此外，利率市场化还应进一步加强中央银行利率调控机制建设以及完善利率期限结构。

二、内生货币下的企业内外部融资机制

众所周知，企业的融资方式大体上可以分为外部融资和内部融资两种。从几种外部融资形式来看，目前中国的债券市场相对于信贷市场较小，2011年社会融资规模为12.83万亿元，人民币贷款增加7.47万亿元，企业债券净融资1.37万亿元，虽然企业债券净融资占同期社会融资规模的10.6%，为历史最高水平，但是相对于银行贷款来说，仍然较小。与此同时，我国作为一个发展中国家，金融体系不太健全，金融市场不够发达，民间借贷规模尚小且处于灰色地带。商业信用融资总量虽然不能被准确计算出来，但是商业信用作为一种短期融资方式，对于企业有着至关重要的作用，1989年和1993年中国两次企业"三角债"危机就是明证（樊纲，1996）。商业信用

对于国民经济的支持，可能超过银行借款（Ge and Qiu，2007）。由此可见，在这些融资方式中，银行借款与商业信用是企业负债中最重要的组成部分，研究这两者之间的关系以及央行不同货币政策工具对于商业信用的影响显得尤为重要。目前的分析逻辑是在外生货币和金融形成的环境中讨论的。作者此前进行的工作表明我国目前货币具有内生性，应在此环境下进行分析（于泽，2008）。

内生货币论者强调货币是人类创造出来的一种计价单位，货币的性质为债务，这是货币的本质所在。凯恩斯（Keynes，1930）提出了"记账货币"的概念，记账货币可以记载债务、价格以及一般购买力，当国家宣布什么事物可以作为货币，以对应记账货币的时候，传统意义上的货币便产生了，他同时肯定了银行票据是当前流通货币的一部分。当私人产权出现后，参与人之间会发生私人债务，债务借贷合同中的计量单位就是货币。

在不同的信用体系下，存在不同的债务工具，现代社会的一种表现是银行和中央银行这种多级体制下的银行贷款。在现代市场经济的生产过程中，由于生产和销售过程会耗费时间，企业需要预先采购原材料，预付资金给工人，也就有了贷款需求。在认为企业可信赖的前提下，银行会通过向企业的银行账户注入资金或者给企业信用额度等方式向企业提供信贷，企业以此为基础进行采购。当企业获得资本和劳动力后，便开始了生产过程。这样的贷款过程产生了货币，使货币无中生有，其发生的前提是银行负债必须被社会广泛认可和接受，这样企业才会需要银行的信贷，银行也才能够满足其需求。否则，如果其他企业和工人不接受企业从银行的贷款作为其收入，那么工人与企业、企业与企业之间的合约关系就无法执行，生产也就不能进行。正是将银行存款接受为货币使得银行可以不需要存款而发行贷款。这一货币产生过程可以通过一个简单的银行资产负债表变动来表示（见图6—1）。

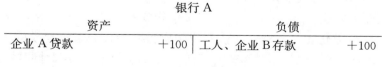

图6—1　银行创造货币

企业A首先获得银行A的信贷支持，表现为商业银行资产负债表的资产方增加一笔对企业A的贷款。企业A用银行存款支付其他企业的货款、工人的工资，得到货币资金的企业和工人会将这些货币资金存入银行A，构成了商业银行的负债。

在这个过程中，企业的资产负债表变动如图 6—2 所示，第一行表示企业 A 从银行获得借款，第二、三行表示企业用银行借款去采购原材料，在这种情形下，企业的采购行为分两步完成。

企业 A

资产		负债	
银行存款	＋100	短期/长期负债	＋100
银行存款	－100		
原材料	＋100		

图 6—2　银行信贷渠道下的企业采购过程

在社会信用体系下，债务工具的另外一个表现形式是企业之间的商业借贷，即商业信用。商业信用是指企业之间货款的延迟支付，即卖方允许买方在获得货物后可以不必立即支付货款，而是延迟一段时间后再进行支付。当商业信用发生时，在企业的资产负债表中，买方资产栏中增加一笔原材料，负债栏中增加一笔应付账款，卖方在资产栏中增加一笔应收账款，这就相当于卖方赋予买方的一个短期融资。企业的采购行为在资产负债表中的表现如图 6—3 所示，此时企业的采购行为通过一步即可完成。

企业 A

资产		负债	
原材料	＋100	应付账款/应付票据	＋100

图 6—3　商业信用渠道下的企业采购过程

由于银行信用与商业信用都具有债务结算的性质，都属于社会信用供给中和社会中"流动性资产"的一部分，商业信用可以称为"准货币"。在前一种情况下，当企业生产的产品完成销售时，企业就会利用收回的货币资金去偿还银行借款，后一种情况则是偿还应付账款、应付票据。商业信用与银行信用都可以帮助企业以垫资的形式完成生产过程，理性的企业会在这两种形式之中选择边际成本较小的一种。

通常应付账款也有付款期、折扣等信用条件。应付账款可以分为：免费信用，即买方企业在规定的折扣期内享受折扣而获得的信用；有代价信用，即买方企业放弃折扣付出而获得的信用；展期信用，即买方企业超过规定的信用期推迟付款而强制获得的信用。所以应付账款也有成本，倘若买方企业在卖方规定的折扣期内付款，便可以享受免费信用，这种情况下企业没有因为享受信用而付出代价；倘若买方企业放弃折扣，超过免费信用期后付款，该企业便要承受因放弃折扣而造成的隐含利息成本，一般来讲，放弃现金折扣成本＝现金折扣比×360/〔(1−折扣百分比)×(信用期−折扣期)〕。本章把企业放弃现金折扣成本作为企业应付账款的边际成本。

由于票据市场发展较为缓慢，应付票据所占比重较小。[①] 最能体现商业信用的商业承兑汇票不到汇票融资总量的 10%，故可以把应付账款的边际成本作为企业商业信用的边际成本。从本章的角度讲，它是一个外生变量。

当银行存在信贷配给，或者说央行采用差别化贷款拨备政策时，会相应提高企业贷款的边际成本，企业会倾向于更多地采用另外一种"货币"形式——商业信用，来完成采购和生产过程，故可以提出：

假设 1：商业信用与银行信用之间存在着此消彼长的负向关系。[②]

货币政策是指一国的中央银行通过采用各种货币手段，调节或控制货币供应量、利率和信用等经济变量，影响本国宏观经济运行，进而实现既定的经济目标的方针和措施的总和。货币政策有多种传递渠道，但在目前中国，信贷渠道居于主导地位。按照主流经济学的理论，货币是外生的，货币总量 $M = m \times B$，B 表示基础货币，包括银行储备金和公众手中的现金，m 表示货币乘数，等于 $(1+b)/(b+r)$，其中 b 表示现金与存款的比率，r 表示储备占存款的比重，包括法定和超额储备两部分，在这个框架下实际经济中货币供给量的波动来自基础货币和货币乘数的变化，央行通过控制基础货币和存款准备金率来控制社会的货币供给量。

内生货币理论认为 $M = m \times B$ 只是一个等式，而因果链条应该是 $B = M/m$。银行首先向企业贷款，贷款引致形成货币存量 M，央行负责供应货币存量需要的准备金，这个逻辑是"贷款创造存款，存款寻找准备"。因而货币存量就是经济的内生变量，货币供应量由企业的贷款意愿和商业银行的信贷标准等决定。在既定利率和贷款条件下，商业银行无法拒绝客户的需求，当商业银行提供贷款时，相应的存款被直接创造出来，一部分留在贷款

---

① 据笔者统计，2006 年至 2011 年 3 季度期间，A 股上市公司应付票据约为应付账款的 40%。

② 其他学者在论述这种关系时，均用了"替代"一词，但是基于内生货币观点，笔者认为商业信用与银行信用本质上是一种债务结算工具，都属于"货币"的范畴，这个词语的用法有待商榷。

银行，另一部分在借款者使用这部分资金对其商业交易进行支付时流失。当银行在一个相同利率上相互贷款时，清算存款回流的损失被相等的存款收入所抵消，也就是当一家银行流失了一些由贷款直接创造的存款时，另一家银行得到了这些存款，这个过程如图6—4所示。

银行A			银行B	
资产	负债		资产	负债
对非金融机构贷款	存款 从银行B借入资金 自有资金		对非金融机构贷款 对银行A贷款	存款 自有资金

图6—4　商业银行之间的存款创造过程

当中央银行出现以后，会设定法定准备金，商业银行每接受一笔存款，必须向中央银行缴纳一定比例的存款准备金，这个比例由中央银行规定，即法定存款准备金率。在这种情况下，商业银行的存款创造过程由图6—5所示：

私人银行			中央银行	
资产		负债	资产	负债
贷款 L		存款 D	对私人银行贷款 R	私人银行存款（准备金 R）
准备金 R		从中央银行借入资金 R		

图6—5　央行出现以后的存款创造过程

从表面上看，央行可以通过设定法定存款准备金来控制商业银行的信贷规模，进而控制货币供给量。其实不然，首先，货币乘数并不是一个稳定的量，它受到很多经济因素的影响，如现金漏损率、超额准备金率等，央行很难控制这些变量；其次，商业银行可以通过理财产品与银团贷款转让等方式绕开央行信贷规模的限制；最后，央行为了稳定金融系统，维护商业银行的流动性，会适应性地提供准备金与清算资金（于泽，2008），因此央行无法有效控制货币供给量。在既定的利率水平下，央行的货币供给曲线是一条水平线，均衡点由货币需求曲线与货币供给曲线的交点确定，最终的货币供给量取决于货币需求量。央行无法通过控制准备金投放来控制货币供给量，所以准备金率不会影响企业贷款的边际成本，也就无法影响企业对于商业信用和银行信用的使用。基于以上分析，我们可以推论，如果货币是外生的，央行可以通过调整存款准备金率来控制银行信贷的供给，当央行提高准备金率时，银行信用供给下降，如果假设 1 成立的话，银行信用受到限制的企业将会倾向于采用商业信用来完成生产过程，那么存款准备金率与商业信用之间存在显著的正向关系；如果货币是内生的，央行没有能力通过调整存款准备金率来控制银行信贷的供给，当央行提高准备金率时，银行的信贷供给没有受到显著影响，因而企业商业信用的使用也不会受到显著影响，那么存款准备金率与商业信用之间没有显著的关系。因此本章基于内生货币理论提出：

假设 2：存款准备金率与商业信用之间没有显著关系。

主流经济理论认为利率是由货币供给和需求内生决定的，而内生货币理论认为，利率是外生的，央行可以设定短期利率，这就意味着央行可以通过控制短期利率来控制经济活动的规模，从而实现控制通货膨胀、促进就业、经济增长等短期目标。央行提高贷款利率有两种效应，一种是提高了银行信用的边际成本，当其大于企业放弃现金折扣的成本时，企业会倾向于采用商业信用，这种效应可以称为"替代效应"；另一种是央行提高贷款利率，会提高整个社会的信用成本，导致整个社会经济活动的萎缩，一方面企业倾向于减慢扩张计划或者缩减经营规模，相应减少商业信用的使用，另一方面对方企业提供的商业信用会相应缩减，这种效应可以称为"收入效应"。当"替代效应"大于"收入效应"时，贷款基准利率与商业信用呈正向关系；反之，贷款利率与商业信用呈负向关系。内生货币理论倾向于后者，认为央行能够通过控制利率来控制整个经济的规模，从而实现宏观调控的短期目标。于是，本章提出：

假设 3：贷款基准利率与商业信用存在显著的负向关系。

三、经验分析

为了检验上述假设，本章共设定以下三个计量模型，首先是：

$$ccl_{i,t} = \alpha bc_{i,t} + \beta_1 rir_{i,t} + \beta_2 roa_{i,t} + \beta_3 alr_{i,t} + \beta_4 car_{i,t} + \beta_5 age_{i,t}$$
$$+ \beta_5 \log\_ta_{i,t} + \Sigma industries_i + u_{i,t}$$
$$u_{i,t} = a_i + \varepsilon_{i,t}$$

$$(6—1)$$

式中，$ccl_{i,t}$ 表示 i 公司第 t 期的商业信用使用量；$bc_{i,t}$ 表示 i 公司第 t 期的银行信用使用量；$rir_{i,t}$ 表示 i 公司第 t 期的营业收入同比增长率；$roa_{i,t}$ 表示 i 公司第 t 期的总资产收益率；$alr_{i,t}$ 表示 i 公司第 t 期的资产负债率；$car_{i,t}$ 表示 i 公司第 t 期的流动资产比率；$age_{i,t}$ 表示 i 公司到第 t 期的成立时间；$\log\_ta_{i,t}$ 表示 i 公司第 t 期的总资产的自然对数；$industries_i$ 表示 i 公司所处的行业，为虚拟变量。如果 α 的系数为负数，则证明了商业信用与银行信用存在负相关关系。

其次是：

$$ccl_{i,t}=\alpha bc_{i,t}+\beta lag\_rr_{i,t}+\beta_1 rir_{i,t}+\beta_2 roa_{i,t}+\beta_3 alr_{i,t}+\beta_4 car_{i,t}$$
$$+\beta_5 age_{i,t}+\beta_5 \log\_ta_{i,t}+\Sigma industries_i+u_{i,t}$$
$$u_{i,t}=a_i+\varepsilon_{i,t} \tag{6—2}$$

式中，$lag\_rr_{i,t}$ 表示滞后一个季度的央行公布的大型金融机构的存款准备金率的算数平均数。如果 β 的系数较小，且结果不显著，则证明了准备金率与商业信用没有显著的相关关系。

最后是：

$$ccl_{i,t}=\alpha bc_{i,t}+\beta lag\_ir_{i,t}+\beta_1 rir_{i,t}+\beta_2 roa_{i,t}+\beta_3 alr_{i,t}+\beta_4 car_{i,t}$$
$$+\beta_5 age_{i,t}+\beta_5 \log\_ta_{i,t}+\Sigma industries_i+u_{i,t}$$
$$u_{i,t}=a_i+\varepsilon_{i,t} \tag{6—3}$$

式中，$lag\_ir_{i,t}$ 表示滞后一个季度的央行公布的人民币一年期贷款基准利率的算数平均数。如果 β 的系数为负且显著，则证明了利率与商业信用有显著的负相关关系。

本章所有回归均使用 stata10 计量分析软件进行，采用固定效应。为了克服异方差的影响，在回归中利用 stata 工具对异方差进行了修正，回归结果的标准差是稳健的，回归的结果如表 6—1 所示。

表 6—1　　　　　　　　　　固定效应模型回归结果

ccl	模型（6—1）	模型（6—2）	模型（6—3）
bc	−0.160 0***	−0.160 0***	−0.160 0***
	(0.008 9)	(0.008 9)	(0.008 9)
rir	0.000 2	0.000 2	0.000 2
	(0.000 1)	(0.000 1)	(0.000 1)

续前表

ccl	模型（6—1）	模型（6—2）	模型（6—3）
roa	0.023 2	0.023 2	0.023 4
	(0.018 9)	(0.018 9)	(0.018 9)
alr	0.151 0***	0.151 0***	0.151 0***
	(0.009 5)	(0.009 5)	(0.009 5)
car	0.053 8***	0.053 9***	0.053 8***
	(0.005 3)	(0.005 3)	(0.005 3)
age	−0.002 2***	−0.002 4***	−0.002 3***
	(0.000 3)	(0.000 4)	(0.000 3)
log _ta	0.008 2***	0.008 2***	0.008 3***
	(0.001 6)	(0.001 6)	(0.001 6)
lag _rr		0.012 7	
		(0.016 1)	
lag _ir			−0.079 2**
			(0.034 3)
常数项	−0.022 3	−0.020 2	−0.016 5
	(0.016 9)	(0.017 2)	(0.017 1)
行业	控制	控制	控制
观测值	25 408	25 408	25 408
R²	0.176 2	0.176 2	0.176 4
F 检验	93.510 0***	82.160 0***	81.990 0***

*** 表示 0.01 的显著性水平，** 表示 0.05 的显著性水平，* 表示 0.1 的显著性水平，括号内为稳健的标准差。

三个模型回归的结果均显示 bc 的系数为负，且都在 0.01 的水平上显著，可见，就中国的上市公司而言，2006—2011 年间，企业的银行贷款使用量与应付账款之间存在稳定的负相关关系，从而可以认为商业信用与银行信用之间存在着显著的负向关系，验证了假设 1。本章的研究结果与石晓军和李杰（2009）、文群星（2011）、戈和秋（Ge and Qiu，2007）等对我国的研究结果是一致的。商业信用与银行信用作为债务结算工具，都可以帮助企业以垫资的形式完成生产过程，对于企业而言，两种工具确实存在此消彼长的负向关系。当企业倾向于采用银行借款预付工资、采购原材料来完成生产过程时，会相应减少商业信用的使用量；当存在银行信贷配给，或者说央行采用差别化贷款拨备政策，相应提高企业贷款的边际成本时，企业会倾向于更

多地采用商业信用，来完成采购和生产过程

第二个回归的结果显示，lag_rr 的系数为正，但是数值较小，仅为 0.012 7，且不显著，与文群星（2011）的研究结果不同。这说明商业信用与存款准备金率之间没有显著的相关关系，假设 2 基本得到了验证。当央行存款准备金率提高时，商业信用仅有非常轻微的上升，而且这种上升的趋势并不显著，这说明存款准备金率的提高对银行信贷的供给造成的影响较小。这也从一个侧面证明了目前中国货币具有一定的内生性，央行无法通过控制存款准备金率来有效控制银行信用的供给，从而控制货币供给量。

第三个回归的结果显示，lag_ir 的系数为负，即 −0.079 2，且在 0.05 的水平上显著，与库姆比（Cumby，1983）的研究结果不同，这说明商业信用与贷款利率之间存在显著的负向相关关系，证实了假设 3。央行提高贷款利率时，"收入效应"大于"替代效应"，即央行提高贷款利率会提高整个社会的信用成本，导致整个社会经济活动的萎缩，一方面企业倾向于减慢扩张计划或者缩减经营规模，相应减少商业信用的使用，另一方面对方企业提供的商业信用会相应缩减。这个结果从另一个侧面证明了央行能够通过控制贷款利率来控制整个经济的规模，从而实现宏观调控的短期目标。同时，lag_ir 的系数的绝对值大约为 lag_rr 的系数的绝对值的六倍，也说明了贷款利率对于商业信用的影响相对于准备金率来说要大得多，这也意味着贷款利率相对于准备金率来说，对于银行信用的供给有着更大的影响力。

控制变量方面，营业收入增长率与商业信用基本上没有相关关系；总资产收益率与商业信用呈正相关关系，但是不显著；资产负债率与商业信用呈显著的正相关关系，不过这个有可能存在内生性问题，因为商业信用本来就是负债的一部分；总资产、流动资产比率均与商业信用存在显著的正相关关系，说明规模越大、流动资产占总资产的比重越高，使用商业信用越多；企业成立时间与商业信用呈显著的负向关系，但是系数较小，基本可以忽略不计。

四、政策建议

在内生货币的环境下，采用数量型政策会导致金融风险的进一步积聚，因此，应该采用价格型政策，确定合理的利率水平，而这就需要建立市场化的利率形成机制。

利率市场化的最终目的是通过市场供求关系对稀缺的金融资源进行配置。在我国当前的金融发展阶段，利率市场化更多地泛指利率由行政性管制确定转向市场化自主调节的过程。目前，我国包括货币市场利率、债券市场利率、同业利率等在内的大部分批发性利率已经实现了市场化调节，人民银行仅对以存款利率上限和贷款利率下限为首的部分零售利率进行管制。但是，由于我国商业银行的存、贷款业务分别占到了其资金来源和资金运用的80％和60％以上，管制利率在我国利率决定体系中的作用仍是举足轻重的，我国的利率市场化仍然任重而道远。

在管制利率退出舞台后，中央银行的货币政策仍然需要通过调节资金成本和市场供求来间接影响利率水平，进而引导投资和生产。广义的利率市场化包括三个方面：存贷款管制利率的市场化放开，这也是通常意义上所说的利率市场化，也可将其理解为狭义的利率市场化；中央银行利率调控机制的建立；利率期限结构的完善。

存贷款利率市场化可分为两个方面：存款利率市场化和贷款利率市场化。

关于贷款利率市场化，市场上给出的路径选择包括：一次性放开、逐步扩大贷款利率下浮空间或者简化贷款利率期限档次等。由于贷款对象多为企业客户，且已经过多年的贷款利率浮动实践，贷款利率的市场化定价水平相对较高。根据《2012 年第一季度中国货币政策执行报告》，2012 年 3 月的贷款发生额中，执行基准利率上浮、基准利率和基准利率下浮的贷款占比分别为 70.43％、24.95％和 4.62％，放开贷款利率具有较强的市场基础。虽然，为保证稳妥，可以暂时不采取一次性放开的方式，但是通过不断降低贷款利率下限或者简化贷款利率期限档次的方法总体来说都是可行的，并不会对商业银行的贷款业务构成较大冲击。

存款利率的市场化相对复杂，也需要更为慎重。市场上对此问题的讨论也分歧较大，有人认为可以采取逐步提高存款利率上限的方式，也有部分人士指出应该通过发展大额可转让存单（CD）等替代性金融产品的方式来扩大存款利率市场化定价的范围。2004 年以来，虽然我国实行的是基准存款利率上限管理，但由于竞争压力的存在，各商业银行实际执行的存款利率均为基准利率，并未出现存款利率下浮的情形。参考美国、日本、韩国等国的利率市场化经验，存款利率放开后一般会伴随存款利率绝对水平的升高。

同时，从我国目前的情形来看，一年期以内的理财产品收益率在5％左右，而一年期存款基准利率仅为3.5％，贸然放开存款利率是不可行的，逐步提高存款利率上限也只会"一浮到顶"，达不到区别定价的目的。

从发展替代性金融产品入手推动存款利率市场化相对可行。近两年，商业银行的理财业务大规模发展，其定价根据市场供求自由确定，这本身就是对存款利率市场化的一种"民间的"、"自发性的"尝试。不管是2012年初热议的中国银行的表内结构型存款，还是一般的浮动收益类理财产品，实际上均对一般性存款构成了一定的替代，与美国20世纪70年代出现的货币市场基金相同，是市场推动政府进行利率市场化的自发过程。对于政府来说，与其等待市场挤压，不如把握存款利率市场化的主动权。第一，要通过金额、期限和投资范围等维度对投资者进行区分，有步骤地扩大存款替代金融产品的覆盖面来达到逐步市场化的目的。第二，要引导替代性金融产品合理定价。虽然理财产品的发展总体是有益的，但目前理财产品定价面临一定的无序性，货币政策对其利率的调节性相对隐蔽。参照美国的经验，利率市场化之初，在创新某种金融产品时，会要求其与相应期限的国债收益率挂钩浮动。类似地，我国可借助与货币政策联系更为紧密的Shibor（上海银行间同业拆放利率），在发展新的金融产品时要求其与Shibor挂钩，以保证利率期限结构的合理传导。从这一思路来看，发展以Shibor为基准面向金融同业的同业存单市场，并进一步发展面向企业、居民等最终客户的大额可转让存单市场，有助于逐步发现存款利率价格，这是积极稳妥地推动存款利率市场化的可行步骤。

综上所述，目前市场对于利率市场化的讨论更多地关注存贷款管制利率的放开，即狭义的利率市场化。实质上，利率市场化还应包括中央银行利率调控机制建设以及利率期限结构的完善。

中央银行利率调控机制建设是利率市场化的根本出发点。目前，我国仍实行数量调控，通过调控货币总量以及贷款规模实施货币政策，利率在调控中发挥的作用相对有限。而在钉住数量的同时，必然会对价格构成一定扭曲。在不对中央银行货币政策调控框架进行调整的情况下，单纯放开存贷款管制利率，难以保证货币政策的有效传导。在下一步的改革中，中央银行需要进一步完善货币政策价格调控框架，确定政策性利率并完善相应的走廊制度安排，通过公开市场操作等调控政策性利率来影响市场利率，进而引导投资和产出。

利率期限结构的完善是利率市场化后利率政策能够有效传导的市场基础。中央银行通过政策性利率对市场利率进行调控，意味着中央银行的货币政策需要从货币市场传导至债券市场、存贷款利率市场，进而达到对投资和产出的引导，而这需要一个合理、有效的利率期限结构。目前，由于利率在政策调控中的作用相对较弱，我国的货币市场、债券市场、同业市场、票据市场等面临的监管政策和定位不同，各自之间的相关性相对较弱，对货币政策反应的灵敏度相差较大。下一步，需要借助货币市场基准利率 Shibor，加大 Shibor 与其他市场利率的相互联系，提高各品种、各期限利率走势的一致性，形成货币政策引导 Shibor，Shibor 影响其他市场利率的合理格局，夯实利率调控的市场基础。

最后，需要指出的是，利率市场化是一个全局性政策，类似于温州所提出的在单个地方搞利率市场化改革试点的方法是不可行的。如果规定在单个区域实行低于全国的贷款利率或高于全国的存款利率，资金的流动性必然会使得贷款资金流出该区域或存款资金流向该区域，导致本质上是全局推开，从而就不再是试点。实质上，只要有利差，即便是跨国资金都会有不同程度的流动。例如，目前随着人民币跨境资产运用规模的不断扩大，已经有部分企业试图通过海外发债，或集团内部资金调拨等方式利用成本相对较低的海外人民币资金，这无疑会对管制利率构成一定的冲击，使国内的利率市场化陷入相对被动的局面。

参考文献

1. 樊纲. 企业间债务与宏观经济波动（上）. 经济研究，1996（3）.
2. 樊纲. 企业间债务与宏观经济波动（下）. 经济研究，1996（4）.
3. 陆正飞，杨德明. 商业信用：替代性融资，还是买方市场?. 管理世界，2011（4）.
4. 刘仁伍，盛文军. 商业信用是否补充了银行信用体系. 世界经济，2011（11）.
5. 石晓军，李杰. 商业信用与银行借款的替代关系及其反周期性：1988—2006 年. 财经研究，2009，35（3）.
6. 石晓军，张顺明. 商业信用、融资约束及效率影响. 经济研究，

2010（1）.

7. 文群星. 我国商业信用与货币政策信贷渠道关系的实证研究. 济南：山东大学，2011.

8. 于泽. 我国 M2 顺周期性的原因分析——货币供给内生性的视角. 管理世界，2008（12）.

9. Cumby，R. E.. 1983. Trade Credit，Exchange Controls，and Monetary Independence：Evidence from the United Kingdom. *Journal of International Economics*，14：53−57.

10. Ge，Y.，J. Qiu. 2007. Financial Development，Bank Discrimination and Trade Credit. *Journal of Banking and Finance*，31：513−530.

11. Keynes，J. M.. 1930. *A Treatise on Money*. London：Macmillian & Co.

2013

第七章　东亚发展视角下的
中国发展模式

一、引　言

过去 30 多年来，中国经济的高速转轨与增长日益引起国际的关注，并越来越成为学术界争论的焦点。中国经济长期高速增长的事实，让来自不同学科的社会科学工作者感到痴迷，并激发了他们对中国经济从增长（Lin，1992；Brandt and Zhu，2000；Song，2011；Rodrik，2008）、市场制度（Guthrie，1997；Wank，1999；Whyte，1995）、财政联邦主义（Montinola，Qian，and Weingast，1995）、转轨（Naughton，1996；Yang，1997）和资本主义（Hung，2008）等不同维度进行了具有学术创新价值的研究。这些研究不仅让人们对带动中国经济增长的内在机制有更多的理解，而且促进了人们去批判性地思考那些根植于西方经验的主流理论。

最近几年，学术界对适合发展中国家的发展战略问题进一步展开了热烈的讨论。许多政策分析者也试图根据中国的经验来寻求具有创新性的发展思路和可行具体政策组合。其中一位研究者雷默甚至大胆地宣称，"中国模式"已经出现（Ramo，2004）。据他所述，中国的成功是建立在一系列政策组合之上，包括强调研发、可持续发展和社会公平等。其中最重要的是雷默提出的所谓"北京共识"，"北京共识"强调政府在协调国家内部发展和参与全球化方面所扮演的积极作用。"北京共识"所代表的新发展战略，挑战了"华盛顿共识"（Williamson，1989）的基本原则和政策建议。无独有偶，2005 年世界银行的一份报告也得出了相似的结论（World Bank，2005a）。虽然不太情愿，这份报告仍然承认了"华盛顿共识"的终结。该报告放弃了过去世行报告中满目皆是的有关"公认的最佳政策实践和资源配置效率"的讨论，转而开始以赞同的方式讨论"增长战略"问题，比如政府产业政策的作用等，并举出了中国和其他高增长亚洲国家的例子。2008 年的金融危机之后，世界经济发展的潮流明显出现了"西方不亮东方亮"的情况。

如同一些学者所指出的，"北京共识"把中国的发展经验过度简单化了（Kennedy，2010；Huang，2011），但是雷默确实也非常及时地提出了如下问题：中国过去的发展经验能不能用一个内部逻辑一致的解释框架去理解？如果可以，那么什么是这种解释框架的主要支柱？政府积极干预是中国经验的重要部分吗？中国的发展对于世界其他国家，特别是那些发展中国家，到底有什么重要的含义？显然，中国研究专家和发展研究专家应该齐心协力共同回答这些问题：一方面，中国研究专家需要跳出个别国家经验来考察和反思中国经济增长的世界意义；另一方面，发展研究专家则应该避免用其既有的理论去强套中国的现实，而应该基于扎实的观察，去构建新的解释框架，并通过实证研究来考察理论的适用性。只有秉持这种精神，我们才能对可能存在的"中国模式"有更深入的理解，并在学术和政策讨论上进行富有建设性的对话。

本章提出，在过去的 20 年中，中国发展一直沿袭着一条类似但又不完全等同于东亚发展型经济体增长模式的道路。这类经济体实行集权式政治，但是领导者们秉持着经济优先发展的目标。通过压抑消费需求，政府设法将资源从消费转向投资。而为了弥补疲软的国内市场需求，政府又强力推动产品出口到国际市场。在整个高增长时期，政府利用一系列的政策工具来影响和塑造市场环境，包括对特定产业进行支持、税收返还、出口退税、技术创新补贴和外企的市场准入限制等。无论亚洲"四小龙"，还是中国最近 20 年来的发展实践，都具备上述特点。

但是，必须要说明的一点是，上述总体水平的泛泛分析最多只能反映中国高速增长的部分图景。真正将"中国模式"和传统"东亚模式"区别开来的，是中国地方政府层面展现出来的强大活力。中国地方政府对经济增长、投资，特别是出口导向型制造业的发展表现出超强的，甚至可以说是难以满足的欲望。有意思的是，地方的这种发展主义在 20 世纪 90 年代上半期中央政府进行财政集权后甚至得到了进一步的强化。为了增加收入，地方政府开始了对制造业投资非常激烈的竞争，这是因为制造业投资不仅带来了增值税，还会产生对服务业发展的溢出效益并带来营业税、商住用地出让金等收入。政府也运用各种政策工具极力建设亲商的投资环境，造成了过度的制造业投资，并对土地利用、劳动力保护和环境保护都带来了一些不利的后果。

本章其他部分的结构如下：我们首先从总体层面分析中国的发展模式，并且突出这种模式和其他经济体发展模式之间的密切关系。其次，讨论了三组变量，用它们来全面解释 90 年代中期之后地方发展主义的崛起。再次，对中国发展模式的全球意义进行了简要说明。最后是结论。

二、中国模式与东亚模式：相似之处

分析 20 世纪后期中国的经济增长，不应与其发展所处的区域背景相脱离。在后二战时代，东亚见证了也许是现代史上最成功的发展神话。在经过 30 年的稳定增长后，日本、韩国、中国台湾和香港地区、新加坡通过学习、利用先进技术，从原来的次要经济体一跃变为全球工业生产的发动机。20 世纪 80 年代晚期和 90 年代早期，一群学者开始发表为东亚发展型国家叫好的论述，并公开支持和赞同政府干预对经济发展可能起到的作用（Johnson，1982；Haggard，1990；Evans，1987）。随着美国取得冷战胜利，以里根主义和撒切尔主义为基础的新自由主义意识形态也取得了巨大成功，"华盛顿共识"逐渐被接受。学者们针对东亚奇迹开始了不休的争论。尽管对政府干预的影响好坏仍存分歧，但所有人都认为东亚经济体采取了一种非传统的发展模式（Young，1992；Krugman，1994；Wade，1992）。而中国改革开放后的高速发展，就不仅是对东亚发展模式的回应，而且也是一种积极的模仿。在接下来的几个方面讨论中，东亚模式与中国模式的相似之处表现得非常明显。

以增长为目标的集权政治：尽管韩国、中国台湾现在已被认为是较为成熟的民主体制，但是二者在 70 年代和 80 年代经历高增长时仍处于军事独裁体制之下（Haggard，1990；Wade 1990）。虽然日本当时名义上是一个民主体制，但权力实际上也掌握在一个受到较少约束、具有高度自主性的官僚集团手中（Johnson，1982）。虽然政治集权一般离不开统治者为获取个人利益而滥用权力，但这些东亚经济体的领导者几乎都一心一意地专注于国家经济的发展。这种"东亚例外论"也许可以看作对于地区独特的安全环境的一种合理解释。毕竟在冷战期间，两次代价巨大的战争曾在东亚展开。促进经济增长不仅有助于巩固这些经济体的军事力量，而且可以在民众心中提升政权的合法性。在 70 年代后期，中国也发现自己处于类似情况之中：当时两个超级大国之间的关系趋于和缓，邓小平意识到中国已经远远落后于世界的发展。他告诫，如果不推动改革，共产党就会存在合法性危机，并公开提出到 20 世纪末国民收入翻两番的目标（Deng，1994）。这就使经济建设被提上党的最高日程，同时为此推出了一份改革和增长相结合的政策组合（Shirk，1993）。这种政府对经济增长的专注持续至今。

投资和出口推动的增长：集权政府的一个优势是它有能力调动很多资源为经济增长服务。如果政府领导人不受选举约束，他们就能够通过抑制消费的方式将资源更多转向投资（Przeworski and Limongi，1993；Bhagawati，1995）。在 60—70 年代，日本的投资占到其 GDP 的 30%～40%，到 70 年代中期，该比例才下滑到 30%（见图 7—1）。当韩国经济开始起飞时，其投资比例迅速地上升至 30%，到 80 年代末，差不多接近 40%，并一直保持到 1997 年亚洲金融危机爆发之前。在高增长时，日本和韩国的投资占各自GDP 的比重都显著高于世界大约 20% 的平均水平。

相比而言，即使以东亚高水平的投资比例来衡量，中国经济增长对投资的依赖也是超高的。在投资占 GDP 比重大约为 29% 的 70 年代后，中国在新世纪头 10 年将这个比例突破 40%。在增长的另一边，居民消费比例却被抑制。如图 7—2 所示，虽然近年来日本居民消费占比与世界平均水平的差距有所缩小，但仍然持续低于世界平均水平之下。在 20 世纪 70 年代后期和 80 年代前期，韩国和中国的居民消费水平都分别降至世界平均水平之下。然而，韩国的居民消费一直保持在 GDP 的 50% 水平，而中国的这个数字却从 90 年代的 40% 多不断下降到 2008 年的 30% 多。为了弥补国内疲软的需求，这些东亚经济体都向国际市场出口大量的商品。1980 年，中国出口

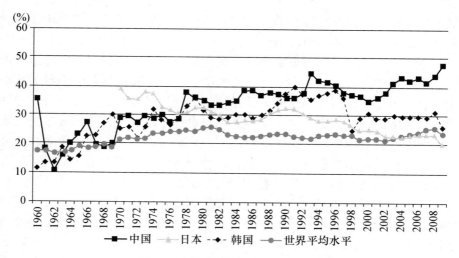

图 7—1　投资总值占 GDP 比重

资料来源：世界银行数据库。

才占 GDP 的不到 10％，但是这个数字到 2006 年已升至 39％（见图 7—3）。为投资和出口而抑制消费已成为中国经济增长的主要特点。

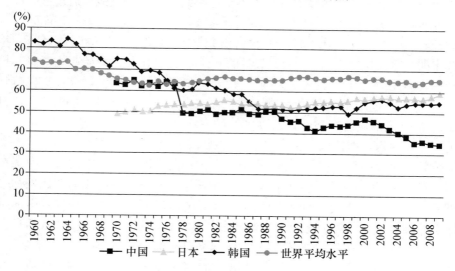

图 7—2　居民消费占 GDP 比重

资料来源：世界银行数据库。

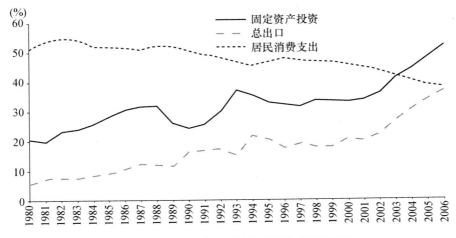

图7—3　中国投资、消费和出口占GDP比重

　　亲商与反劳工体制：正是由于政府有能力抑制工会，才使得这种发展模式变得可行。在冷战期间，日本、韩国和中国台湾对工会组织施加了严格的限制，这些经济体甚至还宣布这些劳工组织是非法组织（Haggard，1990；Wade，1990）。这类亲商政策的结果是工人进行劳资谈判的权利受到严重约束，但却直接给在国际市场上竞争的企业带来了优势。由于拥有廉价的熟练劳动力，这些经济体掌控了世界出口市场上劳动密集型产品的大量份额（Deyo，1987）。当这些经济体进入更高的发展阶段后，企业又运用积累的资本进入资本密集型和技术密集型部门（Okimoto，1990）。抑制劳工的另外一个结果是左派政党没有能力获得政治权力并促进福利再分配。这种所谓的儒家式的福利国家（或如一些学者所说的生产力福利式资本主义、东方福利主义）使企业减轻了许多所谓的"浪费性"支出（Jones，1993；Holli-day，2000；Goodman，White，and Kwon，1998）。与其他东亚经济体相比，中国劳工的权利更加有限，并且在劳资谈判上最缺乏力量（Lee，2007；Chan，2001；Gallagher，2007）。在80年代早期，中国的改革提高了劳动报酬在GDP中所占的份额，但好景不长。从1990年以来这个比例就开始逐渐下降，而且下降趋势在2000年以后进一步加快，在8年的时间里下降超过了10%。同一时期，资本收入占GDP的份额却急剧上升（见图7—4），而政府在教育、卫生、养老金和失业津贴上的支出在下降（Solinger，2005；Frazier，2004）。特别是随着90年代大规模的国有企业改

革，国有企业员工的各种福利也日益减少了。

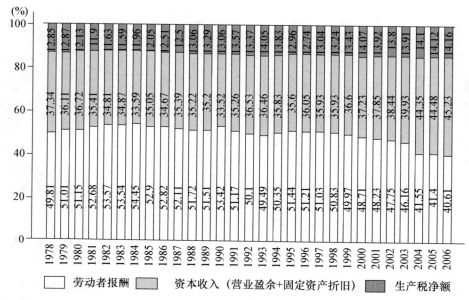

图 7—4 中国 GDP 的构成

资料来源：Bai，C. and Z. Qian，"Decomposition of National Income：Stories behind Statistics，" *Jingji Yanjiu*，3（2009）.

政府的"援助之手"：除了为投资创造有利环境外，东亚发展型经济体的政府也毫不犹豫地直接引导投资，并对企业进行微观管理。一些学者争论说，政府通过扭曲市场环境可以获得国际贸易中的动态比较优势、获取技术诀窍，并让经济长期获益（Rodrik，2008，2010）。日本、韩国和中国台湾的官僚者制定了经济优先发展目标，并锁定了一些特定的产业（Wade，1990）。而为给企业提供激励，政府采用了包括税收减免、出口退税、对外企进行市场限制等丰富多样的政策工具。政府还同时垄断了金融体系，向那些符合政府发展策略的企业提供廉价贷款。中国大陆也不例外，首先在经济特区进行了产业政策的实践，通过免税和出口配额政策，成功地吸引了一批制造业企业来华办厂。在 90 年代早期，中国领导人仿效亚洲其他国家和地区的成功经验，发布了一系列的产业政策。例如，1994 年首次发布了汽车工业产业政策。为使中国成为一个有自主设计能力和品牌的主要汽车生产国，中国政府为国内三大和三小汽车制造商提供明确支持（Thun，2006）。

除了汽车进口关税壁垒外，外国汽车生产商要想在本地经营，必须同意在中国国内生产一定比例的汽车零配件，并转让相应技术。为适应 WTO 规则，中国 2004 年调整了汽车工业产业政策。关税、进口许可证和技术转移要求逐渐被取消，但政府还是增加了对本国厂商的补贴，并持续对外国汽车制造商通过非正式渠道施加影响。2006 年，中国本土的汽车制造商在国内市场的份额超过了日本、欧洲、美国和韩国的厂商，其部分原因就是这些政策的支持。依靠类似的战略，中国已经在如半导体、电信、飞机、计算机和高铁等技术密集型产业部门取得了显著的技术进步和更高的市场份额（Fuller，2009；Yang and Su，2000）。

三、中国模式的独特性

回顾中国 20 世纪 90 年代后的发展历程，确实有一定的东亚发展型国家的印记。以经济发展为目标的集权体制通过压制劳工、金融抑制和产业政策，营造了对商业友好的投资环境。这些有利于投资者的政策与措施带来了中国产品在国际市场上的很强竞争力。而这反过来正好弥补了国内消费需求不足的问题。但是，中国大陆并不仅仅是日本、韩国、中国台湾地区发展经验的一个简单扩大版本。早期的数字显示，即使以东亚发展模式中各经济体的平均水平来看，中国大陆从 90 年代中期开始的投资依赖和消费抑制也是相当极端的。之所以出现这种情况，是因为地方政府之间进行了非常激烈的制造业投资竞争。我们将分析导致地方发展主义重新抬头的三组制度性因素。

第一，财政改革和政府收入需要。

税收是一个国家的生命线。在 90 年代早期，中国中央政府就发现自己处于一个逐渐失血的过程中。正如图 7—5 所示，预算收入占 GDP 的比重在 80 年代就趋于下降，从 1978 年的 31％下降到 1992 年的 12％。从中央政府的角度看，一个更令人不安的趋势是中央预算收入占总预算收入的份额不断下降。1984 年，超过 40％的政府收入流入了中央的金库，但这个比例到 1993 年减少到 22％。这并不是这段时间中央政府所推动的财政体制改革希望得到的结果（World Bank，2002）。1984 年，中央推动了所谓的"财政承包制"，允诺地方政府在上缴中央财政一个固定收入后，可以保留剩余收入的大部分（Montinola，Qian，and Weingast，1995；Oi，1992）。这种制度的设计是为了激励地方官员促进本地经济增长。由于地方政府可获得固定上缴部分外的收入中的更大份额，中央在整个政府预算中的比重也就随着经济增长迅速下降了。实际上，地方政府还找到了更聪明的办法将地方国有、乡镇企业的收入转到与这些企业相联系的预算外账户，这也就解释了为什么中央收入比例不断下降的同时，政府预算内收入占 GDP 的比重也不断下降。

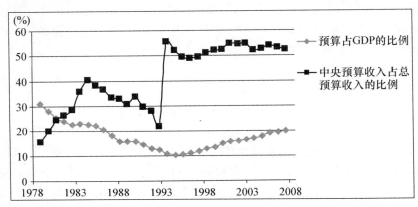

图 7—5　预算占 GDP 的比例和中央预算收入占总预算收入的比例

资料来源：作者的计算基于统计局网站上的数据。

出于对中央财政能力的担忧，1994 年中央政府对税收制度进行了大幅度调整。具有普适规则的分税制代替了按照（各级政府）所有制确定的、可以谈判的利润和税收上缴体制（Shirk，1993）。中央政府独享消费税和关税，而营业税和所得税归地方政府所有。对于增值税这个最大的税种，中央拿走 75％ 的份额（Bahl，1998；World Bank，2002；Tsui and Wang，2004）。

分税制改革基本上重新集中了预算内收入，并使中央可以对地方支出行为进行更加直接的控制。分税制在集中收入方面的效果非常明显：1994 年，中央政府在预算内财政收入中的比例上升至 56％。更有意思的是，分税制改革后，所得税作为地方主要税种收入迅速增加，中央政府进一步调整了规则，2002 年拿走了所得税的 50％，2003 年更将这一比例提高到 60％。

分税制修复了旧体制下存在的许多漏洞。增值税作为一种交易税很难逃避，能有效防止地方政府和国有企业合谋进行会计操作。此外，独立国税系统的建立对确保税收收缴也非常重要。过去，税务系统隶属于地方政府，而且有着很强的动机与地方官员合谋减少税收，即所谓的"把肉烂在锅里"。而分税制后新成立的国税系统由中央直接管理，工资与办公经费都来自中央财政。事实上，国税局负责征收增值税，然后再向地方转移地方分成的那部分（Wong and Bird，2005）。

分税制改革在集中收入的同时，并没有调整中央—地方之间的支出责任，这就进一步增加了地方的财政压力。中国作为单一制国家，其中央政府对地区政府有权力上的绝对优势，可以很容易给地方政府增加任务，如教育、卫生、基础设施等，并希望地方政府来埋单。正如后面我们将会讨论到的，90年代中后期许多地方政府对自己所有的中、小型国有企业实施了破产或重组，而地方政府承担了提前退休的员工和下岗职工的社会保障支出（Tsui and Wang，2004；Tao et al.，2010）。

总之，90年代中期的分税制改革造成了地方政府巨大的财政压力，逼迫后者不得不努力扩大收入来源。其最佳策略就是促进本地经济发展，以此增加独享的营业税和所得税收入。地方政府尽管只分到增值税的25％，但增值税却构成了全部政府预算收入中的很大一部分（在1995—1999年间大约是40％），因此地方政府仍然有很强的动力来鼓励制造业发展。除了预算收入，地方政府渴望开辟预算外收入的新来源，如土地出让金和各种各样的行政管理费（Tao et al.，2010）。

第二，私有化与区域间招商引资竞争。

如果说中央政府对税收的垂直竞争加剧了地方官员的财政压力，那么90年代中期后区域间的水平竞争进一步强化了这种压力。蒙蒂罗拉、钱和温盖斯特（Montinola，Qian，and Weingast，1995）认为，资本的流动性促使了地方政府保护企业产权，因此可以解释80年代中国经济的高速增长。虽然这种分析在逻辑上有一定道理，但事实上直到90年代中期中国才开始大规模出现跨区域的资本流动和激烈的投资竞争（Tao et al.，2010）。也只是到了1992年邓小平南方谈话后，市场才开始成为分配资源的主要机制，对私营企业的歧视才开始逐渐减少。90年代中期之后，随着全国市场逐步一体化，资本、劳动力、原材料和产品才逐渐开始在全国范围内比较自由地流动。

一方面，邓小平通过南方谈话从上而下有力地推动了经济的自由化；另一方面，90年代中期之后地方政府在巨大财政压力之下，也开始推动企业民营化和经济自由化。在 80 年代的财政承包制下,地方政府自然会偏爱地方所有的国有和乡镇企业。当时中国尚未引进现代的税收制度,所以地方国有企业上缴的税收和利润构成了地方政府的主要收入来源。正如前面所讨论的,作为本地国有企业的所有者,地方政府往往与企业经理合谋把预算内资金转移到预算外,以防止中央分享这些收入。不足为奇,地方政府在 80 年代不断发展本地国有和乡镇企业,当时有两个有利的因素促进了这一轮的地方发展主义:从需求面看,计划经济体制下消费被抑制,消费品投资与生产不足,因此市场上存在巨大的发展空间,地方政府只要能够把企业建起来,就可以获得盈利(Naughton,1996);从供给面看,地方政府和银行之间存在着紧密联系,地方政府能够为本地国有、乡镇企业配给的贷款提供隐性担保。与各地充沛的劳动力相结合,大量地方政府所有的中小企业进入市场,这些企业包括砖厂、自行车厂、服装厂、家用电器厂、家具厂、啤酒厂等。

正如中央政府为 80 年代财政承包制改革付出了代价一样,地方政府最后也成为自己 80 年代大办本地国有与乡镇企业的牺牲者。虽然中国当时对消费品有着很大需求,但百姓的收入终究较低,地方政府在消费品部门的过度投资最后带来了产能过剩。在短短几年时间里,市场上就充斥着许多未出售的产品。地方政府对此的反应是进行贸易保护主义和限制其他地区产品的进入(Bai et al.,2004;Poncet,2003;Naughton,1999;Young,2000)。恶性循环接踵而至,狭小的市场迫使越来越多的企业陷入亏损。在 90 年代早期,两方面的制度性变化降低了地方政府对本地国有、乡镇企业的偏爱。除了前面提到的分税制改革外,1993 年的金融改革也加强了银行体系的监管,限制了地方政府对银行信贷决策的干预(World Bank,2002)。

到 90 年代早期,原来为地方政府带来巨大税利的地方所有的国有企业和乡镇企业现在却给地方政府带来日益增加的债务和亏损,地方政府开始悄悄地对本地中小型国有企业实行民营化。甚至早在 1998 年中央政府同意大规模民营化之前,一些省份超过 70% 的小型国有企业已经民营化或者关门倒闭(Yang,1997;Cao et al.,1999)。当新世纪来临时,大部分地方国有企业和乡镇企业已经完成了改制(Qian,2000)。这些变化带来的结果是,地方政府从企业的所有者变成税收征收者。这种政府角色的重新定位对地方政府行为产生了极大的影响。作为企业所有者,地方官员有着很强的动机照顾自己的“孩子”并确保它们盈利。而作为税收征收者,地方政府则必须为所有的潜在纳税者提供服务。除了民营企业外,外企在 90 年代后半期也开始大量进入中国。与国企和乡镇企业不同，这些私企具有更大的流动性，而且对于地方的优惠政策也更敏感。如果其他地区能提供更有利的税收、土地优惠，以及更好的基础设施，这些企业就会离开，结果是地方政府不得不进行非常激烈的招商引资竞争来扩大税基。

第三，产业间联系和溢出效应。

制造业能够为地方政府直接带来两种税收，增值税和企业所得税。基本上，地方政府可以获得25％的增值税和全部企业所得税（2002年后企业所得税地方比例下降到40％）。但是，为了招商引资，地方政府必须大规模投资于基础设施，包括土地、道路、水、动力和电力。此外，在90年代，地方政府往往在企业所得税方面给予"两免三减半"的优惠。

在一些较发达的县市，大部分乡镇都设有"开发区"或所谓的"城镇工业功能区"。为吸引工业投资者，这些开发区一方面事先进行"三通一平"等配套基础设施投资，另一方面制定各种优惠政策招商引资。在2003年前后的一波开发区热潮中，各地制定的招商引资政策中几乎毫无例外地设置了用地优惠政策，包括以低价协议出让工业用地，按投资额度返还部分出让金等。这些开发区甚至每隔一段时间根据招商引资的进度，分析本地商务环境和生产成本的优劣并随时调整包括用地优惠在内的招商引资政策。经常出现的情况是，基础设施完备的工业用地仅以名义价格，甚至是所谓的"零地价"出让给投资者50年。由于地方政府需要事先付出土地征收成本、基础设施配套成本，因此出让工业用地往往意味着地方政府在从土地征收到招商入门这个过程中，在财政上实际上是净损失的。要理解地方的上述行为，需要多问两个问题：为什么地方政府在制造业的招商引资上如此不遗余力？如果制造业通过低地价与税收优惠来招商引资无法在短期甚至中期赚钱，地方政府为什么还要这样做？这两个问题都可以通过产业间联系以及制造业对服务业的外溢效应角度得到回答。

为了使分析简化一点，假定所有地区有两个行业：制造业和服务业。正如上面所讨论的，制造业企业能够带来稳定的增值税和企业所得税。而更吸引地方政府的是这些制造业企业所产生的对服务业的溢出效应。一旦制造业工厂开始生产，就可以产生就业和税收收入，而这会带动对本地服务业的需求，从而推动服务业部门的发展，并给本地带来营业税和高额的商住用地出让金收入（Tao et al.，2010）。而在目前的税制下，这两项都是地方政府独有的收入。因此，地方政府在工业用地出让上的盘算是，只要吸引到投资后直接带来的未来增值税流贴现值和其对本地服务行业推动后间接带来的营业税收入流贴现值，再加土地出让金的收入能超过地方政府的土地征收和建设成本，那么就值得继续低价出让工业用地。

与低价出让工业用地不同，在商住用地出让上地方政府往往采取高价策略。很多地方政府成立土地储备中心，垄断城市土地一级市场，通过限制商住用地的供应并以"招拍挂"的竞争性方式出让土地来最大化出让金收入。之所以如此，是因为制造业部门与服务业部门有不同的特点。制造业部门，特别是那些中国具有比较优势的中、低端制造业部门，有一个重要特点是缺乏区位特质性（location non-specificity）。换句话说，大部分制造业企业并不是为本地消费者进行生产，它们往往是为其他地区乃至其他国家的消费者生产可贸易品（tradable goods）。在国内各地区乃至全球争夺制造业生产投资的激烈竞争下，这些企业对生产成本非常敏感，而且也比较容易进行生产区位的调整。面对制造业部门较高的流动性，处于强大竞争压力下的地方政府不得不提供包括廉价土地、补贴性基础设施，乃至企业所得税减免、放松的环境政策和劳动管制在内的优惠政策包。因此，地方政府以协议方式来低价乃至零地价出让工业用地不足为奇，地方政府往往并不预期工业用地出让能够给地方政府带来净收入，甚至可以接受短期财政上的净损失。

与制造业不同，大部分服务业部门提供的是被本地居民消费的服务，这些属于非贸易品（non-tradable goods）的服务必须在本地被提供和消费。而由于中国地方政府基本垄断了本地商住用地一级市场，从而在提供商住用地上有很强的谈判能力。结果是虽然工业用地由于各地投资竞争而形成"全国性买方市场"，但在商住用地方面形成了众多"局域性卖方市场"。地方政府完全可以通过"招拍挂"方式高价出让土地，并将这种高地价转嫁给本地服务业的消费者。所以，我们自然会观察到地方政府通过设立"土地储备中心"来调节和控制商住用地的供地规模，提高其商住用地土地出让金收入。实际上，为了弥补协议出让工业用土地带来的亏空，一些地方政府不得不通过商住用地出让获得的土地出让收入进行横向补贴。

中国独特的土地管理制度使得土地成为实现制造业—服务业联系与产业间溢出效应的完美媒介。中国城市土地属于国家所有，农村土地归村集体所有。城市扩张和工业园区建设所需的土地绝大多数来自农村集体土地，但这些土地必须通过政府征地后，才能进行开发和出让。2004年《宪法修正案》规定国家出于公共利益需要可依照法律对土地实行征收、征用并给予补偿。

然而《宪法》及《土地管理法》等相关法律法规对"公共利益"的确切内涵却始终缺乏明确界定。实际操作中出现的情况往往是，除城市基础设施建设需要向农村集体组织征地外，绝大部分的非公益类型用地需求，包括工业、商住房地产开发用地等，都通过土地征收来满足。这就意味着地方政府在城市土地一级市场上有垄断地位，同时政府对农村农用土地转为非农用途以及农村建设用地使用权的流转都实施了严格控制（World Bank，2005）。由于集体土地农转用一般都要政府先征再用而且补偿标准与方式主要由政府制定，因此，不论农村土地的所有者（村集体），还是使用者（个体农户），在关于土地征收价格和补偿的谈判中都处于弱势地位（World Bank，2005b；Wang et al.，2009；Lin and Ho，2005）。实际上，这种地方性的土地垄断供应使地方政府能够将土地作为经济发展的杠杆，并歧视特定类型的土地使用者。研究发现，地方政府有意限制辖区内商住用地规模，这样可以抬高商住用地出让金(Tao et al.，2010；Lin and Yi，2011；Wu，2010)。而商业、住宅业用地者则别无选择，只能向地方政府支付很高的土地出让金，并将成本转移给作为商住业消费者的本地居民。如图7—6所示，从省级数据来看，土地出让金平均达到了省预算内收入的约50%。在一些地区，这个比例更高达170%！正是这些预算外收入，使地方政府有能力在制造业招商引资过程中提供一揽子刺激性补贴，包括廉价的土地和税收减免政策。

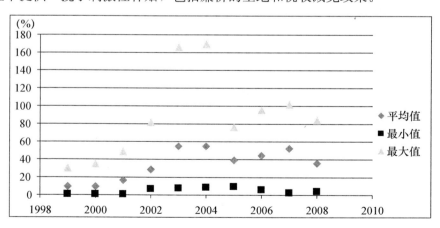

图7—6　土地出让金占地方预算收入的比例（1999—2008）

资料来源：历年《中国统计年鉴》和《中国国土资源统计年鉴》。

　　总之，以分税制为代表的财政集权、地方国有与乡镇企业改制后的资本流动性，以及制造业对服务业的溢出效应三者同时起作用，造就了中国 90 年代中期以来地方政府发展经济的强大动力。尤其在 2002 年以来，中国的经济取得了高速增长，但同时也使得中国的发展模式逐渐偏离了传统的东亚模式。正如图 7—1 所示，90 年代以来，中国的投资比例开始攀升到了非常高的水平，而这正是地方政府为吸引制造业投资而努力建造更多、更大、更好工业园区的结果。2003 年 7 月全国各类开发区清理整顿结果显示，全国各类开发区达到 6 866 个，规划面积为 3.86 万平方公里，这些开发区到 2006 年底被中央核减至 1 568 个，规划面积压缩至 9 949 平方公里。事实上，这些被核减掉的开发区大多数只是摘掉了"开发区"名称而已，多数转变成所谓的"城镇工业功能区"或"城镇工业集中区"，原有的开发区功能几乎没有任何改变。考虑到中国只有 2 862 个县级行政单位，这个数字意味着平均每个县级行政单位至少有两个开发区（Zhai and Xiang，2007；Yang and Wang，2008），结果是中国的制造业能力快速提升。

　　就我们看来，中国这种以"区域竞次"来吸引制造业投资，并成为全世界中、低端制造业中心（往往也是低土地利用效率、高能耗、高材耗的产业中心）的发展模式是以地方政府通过压低土地、劳工乃至环境价格为基础的。如果这种模式继续发展下去，必然会带来一系列经济、社会乃至环境方面的负面影响。

　　从经济效应上看，"区域竞次"中的过低生产要素（土地、劳工）价格以及环境管制的松懈必然导致我国制造业投资过多，并形成过剩的、国内市场无法消化的生产能力。[1] 而为了消化这些生产能力，中国不得不人为压低人民币汇率以确保产品的国际竞争力。在人民币被低估的情况下，制造业部门过度投资所带来的产能过剩必然带来不断增加的出口顺差[2]，而人民币汇

---

　　[1]　实际上，90 年代中期之后的快速工业化很大程度上是投资驱动的。虽然在中国改革早期 GDP 增长的主要来源是全要素生产率增长，但 90 年代中期以来全要素生产率对 GDP 增长的贡献显著下降，这就意味着这段时间超过 9% 的经济增长率在很大程度上是年增长率超过 12% 的资本投资所带来的（Zheng and Bigstein，2006）。中国制造业占 GDP 的比例从 1990 年的 43% 增加到 2003 年的 52%，远远超过国际平均水平的 28% 和中高收入国家的 41%，制造业投资的边际收益也在下降（Blanchard and Giavazzi，2006）。

　　[2]　近几年中国对外需的依赖程度不降反升。出口占 GDP 的比例从 1997 年的 19.2% 上升到 2007 年的 37.5%；净出口占 GDP 的比例由 4.3% 升至 8.1%，净出口对 GDP 增长的贡献高达 1/4 左右。

率无法随生产力进步适时调整又诱致那些认为人民币最后不得不升值的投机者向中国投入大量热钱，从而造成外汇储备的迅速累积。在这种情况下，央行不得不大量发放人民币对冲，于是造成经济中的流动性过剩，并最终带来一般消费品部门通货膨胀。而地方政府在商住用地上的垄断地位必然使得商住用地土地供应偏少，与流动性过剩的情况结合，进一步推高了房地产的价格，形成资产泡沫。通货膨胀与资产泡沫结合在一起的结果就是宏观经济失控，最后经济不得不进行较大调整。①

从社会效应来看，这种发展模式的代价是损害了为数众多的农村打工者和被征地农民的利益。就规模已经上亿、以农村移民为主体的流动人口来看，地方政府为吸引投资而降低劳工保护标准，有时连劳工的基本权益都难以得到保障，更不用说去进行有实质内容的户籍制度改革为流动人口提供在城市永久定居的相应福利（如最低生活保障、子女平等就学和廉租房）。就征地来看，为促进制造业发展而进行的大规模低价圈地已经造成高达3 000万～4 000万名失地农民，处理不好，很容易恶化城乡关系，造成社会不稳定。②

上述发展模式对生态环境的影响也非常显著。高污染、高能耗的发展模式通过破坏生态和污染环境最终会严重影响生产和人民生活。21世纪以来，工业污染造成的恶性环境事件有日益增多的趋势，而这些事件也往往发生在招商引资最为活跃的地区。近年来，随着沿海发达地区生产要素成本的增加和环境管制政策的强化，加上中国内地为数不少的各类"改革试验区"的建立，高污染、高能耗的产业有大规模向内地甚至是沿海欠发达地区转移的

① 这里我们无意否认90年代中期以来日益激烈的区域竞争对地方政府行为的约束及其对经济增长推动的积极方面。实际上，要素流动性增加大大限制了中国很多地区，尤其是较发达地区的地方政府的那些掠夺企业的行动，也使其相当迅速地抛弃那些被证明是对本地经济发展不利的地方政策，同时地方还不遗余力地构筑较好的投资环境。我们近年来的田野研究发现，在富裕的江苏、浙江和山东，即便乡镇级别的地方政府也把注意力转向提供基础设施和促进制造业投资。这里的乡镇体制改革往往通过调整和裁撤政府机构、设立各类为企业服务的中心来实现。当然，在目前体制下对投资者过于友好的政策往往会损害失地农民和外来劳工的合法权益。

② 天则经济研究所（2007）的一个报告估计，有超过4 000万名农民因城市扩张和交通工程建设而失去土地。由于一系列原因，主要是地方政府在城市土地价格不断上涨的情况下低价征收农民土地，失地农民对补偿费的数额不满。2005年对中国17个省、1 962名农民的调查显示，过去十年来，与土地相关的突发事件数量增加了15倍多，而且这种情况似乎仍在增加。事实上，与土地尤其是征地相关的问题已成为近年来农村民怨和抗争的最主要原因，近年来中国农村发生的"大规模群体性事件"中约有80%与征地有关（Zhu and Prosterman, 2007）。

趋势，招商引资成为很多欠发达地区政府官员的首要任务。

四、中国的发展和世界的发展

本章分析了中国在全国和地方两个层面上的发展主义。可以看到，高速增长的发展模式使政府有能力处理很多发展过程中的矛盾。但这种发展模式也带来由产能过剩、内需不足、收入不平等，以及大量的失地农民和流动人口引发的社会矛盾。考虑到这些矛盾，我们就应该对是否继续实行这种发展模式提出疑问。考虑到中国经济的规模和与世界的广泛联系，如果中国的经济、社会发展出了问题，不仅对中国不利，而且也会给世界其他国家带来重大的负面影响。

实际上，特别是通过深入参与世界贸易，中国过去的发展已经重塑了世界经济。中国当前的增长模式，使得中国必须依赖出口才能保持经济的平衡。从 20 世纪 90 年代中期开始，中国占世界出口的份额直线上升，2001 年中国加入世界贸易组织为中国产品走向国外铺平了道路（Lardy，2006）。2009 年，中国超过德国成为世界上最大的出口国。中国最近几年占有全球 10% 的出口市场，但这并不是史无前例的。日本和韩国都曾占据全球出口市场的 10% 份额，而美国在 20 世纪 50 年代时，这一比例还曾达到 18%。真正让中国与其他国家不同的，是巨大的贸易顺差和资本账户盈余使得中国外汇储备持续累积，在 2010 年达到了惊人的 3 万亿美元。本章所讨论的中国模式，以及积极推动增长的地方发展主义，不仅压低了国内工资水平、劳动力和环境标准，也导致了全球的失衡，提高了世界经济的系统风险（Hung，2008）。

不妨从另外一个角度来检视中国发展对其他国家所产生的影响，即考察中国出口品的结构。发展研究的学者早已认识到出口产品类型对一个国家的发展潜力有很大作用。特别是那些支持所谓"依附论"的学者，认为一个国家选择出口制成品，还是出口原材料，会带来显著不同的结果（Dos Santos，1970；Frank，1986；Cardoso，1979）。根据他们的解释，由于制造业技术与技能具有可转换性和进步性，因此发展制造业很重要。可转换性是指同样的技术、知识和组织方式，不仅可以用来生产纺织品，也可以用来生产鞋子、雨伞甚至微波炉和计算机。进步性是指制造业生产具有内在的前瞻

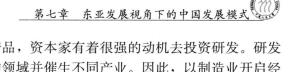

性。为了廉价生产高质量的产品，资本家有着很强的动机去投资研发。研发方面的重大突破可以打开新的领域并催生不同产业。因此，以制造业开启经济增长，可以带来发展的良性循环，并带来经济的不断扩张。而原材料生产和出口并不会产生这种溢出效应，反而会通过孕育"食利性政府"甚至是社会不平等，来限制一个国家的发展潜力，如资源的诅咒就是一个明显的例子（Ross，1999）。从上述角度来看，中国的出口非常"健康"。在 2000—2009年间，制造业产品的出口以每年 20％的速度迅速上升，制造业产品占总出口的比例稳步地从 88％上升至 95％（CSY，2010）。这就是本章所讨论的中国制造能力上大规模积累的表现。事实上，中国在 2010 年占到了世界制造业产出的 19.8％，并且超过了美国（19.4％）成为全球第一制造业国家。中国出口的数量同样惊人。2008 年，中国最大的出口项目是电力机械（24％），然后是机械设备、反应器、锅炉（19％），钢铁产品（7％）（CSY，2010）。中国已不再是仅出口诸如玩具和纺织品等劳动密集型和廉价产品的国家了。

中国在制造业出口上的激增对其他国家产生了替代效应。在 80 年代和90 年代，中国出口到美国的劳动力密集型产品，如纺织品和玩具，经历了一个平稳的上升过程，而同时来自日本、韩国、新加坡等的同类产品，出口量却下降了（Lardy，1994），这表明中国的出口带来了很强的替代效应。最近十年来，在更多的技术密集型产品上，如 DVD 播放器、电脑外围设备和手提电脑，也发生了相似的情况。然而，当中国占据这些产品出口市场的同时，日本、韩国等已实现产业升级，并且在高档的家用电子产品和半导体上确立了领先地位。因此，中国的收获并非主要是来自这些亚洲先行经济体的损失。举个例子，中国已经成为半导体主要的一个进口商。中国在 2003年购买了超过全球 1/4 的半导体（Liu，2004）。这些生产半导体的技术被日本、韩国、美国等的企业所控制。

但对于那些科技上欠发达的国家，中国出口的替代效应却要远远大于互补效应。许多的东南亚国家，如菲律宾、泰国、印度尼西亚和马来西亚，都没有能力迅速提升其产业价值链，从而不得不在同类出口产品市场上与中国竞争。伊昂绍维齐纳和沃姆斯利（Ianchovichina and Walmsley，2005）以及艾肯格林、瑞和童（Eichengreen，Rhee，and Tong，2004）发现了不少经验证据来支持存在"中国挤出效应"的假说。在这方面，1997—1998 年的亚洲金融危机可能是一个好例子。亚洲金融危机的起因非常复杂，有很多因素，如不当的政府—企业关系、金融监管不当，以及世界银行与国际货币基金组织推动的过度快速的金融自由化，都对这场危机的产生和迅速蔓延发挥了作用，并给这些国家的人民带来灾难性影响（Wade，2000；Stiglitz，2004）。但来自中国的竞争压力也无疑起到了推波助澜的作用（Liu，Noland，Robinson，and Wang，1998；Fernald，Edison，and Loungani，1998）。邓小平南方谈话之后，中国决心推动市场化改革和对外开放。为了推动出口，中国在 1994 年将其货币贬值了大约 50%，这就使得中国的产品在世界市场上具有了很强的竞争力，也吸引了大量外国直接投资。东南亚的一些国家不久便感觉到了这种影响，出口创汇的能力开始下降。随后，国际投机者发动攻击，一场货币危机便随之而来（Corsetti，Pesenti，and Roubini，1998）。汉森和罗伯特逊（Hanson and Robertson，2007）研究了更多的发展中国家，包括匈牙利、马来西亚、墨西哥、巴基斯坦、菲律宾、波兰、罗马尼亚、斯里兰卡、泰国和土耳其。他们根据 1995—2005 年的贸易数据发现相似的结果：中国的出口激增确实对这十个国家有一定负面作用。

也许有人认为，只是把目光集中于出口方面，并不能对中国的崛起作出一个公正的评价。毕竟，中国是一个大国，而且也大量进口，这样就可以为其他发展中国家提供出口市场，并刺激贫穷国家的发展。然而，如果我们对中国的进口结构进行仔细的考察，情况并不容乐观。2008 年，中国进口了价值 1.13 万亿美元的商品，其中 78%（8 800 亿美元）是机械设备、电器产品和高科技产品（CSY，2010）。这些进口品要么是用于升级生产线的精密仪器，要么是用于制造大型机械和电器产品的高端部件。正如前面所讨论的，大部分这些产品都是从发达的工业强国和地区，如美国、德国、日本、韩国和中国台湾进口而来。穷国则很少有这种技术能力挤进这个市场。

当然，一些发展中国家也从中国的进口中获得好处。除了机械设备、电器产品和高科技产品，中国紧随其后的进口产品是石油（11.4%）、铁矿石（5.3%）、汽油（2.7%）、大豆（1.9%）和铜矿（0.9%）（CSY，2010）。东南亚国家在失去中国这个制造业市场之后，开始成为中国农产品和自然原材料重要的供应国（Coxhead，2007）。最明显的例子是，中国在非洲寻找石油（Zweig and Bai，2006）。由于快速的工业化和现代化，中国开始越来越依赖石油。从 1993 年开始，中国停止了石油出口，并转向国际市场解决其日益增长的石油需求。根据国际能源署的报告，中国在 2006 年每天进口

350 万桶石油，但是这个数字到 2030 年将上升至每天 1 300 万桶。中国一半以上的石油来自中东地区。为了确保能获得石油，中国努力实现石油进口来源的多样化，包括向中亚和拉丁美洲，尤其是非洲进口石油。在 2006 年，中国大概有 1/3 的进口石油是从非洲运来，主要是安哥拉、刚果、赤道几内亚和苏丹。中国在非洲的出现确实给那些遭受过殖民主义和内战的国家带去了新的发展机遇。来自中国的资金帮助它们建设了道路、铁路、医院、学校和其他基础设施，这些建设对于它们未来的发展至关重要（Brautigam，2010）。但正如上面所讨论的，这种贸易关系使这些非洲国家面临产生依赖关系的风险。因为出口原材料可能摧毁它们本土的工业，危害未来的发展潜力（Vines，2007；Zafar，2007；Rotberg，2008）。

五、结　论

一些分析家认为，自冷战结束以来，中国的崛起对自由和民主的资本主义构成了最大的意识形态挑战（Ramo，2004；French，2007）。在发展领域，"华盛顿共识"下的传统政策已经过时，中国的发展经验被认为给发展中国家提供了一种可资借鉴的模式，这种模式不仅包括有效的、以发展为中心的集权政治，大力投资基础设施建设和工业，还包括大量出口制造业商品、政府干预和产业政策。

我们对这种前景并不非常乐观，原因有两点：第一，正如 20 世纪 80 年代和 90 年代围绕东亚发展型国家的争论所显示的，发展轨迹和政策选择通常由一个国家的制度环境所内生。没有"文化大革命"造成的破坏和周边经济体的经济奇迹，中国的改革开放不可能如此顺利。没有中国的区域竞争、中央—地方的财政体制乃至中国特殊的土地制度，也很难出现地方政府狂热追求发展并进行招商引资的竞争。一些具体的政策，如经济特区，可能可以被其他国家复制，但是大规模的复制一种发展模式在政治上是非常困难的。

第二，也是更加重要的一点，中国的发展模式未必能够给其他发展中国家提供具有吸引力的选择。没有人能否认中国经济在过去 30 年中取得了巨大的进步。但是这种发展的代价也相当之高，而且具有脆弱性。除了人力和环境的代价，严重依赖投资所导致的分配低效率将会使经济迟早达到增长的极限。中国通过积极地推动制造业产品销往国际市场来解决本国的过度投资，并在一定程度上限制了其他发展中国家的制造业发展，或加深一些资源出口国对资源的依赖，都可能直接恶化这些发展中国家的发展环境。

最后，本章的研究目标，不是低估中国发展模式的价值和意义，而是告诫大家不要急于得出简单化的结论。政府在经济发展中的适当角色问题一直是 19 世纪和 20 世纪经济学争论的核心，而且结论往往在放任自由的资本主义和社会主义计划经济之间来回摇摆。当我们在国际金融危机后目睹自由市场的资本主义给世界经济带来了很大破坏后，当然可以理解人们多么乐于接受一种不同的思路。但本章对中国地方政府发展主义的分析却表明，走到另外一个极端，可能同样是有害的。

参考文献

1. Bai C., Y. Du, Z. Tao, and S. Tong. 2004. Local Protectionism and Regional Specialization: Evidence from China's Industries. *Journal of International Economics*, 63 (2): 397-417.

2. Bai, C. and Z. Qian. 2009. Decomposition of National Income: Stories behind Statistics. *Jingji Yanjiu*, 3.

3. Bahl, R.. 1998. Central-provincial-local Fiscal Relations: the Revenue side. in D. J. S. Brean (Ed.). *Taxation in Modern China*, pp. 125-149, London: Routledge.

4. Bhagwati, J.. 1995. The New Thinking on Development, *Journal of Democracy*, 6 (4): 50-64.

5. Brandt, L. and X. Zhu. 2000. Redistribution in A Decentralized Economy: Growth and Inflation in China Under Reform. *Journal of Political Economy*, 108 (2): 422-439.

6. Brautigam, D.. 2010. *The Dragon's Gift: The Real Story of China in Africa*. Oxford University Press.

7. Cao, Y., Qian, Y., and Weingast, B.. 1999. From Federalism, Chinese Style, to Privatization, Chinese Style. *Economics of Transition*, 7 (1): 103-131.

8. Cardoso, F.. 1979. *Dependency and Development in Latin Ameri-*

ca. University of California Press.

9. Chan，A..2001. *China's Workers under Assault*. M. E. Sharp.

10. China Statistical Yearbook（various years）. www. stats. gov. cn.

11. Corsetti，G.，P. Pesenti，and N. Roubini..1998. What Caused the Asian Currency and Financial Crisis? Part I：A Macroeconomic Overview. NBER Working Paper No. 6833.

12. Coxhead，I..2007. A New Resource Curse? Impacts of China's Boom on Comparative Advantage and Resource Dependence in Southeast Asia. *World Development*，35（7）：1099−1119.

13. Deng，X..1994. *Selected Works by Deng Xiaoping*. Vol. 2. People's Publishing House.

14. Deyo，F..1987. *The Political Economy of the New Asian Industrialism*. Cornell University Press.

15. Dos Santos，T..1970. The Structure of Dependence. *American Economic Review*，60（2）：231−236.

16. Economy，E..2004. *River Runs Black：the Environmental Challenge to China's Future*. Cornell University Press.

17. Eichengreen，B. Y. Rhee，and H. Tong. 2004. The Impact of China on the Exports of Other Asian Countries. NBER Working Paper 10768.

18. Evans，P..1987. Class，State，and Dependence in East Asia：Lessons for Latin Americanists. in Frederic Deyo，ed.. *The Political Economy of the New Asian Industrialism*. pp. 203−226.

19. Fernald，J.，H. Edison，P. Loungani. 1998. Was China the First Domino?：Assessing Links Between China and the Rest of Emerging Asia. FRB International Finance Discussion Paper No. 604.

20. Frank，A..1986. The Development of Underdevelopment. in Peter Klaren and Thomas Bossert，eds.. *Promise of Development*. Westview Press，pp. 111−123.

21. Frazier，M..2004. China's Pension Reform and Its Discontents. *China Journal*，51（1）：97−114.

22. French，H..2007. A China Model，What if Beijing is Right?. *International Herald Tribune*，November 2.

23. Fuller, D.. 2009. China's National System of Innovation and Uneven Technological Trajectory: The Case of China's Integrated Circuit Design Industry. *Chinese Management Studies*, 3 (1): 58−74.

24. Gallagher, M.. 2007. *Contagious Capitalism: Globalization and the Politics of Labor in China*. Princeton University Press.

25. Guthrie, D.. 1997. Between Markets and Politics: Organizational Responses to Reforms in China. *American Journal of Sociology*, 102: 1258−1304.

26. Haggard, S.. 1990. *Pathways from the Periphery: the Politics of Growth in the Newly Industrializing Countries*. Cornell University Press.

27. Hanson, G. and Robertson, R.. 2007. China and the Manufacturing Exports of Other Developing Countries. NBER Paper.

28. Hausmann, R. , J. Hwang, and D. Rodrik. 2007. What You Export Matters. *Journal of Economic Growth*, 12 (1): 1−25.

29. Huang, Y.. 2011. Rethinking the Beijing Consensus. *Asia Policy*, 11: 1−26.

30. Hung, H.. 2008. Rise of China and the Global Overaccumulation Crisis. *Review of International Political Economy*, 15 (2): 149−179.

31. Ianchovichina, E. and T. Walmsley. 2005. Impact of China's Accession on EastAsia. *Contemporary Economic Policy*, 23: 261−277.

32. Johnson, C.. 1982. *MITI and the Japanese Miracle*. Stanford University Press.

33. Kennedy, S.. 2010. The Myth of the Beijing Consensus. *Journal of Contemporary China* (2010), 19 (65), June: 461−477.

34. Krugman, P.. 1994. The Myth of Asia's Miracle. *Foreign Affairs* (Nov. -Dec): 62−78.

35. Lardy, N.. 1994. *China in the World Economy*. Washington, DC: Institute for International Economics.

36. Lardy, N.. 2006. China: Toward a Consumption-Driven Growth Path. Institute for International Economics Policy Brief PB06−6.

37. Lee, C.. 2007. *Against the Law: Labor Protests in China's Rust-*

belt and Sunbelt. University of California Press.

38. Lin，C. S. and Ho，P. S. . 2005. The State，Land System，and Land Development Processes in Contemporary China. *Annals of the Association of American Geographers*，95（2）：411-436.

39. Lin，C. S. and F. Yi. . 2011. Urbanization of Capital or Capitalization on Urban Land? . *Urban Geography*，32：50-79.

40. Lin，J. Y. . 1992. Rural Reform and Agricultural Growth. *American Economic Review*，82（1）：34-52.

41. Liu，B. . 2004. Semiconductor Sector Shakeup. *China Daily*，September 8：11.

42. Liu，L. ，M. Noland，S. Robinson，and Z. Wang. 1998. Asian Competitive Devaluations. *Paper Prepared for the Conference "China's Integration into the World Economy".*

43. Montinola，G. ，Y. Qian，and B. Weingast. 1995. Federalism，Chinese Style. *World Politics*，48：50-81.

44. Naughton，B. . 1996. *Growing out of the Plan.* Cambridge University Press.

45. Naughton，B. . 1999. How Much Can Regional Integration Do to Unify China's Markets? . Paperpresented for the Conference for Research on Economic Development and Policy Research，Stanford University.

46. Ngai，J. . 2005. Global Production，Company Codes of Conduct and Labor Conditions in China：A Case Study of Two Factories. *China Journal*，No. 54 July：101-113.

47. Oi，J. . 1992. Fiscal Reform and the Economic Foundations of Local State Corporatism in China. *World Politics*，45（1）：99-126.

48. Okimoto，D. . 1990. *Between MITI and the Market.* Stanford University Press.

49. Poncet，S. . 2003. Measuring Chinese Domestic and International Integration. *China Economic Review*，14（1）：1-21.

50. Przeworski，A. and F. Limongi. 1993. Political Regimes and Economic Growth. *Journal of Economic Perspectives*，7（3）：51-69.

51. Qian，Y. . 2000. The Process of China's Market Transition

（1978—1998）：The Evolutionary, Historical, and Comparative Perspectives. *Journal of Institutional and Theoretical Economics*, 156 (1): 151—171.

52. Ramo, J.. 2004. *The Beijing Consensus: Notes on the New Physics of Chinese Power*. London: Foreign Policy Centre.

53. Rodrik, D.. 2008. The Real Exchange Rate and Economic Growth. Brookings Papers on Economic Activity, 2.

54. Rodrik, D.. 2010. Making Room for China in the World Economy. *American Economic Review*, Papers and Proceedings, May.

55. Ross, M.. 1999. The Political Economy of the Resource Curse. *World Politics*, 51 (2): 297—322.

56. Rotberg, R.. 2008. *China into Africa: Trade, Aid, and Influence*, Brookings Institution Press.

57. Shirk, S.. 1993. *The Political Logic of Economic Reform in China*. Berkeley, CA: University of California Press.

58. Solinger, D.. 2005. Path Dependency Reexamined: Chinese Welfare Policy in the Transition to Unemployment. *Comparative Politics*, 38, 1 (October): 83—101.

59. Song, Z., K. Storesletten, and F. Zilibotti. 2011. Growing Like China. *American Economic Review*, 101 (1): 196—233.

60. Stiglitz, J.. 2003. *Globalization and Its Discontents*. W. W. Norton.

61. Su, F. and Tao, R.. 2010. Visible Hand or Crippled Hand? Stimulation and Stabilization in China' Real Estate Markets. Paper Presented at University of Chicago China Center, Beijing, July.

62. Tao, R., Su, F., Liu, M., and Cao, G.. 2010. Land Leasing and Local Public Finance in China's Regional Development: Evidence from Prefecture-level Cities. *Urban Studies*, 47 (10): 2217—2236.

63. Thun, E.. 2006. *CHaning Lanes in China*. Cambridge University Press.

64. Tilt, B.. 2007. The Political Ecology of Pollution Enforcement in China: A Case from Sichuan's Rural Industrial Sector. *The China Quarterly*, 192 (December): 915—932.

65. Tsui, K. and Wang, Y.. 2004. Between Separate Stoves and A

Single Menu: Fiscal Decentralization in China. *China Quarterly*, 177: 71-90.

66. Vines, A.. 2007. China in Africa: A Mixed Blessing? . *Current History*, May: 213-219.

67. Wade, R.. 1990. *Governing the Market*. Princeton University Press.

68. Wade, R.. 1992. East Asia's Economic Success: Conflicting Perspectives, Partial Insights, Shaky Evidence. *World Politics*, 44 (2): 270-320.

69. Wade, R.. 2000. Wheels within Wheels: Rethinking the Asian Crisis and the Asian Model. *Annual Review of Political Science*, 3: 85-115.

70. Wang, H. , Tao, R. , Su, F. , and Wang, L.. 2009. Farmland Preservation and Land Development Rights Trading in Zhejiang, China. *Habitat International*, 34 (4): 454-463.

71. Wank, D.. 1999. *Commodifying Communism: Business, Trust, and Politics in a Chinese City*. Cambridge University Press.

72. Whyte, M.. 1995. The Social Roots of China's Economic Development. *The China Quarterly*, 144.

73. Williamson, J. （ed.）. 1989. *Latin American Readjustment: How Much has Happened*. Washington: Institute for International Economics.

74. Wong, C. P. and Bird, R. M.. 2005. *China's fiscal system: a work in progress*. Working Paper No. 0515, International Tax Program, Institute for International Business, Joseph L. Rotman School of Management, University of Toronto.

75. World Bank. 2002. *China: National Development and Sub-national Finance: A Review of Provincial Expenditures*. World Bank, Washington, DC.

76. World Bank.. 2005a. *Economic Growth in the 1990s: Learning from A Decade of Reform*. World Bank Publications.

77. World Bank. 2005b. *China: Land Policy Reform for Sustainable Economic and Social Development*. World Bank, Washington, DC.

78. Wu, W.. 2010. Urban Infrastructure Financing and Economic Per-

formance in China. *Urban Geography*，31：648－667.

79. Yang，D. . 1997. *Beyond Beijing*：*Liberalization and the Regions in China*. Routledge.

80. Yang，D. and Su，F. . 2000. Taming the Market：China and the Forces of Globalization. Aseem Parkash and Jeffrey Hart（eds.）. *Responding to Globalization*. Routledge.

81. Yang，D. and Wang，H. . 2008. Dilemmas of Local Governance Under the Development Zone Fever in China：A Case Study of the Suzhou Region. *Urban Studies*，45（5/6）：1037－1054.

82. Young，A. . 1992. A Tale of Two Cities：Factor Accumulation and Technical Change in Hong Kong and Singapore. NBER Paper.

83. Young，A. . 2000. The Razor's Edge：Distortions and Incremental Reform in the People's Republic of China. *Quarterly Journal of Economics*，115：1091－1135.

84. Zafar，A. . 2007. The Growing Relationship Between China and Sub-Saharan Africa：Macroeconomic，Trade，Investment，and Aid Links. *World Bank Res Obs*，22（1）：103－130.

85. Zhai，N. and Xiang，G. . 2007. An Analysis of China's Current Land Acquisition System and Policy Implications. *China Administration*，3.

86. Zhu，K. and Prosterman，R. . 2007. Securing Land Rights for Chinese Farmers：A Leap Forward for Stability and Growth. *Cato Development Policy Analysis Series*，No. 3.

87. Zweig，D. ，and J. Bi. . 2005. China's Global Hunt for Energy. *Foreign Affairs*，84（5）：25－38.

第八章 基于贸易条件视角的中国收入增长效率研究：兼论中国全要素生产率的变化趋势*

一、引 言

20 世纪 80 年代以来，越来越多的发展中国家从"进口替代"战略转向"出口拉动"战略。进入新世纪之后，随着经济全球化进程加速，发展中国家经济增长普遍提速，次贷危机之后发展中国家经济也曾率先反弹，成为当时世界经济的一大亮点。然而随着欧洲债务危机的进一步恶化，持续低迷的世界经济将会对依靠"出口拉动"战略的发展中国家造成深重影响。根据 WDI 数据库的数据，2011 年金砖国家中的巴西、俄罗斯、印度、南非和中国 GDP 实际增速分别降为 2.7％、4.3％、6.9％、2.9％和 9.3％，均低于 2000—2010 年平均的 4.8％、5.4％、7.4％、3.6％和 10.3％的水平。经济

* 本研究得到中国人民大学科学研究基金（中央高校基本科研业务费专项资金资助）项目（10XNJ005）"经济结构调整与全球经济一体化过程中中国宏观经济风险分散现状、渠道、福利分析和分散风险对策研究"资助。

危机对发展中国家的影响由此可见一斑。近年来中国经济对外依存度不断提高，对外贸易对经济增长的贡献程度一直处在较高水平。

然而在实现高速产出增长的同时，这些国家的国民收入和居民生活水平是否也都实现了同等的增长呢？这一更深层次的问题不仅涉及发展中国家收入提高的效率，同时还涉及收入增长是否可持续的问题。[①]

产出增长是收入增长的主要源泉，但是产出增长绝不等同于收入增长。发展经济学家早就意识到在发展中国家可能出现所谓的"贫困化增长"现象（高产出增长和低收入增长）。而瑞士的发展提供了一个与"贫困化增长"相反的案例。根据寇赫里（Kohli，2004）的研究数据，1980—1996 年瑞士实际 GDP 平均增长率仅为 1.3%，在 26 个 OECD 成员国样本中排名倒数第一；而根据迪沃尔德（Dewald，2002）所整理的更早期的数据（1880—1995 年），瑞士人均产出增长率在 12 个样本国家中排名倒数第二。一个 19 世纪的穷国，经历了一个多世纪的产出低增长，是如何成为当今世界上的高收入国家的呢？寇赫里（Kohli，2004）认为贸易条件的不断改善为解释产出增长和收入增长之间的悖论提供了一个可能的途径。

随着中国经济日益对外开放，国际贸易已经成为中国经济增长的重要拉动力量；在关注国际贸易总量增长的同时，贸易条件的变动在很大程度上被许多经济学家和政策制定者所忽略。贸易条件的改变之所以被经济学家和政策制定者所忽略，很大程度上是由于贸易条件改善本身并不能直接带来就业增长，也无法像 GDP 等指标一样反映宏观经济状况的改善。然而迪沃特和莫里森（Diewert and Morrison，1986）发现贸易条件改善的效应与技术进步的效果非常类似，对于给定的国内投入，贸易条件改善意味着本国可以在不减少进口的前提下增加国内产出；反之贸易条件恶化则会导致国内产出下降。

长期以来，实际国内生产总值（real GDP）一直是各国衡量经济发展和收入增长的主要指标之一，然而经济指数理论的研究结果发现，当一国的贸易条件发生剧烈变动时，实际国内生产总值往往不能准确反映实际国内收入以及居民福利的改变。当贸易条件改善时，实际 GDP 增长率往往低估了国

---

① 本章以贸易条件、实际汇率和技术对收入的影响为研究对象，出于简化目的，我们借鉴生产理论相关文献，忽略了国外净资产收益等内容。我们将名义国民收入（GDI）等同于名义 GDP；将名义 GDI 经国内支出价格指数平减后的结果定义为实际国民收入。详见正文。

内实际收入增长;而当贸易条件恶化时,实际 GDP 增长率往往高估国内实际收入增长(Kohli,2004)。近年来,尽管中国实际 GDP 增长率在金砖五国中处于领先地位(见图 8—1),但也是五国中贸易条件恶化最为严重的国家。然而如图 8—2 所示,2000 年以来中国和巴西的贸易条件恶化;印度、南非和俄罗斯的贸易条件则大幅改善。以 2000 年贸易条件为 100,中国贸易条件恶化最为严重,2010 年仅为 75.7,巴西约为 86.7,而印度、南非和俄罗斯分别达到 127.2、140.7 和 202.1。

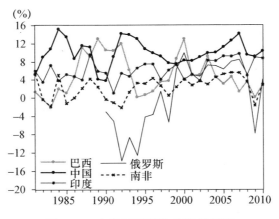

图 8—1　金砖五国实际 GDP 增长率

资料来源:根据世界银行发展指数(WDI)本币不变价格 GDP 序列结算。

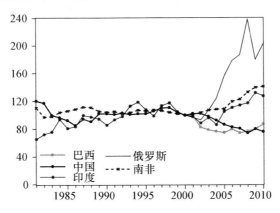

图 8—2　金砖五国贸易条件(2000 年＝100)

资料来源:同图 8—1。

贸易条件改变对各国收入增长造成了多大影响？该问题不仅反映了各国间收入增长模式和效率的差异，也反映出各国经济增长的可持续性，对检讨和反思中国经济发展模式具有重要的意义。在下文中，我们将采用生产理论和经济指数方法，重新核算各要素对中国经济增长和收入增长的贡献，并进行针对发展中国家的国际比较。

下文共分为三个部分。第二节重点介绍贸易条件改变条件下国民收入核算的方法，重点说明当贸易条件改变时，实际 GDP 为什么会扭曲收入核算。第三节根据开放条件下收入核算方法计算近年来中国实际收入的变化，并与实际 GDP 进行对比，从而定量估计出贸易条件改变对中国国民收入的影响。作为该方法的一个副产品，还可以得到全要素生产率的估计结果。本节还进行了相关国际比较，重点分析各国国民收入增长源泉的差异，这些差异可能在一定程度上反映出各国经济增长模式上的差异。最后一节是结论。

二、贸易条件改变条件下的国民收入核算

20 世纪 70—80 年代两次石油危机期间，随着全球石油价格上涨，经济学家发现，当贸易条件发生剧烈变化时，实际 GDP 无法如实反映一国收入的变化，并开始研究改进的方法。在本章中我们主要关心贸易条件等因素的改变对消费者福利（或者收入购买力）的影响，忽略了国外要素净收益的影响。在下文中，名义国民收入等同于名义 GDP，而实际国民收入则由名义国民收入经过国内支出价格指数平减后得到。

（一）贸易条件改变时，GDP 指标为什么会扭曲国民收入核算？

根据定义，实际 GDP 反映的是一国国内各产业实际增加值的总和，但在现行的国内收入核算体系下，用来对名义 GDP 进行缩减的 GDP 平减指数实际上是国内产出（消费、投资、政府支出和出口）价格指数和进口产品价格指数通过加权平均得到的，即所谓的"双缩法"（double deflation method），其中国内产出价格指数权重为正值，进口产品价格指数的权重为负值。给定其他条件不变，进口产品价格上升将会导致 GDP 平减指数下降，

从而导致实际 GDP 上升。

为了反映目前中国可能面临的情况，我们需要构建一个贸易条件恶化的模型，定性阐述贸易条件改变对一国收入核算的影响。为了说明简便，假设在一个小型开放经济中存在两种商品，本国技术和生产要素数量固定不变，两种商品的产量和消费量分别用 $y_{i,t}$ 和 $q_{i,t}$，$i \in \{1, 2\}$ 表示；进一步假设没有政府、折旧和要素跨国流动，并且该国实现国际贸易平衡。假设用第 1 种商品作为计价单位，第 2 种商品的相对价格为 p_t，基期年份用 0 来表示，在时期 t 我们可以定义以下国民经济核算指标（见表 8—1）：

表 8—1　　　　　　　　　　国民经济核算指标计算公式

指标类型	指标名称	核算方程
总量指标	名义 GDP	$GDP_t = y_{1,t} + p_t y_{2,t}$
	名义 GDI	$GDI_t = q_{1,t} + p_{2,t} q_{2,t}$
名义指数	名义 GDP 指数	$\Pi_{t,0} = (y_{1,t} + p_t y_{2,t})/(y_{1,0} + p_0 y_{2,0})$
	名义 GDI 指数	$\Omega_{t,0} = (y_{1,t} + p_t y_{2,t})/(y_{1,0} + p_0 y_{2,0})$
实际指数	实际 GDP 指数	$Y_{t,0} \equiv (y_{1,t} + p_0 y_{2,t})/(y_{1,0} + p_0 y_{2,0})$
	实际 GDI 指数	$Q_{t,0} = (q_{1,t} + p_0 q_{2,t})/(q_{1,0} + p_0 q_{2,0})$
价格指数	GDP 平减指数	$P_{t,0} = \Pi_{t,0}/Y_{t,0} = (y_{1,t} + p_{2,t} y_{2,t})/(y_{1,t} + p_{2,0} y_{2,t})$ $= [s_{1,t} + s_{2,t}(p_t/p_0)^{-1}]^{-1}$
	GDI 平减指数	$C_{t,0} = \Omega_{t,0}/Q_{t,0} = (q_{1,t} + p_t q_{2,t})/(q_{1,t} + p_0 q_{2,t})$ $= [\omega_{1,t} + \omega_{2,t}(p_t/p_0)^{-1}]^{-1}$

注：在 GDP 和 GDI 平减指数计算过程中，$s_{i,t}$ 和 $w_{i,t}$ 分别表示在时期 t 各产品在总产出和总支出中所占的比例。

在上述核算指标中，实际 GDP 指数和实际 GDI 指数均为拉氏指数（Laspeyres）；GDP 平减指数和 GDI 平减指数定义为名义 GDP 指数和名义 GDI 指数与对应的实际指数的比值，本质是帕氏指数（Paasche）。如图 8—3 所示，定性说明了贸易条件改变对实际 GDP 和实际 GDI 的影响。

图 8—3 中弧线 $Y_0 Y_1$ 表示生产可能性边界，U_0 和 U_1 表示消费者的无差异曲线。在 0 时期，贸易条件的大小由直线 $Y_0 Q_0$ 的斜率表示[1]，在此贸易

---

① 在本例中，商品 1 是进口品，商品 2 是出口品，所以 $Y_0 Q_0$ 的斜率实际上是贸易条件的倒数，该直线由陡峭变平缓表明贸易条件改善，反之则表示贸易条件恶化。

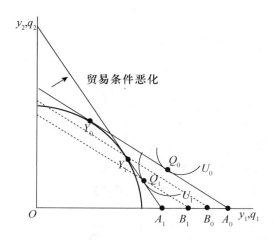

图 8—3　贸易条件改变对实际 GDP 和实际 GDI 的影响

条件下消费者选择的产出和消费组合为 (Y_0, Q_0)，以商品 1 作为计价单位的名义 GDP 可以表示为 OA_0；名义 GDI 的大小也为 OA_0。在时期 1，贸易条件由直线 Y_1Q_1 的斜率表示，与 0 时期相比，贸易条件出现了恶化；相应的产出和消费组合为 (Y_1, Q_1)，无差异曲线显示在时期 1 消费者的福利是下降的。表 8—2 显示了贸易条件改变对宏观统计指标的影响。

表 8—2　　　　　贸易条件恶化造成的国民经济核算指标变化

指标名称	指标数值	指标相对大小
名义 GDP 指数	$OA_1/OA_0 < 1$	名义 GDP 指数等于名义 GDI 指数
名义 GDI 指数	$OA_1/OA_0 < 1$	
实际 GDP 指数	$OB_0/OA_0 < 1$	实际 GDP 指数大于实际 GDI 指数
实际 GDI 指数	$OB_1/OA_0 < 1$	
GDP 平减指数	$OA_1/OB_0 < 1$	GDP 平减指数小于 GDI 平减指数
GDI 平减指数	$OA_1/OB_1 < 1$	

说明：在贸易条件改善的情况下，实际 GDP 指数小于实际 GDI 指数，GDP 平减指数大于 GDI 平减指数，从而表明在贸易条件改善的情况下实际 GDP 低估了消费者福利的改变。

（1）在本案例中，贸易条件恶化导致了上文中所有核算指标的恶化。

（2）在技术和生产要素不变的条件下，贸易条件恶化可能导致实际 GDP 指数下降。这一结果表明在开放条件下，将实际 GDP 增长全部归因于要素投入增加和以全要素生产率表示的技术进步可能是不准确的。

（3）当贸易条件改变时，由实际 GDP 指数反映出来的收入下降程度比实际 GDI 指数要小。①

实际 GDP 指数和实际 GDI 指数分别反映的是在基期价格下当前产出价值和消费总支出的变化，在两者均小于 1 的前提下，前者大于后者表明实际 GDP 指数低估了贸易条件恶化对消费者福利造成的负面影响。在名义 GDP 指数和名义 GDI 指数相等的情况下，实际 GDP 指数小于实际 GDI 指数的原因在于 GDP 平减指数大于 GDI 平减指数。进一步比较 GDP 平减指数 $P_{t,0} = [s_{1,t} + (1-s_{1,t})(p_t/p_0)^{-1}]^{-1}$ 和 GDI 平减指数 $C_{t,0} = [w_{1,t} + (1-w_{1,t})(p_t/p_0)^{-1}]^{-1}$ 可以发现，当贸易条件恶化时，如果当期产出中进口品的权重小于当期消费支出中进口品的权重，那么将会导致 GDP 平减指数小于 GDI 平减指数。

由此可见，当贸易条件改变时，实际 GDP 指数是否能如实地反映消费者福利的改变取决于进口产品在本国产出和消费中的结构是否相同；两者结构差异越大，贸易条件改变造成的扭曲越大。

（二）基于超越对数 GDP 函数的国民收入指数核算方法②

在完全竞争的小型开放经济中，当生产技术具有规模报酬不变和边际产出递减特征时，厂商利润最大化行为将导致该国拥有如下形式的 GDP 函数：

$$z(p_{D,t}, p_{X,t}, p_{M,t}, x_{L,t}, x_{K,t}, t) = \{ \underset{y_D, y_X, y_M}{\text{Max}} \ p_{D,t}y_D + p_{X,t}y_X - p_{M,t}y_M \}$$

$$(8—1)$$

式中，z 是名义 GDP 函数，净产出向量一般被分为用于国内消费的产品 D（包含国内消费 C、投资 I 和政府支出 G）、出口品 X 和进口品 M，其中前两项在净产出向量 Y 中的符号为正号，进口品的符号为负号，各类产品的数量分别为 $y_i = [y_{it}]$，价格为 $P_t = [p_{jt}]$，$i \in \{D, X, M\}$；要素投入为 $IN_t = [x_{jt}]$，$j \in \{L, K\}$，L 和 K 分别表示劳动和资本；t 表示当期 GDP 函数的技术特征。在实证研究中，名义 GDP 函数往往采取超越对数函数形式，超越对数函数形式的优势在于其函数形式的灵活性，可以提供其他任何形式

---

① 寇赫里（Kohli，2004）的案例表明，当贸易条件改善时，实际 GDP 指数会低估消费者福利的改善程度。

② 该方法的详细说明参见本书第二章相关内容。

GDP 函数对数的二阶近似。具体形式参见方程（8—2）。

$$\ln z_t = \alpha_0 + \sum_i \alpha_i \ln p_{i,t} + \sum_h \beta_h \ln x_{h,t} + 1/2 \sum_i \sum_j \gamma_{ij} \ln p_{i,t} \ln p_{j,t}$$
$$+ 1/2 \sum_h \sum_k \phi_{hk} \ln x_{h,t} \ln x_{k,t} + \sum_i \sum_h \delta_{ih} \ln p_{i,t} \ln x_{h,t}$$
$$+ \sum_i \delta_{iT} \ln p_{i,t} t + \sum_h \phi_{hT} \ln x_{h,t} t + \beta_T t + 1/2 \phi_{TT} t^2,$$
$$i,j \in \{D,X,M\}; h,k \in \{L,K\} \tag{8—2}$$

为了保证名义 GDP 函数满足价格其次性和规模报酬不变特征，方程（8—2）中各参数应满足以下约束条件：

$$\sum \alpha_i = \sum \beta_h = 1; \gamma_{ij} = \gamma_{ji}; \phi_{hk} = \phi_{kh}; \sum \gamma_{ij} = \sum \phi_{hk} = 0;$$
$$\sum_i \delta_{ih} = \sum_h \delta_{ih} = 0; \sum \delta_{iT} = \sum \phi_{hT} = 0$$

在此基础上，可以通过对超越对数 GDP 函数的参数进行估计或者通过构建统计指数的方法得到各变量变化对名义 GDP 的影响。

寇赫里（Kohli，1990）证明在超越对数 GDP 函数假设下，可以将名义 GDP 的增长分解为以下几个来源：国内消费产品价格 P_D 的变化，由 P_X 和 P_M 导致的贸易条件变化，劳动投入 x_L 和资本投入 x_K 的改变以及技术进步。在此基础上，GDP 函数的改变可以分解为

$$Z_{t,t-1} = P_{D,t,t-1} \cdot x_{L,t,t-1} \cdot x_{K,t,t-1} \cdot R_{t,t-1} \cdot A_{t,t-1} \tag{8—3}$$

式中，$Z_{t,t-1}$ 表示从 $t-1$ 期到 t 期的名义 GDP 指数；$x_{L,t,t-1}$、$x_{K,t,t-1}$、$R_{t,t-1}$ 分别表示从 $t-1$ 期到 t 期的劳动、资本和贸易条件指数；$A_{t,t-1}$ 为从 $t-1$ 期到 t 期的全要素生产率指数。该方法的优势之一是，只要 GDP 函数是超越对数形式，不需要对 GDP 函数中的参数进行估计，同样可以得到名义 GDP 指数的分解结果，并且可以证明上述指数均具有 Törnqvist 指数形式，从而极大地简化了计算，见方程（8—4）至方程（8—6）。在方程（8—3）中将名义 GDP 的增长率除以国内支出价格指数就可以得到真实国民收入指数。[1] 在经济指数方法中，国内支出价格指数、要素投入指数和贸易条件指数均可以

---

[1] 由于 Törnqvist 指数不满足费雪要素反转检验（Fisher factor reserval），因此名义 GDP 除以 Törnqvist 国内支出价格指数所得到的实际 GDI 指数并不完全具备 Törnqvist 指数性质，然而结果相差不大。

根据现有数据计算得到，名义 GDP 增长中未被解释的部分被看作技术进步的贡献。

$$P_{D,t,t-1} \equiv \exp\left[\sum_i \frac{1}{2}(s_{i,t}+s_{j,t-1})\ln\frac{p_{i,t}}{p_{i,t-1}}\right], \quad i=\{C,I,G\} \quad (8—4)$$

$$x_{j,t,t-1} \equiv \exp\left[\frac{1}{2}(s_{j,t}+s_{j,t-1})\ln\frac{x_{j,t}}{x_{j,t-1}}\right], \quad j \in \{L,K\} \quad (8—5)$$

$$R_{t,t-1} \equiv \exp\left[\sum_i \frac{1}{2}(s_{i,t}+s_{i,t-1})\ln\frac{p_{i,t}}{p_{i,t-1}}\right], \quad i=\{X,M\} \quad (8—6)$$

三、开放条件下中国收入增长核算及国际比较

超越对数 GDP 函数本身涉及的系数较多，同时由于数据所限，无法通过计量经济学方法对 GDP 函数进行回归。因此本章选择通过经济指数方法定量研究贸易条件等因素改变对中国收入增长效率的影响，作为核算的副产品，还可以得到开放条件下中国 TFP 增长率的核算结果。

(一) 实际国民收入的初步核算：实际 GDP 指数高估了多少收入增长?

根据本章的定义，实际国民收入由国内生产总值经国内支出价格指数平减后得到，本章首先采取 WDI 数据库中的国内支出价格指数对名义 GDP 进行平减得到实际 GDI 指数并与各国公布的实际 GDP 指数进行对比。1980 年以来，中国贸易条件经历了两次显著恶化的时期，第一次为 20 世纪 80 年代前半期，贸易条件指数下降约 28%；第二次为 1998 年至今，下降幅度约为 32%，并且尚未发现贸易条件改善的迹象。按照生产理论，贸易条件恶化将会导致 GDP 平减指数低于 GDI 平减指数，从而使得实际 GDP 指数高于实际 GDI 指数。以 2000 年为基期，GDP 平减指数比 GDI 平减指数约低 8%，从而导致十几年时间内 GDP 指数大约高估了国民收入约 8% 左右。

就年度收入增长而言，贸易条件恶化导致部分年份实际 GDI 增长率与实际 GDP 增长率差异较大。例如，2000 年中国实际 GDP 增长率为 8.4%，而实际 GDI 增长率仅为 4.4%；2008 年之后由于全球金融危机造成国际大宗

商品价格和贸易条件剧烈波动，从而导致实际 GDP 和实际 GDI 增长率之间再次出现较大差异，2009 年全球经济危机最严重的时期中国实际 GDI 增长率高达 15.6%，而实际 GDP 增长为 9.2%，2010 年实际 GDI 增长仅为 2.1%，实际 GDP 增长却达到 10.4%。平均而言，2000—2010 年间，中国实际 GDP 增长率平均为 9.9%，实际 GDI 增长率为 8.9%。此外实际 GDI 增长率表现出更强的波动性，样本期间标准差为 3.8 个百分点，而实际 GDP 增长率仅为 1.8 个百分点。这从一个侧面反映了实际国民收入并没有实际 GDP 指标反映得那么高，而且波动程度更大。

就金砖五国的基本状况而言，表 8—3 显示在样本期间内各国实际 GDP 与实际 GDI 之间存在一定的差异。中国实际 GDP 和实际 GDI 平均增长速度最高，但是唯有中国实际 GDI 的平均增长速度低于实际 GDP 的增长速度，平均每年低 1 个百分点左右。印度实际 GDP 和实际 GDI 平均增长率基本持平；巴西和南非实际 GDI 平均增长率略高于实际 GDP；而俄罗斯实际 GDI 平均增长率约高于实际 GDP 平均增长率 2 个百分点。由于实际 GDI 和实际 GDP 的差异主要反映了核算过程中所采用的价格指数不同，即是否考虑到贸易条件的影响，因此这两个指标之间的差异大体反映出贸易条件改变对各国收入增长影响的差异。

除此之外，计算实际 GDP 和实际 GDI 的方差可以发现，实际 GDI 的波动性普遍要高于实际 GDP 的波动性。例如中国实际 GDP 增长率的标准差为 1.8%，而实际 GDI 增长率的标准差为 3.7%；俄罗斯实际 GDP 增长率的标准差为 4.7%，而实际 GDI 增长率的标准差为 11.2%。由此可见，由于贸易条件不稳定，实际 GDP 增长率指标不仅可能扭曲了实际收入的增长，同时还低估了收入增长的波动程度。

表 8—3 2001 年以来金砖五国实际 GDP 和实际 GDI 增长率 （%）

		2001	2002	2003	2004	2005	2006	2007	2008	2009	2010	平均	标准差
中国	GDP	8.3	9.1	10.0	10.1	11.3	12.7	14.2	9.6	9.2	10.4	10.3	1.8
	GDI	8.4	7.2	10.1	10.4	11.2	13.1	9.5	7.0	15.6	2.1	9.4	3.7
印度	GDP	5.2	3.8	8.4	8.3	9.3	9.3	9.8	4.9	9.1	8.8	7.7	2.2
	GDI	4.9	2.4	9.8	6.3	9.8	9.5	9.8	6.3	9.1	9.2	7.7	2.6
俄罗斯	GDP	5.1	4.7	7.3	7.2	6.4	8.2	8.5	5.2	−7.8	4.0	4.8	4.7
	GDI	0.4	2.8	8.6	11.9	12.5	13.3	12.9	13.1	−22.3	13.3	6.0	11.2

续前表

		2001	2002	2003	2004	2005	2006	2007	2008	2009	2010	平均	标准差
巴西	GDP	1.3	2.7	1.1	5.7	3.2	4.0	6.1	5.2	−0.6	7.5	3.6	2.6
	GDI	0.9	3.3	1.2	6.3	2.6	4.7	6.3	5.9	−1.3	9.9	3.9	3.3
南非	GDP	2.7	3.7	2.9	4.6	5.3	5.6	5.6	3.6	−1.7	2.8	3.5	1.8
	GDI	3.4	4.6	3.4	4.9	5.7	6.5	6.0	3.1	0.4	4.9	4.3	2.1

说明：实际 GDP 和实际 GDI 分别由名义 GDP 增长率除以 GDP 平减指数和国内支出价格指数得到，数据来自 WDI 数据库。由于计算过程中所使用的 GDP 平减指数与国内支出价格指数均为帕氏价格指数而非 Törnqvist 价格指数，因此该表结果与表 8—4 的结果存在较大差异。考虑到 2000 年之后金砖五国贸易条件走势开始出现较大分化，且中国于 2001 年加入 WTO，故本章亦尝试以 2001 年之后的数据作为国际比较研究对象。

（二）开放条件下中国收入增长要素贡献：投入、技术、贸易条件和实际汇率

收入增长的因素可以最终分解为要素投入增加、技术进步以及贸易条件改善等原因。除了考察贸易条件的改变外，指数方法还可以用于核算"内部实际汇率"改变对收入的影响。所谓内部实际汇率是一国可贸易品价格指数与国内非贸易品价格指数之间的比例。关于内部实际汇率的文献综述可以参见杨盼盼和徐建炜（2011）的研究。借鉴寇赫里（Kohli，2006）的研究，本章将名义 GDP 函数表示为：

$$z = \{ \max_{y_D, y_X, y_M} p_{D,t} y_D + p_{X,t} y_X - p_{M,t} y_M \}$$
$$= \{ \max_{y_D, y_X, y_M} p_{D,t} y_D + p_{D,t} e_t h_t^{1-\alpha} y_X - p_{D,t} e_t h_t^{\alpha} y_M \} \quad (8-7)$$

式中，$h_t = p_{M,t}/p_{X,t}$ 表示进口品与出口品的相对价格，即贸易条件的倒数；$e_t = (p_{M,t}^{1-\alpha} p_{X,t}^{\alpha})/p_{N,t}$ 表示可贸易品价格与非贸易价格的相对价格，即内部实际汇率，可贸易品的价格指数由进出口产品价格通过柯布-道格拉斯函数形式得到；α 为出口产品在进出口总额中的比例。内部实际汇率上升表示本国货币的实际贬值。在此基础上，名义国民收入函数可以分解为方程（8—8）的形式：

$$Z_{t,t-1} = P_{D,t,t-1} \times x_{L,t,t-1} \times x_{K,t,t-1} \times T_{t,t-1} \times E_{t-1} \times A_{t,t-1} \quad (8-8)$$

$$T_{t,t-1} \equiv \exp\left[-\frac{1}{2}(s_{A,t} + s_{A,t-1}) \ln \frac{h_t}{h_{t-1}} \right] \quad (8-9)$$

$$E_{t,t-1} \equiv \exp\left[\frac{1}{2}(s_{B,t} + s_{B,t-1})\ln\frac{e_t}{e_{t-1}}\right] \qquad (8\text{—}10)$$

式中，$T_{t,t-1}$ 表示贸易条件改变对国民收入的影响；$E_{t,t-1}$ 表示内部实际汇率对国民收入的影响；$s_{A,t} = 1/2s_X + 1/2s_M$ 表示进出口在 GDP 中的平均份额；$s_{B,t} = s_X - s_M$ 表示贸易平衡在 GDP 中的份额。其余变量与上文中相同。

在对实际国民收入增长要素分解的过程中，需要核算不同口径的 Törnqvist 价格指数。虽然缺少中国政府支出价格指数统计数据，但政府支出最终被分解为消费和投资两部分，根据最终消费与最终投资在 GDP 中的比例计算消费和投资在国内支出（消费加投资）的比例以及消费者价格指数和投资价格指数加权平均得到 Törnqvist 国内支出价格指数。在此基础上通过 Törnqvist 国内支出价格指数和进出口价格指数及其各部分在 GDP 中的权重重新核算 Törnqvist 国内生产总值平减指数以及贸易条件和内在实际汇率指数指标，计算过程中所使用的进出口价格指数由 WDI 进出口价值指数和进出口数量指数计算得到。由于缺少资本存量的官方统计数据，出于国际比较的目的，此处和下文估算各国资本存量均采用寇赫里（Kohli, 2002），并在此基础之上计算资本增长率；劳动数量由就业人口数量表示。劳动收入份额根据《中国统计年鉴》"现金流量表（实务表）"中"劳动者报酬"在 GDP 中的比例计算，并相应得到资本收入在 GDP 中的比例。

图 8—4 给出了近年来各要素对中国国民收入的贡献。根据图 8—4 可以发现以下结果：

（1）2001 年以来，由于贸易条件的持续恶化导致实际 GDI 的增长速度低于实际 GDP 的增长速度，年平均增速约低 1% 左右，因此中国经济一定程度上存在"增产不增收"现象。

（2）就目前所得的全部数据样本（1993—2010 年）而言，资本增长和技术进步是推动中国国民收入和产出增长最主要的两个源泉，两者的年度指数均在 105% 左右；但技术进步的波动性远远大于资本增长贡献的波动性，样本期间资本增长贡献和技术进步贡献的标准差分别为 0.7% 和 3.3%。

（3）贸易条件恶化是导致中国经济一定程度上存在"增产不增收"的主要原因，而且这一现象在 2001 年之后持续存在。内在实际汇率指数在样本区间内均值为 100%，对于贸易所得几乎没有影响。

（4）样本期间劳动增长指数平均为 100.3%，就业人口增加对总收入增长的贡献较小。虽然劳动在要素收入中的比例近年来呈现不断下降的趋势，但是这一下降趋势并未显著影响劳动对于收入增长贡献的份额。

（5）就近期宏观经济发展状况而言，技术进步贡献在 2006 年达到最大值后出现持续下滑的趋势，导致中国经济面临较大的增长压力，不得不更多依赖资本增长。2009 年全球经济陷入危机期间，全球大宗商品价格下降使得中国贸易条件得到一定程度改善，这也是导致 2009 年中国实际 GDI 罕见地高于实际 GDP 的原因。

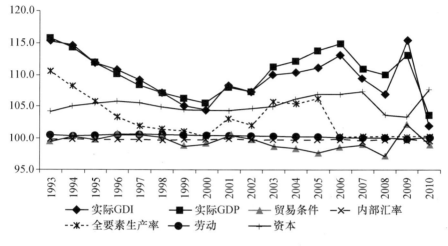

图 8—4　中国各要素对国民收入的贡献（上年＝100）

（三）金砖国家收入增长模式的比较

尽管金砖国家近年均实现了快速的经济增长，但由于各国经济结构之间的差异使我们确信各国收入增长效率可能也存在一定差异。基于数据的可得性，计算了近年来部分金砖国家收入增长源泉的结构差异（见表 8—4）。通过分析，我们可以得到如下结论：

首先，所谓的"增产不增收"现象在金砖国家中并不普遍。2001 年以来除中国外的其他样本国家贸易条件收益对收入增长的贡献份额均为正数，其中俄罗斯为 7.4%，印度为 7.7%，南非高达 35.6%，而中国却为－10.7%。进入新世纪以后，国民收入增长"福利效应"最高的国家是俄罗斯，"福利效应"贡献超过 120%；其次是印度，"福利效应"接近 50%；中国和南非的"福利效应"份额约为 30%，如果剔除金融危机的影响，2001—2007 年南非"福利效应"份额约为 41.6%，中国为 34.7%。由此可见在金砖国家中，中国国民收入的增长效率也是相对较低的。

在同样的外部环境下，为什么独有中国"增产不增收"？这一问题可能与各国发展对外经济的战略有关。中国是目前世界上主要的原油、金属矿石进口国和工业制成品出口国，而俄罗斯和巴西分别是主要的原油和铁矿石出口国。石油、铁矿石等大宗商品价格上涨在改善巴西、俄罗斯等国贸易条件的同时将会恶化中国的贸易条件。计算 2001 年以来金砖国家贸易条件的相关系数，可以发现中国和俄罗斯贸易条件的相关系数为 -0.98，几乎是线性负相关；而中国和巴西贸易条件的相关系数也达到 -0.41。贸易条件显著的负相关性一方面显示中国与俄罗斯和巴西经济的密切联系，另一方面也显示在金砖国家内部存在一定程度的贸易收益再分配。

其次，部分金砖国家收入增长在很大程度上依赖生产要素投入增长。[①] 例如，20 世纪 90 年代南非生产要素增长贡献的份额在 98% 左右，其中劳动和资本增长的贡献分别为 71.4% 和 26.5%，国民收入增长几乎全部依靠生产要素投入实现。进入 21 世纪之后生产要素投入贡献的份额下降到 69% 左右，贸易条件的贡献为 36%，全要素生产率贡献为 -4%；但是在剔除经济危机的影响后，生产要素投入贡献的份额下降到 58% 左右，贸易条件的贡献为 22%，全要素生产率贡献接近 20%。中国 1981—1990 年间劳动和资本对国民收入增长贡献的份额分别达到 21.6% 和 52.3%，两者合计超过 70%。进入 90 年代劳动增长的贡献份额开始快速下降；资本积累的贡献份额上升至 58.1%。2001 年之后资本贡献份额进一步上升到年均 71.3%，剔除金融危机的影响后，2001—2007 年资本的贡献份额为 63%。由此可见，中国国民收入增长越来越多地倚重资本积累。特别是在金融危机发生之后，中国经济增长对资本投入的依赖性更高。通过金砖国家间的相互比较，我们一方面发现中国国民收入增长效率相对较低，另一方面国民收入和经济增长对资本积累的过度依赖也会降低其可持续性。

---

① 俄罗斯的情况相对特殊，由于俄罗斯经济尚未完全从苏联解体后的影响中恢复，因此本章测算样本期间其资本增长贡献为负值，2001—2010 年间全要素生产率贡献约 114.4%，而贸易条件的贡献在 7.4% 左右。

表 8—4　　　　　部分金砖国家国民收入增长核算：指数和贡献份额（％）

		实际GDI指数	劳动	资本	贸易条件	全要素生产率
俄罗斯	1991—2000 年	105.1	99.7（−5.4）	98.3（−34.9）	99.8（21.5）	106.0（118.8）
	2001—2010 年	106.8	100.1（2.1）	98.4（−23.9）	101.1（7.4）	107.9（114.4）
	其中 2001—2007 年	109.9	100.2（1.9）	98.2（−19.4）	101.7（8.9）	110.8（108.7）
印度	1991—2000 年	105.2	—	—	100.1（1.6）	—
	2001—2010 年	108.0	—	—	100.6（7.7）	—
	其中 2004—2009 年	108.7	100.5（5.6）	103.8（45.5）	101.5（17.5）	102.6（31.4）
南非	1991—2000 年	102.7	101.9（71.4）	100.7（26.5）	99.9（−3.6）	100.2（5.6）
	2001—2010 年	104.3	100.8（18.8）	102.1（49.8）	101.5（35.6）	99.8（−4.1）
	其中 2001—2007 年	105.1	101.1（22.0）	101.8（36.4）	101.1（21.9）	101.0（19.7）

注：括号中为要素贡献份额百分比。

四、结　论

本章在开放条件下对中国近年来国民收入增长的状况及其特征进行了核算，并在金砖国家范围内进行了国际比较。从计算的结果来看，尽管中国国民收入和经济增长近年来取得了举世瞩目的成就，但是国民收入增长主要依靠资本投入，持续增长的基础并不牢固。具体来说包括以下几个方面：

首先，近年来国民收入增长的源泉出现结构性分化。劳动增长对国民收入增长的贡献逐渐降低；资本投入增长对国民收入增长的贡献份额逐年上升，业已成为推动国民收入增长的最主要来源。特别是在金融危机之后，中国全要素生产率出现了快速下降现象，对实际国民收入增长贡献的份额也出现下降趋势。国民收入增长日益依赖资本投入对未来国民收入的持续增长构成了挑战。

第二，进入新世纪后中国实际国民收入增速常年低于实际产出增速，中国经济一定程度上存在"增产不增收"现象。造成"增产不增收"现象的主要原因在于贸易条件恶化，2001 年之后贸易条件恶化造成国民收入增速每年下降约 1 个百分点。此外贸易条件的恶化还造成实际国民收入剧烈波动。中国自 2001 年之后实际国民收入增长率的标准差为 3.7％，而实际 GDP 的增长率的标准差仅为 1.8％，实际国民收入的增长比实际 GDP 增长波动性更大。样本期间内，中国是金砖国家中唯一出现"增产不增收"现象的国家。受产业结构制约，中国经济短期内对原油、铁矿石等大宗商品严重依赖的状况难以改变，这意味着中国经济长期内必须进行产业结构调整，否则必将承受极大的损失。

第三，尽管金砖国家国民收入和经济增长近年来取得了举世瞩目的成就，但多数国家收入增长的基础并不牢固。国民收入增长在很大程度上依赖生产要素，特别是资本增长，缺乏收入持续增长的动力。贸易条件由于年度波动较大也会对国民收入稳定增长造成影响，例如石油价格在 2009 年出现的较大波动致使俄罗斯经济遭受较大冲击。金融危机后，新兴市场经济国家的经济增长和国民收入增加面临相当严峻的挑战。

受理论研究局限，现有国民收入的实证研究几乎均基于规模报酬不变和完全竞争生产函数假设，本章也不例外。而超越对数生产函数本质上是新古典生产函数，实证研究中没有包含人力资本等其他因素，其中一个主要的原因是无法直接观察到人力资本的价格或人力资本收入在总产出中所占的比例。此外由于资本存量、劳动收入份额等核心变量没有权威统计数据，数据的准确性和样本量偏低造成自由度偏小都对实证结果的准确性造成一定影响。这些都是后续研究需要改进的地方。

参考文献

1. 白重恩，钱震杰. 国民收入的要素分配：统计数据背后的故事. 经济研究，2009（3）.

2. 郭庆旺，贾俊雪. 中国全要素生产率的估计：1979—2004. 经济研究，2005（6）.

3. 李宾，曾志雄. 中国全要素生产率变动的再测算：1978—2007. 数量经济技术经济研究，2009（3）.

4. 孙琳琳，任若恩. 中国资本投入和全要素生产率的估算. 世界经济，2005（12）.

5. 徐现祥，舒元. 基于对偶法的中国全要素生产率核算. 统计研究，2009（7）.

6. 杨盼盼，徐建炜. 实际汇率的概念、测度及影响因素研究：文献综述. 世界经济，2011（9）.

7. 张军，施少华. 中国经济全要素生产率变动：1952—1998. 世界经济文汇，2003（2）.

8. Diewert，E.，Montmarquette，C..Price Level Measurement. in Diewert（ed.）. *The Theory of the Output Price Index and the Measurement of Real Output Change*. Ottawa：Statistics，Canada，1983.

9. Diewert，E.，Morrison，C. J..Adjusting Output and Productivity Indexes for Changes in the Terms of Trade. *Economic Journal*，1986，96.

10. Diewert，E..Exact and Superlative Index Numbers. *Journal of Econometrics*，1976，4.

11. Feenstra，R.，Ma，H.，Neary，P.，Rao，P..Who Shrunk China? Puzzles in the Measurement of Real GDP. http://www. nber. org/papers/w17729,2012.

12. Fox，K.，Kohli，U..GDP Growth，Terms-of-Trade Effects，and Total Factor Productivity. *Journal of International Trade and Economic Development*，1998，7.

13. Gollin，D..Getting Income Shares Right. *Journal of Political Economy*，2002，110（2）.

14. Hamada，K.，Iwata，K..National Income，Terms of Trade and Economic Welfare. *The Economic Journal*，1984，94（376）.

15. Holz. A..New Capital Estimates for China. *China Economic Review*，2006（17）.

16. Kohli，U..A Gross National Product Function and the Derived Demand for Imports and Supply of Exports. *The Canadian Journal of Economics*，1978，11（2）.

17. Kohli，U..Growth Accounting in the Open Economy：Parametric and Nonparametric Estimates. *Journal of Economic and Social Measurement*，1990，16.

18. Kohli，Ulrich. Growth Accounting in the Open Economy：International Comparisons. http://www. unige. ch/ses/ecopo/kohli/ic0211N. pdf?，2002.

19. Kohli, U.. Growth Accounting in the Open Economy: International Comparisons. *International Review of Economics & Finance*, 2003, 12 (4).

20. Kohli, U.. Real GDP, Real Domestic Income, and Terms-of-Trade Changes. *Journal of International Economics*, 2004, 62.

21. Kohli, Ulrich. Terms-of-Trade Changes, Real GDP, and Real Value Added in the Open Economy: Reassessing Hong Kong's Growth Performance. HKIMR Working Paper No. 5, 2006.

22. Krueger A.. Measuring Labor's Share. *American Economic Review*, 1999 (89).

23. Krueger, A., Sonnenschein, H.. The Terms of Trade, the Gains from Trade and Price Divergence. *International Economic Review*, 1967, 8 (1).

24. Nicholson, L.. The Effects of International Trade on Measurement of Real National Income. *Economic Journal*, 1960, 70 (279).

25. Sun, L., Fulginiti, L.. Accounting for Taiwan GDP Growth: Parametric and Nonparametric Estimates. *Journal of the Chinese Statistical Association*, 2007, 45.

第九章　国际贸易对中国第二产业就业占比的影响分析

一、引　言

从 1978 年起，中国第二产业从业人员总量不断上升，其占总从业人员量的比例也在不断提高。1978 年，第二产业从业人员数仅为 8 102 万人；而到了 2011 年，第二产业从业人员数已经达到 2.25 亿人，相比 1978 年增长了约 2.8 倍，年均增长约 3.06％。1978 年，第二产业从业人员数占总从业人员数的比例仅为 17.3％，而到了 2011 年，这一比例已经提高到 29.5％。[①] 第二产业就业量的提高来源于两方面：一是总的从业人员数量增加，二是第二产业就业占总就业比例的提高。前者可能主要是受总人口以及劳动参与率变动的影响，更多地取决于长期及社会因素，因而本章不考虑这方面的因素，而是重点分析导致中国第二产业就业占比不断提高的影响因素，即着重分析中国就业结构（即三次产业就业占比）变动的影响因素。考虑到目前的研究（如 Herrendorf et al.，2011）一般将就业结构变动视为产业结构变动的一个表现，因此，分析就业结构变动的影响因素实质上也是分

---

① 除特殊说明外，本章数据均来自中经网统计数据库。

析产业结构变动的影响因素。

产业结构变动原因的理论模型主要有两类[①]：一类强调需求因素（如 Kongsamut et al.，2001），另一类则强调供给因素（如 Ngai and Pissar-ides，2007）。强调需求因素主要认为"恩格尔律"在结构变动中起到重要作用：他们认为不同产品的收入弹性存在差异，第一产业产品的需求收入弹性小于1，而服务业的收入弹性却大于1。因此，随着收入增长，第一产业的占比（就业占比或者产出占比）不断下降，第三产业的占比则不断上升，而第二产业的占比则由这两种力量的相对强弱来决定。强调供给因素影响的则认为"鲍莫尔效应"在起作用，即不同产业的 TFP 增长率差异导致了产业结构变动。由于服务业的 TFP 增长最慢，而第一产业的 TFP 增长最快，再加之产品间的替代弹性较小，这就造成了 TFP 增长最慢的部门（即服务业）的占比反而不断提升，而 TFP 增长最快的部门（即第一产业）的占比则不断下降，这种机制对第二产业占比的影响则需要看第一产业占比和第三产业变动的具体情况。结构变迁的其他理论解释还包括部门间的要素比差异和资本深化（Acemoglu and Guerrieri，2008）、劳动流动性（Hayashi and Prescott，2008）以及进入成本（Messina，2006）等。

前述两类模型都是关注封闭经济，而事实上国际交往的日益深入使得国际贸易可能会对一国的产业结构变动造成影响，因而逐渐有学者开始关注产业结构变动中国际贸易的作用。松山（Matsuyama，2009）利用不考虑资本的两国三部门模型，分析发现如果一国的制造业生产率提高得更快，则可能会在最开始的阶段导致该国制造业就业占比提高，并同时导致另一国的制造业就业占比下降；而当该国的制造业生产率提高得过快，则可能使得该国的制造业占比也出现下降。易和张（Yi and Zhang，2010）利用了一个比松山（Matsuyama，2009）所用模型更复杂的两国三部门模型，分析发现在开放经济条件下，制造业生产率的国别增长差异以及贸易壁垒的下降能生成制造业占比的倒 U 形变化趋势。贝茨等（Betts et al.，2011）同样利用两国三部门模型，分析了国际贸易对于韩国产业结构变动的影响，发现国际贸易是导致韩国制造业占比迅速提高的一个重要因素。

从定性角度分析中国产业结构变动的原因，学界已经做出了很多颇有见地的研究；但从定量角度来分析的文献，尤其是通过建模并模拟分析的文献

[①] 详见赫林道夫等（Herrendorf et al.，2011）关于结构转型的综述性文章。

却相对很少，勃兰特等（Brandt et al.，2008）以及德克莱和范登布鲁克（Dekle and Vandenbrouke，2012）则在这方面做出了有益的尝试。勃兰特等（Brandt et al.，2008）利用包含农业、非农业国有部门和非农业非国有部门的三部门封闭经济模型，分析了决定劳动力在农业和非农业配置的影响因素。研究发现，农业生产率的提高、劳动市场壁垒以及投资率的提高都对农业就业占比的下降有显著影响；其中，从 1978 年至 2004 年整段时间来看，农业生产率提高的贡献最大，而从 1978 年至 1988 年这段时间来看，劳动市场壁垒的下降贡献最大。德克莱和范登布鲁克（Dekle and Vandenbrouke，2012）利用农业和非农业的两部门模型，分析了 1978 年至 2003 年中国农业就业占比下降的原因，研究发现农业劳动生产率的提高是导致农业就业占比下降的主要原因，政府规模的缩小和劳动力流动成本的下降能解释大约 19% 的农业就业比例下降。

但是，就目前来看，从定量角度分析中国产业结构变动原因的文献仍是远远不足的。第一，目前仅有的几篇以模型为基准定量分析中国产业结构变动原因的文献都集中于分析农业和非农业就业结构的变动。但是，这种分析却忽视了非农就业中第二产业和第三产业就业占比的差异。第二，目前这些文章也普遍忽视了国际贸易在塑造中国工业就业结构中的显著影响。事实上，利用行业面板数据，很多学者（如胡昭玲、刘旭，2007；喻美辞，2008）已经发现了出口对于中国工业就业量有明显影响。因此，在模型中纳入进出口因素以便在一个合理的框架中更好地度量国际贸易对于中国第二产业就业的影响显得十分有必要。第三，研究国际贸易对中国第二产业就业的影响在当前具有很强的现实意义。国际经济增长乏力以及发达国家的经济再平衡使得中国的进出口可能难以再现 2007 年的高水平。那么，这种可能的国际贸易收窄对于中国工业就业究竟会造成何种影响也是亟待研究的议题，而本章通过构建这种模型便能给出定量的答案。

本章将在一个三部门模型中纳入外生的国际贸易因素，并分析国际贸易对于中国第二产业就业占总体就业比例的影响。当前分析国际贸易对就业结构变动影响的模型主要是分析两国三部门模型（Yi and Zhang，2010；Betts et al.，2011），其核心机制是：各国可贸易品的劳动生产率变动情况不同，因此导致了各国间可贸易品的相对价格变化，由此使得国际贸易情况发生变动。然而，这类模型主要有两个问题：第一，模型假定贸易平衡。且不论这一假定对于其他国家是否成立，对于中国来说这显然是不合适的，中国这些年一直存在着一定幅度的贸易不平衡。第二，模型无法与现实的贸易数据拟合。我们参照贝茨等（Betts et al.，2011）的研究进行了建模，发现该模型无法生成符合中国现实情况的进出口变动趋势——即进口占比不断提高。而要生成这种趋势，必须要假定比如家庭对于国外商品的偏好在不断提高，但这是不合适的。而一旦模型未能较好地拟合进出口变动趋势，那么就可能难以准确估计国际贸易对于就业结构变动的影响。因此，基于这两点考虑，本章选择了外生给定如出口率和进口率等变量，这样做就能更好地分析国际贸易对于中国第二产业就业占比的影响。

因此，本章的分析具有两方面的价值：第一，从理论价值上来说，与目前通用的模型通过假定贸易平衡来分析国际贸易对产业结构变动的影响不同，本章构建的模型分析了不平衡贸易下国际贸易对产业结构变动的影响，因此深化了关于国际贸易对产业结构的影响的理解；第二，从实证价值上讲，本章是目前可知的第一个利用宏观经济模型实证分析中国三次产业结构变迁原因的研究，从而为进一步理解中国产业结构变动的原因提供了实证基础。

下文结构如下：第二节为构建模型，第三节为数据与参数，第四节为模拟结果，第五节为结论。

二、模　型

（一）建模思路

如前所述，我们将选用包含三次产业的模型，并假定进、出口率外生给定。

然而，模型的构建还有两个问题需要考虑。第一，模型中需要考虑哪一部门或者哪几个部门的产品可以进行国际贸易。沈利生（2011）基于投入产出模型分析发现：中国出口中第一、第二和第三产业产品的比例分别为0.7%、85.4%和13.9%，在进口中分别为3.1%、89.0%和7.9%，因此，进出口中绝大部分是第二产业的产品。所以，本章将假定仅有第二产业可以进行国际贸易。第二，模型需要考虑纳入何种解释产业结构变动的机制。当前主流的两种解释结构变迁的机制——需求因素以及供给因素——应该需要在模型中得到体现。另外，由于中国劳动力市场存在较为明显的劳动力转移壁垒，农业劳动力转移到非农业存在着各种制度的或者隐形的约束，这导致了中国农业劳动力的转移一直受到这种制约。这种观察使得我们需要在解释就业结构变动中纳入劳动力转移成本以刻画劳动力壁垒对于中国就业结构变动的影响。

具体来说，本章的基本模型涉及三个部门。第一个部门是代表性家庭，他们选择第一产业产品、第二产业产品和第三产业产品以最大化自身福利。其中，第二产业产品为复合商品，是国内制造的第二产业产品和进口的第二产业产品的一个集合。因此，家庭也需要在国内制造和国外制造中做一个权衡。第二个部门是企业。企业分别在竞争性的市场购买劳动进行生产，并在完全竞争的市场上出售生产的产品。第三个部门为国际贸易，本章外生给定了中国历年的第二产业的进口率和出口率。

（二）代表性家庭的消费决策

参照赫林道夫等（Herrendorf et al. ，2011），代表性家庭的效用函数设定为：

$$U(C_t) = \log\left[C_t\right]^{\frac{1}{1+\epsilon}}$$
$$= \log\left[\omega_a(A_t-\overline{A})^{1+\epsilon}+\omega_m M_t^{1+\epsilon}+\omega_s(S_t+\overline{S})^{1+\epsilon}\right]^{\frac{1}{1+\epsilon}}$$

式中，w_a，w_m，w_s 表示三类产品的替代系数，且 $\omega_a+\omega_m+\omega_s=1$；$C_t$ 表示消费总量；A_t 表示第一产业产品消费量；M_t 表示第二产业产品消费量；S_t 表示第三产业产品消费量；ϵ 反映了三次产业产品间的替代弹性。$\overline{A}$ 反映了家庭对于第一产业产品的消费量只有达到某个临界值之后方能带来效用，这种设定主要是基于两方面考虑：第一，个体生存需要满足一定的食物摄入；第二，这种设定可以生成对于第一产业产品的需求收入弹性小于 1。$\overline{S}$ 反映了即便家庭的第三产业产品消费量为 0，其仍然会从 $\overline{S}$ 的消费中获得效用。这种设定也是基于两方面考虑：第一，家庭中存在家庭内部的服务产品供给，即便家庭不从市场上购买服务，家庭仍能够通过家庭劳动享受服务带来的效用；第二，这种设定可以生成对于第三产业的需求收入弹性大于 1。

由于考虑了第二产业产品的可贸易性，因此第二产业产品的消费量为国内生产的第二产业产品和进口的第二产业产品之组合，组合函数为：

$$M_t = (\mu m_{act}^\rho + (1-\mu) m_{cit}^\rho)^{1/\rho}$$

式中，m_{act} 表示家庭消费的国内生产的第二产业产品量；m_{cit} 表示家庭消费的进口的第二产业产品量；μ 反映了家庭对于国内外产品的一个偏好，其值越大，则证明家庭更偏好于国内产品；ρ 反映了国内外产品的替代性。

家庭的预算约束为：

$$P_{at}A_t + P_{cmt}M_t + P_{st}S_t = W_{at}N_{at} + W_{mt}N_{mt} + W_{st}N_{st}$$

式中，$N_{at} + N_{mt} + N_{st} = 1$，即表示家庭供给的劳动总量为 1；$P_{at}$、$P_{cmt}$ 和 P_{st} 分别表示第一产业产品、第二产业产品和第三产业产品的价格；W_{at}、W_{mt} 和 W_{st} 分别表示三次产业的工资率。

设 λ_t 为拉格朗日乘子，则代表性家庭对三类产品最优的消费决策应满足的一阶条件是：

$$\frac{1}{1+\varepsilon} \cdot \frac{1}{C_t} \cdot (1+\varepsilon) \cdot \omega_a (A_t - \overline{A})^\varepsilon = \lambda_t P_{at}$$

$$\frac{1}{1+\varepsilon} \cdot \frac{1}{C_t} \cdot (1+\varepsilon) \cdot \omega_m M_t^\varepsilon = \lambda_t P_{cmt}$$

$$\frac{1}{1+\varepsilon} \cdot \frac{1}{C_t} \cdot (1+\varepsilon) \cdot \omega_s (S_t + \overline{S})^\varepsilon = \lambda_t P_{st}$$

另外，根据消费者对国内外第二产业产品的需求决策，可得下面两式：

$$m_{cit} = (\frac{1-\mu}{\mu} \cdot \frac{P_{mt}}{P_{imt}})^{\frac{1}{1-\rho}} m_{act}$$

$$P_{cmt} = (\mu^{\frac{1}{1-\rho}} P_{mt}^{\frac{\rho}{\rho-1}} + (1-\mu)^{\frac{1}{1-\rho}} P_{imt}^{\frac{\rho}{\rho-1}})^{\frac{\rho-1}{\rho}}$$

式中，P_{mt} 表示的是国内生产的第二产业产品的价格；P_{imt} 表示进口的第二产业产品的价格。

（三）企业的生产决策

生产函数为[①]：

---

① 这里我们参考了松山（Matsuyama，2009）、易和张（Yi and Zhang，2010）以及贝茨等（Betts et al.，2011）的做法，生产函数中并没有考虑资本。这样做主要为了分析劳动在三次产业之间的转移，而加入资本后会使得模型更为复杂。

$$Y_{it} = \theta_{it} N_{it}$$

式中，$i \in \{a, m, s\}$，分别表示第一产业、第二产业和第三产业；Y_{it} 表示第 i 产业生产的产品量；θ_{it} 表示第 i 产业的劳动生产率；N_{it} 表示第 i 产业利用的劳动力数量。

由于厂商处于完全竞争的市场，故有，$P_{it} \theta_{it} = W_{it}$，$i \in \{a, m, s\}$。

参照勃兰特等（Brandt et al.，2008）以及德克莱和范登布鲁克（Dekle and Vandenbrouke，2012），假定存在劳动力由农业向第二产业和第三产业转移的成本。这种劳动转移成本的存在使得农业工资率要低于第二产业和第三产业的工资率。则有：

$$W_{at} = \frac{W_{mt}}{(1 - \phi_t)} = \frac{W_{st}}{(1 - \phi_t)}$$

式中，ϕ_t 表示劳动力转移成本。

不妨以 W_{at} 为计价单位，并设定其为 1。

（四）国际贸易

如本章引言所述，本章依照现实数据假定第二产业出口占第二产业增加值比例 er 以及第二产业进口占第二产业增加值比例 ir。则依据定义，有：

$$\frac{P_{mt} m_{ict}}{P_{mt}(m_{act} + m_{ict})} = er_t$$

$$\frac{P_{imt} m_{cit}}{P_{mt}(m_{act} + m_{ict})} = ir_t$$

（五）模型求解

通过一系列的代数运算[①]，可以求得模型的显示解：

$$1 - \frac{\overline{A}}{\theta_{at}} + \frac{\overline{S}}{\theta_{st}} = \eta_t N_{mt}$$

---

① 限于篇幅，这里未给出详细推导过程。

其中，

$$\eta_t = 1 + \frac{\theta_{mt}}{\theta_{at}} \cdot \left(\frac{P_{at}}{P_{mt}} \cdot \frac{\omega_m}{\omega_a}\right)^{\frac{1}{\varepsilon}} \cdot \mu^{\frac{\varepsilon+1}{\rho\varepsilon}} \cdot (1-er_t+ir_t)^{\frac{\varepsilon-\rho+1}{\rho\varepsilon}}$$

$$\cdot (1-er_t)^{\frac{\rho\varepsilon-\varepsilon+\rho-1}{\rho\varepsilon}} + \frac{\theta_{mt}}{\theta_{st}} \cdot \left(\frac{P_{st}}{P_{mt}} \cdot \frac{\omega_m}{\omega_s}\right)^{\frac{1}{\varepsilon}} \cdot \mu^{\frac{\varepsilon+1}{\rho\varepsilon}}$$

$$\cdot (1-er_t+ir_t)^{\frac{\varepsilon-\rho+1}{\rho\varepsilon}} \cdot (1-er_t)^{\frac{\rho\varepsilon-\varepsilon+\rho-1}{\rho\varepsilon}}$$

该显示解反映出国际贸易会在两方面影响到第二产业就业占比：第一方面因素为贸易逆差项 $(1-er_t+ir_t)^{\frac{\varepsilon-\rho+1}{\rho\varepsilon}}$。由于 $\varepsilon<-1$，$\rho>0$[①]，故 $\frac{\varepsilon-\rho+1}{\rho\varepsilon}>0$；因此，$ir_t-er_t$ 越大（即贸易逆差越大），则 $(1-er_t+ir_t)^{\frac{\varepsilon-\rho+1}{\rho\varepsilon}}$ 越大，在其他因素不变的情况下，也即 η_t 越大，这也就意味着 N_{mt} 越小。[②] 因此，贸易逆差越大，第二产业就业占比越低；而反过来便是，贸易顺差越大，第二产业就业占比越高。第二方面因素为出口率项 $(1-er_t)^{\frac{\rho\varepsilon-\varepsilon+\rho-1}{\rho\varepsilon}}$。由于 $\frac{\rho\varepsilon-\varepsilon+\rho-1}{\rho\varepsilon}<0$[③]，故出口率 er_t 越大，$(1-er_t)^{\frac{\rho\varepsilon-\varepsilon+\rho-1}{\rho\varepsilon}}$ 越大，在其他因素不变的情况下，也即 η_t 越大，这就意味着 N_m 越小。因此，在控制贸易顺差因素以及其他因素的情况下，出口率越高，则第二产业就业占比越低。[④]

三、数据与参数

（一）数据

本章需要外生给定如劳动生产率水平、劳动力转移成本和进出口率的数

---

① 具体参数取值见第三节。

② 这项也反映出了进口率对于第二产业就业占比的影响。在出口率等其他条件不变的情况下，进口率越高，则贸易顺差越小，故第二产业就业占比越低。

③ 具体参数取值见第三节。

④ 值得注意的是，这里指的是 $(1-er_t)^{\frac{\rho\varepsilon-\varepsilon+\rho-1}{\rho\varepsilon}}$ 这项中的出口率越高，则使得第二产业就业占比越低。而事实上，出口率还会影响到贸易顺差项 $(1-er_t+ir_t)^{\frac{\varepsilon-\rho+1}{\rho\varepsilon}}$。根据第二产业就业占比对出口率的偏导数来看，出口率的提高总体上来说会使得第二产业就业占比提高，而这也是与目前的实证结论相一致的。

据，这一部分将介绍这些数据的处理过程。我们使用了 1978 年至 2010 年的年度数据。需要指出的是，由于现实的年度数据中可能包含周期性波动部分，而本章的研究则没有考虑这种周期性，因此，本章将所有得到的数据均以 HP 滤波进行了处理以剔除周期性波动部分（其中，设定 $\lambda = 100$）。

1. **劳动生产率** θ_{it}，$i \in \{a, m, s\}$

首先我们需要知道三次产业的实际产值。获取实际产值目前有两种方法，一是将三次产业的产值分别除以该产业的价格平减指数；二是将三次产业的产值均除以 GDP 平减指数。从中国的数据来看，中国的分部门价格指数变动情况十分不同。1978 年至 2010 年，第一产业价格指数增长了 9.43 倍，第二产业价格指数增长了 3.34 倍，第三产业价格指数增长了 7.17 倍，国内生产总值平减指数增长了 5.34 倍。由于价格的变动情况与生产率变动情况直接相关，第一产业的价格指数的上涨幅度最大反映了该产业的生产率提高速度最慢，而第二产业的价格指数的上涨幅度最小则反映出该产业的生产率提高得更快。这就使得我们不能够直接采用国内生产总值平减指数来平减三次产业的增加值，因此我们选择了用分部门的价格指数来平减各产业的增加值。

其次我们需要得到从业人员数量。国家统计局公布的从业人员数量在 1990 年出现了陡增，这是由于 1990 年人口普查将以往漏报人数包括了进来。霍尔茨（Holtz，2006）对 1990 年以前的从业人员数进行了细致的调整，因此，1990 年以前的从业人员数采用了该文调整后的数据，1990 年以后的数据则使用的是官方公布数据。

以三次产业的实际产值（以三次产业各自的价格指数进行平减）除以调整后的从业人员数得到本章需要的三次产业劳动生产率指标。参照贝茨等（Betts et al.，2011）的做法，将 1978 年的三次产业劳动生产率都设定为 1，从而消除了单位影响。

2. **劳动力转移成本** ϕ_t

目前并无合适的度量劳动力转移成本的指标。勃兰特等（Brandt et al.，2008）以农业和非农业劳动的报酬率差异来度量劳动力转移壁垒。根据这种想法，另一个合理的可能的指标便是城乡收入比。但遗憾的是，无论是勃兰特等（Brandt et al.，2008）给出的指标，还是城乡收入比，都无法给出符合直觉的劳动壁垒变动情况。比如前者显示出进入 21 世纪后中国的劳动壁垒仅仅略微低于 20 世纪 80 年代，而后者则显示当前的劳动壁垒甚至高于 20 世纪 80 年代。德克莱和范登布鲁克（Dekle and Vandenbrouke，2012）在一个结构方程中估算了中国 1978 年至 2003 年间劳动力转移壁垒变量数据，发现中国的劳动力转移壁垒在不断下降，这可能和现实的情况是比较符合的。

我们认为，流动人口规模可以从一个侧面反映劳动力转移成本：劳动力转移成本越高，则流动人口比例将会越低。基于此，我们将利用流动人口规模数据倒推出劳动力转移成本数据。段成荣等（2008）利用 1982 年以来的历次全国人口普查数据和全国 1‰ 人口抽样调查数据计算了 1982 年、1987年、1990 年、1995 年、2000 年和 2005 年全国流动人口数量。将段成荣等（2008）的几次人口普查中的流动人口数据，除以当年人口总数，可以得到流动人口比例。然而，劳动力转移成本和流动人口比例之间的具体函数关系应该如何设定呢？我们的做法是，假定这两个变量之间满足线性关系。依照德克莱和范登布鲁克（Dekle and Vandenbrouke，2012）估算的劳动力壁垒变量在 1982 年和 2003 年的取值，我们可以估算出劳动力转移成本变量和流动人口之间的线性关系系数。根据我们利用插值法得到的流动人口比例，并根据前述线性关系，可以推测出劳动力转移成本的变动情况。

3. 进口率和出口率

以工业制成品出口额除以当年的第二产业增加值则得到第二产业的出口率；以工业制成品进口额除以当年的第二产业增加值则得到第二产业进口率。

（二）参数校准

ω_a 和 ω_m：如果代表性家庭的效用函数中三次产品的替代弹性为 1（即本章模型中 ε 取 -1），则 ω_a 和 ω_m 分别反映家庭在第一产业产品和第二产业产品上的支出份额。因此，一个常用的做法就是以三次产业的产出占比来校准 ω_a 和 ω_m。利用中国 1978 年至 2010 年间三次产业现价增加值占当年国内生产总值的比例，本章校准 ω_a 为 0.209 9，ω_m 为 0.455 6。

ρ：参照贝茨等（Betts et al.，2011）的研究，本章将之设定为 0.84。

μ：一般的文献都将其设定在 0.9 以上。本章将其设定为 0.9，并考察了分别取值为 0.92、0.95 对模型结论的影响，发现对模型结论基本没有影响。

ε：赫林道夫等（Herrendorf et al.，2009）估计了该参数的几个取值，分别为 -1、-1.23 和 -3，而布埃拉和凯博斯基（Buera and Kaboski，2009）则将之取值为 -2。考虑到中国居民收入水平仍相对较低，因此造成对于三次产业产品的需求的替代弹性相对较低，故我们将之设定为 -3 和

—2的平均值—2.5。

$\bar{A}$ 和 $\bar{S}$：在给定前述数据和参数的基础上，以这两个参数校准1978年的第一产业和第二产业就业占比，得到二者取值分别为0.509 9和0.024 6。

四、模拟结果

（一）基准模型的拟合效果

在得到了参数的取值之后，我们便能够模拟经济的变动情况。图9—1给出了基准模型的拟合效果，总体来看，基准模型对中国第二产业就业占比的拟合效果是相当不错的。模型准确模拟了中国第二产业就业占比在1978年至2010年的变动情况：1978年至1990年左右，第二产业占比上升幅度较大，上升速度也较快；1990年至2000年，第二产业就业占比以很缓慢的速度提高；2000年以后，第二产业就业占比的提升幅度又一次加大，提升速度有了显著提高。

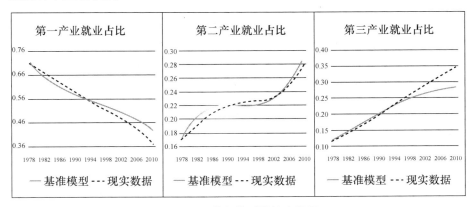

图9—1 基准模型的拟合效果

模型对于1996年之前的第一产业和第三产业就业占比拟合情况较好，而1996年之后的拟合则略有偏差。2010年，现实的第一产业就业占比为37.2%，而模型拟合的就业占比却为42.8%。2010年，现实的第三产业就业占比为34.7%，而模型的拟合结果却为28.3%。因此可以认为，1996年以后，第一产业和第三产业就业结构的变动可能相比之前一些年发生了新的变化，而且这种变化极有可能是某种因素加快了农业劳动力向第三产业的转移。我们推测，这可能与中国的城市化速度从 1996 年开始加速有关。由于城市化进程的加速，农村居民开始加速向城市转移。而由于第二产业的就业容量有限，大量的转移居民开始从事服务业。因此，这种城市化的加速一方面加快了第一产业就业占比的下滑，另一方面又加快了第三产业就业占比的上升。

前面已经发现，模型能够很好地拟合中国第二产业就业占比的变动趋势；另外，考虑到如城市化加速这种本章模型未纳入的因素主要会影响到第一产业和第三产业的就业占比，而对于第二产业就业占比的影响相对较少。这两方面的原因使得本章模型能够被用来分析某种因素对于第二产业就业占比的影响。

（二）国际贸易对中国第二产业就业占比影响的模拟分析

前面已经提到国际贸易对中国第二产业就业占比的影响主要有两个渠道，一为贸易顺差项 $(1-er_t+ir_t)^{\frac{\varepsilon-\rho+1}{\varepsilon}}$，另一为出口率项 $(1-er_t)^{\frac{\varepsilon-\varepsilon+\rho-1}{\varepsilon}}$。因此，我们首先需要了解中国贸易顺差和出口率的变动情况。我们在图 9—2 中给出了中国工业制成品出口率与贸易顺差的变动情况。我们分别给出了两组数据，一为现实数据，一为 HP 滤波处理后的趋势性数据，而后一组数据也是我们在模拟中用到的数据。

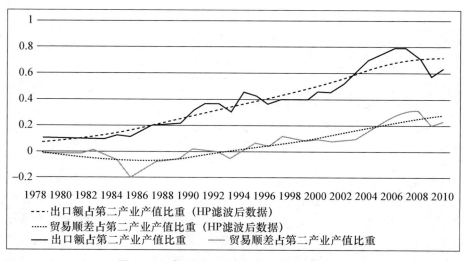

图 9—2　中国工业制成品出口率与贸易顺差

图 9—2 显示，中国工业制成品出口率与贸易顺差均呈现出明显的阶段性特征。1990 年以前，除 1982 年以外的其余年份都存在工业制成品的贸易逆差，少数年份的逆差比例甚至相当高。如 1985 年，逆差额占当年第二产业增加值的比例达到 19.9％；而 1986 年也高达 15.3％。1990 年以后，除了 1993 年以外，中国均出现贸易顺差，而最近几年的贸易顺差占比尤其高。如 2007 年至 2010 年四年中，中国贸易顺差额占当年第二产业产值的比例分别为 30.5％、31.1％、21.3％和 22.5％，均处于历史高位。中国工业制成品出口额占第二产业比重的变动趋势与中国工业制成品贸易顺差的变动趋势基本相同。1985 年以前，工业制成品的出口比例相对较低，大约为 10％。其后，中国工业制成品的出口比例迅速上升。但从 1996 年起，出口比例开始保持在 40％左右，这一状况一直持续到 2001 年。其后，随着中国加入世界贸易组织，中国出口额也快速提高，出口占比迅速提高，并在 2007 年达到历史最高水平79.4％。其后，受全球金融危机影响，出口占比出现下滑，但仍处于相对高位。

我们分别模拟了贸易顺差和控制贸易顺差后的出口率这两方面因素对于中国第二产业就业占比的影响。首先，我们假定如果工业制成品进口额与现实的出口额相等，从而就可以生成每年都是贸易平衡而不存在贸易顺差或逆差的情形。将此模拟结果与基准模型的模拟结果进行比较就可以分析贸易顺差或逆差对中国第二产业就业占比的影响。其次，我们假定所有年份的出口额和进口额都为 0，这也就可以生成不存在贸易的情形。[①] 将此模拟结果与前面不存在贸易顺差的模拟结果进行比较就可以分析出口率变动对于中国第二产业就业占比的影响。图 9—3 和表 9—1 给出了模拟结果。我们将首先介绍贸易顺差占比对于中国第二产业就业占比的影响，接着介绍在控制贸易顺差的情况下，出口率提高对中国第二产业就业占比的影响；最后，我们将综合前面两个模拟结果，分析国际贸易对于中国第二产业就业占比的总影响。

---

① 需要指出的是，其他几篇分析国际贸易对产业结构变动的文章都直接将本国商品偏好因子 μ 设定为 1 即可生成封闭经济模型。然而，本章选择仍将 μ 设定为 0.9，而没有将之设定为 1。这样做主要是考虑到改变该参数取值将会影响到模拟的就业结构初始值，从而使得结果可能不太适合比较。

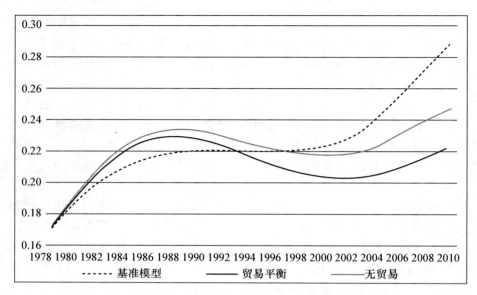

图9—3 国际贸易对第二产业从业量占总从业量比重的影响

表9—1 国际贸易对中国第二产业就业的影响

年份	对第二产业从业量占总从业量比重的影响			对第二产业从业人员总量的影响（单位：万人）			受影响第二产业从业人员数占当年第二产业从业人员量比例
	贸易平衡因素	出口率因素	总影响	贸易平衡因素	出口率因素	总影响	
1978	−0.11％	−0.10％	−0.22％	−53	−48	−102	−1.26％
1979	−0.26％	−0.12％	−0.38％	−124	−58	−182	−2.11％
1980	−0.41％	−0.14％	−0.56％	−204	−70	−275	−2.95％
1981	−0.58％	−0.17％	−0.74％	−295	−84	−379	−3.81％
1982	−0.75％	−0.19％	−0.94％	−393	−101	−494	−4.66％
1983	−0.91％	−0.22％	−1.13％	−493	−120	−613	−5.48％
1984	−1.05％	−0.26％	−1.31％	−588	−144	−732	−6.22％
1985	−1.15％	−0.30％	−1.45％	−662	−172	−834	−6.78％
1986	−1.18％	−0.35％	−1.53％	−698	−205	−903	−7.06％
1987	−1.14％	−0.40％	−1.54％	−689	−243	−933	−7.05％

续前表

年份	对第二产业从业量占总从业量比重的影响			对第二产业从业人员总量的影响（单位：万人）			受影响第二产业从业人员数占当年第二产业从业人员量比例
	贸易平衡因素	出口率因素	总影响	贸易平衡因素	出口率因素	总影响	
1988	−1.03%	−0.46%	−1.48%	−639	−285	−924	−6.78%
1989	−0.87%	−0.52%	−1.38%	−551	−330	−880	−6.31%
1990	−0.67%	−0.58%	−1.25%	−433	−376	−809	−5.69%
1991	−0.45%	−0.64%	−1.09%	−295	−421	−716	−4.97%
1992	−0.22%	−0.70%	−0.92%	−144	−465	−609	−4.19%
1993	0.03%	−0.76%	−0.73%	19	−508	−489	−3.33%
1994	0.29%	−0.82%	−0.52%	197	−551	−354	−2.39%
1995	0.56%	−0.87%	−0.31%	384	−593	−209	−1.40%
1996	0.84%	−0.93%	−0.09%	576	−639	−62	−0.41%
1997	1.11%	−0.99%	0.12%	772	−690	82	0.53%
1998	1.37%	−1.06%	0.31%	965	−748	218	1.39%
1999	1.63%	−1.14%	0.49%	1 162	−816	347	2.19%
2000	1.90%	−1.24%	0.66%	1 373	−896	476	2.96%
2001	2.21%	−1.36%	0.85%	1 610	−992	618	3.76%
2002	2.57%	−1.50%	1.07%	1 881	−1 100	782	4.66%
2003	2.98%	−1.66%	1.33%	2 199	−1 221	978	5.67%
2004	3.46%	−1.82%	1.64%	2 567	−1 350	1 217	6.83%
2005	3.98%	−1.98%	2.00%	2 971	−1 476	1 495	8.10%
2006	4.52%	−2.12%	2.40%	3 392	−1 591	1 801	9.41%
2007	5.06%	−2.24%	2.82%	3 813	−1 688	2 125	10.70%
2008	5.58%	−2.33%	3.24%	4 215	−1 764	2 450	11.92%
2009	6.07%	−2.41%	3.66%	4 604	−1 828	2 776	13.06%
2010	6.57%	−2.48%	4.09%	4 998	−1 888	3 109	14.17%

第一，中国工业制成品的贸易顺差额的阶段性变动特征决定了贸易顺差项对于中国第二产业就业占比的影响也呈现出阶段性特征。在1990年以前，由于中国存在贸易逆差，因此这种贸易模式导致中国的第二产业就业占比偏

低。模拟结果显示，如果当时中国不存在贸易逆差，那么中国那段时间的第二产业就业占比将更高。1983 年至 1989 年间，如果不存在贸易逆差，那中国的第二产业就业占比将比实际情况平均高出 1 个百分点，第二产业就业人口总量平均将增加 5％左右。以 1987 年为例，当年中国的第二产业就业占比为 21.77％；但如果不存在贸易顺差，那中国的第二产业就业占比将为22.9％，比实际情况要高 1.1 个百分点，第二产业就业人口总量将会高5.2％。当然，由于那个时期的贸易逆差比例并不高，因此使得其对于中国第二产业就业的影响并不十分显著。1990 年以后，随着中国贸易顺差逐渐增加，这种顺差的贸易模式也带动了中国国内第二产业就业占比的提高。以2007 年至 2010 年这几个贸易顺差比例十分高的年份为例，如果不存在贸易顺差，则中国的第二产业就业占比将比现在平均下降 5.8 个百分点，第二产业就业总量平均将减少 21％左右。具体以 2007 年为例，当年中国第二产业就业占比约为 26.4％；如果不存在贸易顺差，则中国的第二产业就业占比将仅为 21.3％，比实际情况要低 5.1 个百分点，第二产业就业人口总量也会少 19.2％。这种影响是惊人的！2007 年中国第二产业从业人员数量为 2亿，如果没有贸易顺差，那中国第二产业从业人员数量将会减少约 3 800万人。

第二，由于中国出口率在不同时期不同，因此出口率对于中国第二产业就业结构的影响也存在阶段特征。20 世纪 80 年代，由于中国出口率相对较低，因此出口率的高低对于中国第二产业就业占比的影响相对较小。模拟结果显示，相比于贸易平衡的情形，无贸易的情况平均来说只能增加第二产业就业占比 0.3 个百分点，增加第二产业就业人口总量 1％左右。20 世纪 90年代，工业制成品出口率显著提高，出口率对中国第二产业就业占比的负向影响相对提高。相比于贸易平衡的情形，无贸易的情况平均来说会增加第二产业就业占比 0.8 个百分点，增加第二产业就业人口总量 4％左右。入世以后，中国的出口率进一步提高，出口率对于中国第二产业就业占比的负向影响也进一步增大。相比于贸易平衡的情形，无贸易的情况平均来说会增加第二产业就业占比 2.0 个百分点，增加第二产业就业人口总量 9.7％。这个影响也是相当大的。仍按照 2007 年中国实际第二产业就业人口数量为 2 亿来计算，可以推算出，相比于贸易平衡情况，无贸易将会增加约 1 700 万第二产业从业人口。

第三，综合考虑国际贸易对于国内第二产业就业占比的两个影响机制，可以发现，国际贸易对于中国第二产业就业占比的影响也呈现阶段性特征。

在 20 世纪 80 年代，中国存在贸易逆差，而逆差将会降低第二产业就业占比；另外，中国也存在较低的出口率，这也使得相比于无贸易情况，中国第二产业就业占比相对较低。因此，这两方面的因素的叠加决定了这段时期内，国际贸易会压低中国的第二产业就业占比。20 世纪 90 年代和 21 世纪前十年，由于中国存在贸易顺差，顺差将会增加第二产业就业占比；而中国存在较高的出口率，这又会降低第二产业就业占比。因此，这两方面因素可能会部分抵消，从而使得国际贸易对于中国第二产业就业占比的影响取决于这两方面因素究竟何者占主导地位。

我们的模拟结果显示，改革开放起直到 20 世纪 90 年代中期，国际贸易都降低了中国的第二产业就业占比；而 90 年代中期起，国际贸易则开始提高中国的第二产业就业占比，并且这种提高作用在近几年表现得尤为明显。

1987 年是国际贸易对中国第二产业就业负向影响最大的一年，该年中，国际贸易使得中国第二产业就业占比下降 1.54 个百分点（即由无贸易情况下的 23.31% 减少为基准模型的 21.77%），其中，贸易逆差使得中国第二产业就业占比下降 1.15 个百分点，出口率因素使得中国第二产业就业占比下降 0.4 个百分点；国际贸易使得当年中国第二产业从业人员量减少 933 万，其中，贸易逆差使得中国第二产业从业人员数减少 689 万，出口率因素使得中国第二产业从业人员数减少 243 万；受国际贸易影响而减少的第二产业从业人员数约占当年第二产业从业人员总量的 7.05%。

1997 年是转折年，在这一年中，国际贸易因素对于中国第二产业就业占比的影响终于由之前的负向变为正向。这主要是由于贸易顺差占比逐步提高，从而使得贸易顺差对第二产业就业占比的正向影响逐渐超过了出口率提高对第二产业就业占比的负向影响。该年国际贸易使得中国第二产业就业占比提高 0.12 个百分点，其中，贸易顺差使得中国第二产业就业占比提高 1.11 个百分点，而出口率因素使得中国第二产业就业占比下降 0.99 个百分点；国际贸易使得中国第二产业从业人员总量增加 82 万，其中，贸易顺差使得中国第二产业从业人员总量增加 772 万，而出口率因素却使得中国第二产业从业人员总量减少 690 万；受国际贸易因素影响而增加的第二产业从业人员数约占当年第二产业从业人员总量的 0.53%。

其后，国际贸易对于中国第二产业就业占比的正向影响逐渐增大。如 2006 年至 2010 年间，国际贸易平均来说使得中国第二产业就业占比提高

3.24 个百分点，平均增加第二产业就业人数 2 452 万。具体以 2007 年为例①，该年国际贸易使得中国第二产业就业占比提高 2.82 个百分点，其中，贸易顺差使得中国第二产业就业占比提高 5.06 个百分点，而出口率因素使得中国第二产业就业占比下降 2.24 个百分点；国际贸易使得中国第二产业从业人员总量增加 2 125 万，其中，贸易顺差使得中国第二产业从业人员总量增加 3 813 万，而出口率因素却使得中国第二产业从业人员总量减少 1 688 万；受国际贸易因素影响而增加的第二产业从业人员数约占当年第二产业从业人员总量的 10.70%。

第四，前述的研究结论证实了国际贸易是产业结构变动的重要原因。前面的研究发现，国际贸易对中国第二产业就业占比具有较为明显的影响，尤其是近些年的影响尤其突出。因此，这一结论证明了如果要可靠地分析中国产业结构的变动，尤其是就业结构的变动，对外贸易因素是一个不可或缺的重要影响因素。如果舍弃对外贸易这一因素，而仅仅研究封闭经济的情况，我们对于产业结构变动的分析将可能出现偏差。

第五，前述的研究结论证实了分析非平衡性的对外贸易对于理解产业结构变动原因非常关键。前面的研究发现，同样是考虑国际贸易对产业结构变动的影响，贸易平衡情况下与贸易不平衡情况下，产业结构的变动存在明显差异，这一情形可以被图 9—3 中"贸易平衡"线和"基准模型"线的差异所反映。因此，如果要确切地分析国际贸易对中国产业结构的影响，考虑到中国贸易的不平衡性仍然十分突出，那么，十分有必要引入不平衡的国际贸易设定方式，而不能采用假定贸易平衡来建模。

（三）未来国际贸易变动对中国第二产业就业占比影响的模拟预测

受全球经济增长乏力以及全球经济再平衡影响，未来几年中国的国际贸

---

① 模拟结果显示 2010 年国际贸易因素对于中国第二产业就业的正面影响达到最大，出现这种情况的主要原因是我们在模拟中使用的是 HP 滤波去除周期性因素后的数据，因此使得滤波后的出口率和贸易顺差占比均在 2010 年达到最大。但事实却是，出口率和贸易顺差占比均在 2007 年达到最大。因此，这里给出的对于 2007 年的模拟值可能低估了国际贸易对于中国第二产业就业占比的影响。事实上，考虑到 HP 滤波后的 2010 年的国际贸易数据与 2007 年的现实数据更为接近，因此2010 年的模拟结果能更贴切地反映国际贸易对 2007 年我国第二产业就业占比的实际影响。

易形势将较为严峻，贸易顺差占比以及出口率都将相比入世前几年出现一定幅度的下降。

第一，世界经济步入"无创新的复苏阶段"，经济复苏的时间比通常要长，这决定了我国外需在未来几年难以大幅增长。本轮经济危机在本质上是由信息技术革命所引发的长周期波动的产物。因此，世界经济开始步入技术进步的下行期。这个结论可以利用三个方面的数据来佐证：一是三元专利增长率和数量变化表明，2007年是OECD专利技术申请数量的高峰，但增长率却从1996年就开始步入下滑期，到2008年出现负增长；二是各技术领域USPTO（美国专利商标局）专利申请与增长率表明，不仅电信领域的技术创新在新世纪以后大幅度下降，其他基础行业的技术专利申请增长速度也出现同步大幅度的下降。例如大家所给予厚望的生物技术、纳米技术和新能源都出现创新速度的下滑。一般而言，在技术范式革命前，基础领域的专利将出现上升，在技术革命刚刚出现时，技术创新的蜂聚现象十分明显。所以，这说明未来要想由出现技术变革帮助人类快速走出经济复苏的概率基本没有。这也决定了目前的复苏道路将比正常经济下滑要漫长一些（中国人民大学经济研究所，2011）。而这种"无创新的复苏阶段"决定了未来几年世界潜在经济增长率难以恢复到2000—2007年的水平，这也决定了我国外需难以保持如2000—2007年的高增长状态。

第二，世界经济将步入"全球经济缓慢再平衡时期"，汇率摩擦、贸易摩擦以及各国内部结构的深度调整将加剧，这种调整将导致我国贸易顺差占比的下降。不平衡与经济危机之间的关系虽然存在争议，但不平衡的调整却在危机之后全面展开，这集中体现在中国贸易顺差占GDP的比例从2007年7.8%下滑到2011年的2.3%，美国的贸易逆差占GDP的比例从危机前的6%回落到2011年的4%左右。引发这种不平衡的核心在于三个方面：一是美元弱势战略粗见效果；二是贸易保护大规模兴起；三是各国都采取了结构性调整措施。按照IMF的测算，这种不平衡的调整在未来5～7年内还会持续。这意味着中美之间的汇率冲突、贸易冲突以及战略性冲突将进一步升级。受这种中期内的再平衡调整影响，中国的对外贸易在未来几年将面临较为严峻的挑战，要保持入世前几年的高速增长基本不可能（中国人民大学经济研究所，2011）。

事实上，由于前述两个因素以及一些国内因素的影响，我国近期的出口增长率和进口增长率均较2007年有了显著下降。2011年的出口增长率为

15.2%，进口增长率为 19.5%，远低于 2002 年至 2007 年间平均为 27.4%的出口增长率和平均为 24.4%的进口增长率。而 2012 年前 4 个月的进出口增速则更慢，前 4 个月累计出口额的同比增速仅为 6.8%，累计进口额的同比增速仅为 5.3%，累计贸易顺差量仅为 192 亿美元。考虑到短期内世界经济增长难有较大起色，而国内经济也面临诸多困境，2012 年的出口增速和进口增速甚至可能难以保持 2011 年的幅度。

然而，随着发达国家的逐步复苏，我国未来五年（2012—2016 年）的出口增速可能会在 2011 年的基础上有所增加；而考虑到中国经济仍然可能向好，而且可能会进一步采取措施增加进口，我国未来五年的进口增速也可能会在 2011 年的基础上有所增加。在基准情况下，我们预测未来五年我国出口平均增速将在 15%左右，而进口平均增速将在 19%左右。[①] 然而，还需要设定偏离基准情形的悲观情形和乐观情形，以考察未来出口增速和进口增速的下界和上界。如果国际贸易摩擦加剧，国际经济复苏更为缓慢，我国对外贸易增速可能会在基准情形下有所下降，在此悲观情形下，我国未来五年的出口增速将在 12%左右，进口增速将在 17%左右。如果国际经济复苏形势更好，再平衡调整幅度较慢，则我国对外贸易增速可能会相比基准情况略微提高，在此乐观情形下，我国的出口增速将在 17%左右，进口增速将在 20%左右。我们假定未来五年我国第二产业名义增加值的增长幅度保持在 17%[②]，进出口中工业制成品占比保持不变[③]。

在前述假定下，我们估算了 2012—2016 年国际贸易变动对中国第二产业出口率、进口率和贸易顺差率的影响。在基准情形下，中国第二产业出口率将由 2011 年的 52.65%下降到 48.30%，而第二产业进口率则由 33.35%提高到 36.30%，第二产业贸易顺差率将由 19.29%下降到 12.00%；在悲

---

① 这也意味着，未来五年的进口和出口平均增速与 2011 年基本相同，IMF 的世界经济展望数据库（World Economic Outlook Database）2012 年 4 月的预测数据也表现出了这一特点。

② 这处于 2011 年的 17.6%的第二产业增加值名义增速和 1978 年至 2011 年 16.1%的平均第二产业增加值名义增速之间。

③ 工业制成品出口额占总出口额的比例在 2006 年至 2011 年间保持在 94.7%左右，考虑到出口中的初级产品和工业制成品结构可能难以有较大变动，因此，可以预期未来出口中的这一比例仍不会发生显著变化。另外，在进口结构中，国际大宗商品价格越高，则工业制成品进口额占总进口额的比例就越低。而从当前情况来看，总体来说，国际大宗商品价格出现大幅波动的概率较小。所以，可以预期未来五年（2012—2016 年）中，进口中工业制成品占比也将保持在 2006 年至 2011 年间的平均水平 70%左右。

观情形下，中国第二产业出口率将在 2016 年下降为 42.32％，第二产业进口率将保持 33.35％不变，而第二产业贸易顺差率则下降为 8.97％；在乐观情形下，第二产业出口率将保持 52.65％不变，而第二产业进口率将提高为 37.85％，而第二产业贸易顺差率将变为 14.79％（见表 9—2）。

表 9—2　　　　第二产业出口率、进口率和贸易顺差率预测（％）

年份	2011	2012	2013	2014	2015	2016
基准情形						
第二产业出口率	52.65	51.75	50.86	49.99	49.14	48.30
第二产业进口率	33.35	33.92	34.50	35.09	35.69	36.30
第二产业贸易顺差率	19.29	17.82	16.36	14.90	13.45	12.00
悲观情形						
第二产业出口率	52.65	50.40	48.24	46.18	44.21	42.32
第二产业进口率	33.35	33.35	33.35	33.35	33.35	33.35
第二产业贸易顺差率	19.29	17.04	14.89	12.83	10.86	8.97
乐观情形						
第二产业出口率	52.65	52.65	52.65	52.65	52.65	52.65
第二产业进口率	33.35	34.21	35.08	35.98	36.91	37.85
第二产业贸易顺差率	19.29	18.44	17.56	16.66	15.74	14.79

注：其中，2011 年值为实际值，2012 年至 2016 年值为预测值。

在给定第二产业国际贸易情况变动的基础上，假定未来三次产业的劳动生产率提高幅度分别保持 1978 年至 2010 年的平均水平，劳动转移成本仍保持 2010 年水平，我们模拟预测了 2012—2016 年国际贸易变动对中国第二产业就业占比的影响。表 9—3 给出了模拟预测结果。

表 9—3　　　　国际贸易对中国第二产业就业占比变动的影响预测

	贸易平衡因素	出口率因素	总影响
基准情形			
2012	3.96％	−1.46％	2.50％
2013	3.58％	−1.42％	2.16％
2014	3.21％	−1.38％	1.83％
2015	2.86％	−1.35％	1.51％
2016	2.51％	−1.31％	1.20％

续前表

	贸易平衡因素	出口率因素	总影响
悲观情形			
2012	3.76%	−1.41%	2.36%
2013	3.23%	−1.32%	1.91%
2014	2.73%	−1.24%	1.49%
2015	2.27%	−1.16%	1.10%
2016	1.84%	−1.10%	0.75%
乐观情形			
2012	4.11%	−1.50%	2.61%
2013	3.88%	−1.49%	2.38%
2014	3.64%	−1.49%	2.15%
2015	3.40%	−1.48%	1.92%
2016	3.16%	−1.48%	1.68%

在基准情形下，2012—2016 年，国际贸易仍能在一定程度上提高中国第二产业就业占比，但是提高幅度逐渐下降。2012 年，国际贸易仍能提高中国第二产业就业占比 2.5 个百分点；而到了 2016 年，提高幅度则仅有 1.2 个百分点。这种提高幅度远远小于 2007 年左右国际贸易最高峰期的情形：在 2006—2010 年间，国际贸易平均提高第二产业就业占比 3.24 个百分点。造成国际贸易对于第二产业就业占比正向促进作用下降的主要原因是：由于第二产业贸易顺差率逐渐下降，使得贸易顺差对于第二产业就业占比的提高作用减少；虽然出口率下降导致出口率对第二产业就业占比的负面影响减少，但这种负面影响减小幅度不及贸易顺差下降导致的第二产业就业占比下降幅度，因此使得国际贸易对于第二产业就业占比的正向提高作用下降。而且，随着时间的推进，由于贸易顺差率变小，国际贸易对于第二产业就业占比的提高作用也在下降。

在悲观情形下，国际贸易对于中国第二产业就业占比的提高作用就相比于基准情形要小很多。2012 年，国际贸易将提高第二产业就业占比 2.36 个百分点，而到了 2016 年，提高幅度仅为 0.75 个百分点。而在乐观情形下，国际贸易对于中国第二产业就业占比的提高作用则要大于基准情形。2012 年，国际贸易将提高第二产业就业占比 2.61 个百分点，而到了 2016 年，提高幅度则为 1.68 个百分点。

五、结　论

通过构建包含国际贸易的三部门模型，本章详细分析了国际贸易对于中国第二产业就业占总就业比例的影响。模型的显示解表明，国际贸易对于第二产业就业占比存在两方面的影响：贸易顺差比例的提高将会提高第二产业就业占比；而在控制贸易顺差的情况下，出口率的提高则会降低第二产业就业占比。在得到中国现实数据以及校准参数值的基础上，本章的基准模型模拟结果显示，本章构建的简单模型能够较好地拟合中国第二产业就业占比的变动趋势，因此这使得本章能够利用该模型分析国际贸易对于第二产业就业占比的影响。

接着，本章通过反事实模拟，定量分析了国际贸易对于第二产业就业占比的影响。模拟结果显示：1978 年至 20 世纪 90 年代中期，由于我国存在贸易逆差，因而国际贸易降低了中国的第二产业就业占比；而从 90 年代中期起，由于我国逐渐保持贸易顺差，国际贸易则提高了中国的第二产业就业占比，并且这种提高作用在这几年表现得尤为明显，如 2006 年至 2010 年间，国际贸易平均来说提高中国第二产业就业占比 3.24 个百分点，增加第二产业就业人数 2 452 万。

在预测中国 2012—2016 年的国际贸易变动趋势的基础上，本章模拟预测了未来对外贸易增长率下降对于我国第二产业就业占比的影响。预测发现，无论是在基准情形下，还是在悲观情形或乐观情形下，由于我国仍会存在一定程度的贸易顺差，因而 2012—2016 年，国际贸易仍能在一定程度上提高中国第二产业就业占比，但是提高幅度逐渐下降。如在基准情形下，2016 年国际贸易将仅能提高中国第二产业就业占比 1.2 个百分点。

本章的结论对推动中国产业结构变动原因的分析，尤其是就业结构变动原因的分析具有两方面的理论意义：第一，研究中国的产业结构变动不能忽视国际贸易的影响。考虑到国际贸易对中国所造成的重大影响，采用封闭经济模型（如，Kongsamut et al.，2001；Ngai and Pissarides，2007；Brandt et al.，2008；Dekle and Vandenbrouke，2012）可能无法准确地反映中国产业结构变动的主要原因。第二，研究中国的产业结构变动需要采用国际贸易不平衡的假定。考虑到过去 30 年中国要么处于持续性的贸易逆差中，要么处于持续性的贸易顺差中，而这种贸易不平衡导致的国际贸易对就业结构的影响与贸易平衡时并不相同。因此，目前主流采用的平衡性国际贸易的假定（如，Matsuyama，2009；Yi and Zhang，2010；Betts et al.，2011）可能会导致对国际贸易作用的低估。

参考文献

1. 段成荣，杨舸，张斐，卢雪和. 改革开放以来中国流动人口变动的九大趋势. 当代中国人口，2008（4）.

2. 胡昭玲，刘旭. 中国工业品贸易的就业效应——基于 32 个行业面板数据的实证分析. 财贸经济，2007（8）.

3. 沈利生. 最终需求结构变动怎样影响产业结构变动——基于投入产出模型的分析. 数量经济技术经济研究，2011（12）.

4. 喻美辞. 工业品贸易对中国工业行业人口就业的影响——基于 34 个工业行业面板数据的实证分析. 中国人口科学，2008（4）.

5. 中国人民大学经济研究所. 复苏放缓、风险上扬与结构刚性冲击下的中国宏观经济//中国宏观经济分析与预测报告（2011—2012）. 北京：2011.

6. Acemoglu，Daron，and Veronica Guerrieri. 2008. Capital Deepening and Non-Balanced Economic Growth. *Journal of Political Economy*，116（3）：467-498.

7. Betts，Caroline M.，Rahul Giri，and Rubina Verma. 2011. Trade，Reform，and Structural Transformation in South Korea. Manuscript，University of Southern California.

8. Brandt，Loren，Chang-Tai Hsieh，and Xiaodong Zhu. 2008. Growth and Structural Transformation in China. in Loren Brandt and Thomas Rawski（eds.）. *China's Great Economic Transformation*. Cambridge University Press.

9. Buera，Francisco，and Joseph Kaboski. 2009. Can Traditional Theories of Structural Change Fit The Data?. *Journal of the European Economic Association*，7（2-3）：469-477.

10. Dekle Robert and Guillaume Vandenbroucke. 2012. A Quantitative Analysis of China's Structural Transformation. *Journal of Economic Dynamics and Control*, 36 (1): 119−135.

11. Hayashi, Fumio and Edward Prescott. 2008. The Depressing Effect of Agricultural Institutions on the Prewar Japanese Economy. *Journal of Political Economy*, 116 (4): 573−632.

12. Herrendorf, Berthold, Richard Rogerson, and Ákos Valentinyi. 2009. Two Perspectives on Preferences and Structural Transformation. NBER Working Paper NO. 15416.

13. Herrendorf, Berthold, Richard Rogerson, and Ákos Valentinyi. 2011. Growth and Structural Transformation. Manuscript, Arizona State University.

14. Holtz, Carsten. 2006. Measuring Chinese Productivity Growth, 1952−2005. Manuscript, Hong Kong University of Science and Technology.

15. Kongsamut, Piyabha, Sergio Rebelo, and Danyang Xie. 2001. Beyond Balanced Growth. *Review of Economic Studies*, 68 (4): 869−882.

16. Matsuyama, Kiminori. 2009. Structural Change in an Interdependent World: A Global View of Manufacturing Decline. *Journal of the European Economic Association*, 7 (2−3): 478−486.

17. Messina, Julian. 2006. The Role of Product Market Regulations in the Process of Structural Change. *European Economic Review*, 50 (7): 1863−1890.

18. Ngai, Rachel, and Chrisopher Pissarides. 2007. Structural Change in a Multisector Model of Growth. *American Economic Review*, 97 (1): 429−443.

19. Yi, Kei-Mu and Jing Zhang. 2010. Structural Transformation in an Open Economy. Manuscript, University of Michigan.

第十章 反倾销在多大程度上抑制了中国出口贸易?

一、引　言

改革开放以来，特别是加入 WTO 以来，中国对外贸易迅猛增长，遵循比较优势、实施出口导向战略使中国获取了丰厚的贸易利益，为国家的经济发展做出了巨大贡献，2010 年中国 GDP 已位居世界第二，而贸易额则高居世界首位。

但与此同时，中国商品也遭遇了越来越多的贸易摩擦与争端。由于目前传统的关税壁垒已经逐渐丧失了重要地位，世界各国进行贸易保护主要依赖于非关税壁垒（王孝松和谢申祥，2009）。近年来，贸易伙伴频繁使用反倾销、反补贴、保障措施等贸易救济手段对中国商品进行打压，限制中国商品进口，其中反倾销具有形式上合法、杀伤力强、针对性强、随意性大、便于操作等特点，已成为各国谋求贸易保护的最重要手段。

如今，中国商品在国外遭遇了数目众多的反倾销诉讼，中国已成为世界反倾销的头号目标国。自 1995 年 WTO 成立以来，至 2011 年 6 月，全球共发起反倾销调查 3 922 起，其中针对中国产品的案件为 825 起，占全部案件的 21%。

从对华反倾销的发起者来看，一方面，美国、欧盟等发达经济体利用反倾销对中国产品高筑贸易壁垒；另一方面，印度、阿根廷等发展中国家也越来越频繁地通过反倾销措施限制中国产品进口。表10—1列举了1995—2010年对华发起反倾销诉讼的主要经济体，这些经济体分布广泛，对华反倾销案件占其全部反倾销案件比重往往很高，而且相当比重的对华案件最终导致了征收反倾销税。

表10—1　　　　　对华反倾销案件比重及征税案件比重（1995—2010年）

申诉方	印度	美国	欧盟	阿根廷	土耳其	巴西	南非
全部案件数量	637	443	421	284	146	216	212
对华反倾销数量	142	102	99	83	58	44	33
比重（％）	22.3	23.0	23.5	29.2	39.7	20.4	15.6
征税案件比重（％）	76.8	85.3	70.7	69.9	96.6	68.2	54.5
申诉方	澳大利亚	墨西哥	加拿大	哥伦比亚	韩国	秘鲁	印尼
全部案件数量	215	99	153	50	111	69	83
对华反倾销数量	31	29	26	24	23	19	12
比重（％）	14.4	29.3	17.0	48.0	20.7	27.5	14.5
征税案件比重（％）	41.9	58.6	69.2	58.3	82.6	78.9	58.3

注：比重＝对华反倾销数量/全部案件数量；征税案件比重为对华反倾销案件中最终采取征税措施的比重。

资料来源：http://www.wto.org/english/tratop_e/adp_e/adp_e.htm.

中国商品如此频繁地遭遇反倾销，并且被征反倾销税的比重也如此之高，这会对中国出口造成多大的抑制作用？是否会对中国出口迅猛增长的势头产生根本性影响？针对反倾销案件，中国各界该如何应对？本章旨在回答以上重要问题。

目前，国内一些媒体和研究人员认为：尽管中国商品在国际市场频繁遭遇反倾销等贸易壁垒，但这些壁垒对中国出口的不利影响十分有限，对中国贸易流量的抑制作用可以忽略不计，因而中国面临的贸易壁垒问题并不重要，即使有企业因遭遇反倾销而被迫退出市场，也是市场选择的结果，相关部门不用针对贸易壁垒问题提出应对策略。

以上观点是基于反倾销涉案金额得出的，持该观点的人指出，由于单个案件的涉案金额往往只有数百万或数千万美元，个别案件的涉案金额超过1亿美元，而近年来中国出口总额均保持在每年1万亿美元以上的水平，所以反倾销案件对中国出口的影响十分有限。但应该看到，数百万或数千万的涉案金额对于某一特定行业或者企业来说，影响至关重要，有时甚至可以毁灭一个企业，或阻碍一个行业的健康发展。特别地，反倾销措施产生的贸易抑制效应不是孤立的，也不是静态的，某一国家对华反倾销很可能导致其他国家限制中国同类产品进口的连带效应（Bown and Crowley，2007），甚至会造成更大范围的"冻结效应"（chilling effect）（Vandenbussche and Zanardi，2006），这些都是涉案金额本身无法反映出来的。由此可以认为，中国频繁遭遇反倾销对出口贸易的负面影响并非微不足道。

为了澄清以上问题，结合本章的研究目的，我们首先估计反倾销措施对中国出口流量是否产生了显著影响；如果影响显著，那么影响方向为何，幅度多大？贸易引力模型恰好为我们的研究提供了便利条件。目前引力模型已被开发成为测算贸易潜力、鉴别贸易集团效果、分析贸易模式以及估计贸易壁垒边界成本的重要工具（盛斌、廖明中，2004），但运用引力模型对特定形式的贸易壁垒对贸易流量的影响进行解释和分析的相关研究仍显匮乏，本章将在贸易引力模型中纳入各种反倾销变量，对中国遭遇反倾销措施的效应进行评估。

二、文献评述

所谓倾销，是指以低于公平价值销售产品的行为（USITC，2005）。具体来说，是指经过剔除商品、购买数量和销售环境的差异之后，外国商品在进口国市场上以低于本国市场的价格（"正常价值"）进行销售的行为。在确认国外厂商存在倾销行为后，还要判定倾销行为是否对国内产业造成了实质性损害或实质性损害威胁。只有在确认从国外进口的商品存在倾销、存在实质性损害或损害威胁，并且二者之间有因果关系时，才可征收反倾销税。

由于反倾销已成为当前最重要的贸易救济措施，因而引发了学者们浓厚的研究兴趣，有关反倾销问题的研究层出不穷。布罗宁根和布鲁萨（Blonigen and Prusa，2003）对反倾销文献进行了精彩的评述，将已有研究分为反倾销动因和反倾销效应两类，而讨论反倾销效应的文献又可进一步分成两类：一是反倾销对有关国家进出口数量和价格的影响，即反倾销措施的直接影响；二是反倾销对市场供求、企业竞争策略等微观经济活动以及对进出口国的产业结构、投资区位、就业、福利等宏观经济活动的影响。

本章即属于探讨反倾销直接影响的研究。在这一领域，斯泰格和沃勒克（Staiger and Wolak，1994）考察了1980年至1985年美国的反倾销措施对相关产品进口和国内产量的影响，他们通过较为复杂的结构计量方程估计出，征收反倾销税使相关行业的进口额平均降低了 17%，使国内产量平均提高了 2.3%。布鲁萨（Prusa，1997）使用 1980 年至 1988 年美国反倾销数据考察反倾销的贸易转移效应，发现由于反倾销调查的发起，美国从非指控国的进口额第一年增长约 20%，此后 5 年增长超过 40%。此后，学者们沿此思路，考察了不同阶段、不同经济体、不同产品反倾销的贸易效应，大多数研究得出了反倾销显著抑制进口的结论（Vandenbussche et al.，2001；Brenton，2001；Cuyvers and Dumont，2004；Konings and Vandenbussche，2008；Pierce，2009）。由于中国是世界上反倾销的头号目标国，因而定量研究中国遭受反倾销贸易效应的文献较多（赵瑾，2003；沈国兵，2008；向洪金，2008；刘重力、邵敏，2009；冯宗宪、向洪金，2010），近年来又有学者关注中国对外反倾销的贸易效应（鲍晓华，2007；苏振东等，2010；李春顶，2011），这些文献都对本章的研究具有启发和借鉴意义。

　　然而，针对中国的研究只能表明反倾销措施显著抑制了相关产品的贸易，或者反倾销产生了贸易转移效应，并不能精确地识别出反倾销对贸易活动的抑制程度；斯泰格和沃勒克（Staiger and Wolak，1994）针对美国反倾销的研究虽然可以估计出反倾销对进口额的影响程度，但综合考虑进口额和国内产量的结构方程过于复杂，计量结果受其他因素的影响较大，并非探究反倾销贸易效应的最佳方法。本章将使用国际贸易定量研究中最为成熟、最为普遍的贸易引力模型，在其中纳入反倾销因素，通过反事实模拟方法，直观地估计国外反倾销措施在多大程度上限制了中国产品出口。据我们所知，目前尚未有文献使用此种方法考察具体贸易政策的贸易限制效应，本章将在此领域率先有所突破。

　　国际贸易的引力模型来源于自然科学中的"万有引力法则"，类似于两个物体之间的引力同其质量和距离之间的关系，两国间的双边贸易流量规模同各自的经济总量成正比，同双边距离成反比（Tinbergen，1962；Poyhonen，1963）。但双边贸易流量显然不会只受经济规模和地理距离的影响，因而后续的研究中，学者们在贸易引力模型中逐渐加入了其他变量：里尼曼（Linnemann，1966）加入了人口因素；里默（Leamer，1974）加入了人均收入；伯格斯坦德（Bergstand，1985）纳入了汇率因素；伯格斯坦德（Bergstand，1989）考虑了是否属于同一个经济组织；魏（Wei，1996）加入了是否拥有共同语言或文化；梅耶等（Mayer et al.，2008）考察了历史上的殖民关系。

引力模型由于形式简洁、直观，在国际贸易研究中获得广泛使用，而且自使用以来，估计结果十分令人满意：关键变量的估计系数始终同预期相符，并且显著；在此基础上新纳入的各个变量的估计系数也大多同预期相符，较好地解释了现实中双边贸易流量的影响因素。

由于是模仿自然科学的公式而纳入解释变量，因此引力模型被认为缺乏理论基础。直到安德森（Anderson，1979）使用一个不变替代弹性（CES）的效用函数为引力模型提供了微观基础，从而解决了该计量模型没有理论基础的问题。此后，赫尔普曼和克鲁格曼（Helpman and Krugman，1985）、伯格斯坦德（Bergstrand，1985，1989）、迪尔多夫（Deardorff，1998）、伊文特和凯勒（Evenett and Keller，2002）、安德森和范·温库普（Anderson and Van Wincoop，2003）均尝试从不同角度出发，为引力模型寻找经济意义上的理论基础。

在国内方面，也有大量基于引力模型进行研究的文献。这些文献或探讨引力模型的理论基础（谷克鉴，2001；史朝兴等，2005），或利用引力模型测定中国同贸易伙伴的成本（钱学锋、梁琦，2008；施炳展，2008），或考察特定商品贸易流量的影响因素（潘向东等，2005；刘红梅等，2010），或将引力模型的考察对象扩展到对外直接投资（程慧芳、阮翔，2004；蒋殿春、张庆昌，2011）和服务贸易（周念利，2010；许统生、黄静，2010）。

如今，引力模型在国际贸易的定量研究中获得成功，新纳入的各变量也能阐明不同研究者考察的特定问题，并且在预测贸易潜力方面得到广泛应用。但目前尚未有文献在引力模型中直接纳入反倾销等贸易救济措施变量，以此来考察反倾销对贸易流量的影响作用。本章将率先在引力模型中纳入描述反倾销的各变量，并在此基础上估算反倾销措施对中国出口的影响程度，这不仅对于引力模型是一个重要的扩展方向，而且为准确评估贸易救济措施对中国出口的限制效应提供了有力的分析工具。

三、计量方法与数据

（一）引力模型计量方程

最基本的国际贸易引力模型以双边贸易额作为被解释变量，以贸易双方的 GDP 和双边距离作为解释变量，可以将其以对数形式表述如下：

$$\log(Export_{it}) = \beta_0 + \beta_1 \log(GDP\_C_{it}) + \beta_2 \log(GDP\_P_{it})$$
$$+ \beta_3 \log(DIST_{it}) + \varepsilon_{it} \qquad (10\text{—}1)$$

式中，$Export_{it}$ 表示时期 t 中国对贸易伙伴 i 的出口额；GDP_C_{it} 为 t 时期中国的 GDP，GDP_P_{it} 为 t 时期贸易伙伴 i 的 GDP；$DIST_{it}$ 为中国同贸易伙伴 i 之间的距离；ε_{it} 为残差项。[①]

纳入反倾销变量及其他因素，可以得到扩展的引力模型方程：

$$\log(Export_{it}) = \beta_0 + \beta_1 \log(GDP\_C_{it}) + \beta_2 \log(GDP\_P_{it})$$
$$+ \beta_3 \log(DIST_{it}) + \beta_4 Antidumping_{it}$$
$$+ B'Control_{it} + \varepsilon_{it} \qquad (10\text{—}2)$$

式中，$Antidumping_{it}$ 为刻画贸易伙伴 i 在时期 t 对中国商品实施反倾销情况的变量。本章的经验分析包含的内容十分丰富，围绕反倾销申诉的实际情况，纳入四个指标描述反倾销状况：一是贸易伙伴 i 在特定时期 t 是否针对中国商品发起反倾销诉讼（$Initiation_{it}$），发起诉讼设定为 1，未发起诉讼设定为 0；二是贸易伙伴 i 在特定时期 t 针对中国商品发起反倾销诉讼的案件数量（$Number_{it}$）；三是贸易伙伴 i 在特定时期 t 针对中国商品发起的反倾销诉讼中确认倾销的数量（$Dumping_{it}$）；四是贸易伙伴 i 在特定时期 t 针对中国商品发起的反倾销诉讼中确认构成损害的数量（$Injury_{it}$）。根据现实中反倾销措施的运行机制和已有文献的研究结论，贸易伙伴对华发起反倾销将会抑制中国产品出口，无论是发起反倾销产生的"申诉效应"，还是确认倾销和损害成立后的"征税效应"，都会起到保护本国市场、限制中国产品进口的作用。因此 β_4 的估计结果应该显著为负。

$Control_{it}$ 为控制变量向量，包含引力模型中经常纳入的种种变量，B' 为系数矩阵。$Control_{it}$ 中包含的变量众多，既包括人均 GDP、人口数量、相对地理距离等引力模型中对 GDP、绝对距离等核心解释变量的"替代变量"，也包括共同语言、共同边界、共同文化、共同法律起源等虚拟变量，还包括特惠贸易协定、贸易伙伴关税水平等贸易政策变量。在保证实现研究目的的前提下，为尽量克服多重共线性问题，以及避免经济意义上相近的变量共同

---

① 中国同特定贸易伙伴的距离不随时间而变化，但为了构造同其他变量相匹配的面板数据，我们仍在该变量的下标中加入时间 t。

纳入计量模型，我们最终确定的计量方程如下：

$$\log(Export_{it}) = \beta_0 + \beta_1 \log(GDP\_C_{it}) + \beta_2 \log(GDP\_P_{it})$$
$$+ \beta_3 \log(DIST_{it}) + \beta_4 Antidumping_{it} + \beta_5 PTA_{it}$$
$$+ \beta_6 Tariff_{it} + \beta_7 WTO_{it} + \varepsilon_{it} \qquad (10\text{—}3)$$

式中，PTA_{it} 为特惠贸易协定虚拟变量，如果在时期 t，中国和贸易伙伴 i 签订了特惠贸易协定，则该值为 1，否则为 0，该变量能控制特惠贸易协定对中国出口的影响作用[①]；$Tariff_{it}$ 为贸易伙伴 i 在时期 t 的平均关税水平，能控制关税壁垒对中国出口的影响作用；WTO_{it} 为虚拟变量，中国入世之后的年份设定为 1，之前为 0，这可以控制中国入世对出口带来的显著促进作用。

（二）数据描述

以扩展的引力模型（10—3）式作为计量方程，本章使用 1992 年至 2010 年中国同 24 个贸易伙伴的面板数据定量考察国外反倾销措施对中国出口的限制作用。选取 1992 年作为起始年份，是因为中国从 1992 年开始确立以建立社会主义市场经济为目标的经济改革方针，从此步入了市场经济道路，出口贸易真正得以遵循市场规律、按照比较优势进行；2010 年的数据是截至本章写作时所能获得的最新数据。选取考察对象的依据是：这些经济体既是中国的重要贸易伙伴，即中国对这些伙伴的出口额较大；这些经济体在考察期内至少一次采取反倾销措施限制中国产品进口。同时满足以上两个条件，并且各方面数据可得，我们最终筛选了 24 个经济体作为考察对象。[②]

被解释变量为中国对特定贸易伙伴的出口额，来源于联合国 Comtrade 数据库。

[①] 众多文献将特惠贸易协定称为"自由贸易协定"（FTA），加入 FTA 的成员之间实行自由贸易，而对来自 FTA 之外的成员实施进口限制。FTA 的签订显然会对中国的出口贸易造成显著影响，应该加以控制。

[②] 这 24 个经济体包括：美国、欧盟、加拿大、澳大利亚、新西兰、日本、印度、印度尼西亚、菲律宾、马来西亚、韩国、泰国、以色列、土耳其、南非、墨西哥、巴西、阿根廷、哥伦比亚、智利、特立尼达和多巴哥、委内瑞拉、秘鲁和牙买加。

法国国际经济学研究中心（CEPII）的引力模型数据库（Gravity Dataset）提供了引力模型研究中所需要的解释变量数据，数据范围涵盖了 1980年至 2006 年。[①] 在本章使用的数据中，1992 年至 2006 年的 GDP、关税数据以及地理距离数据来源于 Gravity Dataset 数据库，2007 年至 2010 年的GDP 和关税数据从世界银行数据库中获得。[②] 特惠贸易协定数据来源于WTO 官方网站，我们根据网站提供的各协定参与者名单来为变量 PTA赋值。[③]

　　四个反倾销变量均来自布兰迪斯（Brandies）大学布朗（Bown）教授建立的全球反倾销数据库，该数据库包含 WTO 主要成员国反倾销的各方面信息，我们根据相关信息整理出这四个变量的取值。[④]

　　各变量的含义、描述性统计和预期符号参见表 10—2。

表 10—2　　　　　　　　　　　变量描述及预期符号

变量	变量含义	均值	标准差	预期符号
被解释变量				
$Export$	中国对贸易伙伴出口额（百万美元）	33 183.2	147 831.1	
$\text{Log}(Export)$	中国对贸易伙伴出口额对数值（百万美元）	7.558	2.426	
解释变量				
$\text{Log}(GDP\_C)$	中国 GDP 对数值（百万美元）	14.196	0.772	＋
$\text{Log}(GDP\_P)$	贸易伙伴 GDP 对数值（百万美元）	12.459	1.786	＋
$\text{Log}(DIST)$	中国同贸易伙伴地理距离对数值（公里）	8.984	0.760	－
PTA	中国同贸易伙伴是否签订了特惠贸易协定	0.061	0.240	＋
$Tariff$	贸易伙伴的平均关税水平（%）	6.450	4.473	－
$Initiation$	是否针对中国商品发起反倾销诉讼	0.498	0.501	－
$Number$	对华反倾销数量	1.853	3.071	－
$Dumping$	确认中国商品倾销数量	1.414	2.560	－
$Injury$	确认中国商品构成损害数量	1.305	2.447	－
WTO	中国入世虚拟变量（2002 年及以后＝1）	0.474	0.500	＋

---

　　① 网址为 http://www.cepii.fr/anglaisgraph/bdd/gravity.htm。该数据库还包含人口数量、人均 GDP，国土面积，共同语言、文化、法律渊源等数据，我们在初步回归时也纳入了这些变量，尽管没有在最终的计量模型中出现，我们仍指出这些数据可从 Gravity Dataset 数据库中获得。
　　② 网址为 http://data.worldbank.org/，个别国家某些年份的 GDP 或关税数据无法获得，我们从这些国家统计局官方网站查找相应数据作为补充。
　　③ 网址为 http://rtais.wto.org/UI/PublicMaintainRTAHome.aspx。
　　④ 网址为 http://econ.worldbank.org/ttbd/。

四、经验分析结果

（一）引力模型估计结果

本章重点关注的解释变量是 $Antidumping_{it}$，我们使用四个不同的变量来刻画国外对华反倾销状况，基准的回归结果列于表 10—3 的（1）至（4）列中。根据回归结果，四个反倾销变量的估计系数均为负，且在 1% 的水平上显著。这就是说，无论是发起反倾销诉讼，还是反倾销案件数，或是确认倾销及损害的数目，都会显著抑制中国产品出口，因此，反倾销已成为中国对外贸易健康发展的重要障碍。

传统引力模型中的核心解释变量均显著且与预期相符：中国 GDP、贸易伙伴 GDP 均显著促进了中国出口，而中国同贸易伙伴地理距离越远，中国出口额越低。从系数取值范围来看，中国出口额对本国 GDP 的弹性介于 0.92~0.96，而中国出口额对贸易伙伴 GDP 的弹性介于 0.96~0.99，表明贸易伙伴的需求因素对中国出口贸易的影响略大于中国的供给因素。另外，中国出口额对地理距离的弹性介于 -0.38~-0.33。

根据我们的理解，在控制变量中，对中国出口产生重大影响且在计量模型中不会引发严重共线性问题的变量有关税、特惠贸易协定和中国入世虚拟变量。根据计量结果，这三个变量的估计系数均显著且同预期相符：同中国签订特惠贸易协定的贸易伙伴往往从中国进口更多的产品；贸易伙伴的平均关税水平越高，中国对该伙伴出口额越低；加入 WTO 显著促进了中国出口贸易的增长。

使用四个指标刻画国外对华反倾销状况，反倾销变量均显著为负，已经证明了我们估计结果的稳健性。为进一步保证稳健性，我们又进行了多组计量检验。表 10—3 中（1）至（4）列的计量方程中纳入了地理距离，该变量不随时间而变化，因此在（1）至（4）列的回归中无法加入截面固定效应。而人们对早期引力模型的批判之一便是其使用截面数据进行回归，无法使用固定效应。引力模型估计中使用面板数据的重要作用之一便是可以加入固定效应（Egger，2002），将遗漏的重要解释变量吸收进来。因而在表 10—3 的（5）至（8）列回归中，我们将地理距离去掉，代之以截面固定效应。

表10—3 引力模型估计结果

	(1)	(2)	(3)	(4)	(5)	(6)	(7)	(8)
常数	-14.98*** (1.282)	-14.62*** (1.458)	-14.35*** (1.466)	-14.11*** (1.459)	-3.133*** (0.542)	-3.000*** (0.513)	-3.023*** (0.520)	-2.898*** (0.564)
Log (GDP_C)	0.956*** (0.031)	0.950*** (0.033)	0.933*** (0.034)	0.928*** (0.034)	0.120*** (0.019)	0.111*** (0.017)	0.107*** (0.017)	0.107*** (0.017)
Log (GDP_P)	0.982*** (0.022)	0.963*** (0.022)	0.971*** (0.024)	0.977*** (0.024)	0.345*** (0.016)	0.347*** (0.013)	0.352*** (0.013)	0.352*** (0.013)
Log (DIST)	-0.346*** (0.145)	-0.332** (0.167)	-0.348** (0.167)	-0.375** (0.167)				
PTA	0.116*** (0.024)	0.129*** (0.018)	0.120*** (0.020)	0.116*** (0.020)	0.012 (0.022)	0.029* (0.016)	0.027* (0.015)	0.025* (0.015)
Tariff	-0.045* (0.025)	-0.065** (0.028)	-0.061** (0.028)	-0.059** (0.028)	-0.043*** (0.008)	-0.035*** (0.010)	-0.034*** (0.010)	-0.032*** (0.011)
Initiation	-0.087*** (0.008)				-0.045*** (0.008)			
Number		-0.004*** (0.001)				-0.006*** (0.001)		
Dumping			-0.010*** (0.002)				-0.010*** (0.001)	
Injury				-0.012*** (0.002)				-0.011*** (0.001)
WTO	0.335*** (0.015)	0.326*** (0.014)	0.332*** (0.014)	0.333*** (0.013)	0.322*** (0.013)	0.325*** (0.009)	0.333*** (0.009)	0.333*** (0.009)
截面固定效应	无	无	无	无	有	有	有	有
调整的 R^2	0.987	0.983	0.982	0.981	0.997	0.997	0.997	0.996
D. W.	1.986	2.005	1.986	1.988	1.996	1.998	1.995	1.992
F 统计量	4 745.5	3 760.1	3 626.3	3 403.3	21 105.0	17 581.7	16 034.8	12 271.0

注：括号中为标准差，***，**与*分别表示估计的系数在1%、5%与10%的水平上显著。

此时，回归结果同（1）至（4）列大体相同，国外反倾销措施显著抑制了中国产品的出口。各变量的估计系数大多仅是在取值范围上发生了一定变化，只有 PTA 估计系数的显著性大幅下降。可能的原因在于，截面固定效应中包含了贸易伙伴的种种特征，是否同中国签订特惠贸易协定也包含其中，因而 PTA 的贸易促进作用被固定效应吸收了，表现出显著性水平降低的情形。

随后，我们又使用人均 GDP 代替 GDP，并加入人口数量、国土面积、是否有共同边境等因素，估计结果依然稳健：传统引力模型中关键变量的估计符号同预期相符且显著，反倾销变量均显著为负，表明国外对华反倾销措施显著抑制了中国产品出口。出口额、GDP 等经济总量的数值会随时间的推移而呈上升趋势，因此这些变量在时间维度上是非平稳的，我们又尝试在计量模型中加入 Log（Export）的滞后一期值，使用动态面板方法进行估计，计量结果仍然表现出反倾销变量显著为负。[①] 另外，反倾销裁定需要经历一段时间，不同经济体的裁定周期有所差别，从一个月到一年以上不等，因而用某年的反倾销数据对应当年的出口数据，可能会产生匹配偏差，我们又使用反倾销变量的滞后一期值作为解释变量进行估计，考察上一年的反倾销发起及裁定状况对当年出口额的影响作用，结果未发生显著变化。这些都一致表明我们的估计结果是稳健的。

由表 10—3 可见，引力方程的拟合优度很高，方程在整体上显著，且不存在严重的自相关问题。这表明我们的计量模型形式设定较好，可以用其进行一系列模拟和预测。

（二）反事实模拟

引力模型的估计结果常常被用来测算"贸易潜力"，我们在表 10—3 估计结果的基础上，进行反事实模拟，即在回归方程中去掉反倾销变量，计算出口额的拟合值（潜在出口额），并与存在反倾销变量时的出口拟合值（真

---

① 我们对被解释变量进行了面板单位根检验，结果表明在时间维度上，该变量确实非平稳。由于本章使用的是 19 年、24 个截面的面板数据，并非"短时间、宽截面"的面板数据，使用动态面板分析可能会造成估计结果的偏误。这样，本章以最小二乘法作为基准检验，动态面板分析仅作为敏感性检验之一。

实出口额）进行比较，计算所谓的"贸易缺口"指数。

我们以表10—3中第（2）列和第（4）列中纳入的变量来进行估计，它们纳入的反倾销变量分别为反倾销案件数量和确认损害数量。

基于案件数量的"贸易缺口"估计结果列于表10—4之中，限于篇幅，我们仅列出了几个具有典型意义的贸易伙伴和全部样本的估计值。对于美国、欧盟和澳大利亚来说，根据我们的模型，无论选取哪一年份，反倾销措施都造成了中国对这些经济体出口贸易的"缺口"。以美国为例，各年份的"真实出口额"与"潜在出口额"之比均小于100%，最大值为99.5%，最小值为95.9%，平均值为97.8%，意味着考察期内，美国对华反倾销使中国产品对美国出口减少了2.2%，影响最大的年份使中国对美出口减少了4.1%。对于印度、南非和印度尼西亚而言，对华反倾销在多数年份会产生"贸易缺口"，但在一些年份，"真实出口额"与"潜在出口额"之比大于100%，意味着在特定时期，反倾销不仅没有阻碍中国产品出口至这些国家，反而对出口有所促进。可能的原因在于，计量方程的估计系数代表各年份的平均水平，如果某一年贸易伙伴未发起对华反倾销诉讼，则去掉反倾销变量之后，拟合出的"潜在出口额"可能会小于存在反倾销变量时拟合出的"真实出口额"；由于一些解释变量仅随时间变化，而在截面上无变化，因此计量模型无法加入时点固定效应，尽管对于我们要考察的问题，时点固定效应并不重要，但考察单个年份的"贸易缺口"时可能会因计量模型中没有时点固定效应而有所偏差。从全部样本来看，国外反倾销在各年份都造成了中国的"出口贸易缺口"，考察期内使中国的出口额平均减少1.3%。

表 10—4　　　　　反倾销带来的出口贸易"缺口"（基于案件数量）

年份	美国	欧盟	印度	南非	印度尼西亚	澳大利亚	全部样本
1992	98.6	97.7	102.4	99.4	100.3	96.3	99.2
1995	99.5	98.6	101.4	100	100	97.9	99.2
2000	97.5	98.2	98.2	99.2	100	97.1	98.8
2001	97.1	100	96.8	100.4	100	96.4	98.6
2002	97.2	99.4	97.3	101	100.1	97.9	99.2
2003	96.8	99.6	100	99.2	100	97.4	99
2004	98.2	97.4	99.6	100.2	99.9	97.3	98.9
2005	98.9	97.7	98.4	98.6	99.5	97.2	98.7
2006	98.8	96.2	99	100	98.9	96.8	98.4

续前表

年份	美国	欧盟	印度	南非	印度尼西亚	澳大利亚	全部样本
2007	95.9	98.2	97.7	98.5	98.8	97.4	98.3
2008	96.2	98.2	96.3	99.9	98.7	96.6	98
2009	95.9	98.2	97.6	99.9	98.3	97	98
2010	98.7	97.5	97.4	100.1	98.5	97.2	98.3
19年平均	97.8	98.3	99.3	99.6	99.6	97.2	98.7

注：表中数值为百分比，由 $T1$ 除以 $T2$ 得出。其中 $T1$ 为引力模型中加入反倾销变量时出口额的拟合值，$T2$ 为未加入反倾销变量时出口额的拟合值。下表同。

基于确认损害数量的"贸易缺口"估计结果列于表 10—5 之中。同表 10—4 的结果相比，"贸易缺口"的波动性增大，欧盟、印度、印度尼西亚在一些年份的"贸易缺口"比值大于 100%，而且还存在 106.8% 的较高值。南非、美国和澳大利亚的"贸易缺口"比值相对较小，意味着这些国家对华反倾销对中国产品进口造成了较大的抑制作用。全部贸易伙伴在整个考察期内发起反倾销的平均效应为 98.1%，即造成中国出口额平均减少 1.9%。

表 10—5　　　　反倾销带来的出口贸易"缺口"（基于确认损害数量）

年份	美国	欧盟	印度	南非	印度尼西亚	澳大利亚	全部样本
1992	95.9	99.2	96.7	92.3	103.7	93.2	94.2
1995	97.4	98.3	97.6	96.0	95.8	93.4	94.3
2000	96.6	102.3	98.5	92.9	105.9	94.6	94.7
2001	96.7	99.1	95.4	95.4	96.4	91.4	101.2
2002	96.9	106.8	99.3	95.6	95.5	92.8	101.5
2003	97.1	98.5	102.1	97.0	90.0	90.8	96.9
2004	97.3	102.9	103.6	94.0	89.1	92.2	95.9
2005	97.6	99.4	98.5	94.1	89.6	92.6	98.4
2006	96.6	101.0	102.1	95.6	90.1	95.4	98.7
2007	96.8	98.4	99	93.6	91.5	94.6	106.3
2008	97.0	98.7	101.1	96.0	91.7	92.6	98.7
2009	97.1	97.9	97.2	93.9	90.8	95.4	96.5
2010	97.3	96.2	93.4	94.0	90.8	95.5	97.8
19年平均	96.9	99.9	98.8	94.6	93.9	93.4	98.1

尽管我们估算出的反倾销影响效应较小，即贸易伙伴的反倾销措施并未对中国出口发展造成根本性不利影响，但反倾销的影响效应也并非微不足

道。一方面，从总体上看，中国近年来每年保持 1 万亿美元以上的出口水平，1.3%～1.9%的贸易抑制效应将导致中国出口额每年减少 130 亿～190 亿美元，如果累积多年，这一规模十分可观；另一方面，美国、澳大利亚等发达国家的反倾销措施对中国出口的抑制作用要高于平均水平，而发达国家是中国的主要出口对象，出口额降低 2%～3%，可以对相关出口行业或企业带来致命的打击。

五、结论性评述

（一）本章结论

通过在引力模型中纳入反倾销变量，本章定量考察了贸易伙伴的反倾销措施对中国出口的影响。使用 1992—2010 年中国同 24 个贸易伙伴的数据进行定量分析，我们发现贸易伙伴对中国商品实施的反倾销措施显著抑制了中国商品的出口。通过反事实模拟的方法计算"贸易缺口"指数，我们发现贸易伙伴对华反倾销措施使中国的出口额平均减少 1～2 个百分点，而美国等发达国家的反倾销措施对中国商品出口的抑制效应明显高于平均水平。

传统引力模型中的重要解释变量均显著并且同预期相符。本章纳入的反映贸易政策安排和中国入世的变量也均显著，特别需要指出的是，根据计量结果，中国同贸易伙伴签订的特惠贸易协定对出口贸易能产生显著的促进作用。

（二）政策含义

国外对华反倾销每年抑制了中国 1%～2%的出口贸易，从而表明反倾销对中国产品的贸易抑制效应并非微不足道。这就需要中国各界高度重视国外的反倾销措施，积极应对、探寻解决方案，努力降低反倾销给出口贸易造成的不利影响。

经验结果表明，反倾销的贸易抑制效应因国别而存在差异，中国对重点国家要特别关注，不仅在发生反倾销诉讼时积极、妥善地进行应对，而且要采取措施同国外相关集团沟通协调，从源头上遏止反倾销诉讼的发生。

当前，反倾销成为各经济体广泛使用的贸易救济措施，中国产品在国际市场上遭遇反倾销将成为常态，为此，中国政府要另辟蹊径，特别重视同贸易伙伴签订特惠贸易协定，以达到稳定出口、促进经济增长的目的。

参考文献

1. 鲍晓华. 反倾销措施的贸易救济效果评估. 经济研究，2007（2）.

2. 程惠芳，阮翔. 用引力模型分析中国对外直接投资的区位选择. 世界经济，2004（11）.

3. 冯宗宪，向洪金. 欧美对华反倾销措施的贸易效应：理论与经验研究. 世界经济，2010（3）.

4. 谷克鉴. 国际经济学对引力模型的开发与应用. 世界经济，2001（2）.

5. 蒋殿春，张庆. 美国在华直接投资的引力模型分析. 世界经济，2011（5）.

6. 李春顶. 中国对外反倾销措施的产业救济效果研究（1997—2007）. 南方经济，2011（5）.

7. 刘红梅，李国军，王克强. 中国农业虚拟水国际贸易影响因素研究——基于引力模型的分析. 管理世界，2010（9）.

8. 刘重力，邵敏. 印度对华反倾销的贸易转移效应——基于产品角度的经验分析. 国际经贸探索，2009（9）.

9. 潘向东，廖进中，赖明勇. 进口国制度安排与高技术产品出口：基于引力模型的研究. 世界经济，2005（9）.

10. 钱学锋，梁琦. 测度中国与 G－7 的双边贸易成本——一个改进引力模型方法的应用. 数量经济技术经济研究，2008（2）.

11. 沈国兵. 美国对中国反倾销的贸易效应：基于木制卧室家具的实证分析. 管理世界，2008（4）.

12. 盛斌，廖明中. 中国的贸易流量与出口潜力：引力模型的研究. 世界经济，2004（2）.

13. 施炳展. 我国与主要贸易伙伴的贸易成本测定——基于改进的引力模型. 国际贸易问题，2008（11）.

14. 史朝兴，顾海英，秦向东. 引力模型在国际贸易中应用的理论基础研究综述. 南开经济研究，2005（2）.

15. 苏振东，刘芳，严敏. 中国反倾销措施产业救济效应的作用机制和实际效果. 财贸经济，2010（11）.

16. 王孝松，谢申祥. 中国究竟为何遭遇反倾销——基于跨国跨行业数据的经验分析. 管理世界，2009（12）.

17. 向洪金. 国外对华反倾销措施的贸易限制效应与贸易转移效应研究. 数量经济技术经济研究，2008（10）.

18. 许统生，黄静. 中国服务贸易的出口潜力估计及国际比较——基于截面数据引力模型的实证分析. 南开经济研究，2010（6）.

19. 赵瑾. 国外对华反倾销的扩散效应及其对我国经贸的影响. 财贸经济，2003（12）.

20. 周念利. 基于引力模型的中国双边服务贸易流量与出口潜力研究. 数量经济技术经济研究，2010（12）.

21. Anderson, J.. 1979. A Theoretical Foundation of the Gravity Model. *American Economic Review*, 69 (1).

22. Anderson, J. and van Wincoop, E.. 2003. Gravity with Gravitas: A Solution to the Border Puzzle. *American Economic Review*, 93: 170-1921.

23. Bergstrand, J.. 1985. The Gravity Equation in International Trade: Some Microeconomic Foundations and Empirical Evidence. *The Review of Economics and Statistics*, 20.

24. Bergstrand, J.. 1989. The Generalized Gravity Equation, Monopolistic Competition, and the Factor Proportions Theory in International Trade. *Review of Economics and Statistics*, 71: 143-153.

25. Blonigen, B. and T. J. Prusa. 2003. Antidumping. in E. Kwan Choi and James Harrigan (eds.). *Handbook of International Economics*. Malden, MA, Blackwell Publishing.

26. Bown, C. and M. Crowley. 2007a. Trade Deflection and Trade Depression. *Journal of International Economics*, 72: 176-201.

27. Brenton, P.. 2001. Anti-Dumping Policies in the EU and Trade Diversion. *European Journal of Political Economy*, Vo. 117.

28. Cuyvers, L. and M. Dumont. 2004. The Impact of Anti-dumping Measures of the EU against ASEAN Countries on Trade Flows. CAC Discussion Paper No. 45, September.

29. Deardorff, A.. 1998. Determinants of Bilateral Trade: Does Gravity Work in A Neoclassical World?. in J. A. Frankel (ed.). *The Rationalization of the World Economy*. Chicago: The University of Chicago Press.

30. Evenett, S. and Keller, W.. 2002. On Theories Explaining the Success of the Gravity Equation. *Journal of Political Economy*, 110 (2): 281-316.

31. Helpman, E. and Krugman, P.. 1985. Increasing Returns, Imperfect Competition, and the International Economy. in *Market Structure and Foreign Trade*. Cambridge, MA: MIT Press.

32. Konings J. and Vandenbussche H.. 2008. Heterogeneous Responses of Firms to Trade Protection. *Journal of International Economics*, Vol. 76, 10 No. 2: 371-383.

33. Leamer, Edward E.. 1974. The Commodity Composition of International Trade in Manufactures: An Empirical Analysis. *Oxford Economic Papers*, 26: 350-374.

34. Linnemann, H.. 1966. *An Econometric Study in International Trade Flows*. Amsterdam: Elsevier.

35. Mayer Thierry, Keith Head, and John Ries. 2008. The Erosion of Colonial Trade Linkages after Independence. *CEPII Working Paper*, No 27.

36. Pierce J. R.. 2009. Plant-level Responses to Antidumping Duties: Evidence from U. S. Manufacturers. Center for Economic Studies Research Paper, No. 09-38.

37. Poyhonen, P.. 1963. A Tentative Model for the Flows of Trade between Countries. *Weltwirtschatftliches Archiv*, 90 (1).

38. Prusa, T. J.. 1997. The Trade Effects of US Anti-Dumping Actions. in R. Feenstra (eds.). *The Effects of US Trade Protection and Trade Promotion Policies*. Chicago: University of Chicago Press.

39. Staiger, R. W. and Wolak, F. A.. 1994. Measuring Industry Specific Protection: Antidumping in the United States. *Brookings Papers on Economic Activity: Microeconomics*: 51−118.

40. Tinbergen, J.. 1962. *Shaping the World Economy: Suggestions for an International Economic Policy*. New York: The Twentieth Century Fund.

41. USITC. 2005. *Antidumping and Countervailing Duty Handbook*. Eleventh Edition, Publication 3750, United States International Trade Commission.

42. Vandenbussche, H., Konings, J., and Springael, L.. 2001. Import Diversion under European Antidumping Policy. *Journal of Industry, Competition and Trade*, Vol. 1, No. 3: 283−299.

43. Vandenbussche, H. and M. Zanardi. 2006. The Global Chilling Effects of Antidumping Proliferation. CEPR Working Paper, No 5597.

44. Wei S.. 1996. Intra-national versus International Trade: How Stubborn are Nations in Global Integration. NBER Working Paper, No. 5531.

第十一章　国际经济环境影响下的中国经济区域化发展研究

一、引　言

中国幅员辽阔，区域不仅是国家的组成单元，也是宏观经济的重要载体，区域的划分经历了八大经济区、三大地带和四大板块的阶段，反映了当时区域经济发展的状况和国家宏观调控的重点。在现阶段下，全国各区域的经济发展又出现新的特征和趋势，随着研究的细化和深入，学界提出了"五大区域"的概念，即根据西部的自然地理特征和经济社会特征，将其划分为西北地区和西南地区，加之东部、中部和东北地区，共称五大经济区。区域的细化有利于解析宏观经济的特点、发现经济发展中存在的问题、把握未来的经济走势，有利于国家对经济的宏观调控。

二、中国区域经济发展及其与周边次区域①的关系

（一）我国区域发展的特征

目前，我国区域经济发展的重要特征是区域发展失衡：一是区际发展不平衡，如东部和西部地区经济水平差距较大；二是区域内部发展不平衡，如长三角、珠三角、环渤海、成渝经济区成为增长极，拉大了与其他地区的差距；三是城市和农村发展不平衡，城乡二元结构问题突出，农村经济和社会公共服务较为落后。

上述问题的存在对我国宏观经济和社会发展都造成了两方面的影响。一方面，适度的区域差异有利于经济的发展。区域内的增长极对当地经济的带动作用十分显著，有利于资金、技术、人才和信息等资源的高效配置，提高生产效率。发展水平的不同有利于形成各自的比较优势，在市场化运行中形成产业分工，产生区际商品、技术和服务贸易。差距的存在会促进落后地区向发达地区的追赶和学习，形成动力机制；而发达地区在一定阶段也会通过产业关联等因素向落后地区输出资金、技术等生产要素，产生"扩散效应"，从而带动宏观经济发展水平的提高。

另一方面，过度的区域差异也会对宏观经济产生消极作用。个别地区孤立地增长必然会消耗大量的社会资源，包括政策、资金、土地、技术和劳动力等，挤占其他区域的发展空间，在地区内形成"极化效应"，导致产业结构断层、收入分配不均，此外还在区域内形成过大的城市圈，造成城市功能臃肿、社会服务滞后、环境污染、发展空间受限等社会问题。例如在北京和天津两个特大城市的周围存在着"环京津贫困带"，两市在某种程度上挤占了河北等地的发展空间。再如东部地区的经济腾飞，一是得益于国家政策的大力支持，占据了政策优势的高地，二是中西部地区为其供给了大量劳动力，形成了东部出口商品的低成本优势，但中西部地区的发展却面临着诸多因素的限制，加剧了区域间的不平衡。

---

① 次区域指国际上相对于大洲（如亚洲）、大区（如太平洋地区）之下的区域。我国周边的次区域主要有东北亚、中亚、南亚、东南亚。

宏观经济与区域经济的关系密不可分，宏观经济保障各区域的经济发展，提供良好的国际和国内经济大环境，宏观调控影响着各地的发展机遇和趋势；而区域经济的"极化"和"扩散"作用也反过来复合作用着宏观经济的运行。总之，保障宏观经济的平稳健康发展需要了解区域内部的作用机制，而缩小地区发展差异、实现区域协调发展也需要紧紧把握宏观经济的最新动态。

（二）区域发展总体战略

"十二五"规划纲要提出实施区域发展总体战略，充分发挥不同地区比较优势，促进生产要素合理流动，深化区域合作，推进区域良性互动发展，逐步缩小区域发展差距。推进新一轮西部大开发，全面振兴东北地区等老工业基地，大力促进中部地区崛起，积极支持东部地区率先发展，加大对革命老区、民族地区、边疆地区和贫困地区的扶持力度。

促进区域协调发展已经成为我国的重要工作任务，为逐步解决我国地区发展差距不断扩大的问题，促进区域协调发展，近年来，国家逐步形成了各有侧重的区域发展战略，包括西部大开发、东北振兴、中部崛起、东部率先发展等。

与之相对应，全国各地出台了一系列区域发展专项规划，形成了成渝经济区、武汉城市圈、长株潭城市群、中原经济区、皖江城市带等政策区域，这些专项规划和政策区域丰富了区域发展版图，加速了区域经济一体化进程，促进了区域合作的开展，明确了地方经济的发展重点，是对区域发展总体战略的细化和落实。

全国区域发展总体战略改变了以往的区域格局，中西部地区经济洼地发展迅速。2007 年，西部地区经济增速首次超过东部地区；2008 年，东部地区又被中部和东北地区超越。这种局面的出现说明国家的发展重心从过去东部"单极突进"转变为全国的"多轮驱动"，地区间协调发展的趋势愈加明显。

具体到全国的"五大区域"，东部地区带动经济结构调整，中部地区承接产业转移，西北和西南地区扩大边境贸易，东北地区增强制造业支撑作用，在全国一盘棋中发挥着不同的作用。

东部地区既是我国经济的重要引擎，也是经济结构调整的示范区域，东部发达地区正处于后工业化阶段，亟须转变经济发展方式，实现产业升级转型，增强自主创新能力，发展现代服务业，为全国其他地区积累改革经验。

中部地区承东启西，连接着沿海工业地带和内陆资源腹地，区位和交通优势明显，皖江城市带等地区承接了东部的产业转移，为东部的"腾笼换鸟"置换了发展空间。

西北和西南地区与我国周边国家接壤，覆盖了绝大部分的边境线，拥有诸多边境口岸，较早开展了与东盟、俄罗斯和西亚国家的边境贸易，伴随着中国—东盟自由贸易区的建立和俄罗斯加入 WTO，西部地区的边贸合作进入了新的发展阶段。

东北地区是我国重要的重工业基地，矿产资源丰富，产业发展成熟，配套设施完善。对外与俄罗斯、韩国和日本等国家技术交流密切，便于技术交流和引进。随着产业技术的改造和升级，东北地区的制造业仍然有强劲的发展潜力。

（三）五大区域 2011—2012 年度经济发展分析

2011 年以来，世界经济形势日益复杂，欧债危机持续发酵，美国等发达经济体复苏缓慢，部分地区局势趋于紧张。在国际经济大环境影响下，国内经济持续平稳增长，但也面临诸多困难和挑战，外需萎缩，贸易摩擦不断，内需不旺，投资乏力，各区域的经济指标增速均出现回落。

如图 11—1 所示，2011 年至 2012 年 3 季度，我国五大经济区的地区生产总值增长平稳，其中东部地区占据了全国 GDP 50％以上的份额，中部地区居次位。以 2012 年前三季度为例，东部和中部地区分别占据 50.1％和 21.0％的份额，西南和西北地区分别占 11.7％和 8.8％的比例，东北地区所占比例为 8.4％。

观察 2011—2012 年的经济增速不难发现，尽管各地区的经济总量在不断攀升，但增长速度却出现了大幅波动。其中，东北地区的增速降幅最大，从 2011 年 1 季度的 12.6％降至 2012 年 2 季度的 10％，降幅达 2.6 个百分点；中部地区其次，降幅为 2.1 个百分点；东部、西南和西北地区降幅分别为 1.9 个、1.6 个和 0.8 个百分点（见图 11—2）。数据显示西部内陆地区在这一轮经济波动中，不仅保持了较高增速，而且稳定性较好（见图 11—2）。

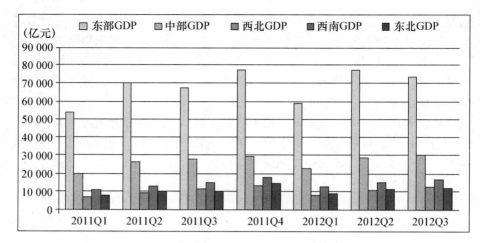

图 11—1　2011—2012 年各区域 GDP 情况

资料来源：中国经济信息网（本章余图如无特殊说明，资料来源相同）。

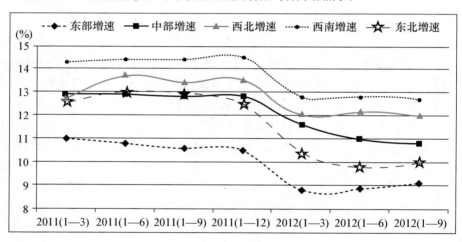

图 11—2　2011—2012 年各区域 GDP 增速

　　国际经济形势的低迷，影响到了我国各区域的外贸发展，外向型企业的海外订单急剧减少，各季度的外贸增速大幅放缓。截止到 2012 年前三季度，只有西南地区保持了 40% 以上的增速，中部地区为 21%，东北、西北和东部地区均在 10% 的增速以下（见图 11—3）。与 2011 年 1 季度相比，东部、中部、西北和东北地区的外贸增速分别下降了 24.6 个、22.6 个、45.5 个和

19.8 个百分点，西南地区不降反升，上涨了 15 个百分点，在全国各区域中一枝独秀，表现出强劲的增长势头。

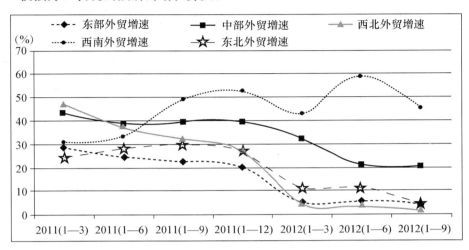

图 11—3　2011—2012 年各区域外贸总额增速

值得关注的是，西部两个地区形成了鲜明的对比，西北地区的外贸增速下滑最为严重，从 2011 年 1 季度的最高增速，急转直下至不足 2%，居五大区域的末位。而西南地区则逆势上扬，在 21 个月中不仅保持较高增速，而且基本处于上升的态势，从 30.6% 提高到 45.6%。这说明在抵御外部风险方面，西南地区要优于西北地区，并且值得进一步研究其外贸结构和贸易对象，总结经验以供其他地区借鉴。

（四）中国周边次区域经济发展和与我国的关系

次区域是一个相对概念，指在某个大区域之下，有某种自然关联或政治经济文化关联的区域。我国位于亚洲东部，拥有 2.2 万公里的边境线，在西北、西南和东北地区与 14 个国家接壤，与日本、韩国隔海相望，与东南亚诸国关系紧密。各国经济发展水平不同，产业结构互补性较强，次区域合作的开展较为广泛，发挥了各自的比较优势，促进了各国的经济社会发展。中国在亚洲参与的有澜沧江—湄公河次区域合作、中国—东盟自由贸易区、图们江流域开发、泛北部湾经济合作等，对各参与方的对外开放产生了积极作用，对我国维护周边国家关系、拓展外贸投资领域和发展边境地区经济都有重要的现实意义。

在周边次区域中，就具体国家而言，与我国经贸合作较为紧密的有日本、韩国、俄罗斯和东盟等经济体，这些国家和地区在世界经济舞台上扮演着重要角色，对我国经济发展产生着深远影响。

日本是世界重要的发达经济体，经济实力较强，但随着 20 世纪 90 年代初地产泡沫的破裂，日本经济持续了 20 年的低迷状态，经济增长率保持在 2％左右。受金融危机影响，2008 年和 2009 年日本出现了 1％和 5.5％的负增长，在经历了 2010 年 4.5％的反弹之后，2011 年再次负增长 0.8％（见图 11—4）。

中日两国在资源禀赋、产业结构和产品偏好上具有较强的互补性，中国是日本重要的贸易伙伴，日本是中国重要的外资来源国，两国经济往来频繁，但由于日本政治的不稳定性，造成了两国目前的紧张局面，从而影响了经贸合作关系。

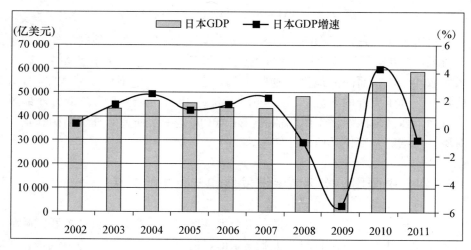

图 11—4　2002—2011 年日本经济增长情况

资料来源：国际货币基金组织。

俄罗斯是世界上重要的新兴市场国家，近年来政府大力推行经济改革，在国际能源价格上涨的背景下，国家经济得到迅速提升。2003—2007 年，经济增长率始终保持在 6％以上，2007 年达到 8.5％的峰值。但随着金融危机席卷全球，石油等资源产品价格大幅下降，俄罗斯经济遭受重创，2008 年的经济增长率下滑至 5.2%，2009 年更是出现了 7.8% 的负增长，随后俄罗斯经济逐步复苏，2010 年和 2011 年的经济增长率均为 4.3%（见图 11—5）。

俄罗斯与中国同为金砖国家，两国经济关系密切，资源禀赋各具特色，比较优势突出，中俄在能源和轻工产品领域有巨大的合作潜力。随着我国东北地区开发开放步伐的加快和俄罗斯战略重心的东移，中俄在东北亚地区的经贸合作将会进入新的阶段。

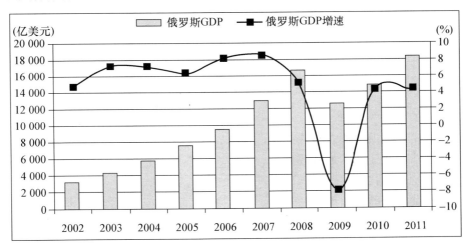

图 11—5　2002—2011 年俄罗斯经济增长情况

资料来源：国际货币基金组织。

韩国经济在近十年间表现出较大波动性，在 2002—2007 年世界经济快速发展期中，增长率从 7.1% 下降至 5.1%，2003 年更是低至 2.8%，与全球经济总体的上升趋势偏差较大。2008 年受金融危机的冲击，韩国经济进入下行通道，2009 年的增长率仅为 0.3%，在 2010 年复苏反弹至 6.3% 之后，2011 年又下降至 3.6%（见图 11—6）。

韩国与我国隔海相望，两国政治和经济关系稳定，中国已经连续多年成为韩国第一大海外投资目的国和最大的对外贸易伙伴。韩国的信息技术和文化创意产业在世界处于领先地位，中国是韩国旅游业主要的客源国和农产品供应国。在发挥各自比较优势的产业间贸易基础上，两国的产业内贸易也增长迅速，未来的经贸关系将会持续发展。

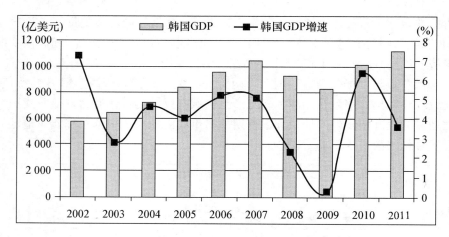

图 11—6　2002—2011 年韩国经济增长情况

资料来源：国际货币基金组织。

东南亚国家联盟，简称东盟，是世界上最近崛起的政治和经济力量，影响了东亚乃至亚洲的地缘政治格局，代表了东南亚十国的利益诉求，在推进东亚经济一体化的道路上做出了贡献。

东盟经济的增长周期与亚洲其他国家基本类似，在经历了 2002—2007 年的高速增长之后在 2008—2009 年进入衰退期，2010 年复苏反弹后增速又再次下滑，但基本保持了高速发展（见图 11—7）。

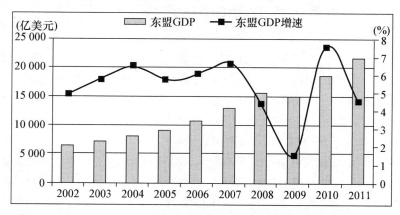

图 11—7　2002—2011 年东盟经济增长情况

资料来源：国际货币基金组织。

2011 年东盟的国内生产总值为 21 809.43 亿美元，不足日本的一半，但高于俄罗斯，是韩国的两倍。东盟的经济发展主要依靠印度尼西亚、泰国、马来西亚、新加坡和菲律宾这五个创始国，五国占据了东盟经济总量的90%。但其余五国的增长势头却不容小觑，缅甸曾连续六年保持 12% 以上的增速，其余四国都保持在 6%～8%，代表了东盟地区的经济活力。

三、东部沿海地区经济发展分析与预测

东部地区是我国重要的经济地带，长三角、珠三角和环渤海地区作为中国区域经济的三大增长极，以外向型经济为引擎，拉动了中国经济高速增长。东部地区包括北京、天津、河北、山东、江苏、上海、浙江、福建、广东和海南 10 个省市。

（一）2011—2012 年东部沿海地区经济发展分析

1. 工业增速大幅下滑，沿海地区降幅明显

在后金融危机时代，各国经济逐步复苏，2010 年均出现了不同程度的经济反弹，但从 2011 年开始经济再次进入下行通道。受到大环境的影响，东部地区与总体经济形势基本符合，2011 年的地区生产总值为 269 259 亿元，占全国经济总量份额的 51.96%，但增速从 2011 年初开始逐步回落，从 2011 年 1 季度的 11% 下降至 2012 年 1 季度的 8.8%，经济放缓趋势进一步显现（见图 11—8）。

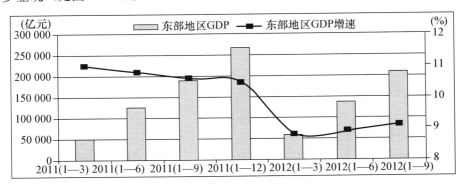

图 11—8　2011—2012 年东部地区经济增长情况

图11—9可以更加直观地显示东部工业的运行状况，各省市的规模以上工业增加值虽然都在正向增长，但是增速正在整体大幅回落。海南省下降程度最为明显，增速从25.8％下降至5.8％，下降了20个百分点。上海市从12.6％回落至2.4％，降幅达10.2个百分点，跌幅居东部第二。浙江、福建和广东三个沿海工业省份的降幅分别为7.0个、6.7个和6.4个百分点，东部主要经济省份的工业增长遭遇"滑铁卢"。北京、天津、河北、江苏、山东的增速分别下降了2.4个、4.8个、2.7个、2.0个和2.3个百分点。通过与其他地区的比较可知，在此轮经济周期中，东部地区经济遭受的影响最为严重（其他地区的数据分析见下文）。

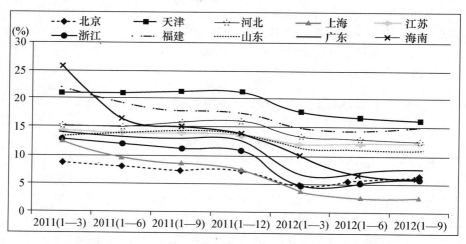

图11—9　2011—2012年东部各省市规模以上工业增加值增速

2. 国内投资平稳增长，出口增速急剧下滑

东部地区的固定资产投资额保持平稳增长，季度增长保持在18％以上（见图11—10），但处于下滑的趋势，在五大区域中处于最低水平。这可以反映出两方面含义：一是东部地区的经济回升会稍显落后，经济数据落后于中西部地区；而第二方面的含义更具意义，东部地区正在转变经济发展方式、调整产业结构，复苏过程中需要逐步摆脱对投资的依赖，投资的下滑将"迫使"东部地区寻找新的增长动力，增强自主创新能力，改造升级生产技术。若能如此，短期的"阵痛"将会换来经济的"脱胎换骨"，这无疑会对东部经济转型产生深远的意义。

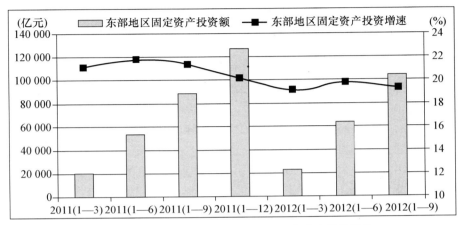

图 11—10　2011—2012 年东部地区固定资产投资情况

　　近两年，受海外订单减少的影响，东部地区的外贸出口额急剧下滑。2011 年，东部地区全年的外贸出口额为 16 238.92 亿美元，占全国出口总额的 85.53％。尽管东部仍然是全国出口的主要地区，但增速的下滑趋势已经十分明显，增速从 2011 年 1 季度的 25.7％下降到 2012 年 3 季度的 4.1％，降幅超过 20 个百分点（见图 11—11）。从其所占全国份额来看，也从 87.2％萎缩至 83.4％。作为经济发展后向指标，外贸出口额出现大幅下降，也是对前期制造业萎靡的集中表现，如果出口订单不能有所改善，未来将会继续影响东部工业的回暖复苏。

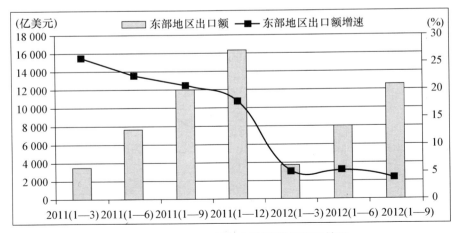

图 11—11　2011—2012 年东部地区出口情况

（二）国际区域经济合作对东部沿海地区的影响及地区发展评估

东部沿海地区是我国最早对外开放的地区，依托良好的区位优势和优惠政策，东部实施出口替代战略，发展出口加工业，使沿海地区的经济获得了快速发展。

二战后，世界经济一体化进程加快，国际区域经济合作逐步开展，其中一个重要内容就是国际产业转移的广泛开展，共发生了四次产业转移，造就了亚洲"四小龙"和"四小虎"，在第四次产业转移浪潮中，东部地区的外向型经济蓬勃发展。

在国际产业转移中，外商在东部大量投资，例如在江苏，新加坡成为外资主力，推动了当地经济的发展；在珠三角地区和福建沿海，港资和台资带来了"三来一补"的出口加工模式，在当地形成了服装生产和家电制造的产业集群。此外，韩国和日本等周边国家的跨国企业与中国开展紧密合作，三星、现代、丰田、本田等企业在东部地区设立生产基地和研发中心，为东部输入了资本和技术。

1. 高度依赖外向型经济

自2001年中国加入WTO以来，东部的外贸依存度呈现快速上升态势，在2004—2007年均超过0.9，最高一度达到0.98，尽管在金融危机后有所回落，但仍保持在0.6以上（见图11—12）。2011年，东北、西北和西南地区的外贸依存度分别为0.23、0.09和0.14，相比之下东部地区对外贸依赖程度远远高于其他区域。

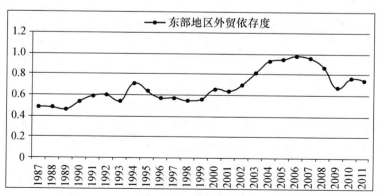

图11—12　1987—2011年东部地区外贸依存度

对外向型经济的依赖，对东部而言是一把双刃剑。一方面，出口是拉动经济的"三驾马车"之一，积极开展经贸合作可以开拓国际市场，增加外部需求，促进国内商品生产，为中国经济增长提供动力。此外，东部出口商品多为劳动密集型产品，解决了农村剩余劳动力问题，同时在一定程度上推进了东部地区的城镇化进程。但另一方面，由于沿海出口加工企业抵御风险能力较差，过度依赖海外市场，一旦国际经济环境出现动荡，东部就会出现外需萎缩、订单减少、生存困难的尴尬局面。

2. 调整产业结构，挖掘增长潜力

高度依赖外向经济也面临诸多问题。首先，巨额贸易顺差引起贸易摩擦。过度发展出口加工业易使东部成为世界工厂，"三来一补"的贸易结构决定了顺差的必然存在，但巨大的顺差却频频引发贸易争端，制约商品的出口，从而影响到出口加工企业的生存。其次，陷入低水平发展陷阱。东部经济享受了外贸带来的高速增长，但依然以劳动密集型行业为主，自主创新能力差，产品科技含量低，这些因素都制约了东部经济转型，尤其在尚有利润空间时，企业进行产业升级的动力就更加不足。

当前国际经济形势持续低迷，外需订单不断减少，外贸出口遭受重创，在这种外部压力下，东部地区应该尽快进行经济转型，调整产业结构，增强自主创新能力，淘汰低端制造业，逐步降低对外依赖程度，注重国内市场，挖掘本区域的发展潜力。

四、东北地区经济发展分析与预测

东北地区是我国重要的老工业基地，矿产资源丰富，工业基础扎实。国家对东北地区的振兴给予了大量政策支持，出台了《东北振兴"十二五"规划》，并从开发开放角度赋予了东北新的角色，出台了《中国东北地区面向东北亚区域开放规划纲要（2012—2020)》，将其作为我国面向东北亚的开放窗口，为东北地区积极参与东北亚次区域合作奠定了政策支持。东北地区包括辽宁、吉林和黑龙江三省。

（一）2011—2012年东北地区经济发展分析

1. 工业增速保持稳定，复苏反弹迹象显现

2011年东北地区的地区生产总值为45 060.5亿元，占全国经济总量的

8.7%，排名各区域第四位。该地区的经济增长相对稳定，2011—2012年各季度的数据显示，东北的地区生产总值平稳增长，但增速有放缓迹象，与全国经济大趋势保持了基本一致。从2011年1季度的12.6%下降至2012年3季度的10.0%，降幅达2.6%，为五大区域的最大降幅，2012年3季度的增速比2季度微涨0.2个百分点（见图11—13）。

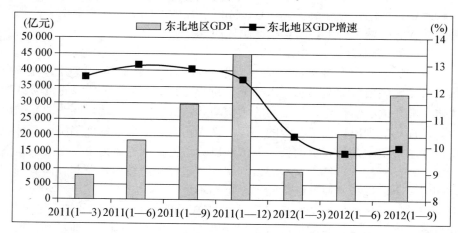

图11—13　2011—2012年东北地区经济增长情况

与经济总量的走势一致，东三省的规模以上工业增加值在2011年保持了平稳水平，前三季度吉林省还出现了3.1个百分点的增长。但从2012年开始三省的增速均出现了回落，与2011年1季度相比，辽宁、吉林和黑龙江省分别下降了5.8个、2.9个和3.8个百分点（见图11—14）。

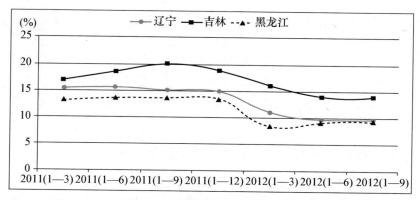

图11—14　2011—2012年东北各省规模以上工业增加值增速

2. 国内投资高速平稳，外贸出口负向增长

东北地区的固定资产投资一直保持了较高的增速，并且在经济下行压力下并未出现严重的下滑现象，基本维持在平稳状态，始终在28%～31%之间浮动，说明东北地区的投资依然活跃，有利于东北尽快实现经济复苏（见图11—15）。

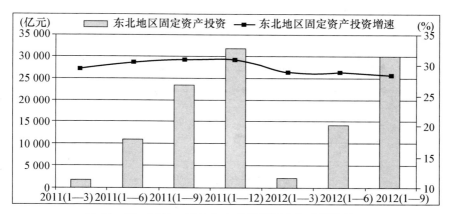

图 11—15　2011—2012 年东北地区固定资产投资情况

如图 11—16 所示，2011—2012 年东北地区的外贸出口额呈直线式下降趋势，2012 年 3 季度出现了罕见的负增长，同比下降 2.1%。2011 年 1 季度的出口额为 161.77 亿美元，占全国比重的 4.0%，而 2012 年 3 季度则下降至 3.8%，出口增速也从 22.5%急剧下落了 24.6 个百分点，东北地区遭遇了外贸的寒冬。

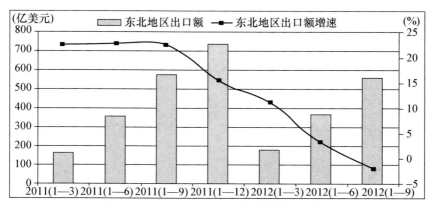

图 11—16　2011—2012 年东北地区出口情况

观察东北各省的数据可以发现，黑龙江是拖累东北地区出口额下滑的主要因素，黑龙江在 2011 年前三季度还保持了 30% 左右的增速，而在 2012年 1 季度则迅速跌落至 20% 的负增长。2012 年前三季度的数据显示，黑龙江的出口额同比负增长 37.4%，且尚无企稳回升的迹象。辽宁和吉林的出口增速虽然保持在 10% 以上，但仍然比 2011 年 1 季度分别降低了 9.4 个和12.5 个百分点（见图 11—17）。

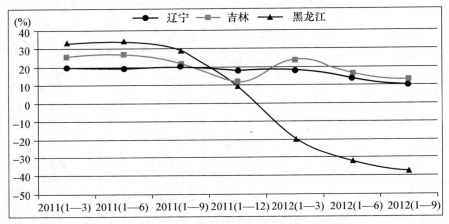

图 11—17　2011—2012 年东北各省出口额增速

（二）国际区域经济合作对东北地区的影响及地区发展评估

东北地区是我国面向东北亚地区的开放门户，与俄罗斯和朝鲜接壤，并与韩国、日本和蒙古相邻，资源禀赋突出，口岸设施完善，海港条件优越，具备开展国际区域合作的便利条件。2012 年 9 月，国务院批复了《中国东北地区面向东北亚区域开放规划纲要（2012—2020）》，将东北地区定位为面向东北亚开放的重要枢纽，睦邻友好、兴边富民的沿边发展示范区。

1. 主打资源牌，有效缓解能源压力

东北亚国际区域合作的重点领域便是能源合作，从俄罗斯西伯利亚到中国的原油输送线路已经确定，这对中国的发展具有重要的战略意义，可以大大缓解能源需求压力，降低对中东石油的依赖，保障石油供给。但这一区域内只有俄罗斯是能源供给国，而中国、日本和韩国都是石油消费大国，对石油资源的争夺也引发了国家间的竞争，中俄原油管道最终选择"安纳线"就是中国和日本博弈的结果。

蒙古的煤炭和矿产储量巨大，但缺乏开发技术和资金，东北地区可以就这一领域开展资源合作，通过矿山承包等方式进行资源开发，为产业提供基础保障。未来的合作推进中，东北亚地区的各方还需要就能源供应、消费的定价机制进行协调，并建议一种更稳定的合作机制。

2. 枢纽作用日益凸显，边贸合作蓬勃发展

图们江区域处在中、俄、朝三国交界之地，联合国开发计划署早在1991年就把该地区列入联合国开发计划，我国也在该地区建立了珲春边境合作区，2009年国务院出台了《中国图们江区域合作开发规划纲要——以长吉图为开发开放先导区》，将其上升到国家战略层面。特殊的地理位置使图们江地区成为东北对外开放的前沿，发挥了该地区的枢纽作用，东三省计划打造四条对外开放大通道，其中有三条都将图们江地区作为重要节点，这将加快边境贸易的开展。

吉林省延边朝鲜族自治州是图们江区域合作的主体区域，随着该地区开发开放的推进，对外贸易获得较快发展，2003—2008年，出口额连年攀升，2008年达到14.9亿美元的历史最大值，增速始终保持在30％以上。2009年受经济危机影响，出口出现了26.6％的负增长，但是在2010年即实现16.5％的复苏（见图11—18）。2005年，"图们江区域开发"更名为"大图们江区域合作"，将合作区域扩大到包括我国东北三省和内蒙古、朝鲜罗津经济贸易区、蒙古东部省份、韩国东部沿海城市和俄罗斯滨海边疆区的部分地区，合作范围的扩大带来了出口额的迅速提升，2006年实现73.3％的增长。尽管金融危机对延边冲击较大，但近几年的外贸出口额仍实现了稳步增长。

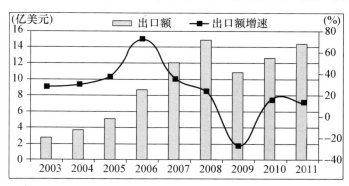

图11—18 2003—2011年吉林省延边州出口情况

资料来源：吉林省延边州历年统计公报。

图们江次区域合作是东北地区对外开放的一个缩影，彰显了东北亚国际区域合作的活力和潜力，各参与主体比较优势各异，合作领域广泛。随着国际经济格局的调整，该地区将会受到越来越多的关注。

五、西北地区经济发展分析与预测

西北地区处于我国的内陆地区，矿产和能源资源丰富，但自然条件薄弱，部分地区干旱缺水，制约了经济活动的开展。西北地区是欧亚大陆桥西进通道，与蒙古、俄罗斯、哈萨克斯坦等国家接壤，与这些国家长期开展边境贸易和次区域合作，对提高边境地区经济发展水平和维护边疆稳定具有重要意义。西北地区包括内蒙古、陕西、宁夏、甘肃、青海和新疆等六个省区。

（一）2011—2012 年西北地区经济发展分析

1. 经济维持稳定增长，工业增长动力强劲

2011 年西北地区的地区生产总值为 41 807.9 亿元，仅占全国经济总量的 8.07%。虽然位列五大经济区的末位，但增长速度却处在较高水平，仅次于西南地区，与其他区域相比，西北地区的经济增长最为稳定，始终保持在 12% 以上，增速从 2011 年 1 季度的 12.8% 小幅回落至 2012 年 3 季度的 12%，降幅仅有 0.8 个百分点，为各区域最小值（见图 11—19）。

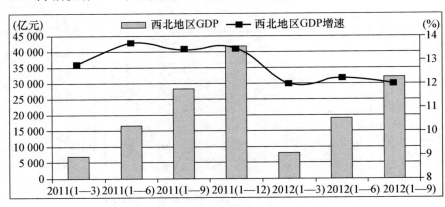

图 11—19　2011—2012 年西北地区经济增长情况

观察工业增加值数据可以发现，西北地区总体上与国内大环境一致，在2012 年 1 季度出现下降趋势。青海的增速降幅为 3.9 个百分点，为西北最大值，内蒙古、宁夏和陕西的降幅分别为 2.5 个、1.6 个和 1.1 个百分点。与此同时，甘肃和新疆不降反升，小幅上涨了 0.8 个和 0.2 个百分点，这说明西北地区的增长动力依然强劲（见图 11—20）。

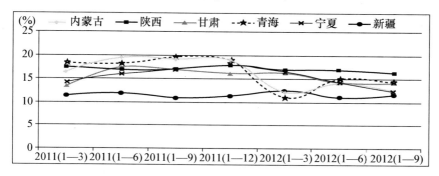

图 11—20　2011—2012 年西北各省规模以上工业增加值增速

2. 固定投资持续增长，出口增速出现回落

2011 年西北地区的固定资产投资总额为 30 675.8 亿元，占全国份额的10.34%，超过了地区生产总值在全国的比例，位列全国第四位。2011—2012 年的投资增速也呈现波浪形变动，在 2011 年 3 季度达到峰值，随后逐渐下落，在 2012 年 3 季度出现小幅回升，达到 25.8%，比 2011 年 1 季度下降了 2 个百分点（见图 11—21）。对比其他地区，西北地区的投资增幅为五大区域第二位，仅次于东北地区，对未来的经济增长将会产生直接的推动作用。

图 11—21　2011—2012 年西北地区固定资产投资情况

西北地区在近两年的外贸出口方面表现突出，增速远超东部和东北地区，尽管未能像西南地区那样一路"高歌猛进"，但西北地区也保持了较高的增长能力。2011 年，西北地区全年的出口额为 329.47 亿美元，同比增长 27.8%，虽然在 2012 年 1 季度大幅下滑至 4.6%，但在 2 季度和 3 季度又回升至 17.1% 和 15.1%。虽然在此轮经济调整中，西北地区的外贸受到一定影响，下降了 19.6 个百分点，但就绝对量而言仍然表现出较高的增速（见图 11—22）。

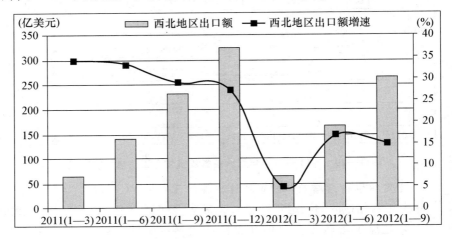

图 11—22　2011—2012 年西北地区出口情况

（二）国际区域经济合作对西北地区的影响及地区发展评估

　　西北地区主要与俄罗斯、蒙古、哈萨克斯坦、塔吉克斯坦、吉尔吉斯斯坦等国家接壤，内蒙古和新疆的国境线较长，是对外开放合作的主体。国家在新疆的吉木乃、博乐、塔城和伊宁设立了四家边境经济合作区，为对外经贸合作的开展提供了平台。

　　1. 边贸总额大幅攀升，合作领域不断拓展

　　新疆伊犁哈萨克自治州与哈萨克斯坦接壤，区内有伊宁市边境合作区和我国最大的陆路通商口岸——霍尔果斯口岸，区位优势突出，外贸出口额连年增长。2004—2011 年的 8 年间，伊犁州的外贸总额从 4.4 亿美元增加到 55.8 亿美元，年均增长率为 43.5%，边境贸易合作实现了跨越式发展（见图 11—23）。

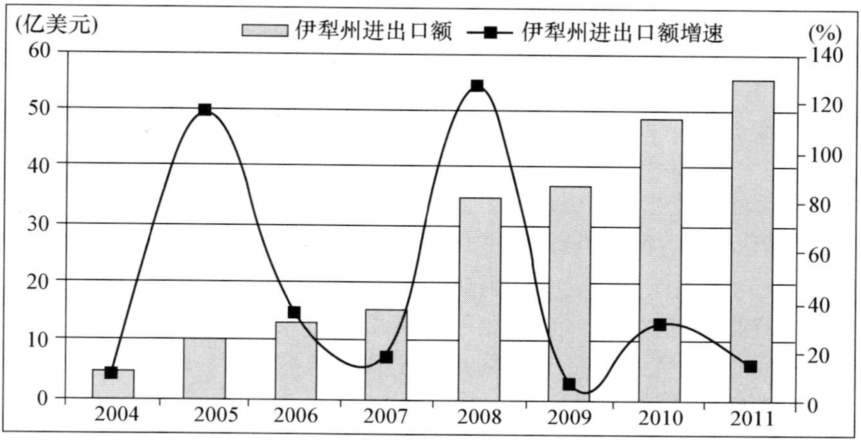

图 11—23　2004—2011 年伊犁州进出口情况

资料来源：历年新疆伊犁州统计公报（除塔城和阿勒泰地区）。

除边境贸易外，中国与周边国家的区域合作领域也在不断拓展。首先是能源领域，重点工程是中国—中亚天然气管道，这是中国第一条引进境外天然气资源的跨国能源大动脉，总投资 150 亿美元，管道从新疆霍尔果斯口岸进入中国境内后与西气东输二线相连。目前 A 线已经建成投产，极大缓解了我国的能源压力。

此外在科技领域也有所进展，区域协调机制日益成熟。2000 年 7 月，在“中、俄、哈、蒙阿尔泰区域科技合作与经济发展国际研讨会”上，“四国六方”① 代表签署了《阿尔泰区域合作倡议》。2003 年 4 月，中、俄、哈、蒙阿尔泰区域合作国际协调委员会正式成立，从而建立起“四国六方”合作的机制。新疆是该机制的重要参与主体，多边合作内容不断拓展，已经涵盖了经济、教育、科技、环保等领域。

2. 国际竞争力尚需提高，整体实力有待增强

西北处于我国内陆地区，交通区域条件并不突出，周边国家经济发展水平较为落后，合作领域仍不够深入，西北在国际竞争力方面也有待进一步提高。

---

① “四国六方”包括中国新疆维吾尔自治区、俄罗斯阿尔泰边疆区、俄罗斯阿尔泰共和国、哈萨克斯坦东哈州、蒙古科布多省、蒙古巴彦乌列盖省。

在此引入吸引 FDI 业绩指数，用于衡量一个地区引进 FDI 的成功程度，以消除各地区不同的经济规模等因素对引进 FDI 造成的影响。计算公式为：

$$吸引 FDI 业绩指数 = \frac{某地区 FDI/全国 FDI}{某地区 GDP/全国 GDP}$$

在上面的业绩指数公式中，若业绩指数为 1，表明该省 FDI 的流入量占全国 FDI 流入量的比例与该省的 GDP 总量占全国 GDP 总量的比例相等；若大于 1，则表明该省引进的 FDI 大于根据其 GDP 规模所能引进的 FDI 的期望值；若业绩指数小于 1，则表明该省引进了相对于其 GDP 规模而言更少的 FDI，即小于期望值，这可能是由于其经济不稳定、政策安排和实施不利或竞争力低下导致。

图 11—24 描绘了 1986—2010 年西北地区吸引 FDI 业绩指数的情况，从图中可以看出西北的该项指标从未超过 1，即表明该地区没有吸引到应有的外资规模，国际竞争力弱于经济发展水平。与其他区域对比，2010 年东部、东北和西南地区的业绩指数分别为 1.2、1.6 和 0.8，都远高于西北地区，这表明西北在同类对比和自身对比中都处于落后水平。

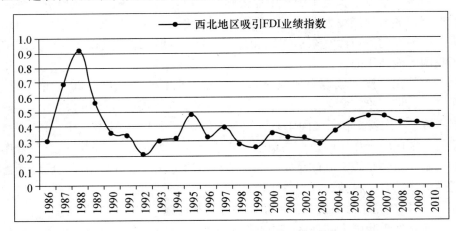

图 11—24 1986—2010 年西北地区吸引 FDI 业绩指数

此外，西北地区的对外开放窗口较少，新疆是中亚次区域合作的积极参与者，范围虽广，但人口较少，属于欠发达地区。未来若要扩大与中亚相邻国家和地区的合作，必须有陕西、甘肃、宁夏、青海和内蒙古的参与。因此，必须加强西北六省区的合作，共同推动中亚国际次区域合作。

六、西南地区经济发展分析与预测

西南地区是我国面向东南亚国家的重要门户，边境地区多为我国少数民族聚集地，自然资源丰富，生态环境脆弱，交通条件滞后，发展受到一定制约。在区域合作方面，澜沧江—湄公河流域合作区是我国次区域合作的重点地区，随着中国—东盟自由贸易区的正式建立，西南地区的对外经贸合作进入了新的阶段。

（一）2011—2012 年西南地区经济发展分析

1. 经济增速全国居首，工业复苏尚不明朗

2011 年西南地区的地区生产总值为 57 810.8 亿元，占全国份额的 11.16％，为各区域第三位。近两年的经济运行比较平稳，未出现大幅波动，2011 年增速保持在 14.3％～14.5％，2012 年增长有所放缓，但仍保持在 12.6％～12.8％（见图 11—25）。西南地区经济不仅增长稳定，而且整体增速排名五大区域首位，增长潜力较大。

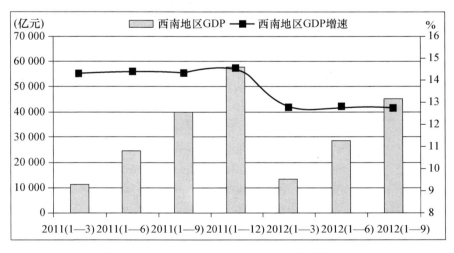

图 11—25　2011—2012 年西南地区经济增长情况

西南各省份规模以上工业增加值的数据如图11—26所示，工业指标未能像经济总量一样保持稳定性，数据下行趋势明显，各省的工业增速均出现了不同程度的下滑。西藏自治区最为明显，从40.1%急剧下降到14.9%，降幅达25.2%，但应考虑到西藏地区经济的特殊性，产业结构并不完善，抵御风险能力较差，容易受到外部冲击的影响。作为该地区经济发达省份，四川和重庆也出现较大降幅，分别为5.9个和4.8个百分点，其余地区均出现不同程度的下滑趋势，这为西南地区进一步的经济复苏增加了不确定性。

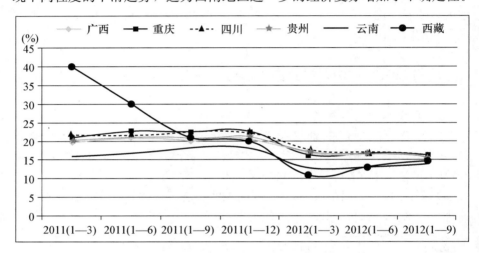

图11—26　2011—2012年西南各省规模以上工业增加值增速

2. 外贸出口一枝独秀，对外开放前景广阔

2011年西南地区的固定资产投资额为38 812.7亿元，占全国份额的13.09%，为全国第三位，投资增速为27.6%。西部地区的经济增长较为平稳，投资增长亦是如此，观察2011年1季度至2012年3季度的数据，增速从26.1%下降到23.1%，仅回落了3.0个百分点，稳定性高于工业增速（见图11—27）。

西南地区位于我国与东南亚的边境地区，随着澜沧江—湄公河次区域合作的开展和东盟市场的开放，西南地区在外贸出口方面表现出强大的活力。2011年，西南地区全年的出口额为749.83亿美元，同比增长62.2%，远远高于其他区域。2012年上半年西南地区出口同比增长了81.2%，增幅巨大；截至2012年3季度同比增长56.5%，与2011年同期增速基本持平（见图11—28）。

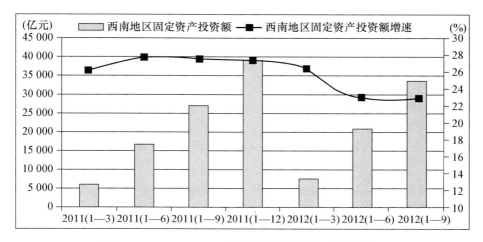

图 11—27　2011—2012 年西南地区固定资产投资情况

同时，西南地区占全国出口总额的比例也从 3.0％上升至 5.3％。西南地区在国内外经济环境恶化，经济下行压力加大的背景下实现出口的高速增长，显示了其在对外开放方面的巨大潜力。

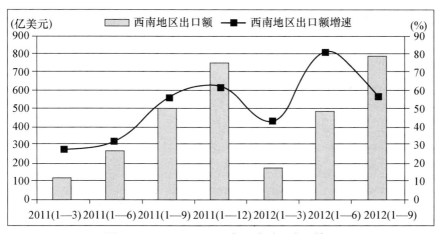

图 11—28　2011—2012 年西南地区出口情况

（二）国际区域经济合作对西南地区的影响及地区发展评估

西南地区与东南亚陆海相连，交通条件便利，合作领域广泛，是我国国际区域合作最活跃的地区。西南地区参与的两大合作主题是澜沧江—湄公河次区域合作和中国—东盟自由贸易区，为当地尤其是边境地区的发展提供了广阔的平台。

1. 合作领域不断拓展，基础设施日趋完善

澜沧江—湄公河次区域经济合作，是在 1992 年由亚洲开发银行牵头，中国、越南、老挝、柬埔寨、缅甸、泰国等澜沧江—湄公河沿岸六个国家共同参与的一个次区域经济合作机制，合作涵盖交通、能源、电信、环境、旅游、人力资源开发、贸易便利化和投资、减贫等领域。20 年来区域合作促进了当地经济发展，加快了基础设施建设，有效打击了跨国犯罪，提高了当地人民的生活水平。

作为中方的参与主体，云南省积极融入次区域合作，并在"云电外送"电力输出和基础设施建设方面取得进展。仅 2012 年 1—8 月，云南电网的电力进出口总额达 9.62 亿人民币，沿边电网点建设投资 7.1 亿元，并参与中国同越南、老挝跨境联网规划，带动了电力技术和设备的出口。

此外，为了满足经贸往来和货物运输的需要，澜沧江—湄公河次区域国家在基础设施方面加大投资力度，规划设计了南北经济走廊，其中的西线和中线以昆明为起点，东线以南宁为起点，新开通了多条跨境公路，多条公路提高等级，湄公河的河道也得到疏通，提高了运输能力。

2. 合作领域有待加深，参与主体有待扩大

现阶段，西南地区的对外经贸合作多以商品贸易为主，产品以农产品和机电产品居多，未来的合作层次需要有所提高。例如在金融领域，广西和云南是我国对东南亚和南亚地区开放的桥头堡，同时又是我国对东盟贸易的人民币结算试点，在此基础上可以将两地打造成区域人民币结算中心，形成金融服务平台，推进人民币区域化，并为人民币的国际结算提供探索经验。

此外，西南地区合作的参与主体需要进一步扩大。目前参与到与东盟合作的主要是云南和广西两省区，但由于缺乏相关的合作机制，四川、重庆等省份的参与程度还较低。广西南宁是中国—东盟博览会的举办地，为双边的交流合作提供了平台，目前会议的主题已经增设了商务与投资峰会和自由贸易区论坛，西南地区应以此为契机，提高各省份的参与程度，根据各省的情况举办东盟分会展、高层论坛等平台活动，增加合作主体，拓展合作领域。

七、区域经济发展分析与预测

（一）国际区域经济合作对我国区域经济影响评价

国际区域合作是我国对外开放的重要内容，促进了我国与周边国家建立良好的经贸关系，对我国经济社会发展有着重要的意义。

首先，国际区域合作有利于加快边境地区经济社会发展。我国的边境地区多为少数民族落后地区，受自然条件制约，发展速度缓慢。这些地区与邻国的文化风俗相似，具备开展边贸的便利条件，区域合作将会提高当地的对外开放程度，加快基础设施建设，带动边境经济发展，同时可以维护边疆地区的团结稳定。

其次，多元化的国际区域合作有利于我国分散经济风险。在我国的开放战略中，东部沿海是重点地区，出口加工产品的主要消费市场在欧美等发达经济体，且双边贸易所占比重较大，而与此相伴的则是单边风险的加大，国际金融危机以来的外需萎缩就反映了这一问题。而多元化的国际合作战略则缓解了这一突出问题，目前我国与东北亚、中亚和东南亚国家的区域合作蓬勃发展，"将鸡蛋放在了不同的篮子里"，同时也为中国寻找到了新的外贸增长点，有利于挖掘这些地区的合作潜力。

最后，国际区域合作有利于深化与周边国家的政治经济关系。亚洲地区国家众多，地缘局势复杂，周边国家对中国的和平崛起存在诸多疑虑，与我国存在多起领土和岛屿争端，加之美国高调宣扬重返亚洲战略，又为亚洲地区局势增加了许多不确定因素。在这样的局面下，中国开展与亚洲国家的区域合作，加强经贸往来，可以提高我国的对外开放程度，使亚洲更加了解中国，消除彼此的偏见和误解。此外，区域合作还将拉近国家间的经济联系，形成利益共同体，为我国的和平发展营造良好的国际周边环境。

（二）国际经济环境影响下中国经济区域化发展的趋势

当前国际经济形势日趋复杂，世界经济持续疲软，发达经济体复苏过程缓慢，中国的外向型经济受到严重影响，而新兴市场国家发展潜力巨大。在这样的背景下，我国各区域的发展路径将会发生转变和调整。

第一，东部地区的产业转型将会加速。在此轮经济调整过程中，东部地区的各项经济数据全面下滑，增速远远落后其他地区，缺乏增长动力。这一方面是由对海外市场过度依赖造成的，另一方面也与自身产业结构有极大关系。未来东部地区将会尽快实现产业升级，增强自主创新能力，减少低端制造业的比重。

第二，国际次区域合作将会加强。我国周边大多数国家的经济规模并不大，但发展速度较快，且与我国的产业互补性强，目前合作机制日渐成熟，前景较为广阔。随着与发达国家外贸增速的放缓，我国将会积极参与国际次区域合作，双边和多边合作将会更加活跃。

第三，国内产业转移进程将会加快。在国际经济的大环境下，一方面东部地区将调整产业结构，实现产业升级，淘汰低端制造业；另一方面，中西部内陆地区的国际区域合作日趋活跃，生产能力需要不断提高。在这两方面的共同作用下，产业转移步伐将会加快，中西部和东北地区承接产业转移后，既可以利用当地充足的土地和劳动力降低生产成本，又可以借助区位条件提高贸易的便捷性。

（三）发展预测与政策建议

1. 降低外贸依赖，促进内需拉动

投资、消费和出口是拉动经济的"三驾马车"，但在目前的国际经济形势下，我国的出口增速大幅放缓，而扩大投资又会对经济产生过多的副作用，因此目前国内的经济增长需要依靠消费拉动。我国的中西部地区属于欠发达地区，人均消费水平较低，未来的消费增长潜力较大，这将是我国经济增长的动力所在。因此需要着力改善民生，增强社会保障力度，刺激居民消费，为我国未来的区域经济提供增长空间。

2. 完善国际和国内区域合作协调机制

为使我国与周边区域开展实质性合作，对话和协调机制需要进一步完善，使合作中的前期规划、项目可行性研究、应急问题处理、定期沟通能够形成长效机制，并有专设的秘书处负责工作安排和衔接。此外，目前我国的区域发展仍然是以行政界限为划分，省与省之间的沟通协调机制尚不通畅，这造成了区域合作的低效率。未来可以在一定区域范围内建立联席会议制

度，定期召开工作协调会，共同承担重大工程项目的建设和管理工作，为本区域制定统一的中长期发展规划，就周边次区域合作进行协商，推动合作的开展，并使各地共享国际合作的成果。

3. 鼓励民营资本参与国际区域合作

当前国内经济增长乏力，而国际区域合作中的基础设施建设等需要大量资金投入，目前企业融资成本上涨，资金压力加大，投资积极性不高，但民营资本具有很强的活力，运作灵活。民营企业是边境贸易中的主力军，对当地的经济情况和国外需求较为了解，因此，可以鼓励民营资本进入这些合作领域。国家应推进投资自由化和便利化，对民营企业出台优惠政策，降低税收标准，鼓励企业吸纳当地剩余劳动力，并建立、健全投资风险防范机制，吸引更多的民间投资参与国际区域合作。

参考文献

1. 范恒山. 加快广西北部湾经济区开放开发　促进泛北部湾经济合作深入发展. 经济研究参考，2008（59）.

2. 关秀丽. 国际区域经济合作新趋势及中国的机遇. 中国经贸导刊，2011（8）.

3. 黄征学. "十二五"时期国际区域合作的路径探索. 中国经贸导刊，2010（7）.

4. 马嫒. 论东南亚区域主义的特点. 东南亚研究，2001（3）.

5. 孙久文，叶裕民. 区域经济学教程. 北京：中国人民大学出版社，2003.

6. 王崇理. 中国云南与南亚国家经贸合作的战略定位及构想. 云南财经大学学报，2007（23）.

7. 肖金成. 促进国际次区域合作　加快边境地区发展. 宏观经济管理，2012（12）.

8. 张春旺. 东亚经济一体化与中国的应对策略. 特区经济，2007（7）.

第十二章　开放经济下国外需求冲击和
石油价格冲击分析

一、引　言

在过去的30多年中，中国的经济表现引人注目。自从1979年经济改革以来，中国平均GDP增长率达到10%，进出口额占GDP的比例从20%上升到50%左右。经济的平稳高速发展也使得产出波动在过去30多年中大幅下降。在这一时期中国对石油的需求急剧上升，作为仅次于美国的第二大原油消耗国，中国2011年总石油消耗达到4.5亿吨。随着工业化城市化进程的加速，未来中国的石油需求将保持高速增长。而石油价格在2010—2012年从每桶40美元上升到每桶106美元。其他发展中国家巴西、俄罗斯、印度的快速发展也使经济学家预测高油价将成为永久的世界问题，并且从长期来看石油价格还会继续上升。过去几年中油价的持续上升和对其持续上升的预期使得这一问题得到越来越多的关注。在这一背景下研究石油价格冲击对中国经济活动的影响具有深远的意义。

同时，国内石油定价机制的改革使得石油冲击与中国宏观经济波动更加紧密相连。新中国成立以后，在计划经济体制中，由于石油具有重要战略意义，石油产业处于国家统一管理、统一分配的体制中。1980年前，石油和石油产品的价格完全由国家决定。在这一时期，世界石油价格对中国宏观经济的影响很有限。从 1979 年的市场化改革开始，石油产业经历了一系列改革，国内石油价格逐渐同国际市场石油价格紧密相关。1981年国务院开始对石油定价做出改革，引入计划定价和市场定价并存的双轨定价策略。在双轨制时期，石油价格仍受到严格的控制，国内石油价格同国际油价的相关性仍旧很低。1998 年中央政府对石油定价进一步改革，放弃双轨制，新的石油定价由上月国际市场上相近品质原油平均价格决定。尽管这一时期国内原油价格滞后国际原油价格一个月，但国内原油定价已同国际原油价格高度相关。从 2000 年开始石油产品的定价得到放松，新的定价机制是以纽约、新加坡和鹿特丹三地的平均价格作为基础。由于石油消耗的大量上升和石油定价机制的改革，石油价格同中国经济的相关性越来越显著。

本章首先从理论和实证上解释石油价格冲击在过去 30 多年中对中国产出波动的影响，对其背后机制的理解可以帮助我们理解中国的商业周期；其次，利用动态随机均衡模型的方法来研究石油价格同中国宏观经济波动的关系，并试图理解中国宏观经济波动的内在机制；然后利用发展中国家的跨国时间序列数据进行实证研究为理论模型提供支持。利用新的理论和计量模型，能使我们确定未来石油价格冲击对中国经济所造成的影响，而对中国宏观经济波动内在机制的理解可以使我们制定更加合理的政策来维持经济平稳高速运行。

二、相关文献综述

本章研究所要解决的一个问题是在中国宏观经济波动逐渐减弱的过程中如何理解石油冲击对中国宏观经济的影响。对商业周期中宏观经济波动下降的研究可以为这一项目提供坚实的理论基础，同时商业周期中宏观经济波动下降的研究在过去的 10 年中也得到了经济学家极大的关注，解释其中的潜在要素可以对未来制定相关政策维持 GDP 平稳增长起到积极作用。

对产出波动下降的大量研究主要集中在解释美国和发达国家商业周期波动下降。如何解释这一现象在经济学家中仍有争议。金和尼尔森（Kim and

Nelson，1999），卡恩、麦奥康耐和佩雷斯•奎洛斯（Kahn，McConnell，and Perez-Quiros，2002）最早开始研究美国从 20 世纪 80 年代中期开始的商业周期中的宏观经济波动下降。他们认为信息革命改变了外部冲击在经济中的传导方式，例如存货管理技术的进步降低了波动，存货管理可以改变经济中冲击传导的方式。坎贝尔和霍克威茨（Campbell and Hercowitz，2005）认为 80 年代中期的美国金融市场改革放松了家庭借贷的抵押约束，耐用品消费的首次付款和分期付款比例的下调改变了外部冲击在经济中的传导方式，从而降低了经济的宏观波动。克拉里达、盖里和盖特勒（Clarida，Gali，and Gertler，2000）通过研究 80 年代前后的货币政策发现改进的货币政策可以解释为什么美国经济在 80 年代后趋于稳定。布兰查德和西蒙（Blanchard and Simon，2001）认为政府支出的下降、货币政策的改进和存货管理技术的进步都是显著降低产出波动的因素。盖里和甘贝蒂（Gali and Gambetti，2007）通过分析劳动力、产出的方差和协方差发现经济结构变化是解释商业周期波动的重要因素。

解释发达国家产出波动下降的另一种观点认为经济结构变化不是重要因素，经济波动的下降仅仅是由于"好运"，即是由于外在冲击波动下降导致经济波动下降，而不是由于更好的存货管理技术和更有效的货币政策。艾哈迈德、莱文和威尔逊（Ahmed，Levin，and Wilson，2002）应用 VAR（向量自回归）解释 80 年代后期美国经济波动下降是由于外部冲击波动下降。戈登（Gordon，2005）也发现外部冲击的方差下降是商业周期波动下降的主要因素。阿里亚斯、汉森和哈尼（Arias，Hansen，and Ohanian，2007）也认同美国在 80 年代后期外部冲击减小的观点，并利用 DSGE（动态随机一般均衡）模型来研究更低的外部冲击对商业周期和传导机制的影响，模型显示成功解释 80 年代后期商业周期波动下降必须依赖于波动更低的外部冲击。勒杜克和塞尔（Leduc and Sill，2005）同时研究了货币政策和 TFP 对美国商业周期的影响，发现货币政策可以解释通货膨胀波动，对产出波动下降的解释有限；外在 TFP 冲击可以解释大部分的产出波动下降。

宏观经济波动下降并不仅仅出现在美国等发达国家。中国经济在过去的30 多年中维持了高速的经济增长率，但在 90 年代中期也出现了产出波动的大幅下降。目前只有少量文献展开了对这一问题的研究。刘金全和刘志刚（2005）最早度量了中国经济周期的波动性并分解中国产出波动性，发现价格和货币等名义变量同产出波动之间存在密切关系，投资、政府支出和进出口波动下降是解释产出波动下降的重要原因。龚和林（Gong and Lin，2008）及何、庄、施（He, Chong, and Shi, 2009）也记录了中国宏观经济波动开始下降的事实。这一领域大部分研究都集中在利用制度性原因来解释宏观经济波动下降。何、王、张（He, Wang, and Zhang, 2010）研究了中国宏观经济波动下降并检验了导致波动下降的潜在要素。这一研究认为私有化和人力资本的积累可以显著解释中国商业周期波动下降。90 年代中期以来，中国推行了一系列的改革来增加经济的有效性，私有化的进程极大地提高了企业的效率；同时 80 年代中期的教育改革加快了人力资本的积累。何、王和张（He, Wang, and Zhang, 2010）选取了大量政策和制度指标，例如政府支出、信贷市场、FDI，通过中国省际数据来研究中国商业周期波动下降，他们发现国有企业产出所占份额同产出波动有显著的正相关性，人力资本积累同产出波动有显著的负相关性。李（Li, 2010）研究了政府规模同中国宏观经济波动的关系，利用 1994—2007 年的省际数据发现政府财政政策并不能显著降低宏观波动。李猛和沈坤荣（2010）发现地方政府行为能显著地解释中国经济波动，官员腐败数量下降的同时也会减小总体经济波动。从宏观的角度，张和万（Zhang and Wan, 2005）通过对总供给和需求的分析，发现需求冲击是 1985—2000 年商业周期最主要的驱动因素，供给冲击也逐渐变得重要，同时他们也发现宏观政策对经济周期波动影响很小。胡乃武和孙稳存（2008）认为消费理性化、投资冲动减弱、技术冲击强度下降、市场结构完善以及稳定的宏观政策是中国产出波动下降的主要原因。

石油价格上升也是影响宏观经济波动的重要因素之一，在石油价格逐渐攀升的过程中，研究石油价格对宏观经济波动的影响也得到了越来越多的关注。大量的历史证据都显示石油价格上升同经济下滑之间的负相关性。早期的研究者如拉希和塔特姆（Rasche and Tatom, 1977），达比（Darby, 1982）以及布鲁诺和萨克斯（Bruno and Sachs, 1982）都发现了这一负相关性。哈密尔顿（Hamilton）于 1983 年发表的文章是这一领域最有影响力的文献之一，分析说明了第二次世界大战后的大部分经济萧条之前都伴随着油价的大幅上升，并用实证的方法验证了油价的上升同产出增长率下降并不是统计上的巧合。哈密尔顿（Hamilton, 1983）之后大量文献，包括丹尼尔（Daniel, 1997），雷蒙德和里奇（Raymond and Rich, 1997），卡鲁思、胡克和奥斯瓦德（Carruth，Hooker，and Oswald，1998）以及哈密尔顿（Hamilton，2003）也都检验并证实了这一结论。

由于石油价格在现代经济中扮演极为重要的角色，如何从理论上解释石油冲击对经济的影响，量化石油冲击的效果是最近 20 年中这一领域最有挑战性的问题。一般来说石油价格可以通过下面几种方式来影响经济：石油价格改变直接影响运输成本以及石油相关产品的价格；石油价格的上升可以增加对未来的不确定性，使企业和消费者延迟消费和投资；石油价格的改变也会改变资本和劳动在经济中的配置。利用简单的生产函数我们可以估计石油冲击对产出的效果，而实际石油冲击对产出的影响要远远大于这一估计。显然简单通过生产要素的角度来分析石油冲击对产出的影响并不全面，石油冲击也会影响经济中的其他要素。金和朗格拉里（Kim and Lougnani，1992）利用新古典模型研究石油冲击对商业周期的影响发现，在无摩擦的模型中石油价格冲击只能解释很小的产出波动。诺特博格和伍德福德（Rotemberg and Woodford，1996）将完全竞争的市场结构扩展到寡头垄断的情况，发现劳动使用率对油价的反应可以强化油价冲击的效果。芬（Finn，2000）扩展诺特博格和伍德福德（Rotember and Woodford，1996）的研究框架，利用资本利用率也发现了同样的效果。另一种对石油价格和产出相关性的解释同货币政策有关，巴斯基和克利安（Barsky and Kilian，2004）认为货币扩张引起了油价上升，同时接下来的收缩也导致了产出的下降。勒迪克和塞尔（Leduc and Sill，2004）利用黏性价格模型并扩展芬（Finn，2000）的框架认为货币政策影响有限。费德勒（Ferderer，1996），布朗和于杰尔（Brown and Yucel，1999），戴维斯和霍尔蒂万格（Davis and Haltiwanger，2001）都通过实证方法验证了石油价格比货币收缩的效果更显著。艾特克森和基欧（Atkeson and Kehoe，1999）理论分析了资本和劳动的调整成本可以加强石油冲击的效果。这一理论同之前的理论有显著的不同，石油冲击对产出的影响不是对数线性，油价上升消费者会推迟耐用品的购买，油价下降消费者也不会马上增加对耐用品的消费。

在哈密尔顿（Hamilton，1983）之后，一些研究发现油价同产出的线性关系在实证上很难同数据吻合，例如朗格拉里（Loungani，1986），戴维斯（Davis，1987）。大量的研究开始讨论油价同产出关系的非线性模型。莫克（Mock，1989）分别估计油价上涨和下降的系数并发现油价下降带来的效果并不显著。李、倪和拉第（Lee，Ni，and Ratti，1995）发现考虑油价波动能更好地预测产出。哈密尔顿（Hamilton，2003）利用非参数方法解释油价的非线性，通过比较当前油价同之前三年的最高值的差异确定油价冲击，发现油价冲击可以更好地解释产出变化。

随着中国经济同石油价格的联系越来越紧密，越来越多的学者开始关注石油价格对中国宏观经济的影响。林伯强和牟敦国（2007）利用可计算一般均衡理论研究石油和煤炭价格上涨对中国经济所造成的影响，能源价格上涨对中国经济产生紧缩作用，并对不同的产业紧缩程度也不同。孙稳存（2007）估算石油价格上升对中国通货膨胀和产出的影响，发现国际油价上升一倍中国会出现温和通胀和小幅的产出下降。黄和郭（Huang and Guo，2007）研究了石油价格对中国实际汇率的影响，结果显示由于中国比其他贸易伙伴更少依赖于石油及政府对石油的管制，石油价格冲击会导致长期实际汇率升值。丛、魏、焦和范（Cong，Wei，Jiao，and Fan，2008）发现石油价格冲击对中国股票市场并没有显著的影响，石油价格的不确定性会增加石油产业股票的投机。陈、陈和吴（Chen，Chen，and Wu，2009）发现中国对国际市场上的石油价格波动影响有限，中国国内的石油冲击来源于美国和OPEC的影响。杜、何和魏（Du，He，and Wei，2010）也通过实证方法来检验石油价格同中国宏观经济的关系，发现由于石油价格改革，世界石油价格对中国宏观经济有显著的影响，而中国对世界石油价格的影响有限，同时石油价格同中国产出增长有正的相关性。

三、模　　型

本研究基于一个考虑石油冲击的动态随机一般均衡模型。模型的框架是基于基德兰德和普雷斯科特（Kydland and Prescott，1982），金和朗格拉里（Kim and Lougani，1992）的研究，在小国开放经济的框架下引入石油使用和石油价格作为外部冲击。整个经济由代表性消费者组成。国内厂商可以生产国内中间产品，世界其他国家可以生产国外中间产品。国内和国外的中间产品可以共同用来生产最终产品。模型利用贸易传导机制刻画出国内经济同世界其他国家经济紧密相关，同时这一特征也可以反映中国较高的进出口贸易占经济产出份额。

（一）消费者问题

代表性消费者通过消费消费品 c 和休闲获得效用，假设工作时间是 h。代表性消费者最大化下面的终生效用函数：

$$U = E_0 \sum_{t=0}^{\infty} \beta^t u(c_t, h_t),$$ (12—1)

式中，$u(c_t, h_t) = \dfrac{(c_t - \dfrac{h^\omega}{\omega})^{1-\gamma} - 1}{1-\gamma}$；$\beta$ 是主观折现因子；γ 控制了消费者的跨期替代弹性；ω 可以用来解释消费者的劳动供给弹性。

消费者可以通过投资 x_t 来积累资本：

$$k_t = (1-\delta)k_{t-1} + x_t,$$ (12—2)

式中，k_t 表示资本；δ 是资本折旧率。由于最终产品不能无成本地转化为资本，我们引入调整成本函数 $\phi(k_{t+1} - k_t) = \dfrac{\phi}{2}(k_{t+1} - k_t)^2$，这里消费者需要付出 ϕ 确定的成本来进行积累资本。

我们假设在开放经济的条件下，国内经济能在国际资本市场以利率 r 进行借贷，r 是国际市场上的无风险利率。每一期初的国外资产持有为 d_{t-1}，下一期持有资产是 d_t，资产组合的调整成本由 φ 控制，$\dfrac{\varphi}{2}(d_t - \overline{d})^2$，这里 $\overline{d}$ 是稳态下的国外资产。国内代表性消费者的期间预算约束为：

$$p_t(c_t + x_t + \phi(k_{t+1} - k_t) + \frac{\varphi}{2}(d_t - \overline{d})^2) + (1+r)d_{t-1} + p_{et}e_t = p_{at}y_t + d_t$$ (12—3)

式中，国内代表性消费者的预算约束是以国外中间产品价格计价；p_t 是国内最终产品价格；p_{at} 是国内中间产品价格；p_{et} 是石油价格；y_t 代表国内中间产品的产出。

代表性消费者的最优化终生效用函数（12—1），同时还要满足限制条件函数（12—2）和（12—3）。

（二）厂商问题

可贸易中间产品的生产是由如下生产函数刻画：

$$y_t = z_t \left(\eta^{\frac{1}{\nu}} k_{t-1}^{\frac{\nu-1}{\nu}} + (1-\eta)^{\frac{1}{\nu}} e_t^{\frac{\nu-1}{\nu}} \right)^{\frac{a\nu}{\nu-1}} h_t^{(1-a)} \tag{12—4}$$

式中，z 是随时间变化的技术冲击；ν 为中间产品部门石油和资本的替代弹性；$1-\alpha$ 为中间产品部门中劳动所占的比例；η 刻画了在中间产品生产中资本所占的比例；e 为石油投入。

厂商选择劳动、资本和石油等生产要素最大化利润，厂商的利润由如下函数刻画：

$$\pi_t = p_{at} y_t - W_t h_t - r_t k_{t-1} - p_{et} e_t \tag{12—5}$$

（三）最终产品部门问题

最终产品是由国内和国外的中间产品生产得到的，并用于消费和投资。最终产品的产出由下面的 CES 函数控制：

$$G = \left(\lambda^{\frac{1}{\theta}} a_t^{\frac{\theta-1}{\theta}} + (1-\lambda)^{\frac{1}{\theta}} b_t^{\frac{\theta-1}{\theta}} \right)^{\frac{\theta}{\theta-1}} \tag{12—6}$$

式中，λ 为国内中间产品占国内最终产品的份额；θ 为国内和国外中间产品的替代弹性；a 代表用来生产最终产品的国内中间产品；b 代表用来生产最终产品的国外中间产品。

通过最优化问题，我们可以得到国内和国外中间产品的需求和国内最终产品价格指数：

$$a = \lambda \left(\frac{p_a}{P} \right)^{-\theta} G \tag{12—7}$$

$$b = (1-\lambda) \left(\frac{p_b}{P} \right)^{-\theta} G \tag{12—8}$$

$$P = \left(\lambda p_a^{1-\theta} + (1-\lambda) p_b^{1-\theta} \right)^{\frac{1}{1-\theta}} \tag{12—9}$$

（四）市场出清

在模型中我们假定国内的中间产品可用于国内的最终产品和出口，国内中间产品市场出清需要满足如下条件，

$$y_t = a_t + a_t^* \tag{12—10}$$

式中，y_t 代表国内中间产品的产出；a_t 代表国内中间产品的需求；a_t^* 代表中间产品的出口。我们假定国外对国内中间产品的需求由下面的函数控制：

$$a_t^* = (1-\lambda) p_{at}^{-\theta} y_t^* \tag{12—11}$$

国外对国内中间产品的需求取决于中间产品的价格 p_{at} 和总产出需求 y_t^*。

最终产品的市场出清需要最终产品等于消费、投资、资本和资产组合的调整成本：

$$G_t = c_t + i_t + \phi(k_{t+1} - k_t) + \frac{\varphi}{2}(d_t - \overline{d})^2 \tag{12—12}$$

（五）外部冲击

在模型中我们假定国内技术冲击服从 AR（1）：

$$z_t = \rho_z z_{t-1} + \varepsilon_{zt} \tag{12—13}$$

石油价格服从以下过程：

$$p_{at} = \rho_e p_{at-1} + \varepsilon_{et} \tag{12—14}$$

国外需求也服从 AR（1）：

$$y_t^* = \rho_y y_{t-1}^* + \varepsilon_{yt} \tag{12—15}$$

四、模型校准

我们校准模型的参数使模型结果同中国宏观数据相符。控制 z_t，p_{at}，y_t^*

的参数是通过 AR（1）过程估计得到。从门多萨（Mendoza，1991）以及施密特和乌里纬（Schmitt-Grobe and Uribe，2003）的研究中我们选择控制效用函数的参数 γ，ω。此外 β 的取值同世界平均实际利率一致。δ，α 的选择同传统的商业周期文献相一致。资本调整成本参数 ϕ 用来控制投资的波动率。资产组合调整成本参数 φ 用来控制经常性项目的波动。我们设定 η 同资本和石油占产出的比例一致。资本和石油在生产中的弹性 ν 我们假定为 0.6，即资本同石油存在互补性。参数 λ 用来衡量国内经济的贸易开放度，我们选择 λ 同中国平均的贸易开放度一致。我们假定国内和国外中间产品的替代弹性 θ 为 1.5。表 12—1 报告了模型参数的选择。

表 12—1　　　　　　　　　　　　模型参数

γ	2
ω	1.455
α	0.33
ϕ	0.028
r	0.04
δ	0.1
φ	0.000 8
β	0.96
λ	0.71
θ	1.5
η	0.98
ν	0.6
ρ_z	0.6
ρ_e	0.9
ρ_y	0.97

五、模拟结果

我们将分析受到所有的外部冲击以及分别受到技术、国外需求和石油价格的冲击对经济的影响。表 12—2 和表 12—3 显示了模型中不同冲击的波动率和不同变量同产出的相关系数。第一列代表中国实际商业周期中的波动率和相关系数。第二列数据来源于所有冲击给定下的模型波动率和相关系数。从表12—2中我们发现，给定所有的外部冲击，模型可以较好地模拟大部分变量的波动率和相关系数。同时模型也显示了进出口的波动要高于实际数据；对于相关系数，模型得出的结果都要高于实际的数据。第三、第四、第五列分别代表不同冲击下模型产生的波动率和相关系数。技术冲击可以带来更高的投资波动和净出口波动；国外需求和石油价格带来的产出波动要远远低于技术冲击产生的波动。此外，我们也发现国外需求带来的劳动波动要远远高于实际数据，投资波动要低于实际数据，消费波动在国外需求冲击下也被高估。同时，我们发现石油价格冲击会带来较高的投资波动，说明石油同资本品的互补可以极大地提高波动。表12—3显示了数据和模型变量的相关系数，给定所有冲击的模型可以较好地模拟相关系数，但是对于净出口同产出的相关性，模型得到的结果同实际值偏离很大。此外，从表12—3中我们也发现，在仅给定石油价格和国外需求冲击的情况下，模型产生的投资波动同实际数据接近。表12—2和表12—3的分析告诉我们技术冲击可以带来大部分的产出波动，但是石油价格冲击带来的投资波动也值得我们关注。

表 12—2 经济波动率

	数据	所有冲击	技术冲击	国外需求冲击	石油价格冲击
$\sigma(y)\%$	4.800	3.900	3.463	0.326	0.107
$\sigma(h)/\sigma(y)$	0.458	0.673	0.623 9	1.422	0.674
$\sigma(in)/\sigma(y)$	1.792	1.804	2.307	0.415	3.492
$\sigma(c)/\sigma(y)$	1.167	1.077	0.796	2.893	1.043
$\sigma(nx/y)\%$	2.710	3.489	4.029	0.399	0.307

表 12—3 相关系数

	数据	所有冲击	技术冲击	国外需求冲击	石油价格冲击
$\rho(h,y)$	0.745	0.997	0.997	0.998	0.989
$\rho(in,y)$	0.800	0.904	0.913	0.885	0.763
$\rho(c,y)$	0.834	0.987	0.999	0.990	0.984
$\rho(nx/y,y)$	−0.098	−0.829	−0.796	−0.065	−0.488

在表 12—4 和表 12—5 中我们将技术冲击分别同国外需求冲击、石油价格冲击结合起来在模型中生成波动率和相关系数。同时引入技术冲击和国外需求冲击、石油价格冲击所得到的结果同表 12—2 和表 12—3 很类似，这也进一步证明技术冲击能够解释大部分的商业周期波动，国外需求和石油价格所带来的波动有限。

表 12—4　　　　　　　　　　　　　　　经济波动率

	数据	技术冲击＋ 国外需求冲击	技术冲击＋ 石油价格冲击	石油价格冲击＋ 国外需求冲击
$\sigma(y)\%$	4.800	3.917	3.469	0.347
$\sigma(h)/\sigma(y)$	0.458	0.672	0.623	1.353
$\sigma(in)/\sigma(y)$	1.792	2.048	2.667	1.290
$\sigma(c)/\sigma(y)$	1.167	1.088	0.798	2.766
$\sigma(nx/y)\%$	2.710	5.496	6.032	0.509

表 12—5　　　　　　　　　　　　　　　相关系数

	数据	技术冲击＋ 国外需求冲击	技术冲击＋ 石油价格冲击	石油价格冲击＋ 国外需求冲击
$\rho(h,y)$	0.745	0.997	0.997	0.981
$\rho(in,y)$	0.800	0.904	0.912	0.461
$\rho(c,y)$	0.834	0.986	0.999	0.972
$\rho(nx/y,y)$	−0.098	−0.830	−0.795	−0.152

我们利用模型生成的冲击反应函数来分析技术、国外需求和石油价格冲击的传导机制。图 12—1、图 12—2 和图 12—3 分别显示了技术冲击、国外需求冲击和石油价格冲击所带来的冲击反应函数。当技术冲击下降 1%，负技术冲击立即导致了消费、劳动、投资和产出的下降。此外，产出和投资的下降也使得资本流向国外。图 12—1 也显示技术冲击所带来的投资变化幅度要远远高于消费、劳动和产出。

图 12—2 显示了国外需求下降对国内经济带来的影响。国外需求的萎缩，降低了国内的产出，带来劳动下降，同时投资也由于更少的需求开始下降。此外由于资本的调整成本，在国外需求下降后很长一段时间中，投资依然继续下降。图 12—2 也显示国外需求冲击带来的产出、劳动、投资的下降

幅度要远低于技术冲击带来的影响。

图 12—3 显示了石油价格上升带来的影响。石油价格的上升极大地影响了国内的投资，因为资本同石油呈现互补的关系。投资的下滑也导致了劳动的下滑，进一步对消费产生了负面效应。石油价格上升带来的影响，由于资本的调整成本，会产生一定的滞后。在短期，当油价开始下降时，我们会发现劳动、产出和消费都会下降。同时这一现象可以解释石油价格冲击的不对称效果。

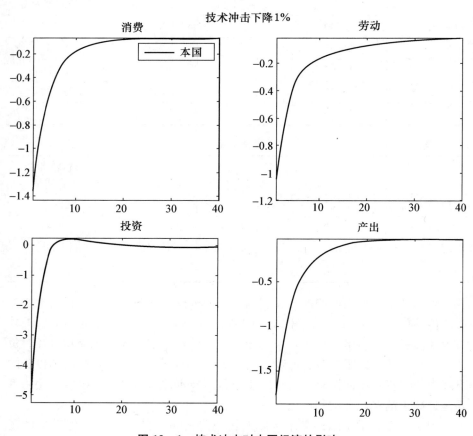

图 12—1　技术冲击对本国经济的影响

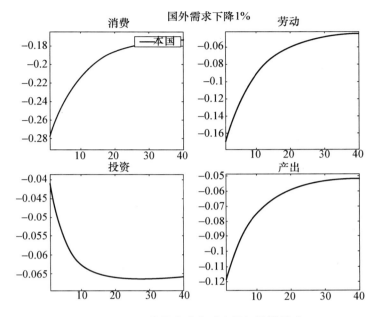

图 12—2 国外需求冲击对本国经济的影响

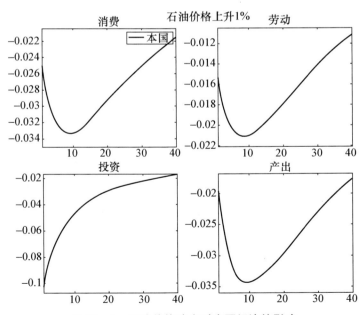

图 12—3 石油价格冲击对本国经济的影响

在图 12—4 中我们同时给定国外需求下降 1% 和石油价格上升 1%，发现国外需求主要影响了消费、产出和劳动，而石油价格冲击对投资的影响最大。石油价格上升导致了投资迅速调整。

最后为了估计石油价格上升对经济的影响，我们也给出了石油价格上升 50% 的冲击反应函数。图 12—5 显示了当石油价格从当前价格继续上升 50% 时对产出、消费、劳动和投资的影响。石油价格上升 50%，产出下降超过 1.5%，消费和劳动的下滑也超过了 1%，投资下滑可以达到 5%。

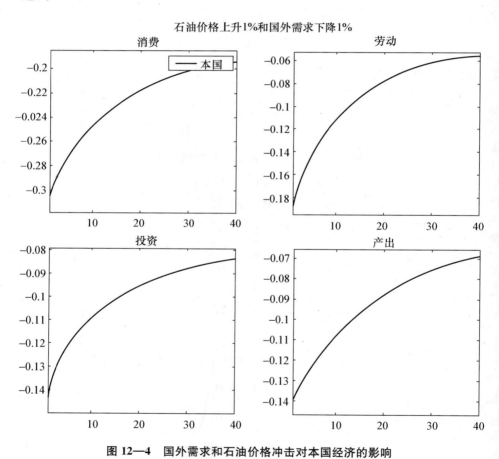

图 12—4　国外需求和石油价格冲击对本国经济的影响

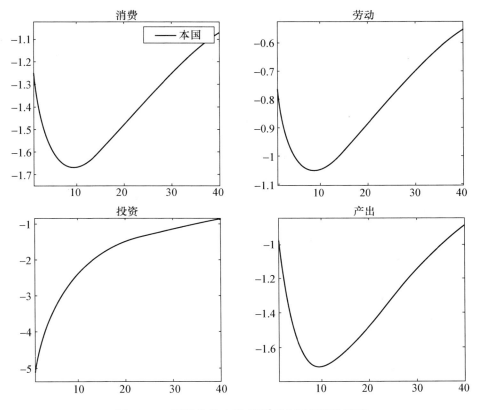

图 12—5 石油价格上升 50%对本国经济的影响

六、结 论

本章分析了自从全球金融危机后，石油价格高企和欧债危机下国外需求疲软对中国经济的冲击。为了估计冲击对中国经济的影响，我们利用了开放经济下的商业周期模型，并引入国外需求冲击和石油价格冲击，在此基础上分析了不同冲击对经济的影响。通过对模型的校准，模型可以解释大部分的中国实际商业周期的数据，并且能够分析在开放经济下油价和国外需求对中国经济的影响。通过分析技术冲击、国外需求冲击和石油价格冲击的传导机制，我们发现国外需求冲击和石油价格冲击产生的波动要远远小于技术冲击带来的影响，但是石油价格冲击对投资的波动也起到了相当大的决定作用，而且石油价格上升可以使得产出的下降更加持久。在欧洲需求疲软的背景下，对石油价格冲击的分析越来越重要。最后，利用模型我们可以估计石油价格上升对最终产出和消费的影响，为宏观调控的政策起到指导作用。

参考文献

1. 胡乃武，孙稳存. 中国经济波动的平缓化趋势分析. 中国人民大学学报，2008（1）.

2. 贾俊雪，郭庆旺. 开放经济条件下的中国经济周期波动特征. 经济理论与经济管理，2007（7）.

3. 李猛，沈坤荣. 地方政府行为对中国经济波动的影响. 经济研究，2010（12）.

4. 林伯强，牟敦国. 能源价格对宏观经济的影响——基于可计算一般均衡（CGE）的分析. 经济研究，2008（11）.

5. 刘金全，刘志刚. 我国经济周期波动中实际产出波动性的动态模式与成因分析. 经济研究，2005（3）.

6. 鲁政委，翟鹏霄. 中国经济波动：理论假说与宏观调控. 社会科学辑刊，2005（5）.

7. 孙广生. 经济波动与产业波动（1986—2003）——相关性、特征及推动因素的初步研究. 中国社会科学，2006（3）.

8. 孙稳存. 能源冲击对中国宏观经济的影响. 经济理论与经济管理，2007（2）.

9. Ahmed，Shaghil，Andrew Levin，and Beth Anne Wilson. 2004. Recent U. S. Macroeconomic Stability：Good Policies，Good Practices，or Good Luck?. *The Review of Economics and Statistics*，86（3）：824-832.

10. Arias，Andres，Gary Hansen，and Lee Ohanian. 2007. Why Have Business Cycle Fluctuations Become Less Volatile?. *Economic Theory*，32（1）：43-58.

11. Atkeson，Andrew，and Patrick J. Kehoe. 1999. Models of Energy Use：Putty-Putty versus Putty-Clay. *American Economic Review*，89

(4): 1028-1043.

12. Backus, David K, and Mario J Crucini. 2000. Oil Prices and the Terms of Trade. *Journal of International Economics*, 50 (1): 185-213.

13. Barsky, Robert B., and Lutz Kilian. 2004. Oil and the Macro-economy since the 1970s. *Journal of Economic Perspectives*, 18 (4): 115-134.

14. Blanchard, Olivier, and John Simon. 2001. The Long and Large Decline in U. S. Output Volatility. *Brookings Papers on Economic Activity*, 32 (1): 135-174.

15. Bodenstein, Martin, Christopher J Erceg, and Luca Guerrieri. 2011. Oil Shocks and External Adjustment. *Journal of International Economics*, 83 (2): 168-184.

16. Brown, Stephen P. A., and Mine K. Yücel. 1999. Oil Prices and U. S. Aggregate Economic Activity: A Question of Neutrality. *Economic and Financial Policy Review* (Q II): 16-23.

17. Bruno, Michael, and Jeffrey Sachs. 1982. *Energy and Resource Allocation: A Dynamic Model of the "Dutch Disease"*. National Bureau of Economic Research, Inc. NBER Working Paper.

18. Campbell, Jeffrey R., and Zvi Hercowitz. 2005. *The Role of Collateralized Household Debt in Macroeconomic Stabilization*. National Bureau of Economic Research, Inc. NBER Working Paper.

19. Carruth, Alan A., Mark A. Hooker, and Andrew J. Oswald. 1998. Unemployment Equilibria and Input Prices: Theory and Evidence from The United States. *The Review of Economics and Statistics*, 80 (4): 621-628.

20. Chen, K. C., Shaoling Chen, and Lifan Wu. 2009. Price Causal Relations between China and the World Oil Markets. *Global Finance Journal*, 20 (2): 107-118.

21. Clarida, Richard, Jordi Galí, and Mark Gertler. 2000. Monetary Policy Rules and Macroeconomic Stability: Evidence and Some Theory. *The Quarterly Journal of Economics*, 115 (1): 147-180.

22. Cong, Rong-Gang et al.. 2008. Relationships between Oil Price

Shocks and Stock Market: An Empirical Analysis from China. *Energy Policy*, 36 (9): 3544-3553.

23. Daniel, Betty C.. 1997. International Interdependence of National Growth Rates: A Structural Trends Anakysis. *Journal of Monetary Economics*, 40 (1): 73-96.

24. Darby, Michael R.. 1982. *The Real Price of Oil and the* 1970s *World Inflation*. National Bureau of Economic Research, Inc. NBER Working Paper.

25. Davis, Steven J.. 1987. Allocative Disturbances and Specific Capital in Real Business Cycle Theories. *American Economic Review*, 77 (2): 326-332.

26. Davis, Steven J, and John Haltiwanger. 2001. Sectoral Job Creation and Destruction Responses to Oil Price Changes. *Journal of Monetary Economics*, 48 (3): 465-512.

27. Du, Limin, He Yanan, and Chu Wei. 2010. The Relationship between Oil Price Shocks and China's Macro-economy: An Empirical Analysis. *Energy Policy*, 38 (8): 4142-4151.

28. Faria, Joao Ricardo et al.. 2009. The Effect of Oil Price on China's Exports. *China Economic Review*, 20 (4): 793-805.

29. Finn, Mary G.. 2000. Perfect Competition and the Effects of Energy Price Increases on Economic Activity. *Journal of Money, Credit and Banking*, 32 (3): 400-416.

30. Galí, Jordi, and Luca Gambetti. 2009. On the Sources of the Great Moderation. *American Economic Journal: Macroeconomics*, 1 (1): 26-57.

31. Gong, Gang, and Justin Yifu Lin. 2008. Deflationary Expansion: An Overshooting Perspective to the Recent Business Cycle in China. *China Economic Review*, 19 (1): 1-17.

32. Gordon, Robert J.. 2005. *What Caused the Decline in US Business Cycle Volatility?*. Reserve Bank of Australia. RBA Annual Conference Volume.

33. Hamilton, James D.. 1983. Oil and the Macroeconomy since

World War II. *Journal of Political Economy*, 91 (2): 228-248.

34. Hamilton, James D.. 2009. Causes and Consequences of the Oil Shock of 2007-08. *National Bureau of Economic Research Working Paper Series*, No. 15002.

35. He, Qing, Terence Tai-Leung Chong, and Kang Shi. 2009. What Accounts for Chinese Business Cycle?. *China Economic Review*, 20 (4): 650-661.

36. He, Qing, Boqun Wang, and Ning Zhang. Time Varying Volatility in Chinese Economy: A Regional Perspective.

37. Huang, Ying, and Feng Guo. 2007. The Role of Oil Price Shocks on China's Real Exchange Rate. *China Economic Review*, 18 (4): 403-416.

38. J., Peter Ferderer. 1996. Oil Price Volatility and the Macroeconomy. *Journal of Macroeconomics*, 18 (1): 1-26.

39. Jiménez-Rodríguez, Rebeca, and Marcelo Sánchez. 2004. *Oil Price Shocks and Real GDP Growth: Empirical Evidence for Some OECD Countries*. European Central Bank. Working Paper Series.

40. Kahn, James A., Margaret M. McConnell, and Gabriel Perez-Quiros. 2002. On the Causes of the Increased Stability of the U. S. Economy. *Economic Policy Review*, May: 183-202.

41. Kim, Chang-Jin, and Charles R. Nelson. 1999. Has the U. S. Economy Become More Stable? A Bayesian Approach Based on A Markov-Switching Model of the Business Cycle. *The Review of Economics and Statistics*, 81 (4): 608-616.

42. Kim, In-Moo, and Prakash Loungani. 1992. The Role of Energy in Real Business Cycle Models. *Journal of Monetary Economics*, 29 (2): 173-189.

43. Kydland, Finn E, and Edward C Prescott. 1982. Time to Build and Aggregate Fluctuations. *Econometrica*, 50 (6): 1345-1370.

44. Laurenceson, James, and Danielle Rodgers. 2010. China's Macroeconomic Volatility—How Important is the Business Cycle?. *China Economic Review*, 21 (2): 324-333.

45. Leduc, Sylvain, and Keith Sill. 2004. A Quantitative Analysis of Oil-Price Shocks, Systematic Monetary Policy, and Economic Downturns. *Journal of Monetary Economics*, 51 (4): 781−808.

46. Lee, Kiseok, Shawn Ni, and Ronald A. Ratti. 1995. Oil Shocks and the Macroeconomy: The Role of Price Variability. *The Energy Journal*, 16 (4): 39−56.

47. Li, Cheng. 2010. *Government Size and Macroeconomic Stability: Sub-National Evidence from China.* University Library of Munich, Germany. MPRA Paper.

48. Loungani, Prakash. 1986. Oil Price Shocks and the Dispersion Hypothesis. *The Review of Economics and Statistics*, 68 (3): 536−539.

49. Mork, Knut Anton. 1989. Oil and Macroeconomy When Prices Go Up and Down: An Extension of Hamilton's Results. *Journal of Political Economy*, 97 (3): 740−744.

50. Rasche, Robert H., and John A. Tatom. 1977. The Effects of the New Energy Regime on Economic Capacity, Production, and Prices. *Review*, May: 2−12.

51. Raymond, Jennie E, and Robert W Rich. 1997. Oil and the Macroeconomy: A Markov State-Switching Approach. *Journal of Money, Credit and Banking*, 29 (2): 193−213.

52. Rotemberg, Julio J, and Michael Woodford. 1996. Imperfect Competition and the Effects of Energy Price Increases on Economic Activity. *Journal of Money, Credit and Banking*, 28 (4): 550−577.

53. Schubert, Stefan F, and Stephen J Turnovsky. 2011. The Impact of Oil Prices on an Oil-Importing Developing Economy. *Journal of Development Economics*, 94 (1): 18−29.

54. Tang, Weiqi, Libo Wu, and ZhongXiang Zhang. 2010. Oil Price Shocks and Their Short-and Long-Term Effects on the Chinese Economy. *Energy Economics*, 32 (Supplement 1).

55. Zhang, Yin, and Guanghua Wan. 2005. China's Business Cycles: Perspectives from an AD-AS Model. *Asian Economic Journal*, 19 (4): 445−469.

第十三章　经济转型与资本外逃的实证研究

一、引　言

　　资本外逃是发展中国家经常遇到的普遍性问题，而在经济转型阶段，这一问题就更为突出。二战后亚洲的日韩等国家，比较顺利地实现了经济结构的升级，所遇到的资本外逃问题相对较小，而很多拉美国家则在转型中遭遇了严重的资本外逃，当时这些国家普遍由于政府宏观经济政策的失误造成了国内严重的经济衰退、汇率高估、通货膨胀和财政赤字等问题，使得国内的投资风险急剧升高，居民对本国经济失去了信心，纷纷采取各种渠道将资本转移至国外相对安全的地方。因此，国内经济发展所需的大量资金只能靠政府部门大量举借外债来弥补，而外债的增加又增大了居民对政府未来通过征税来还债的预期，从而进一步恶化了国内的投资环境，增加了国内的投资风险，最终形成资本外逃和举借外债互相刺激的恶性循环。此外，由于这些经济基本因素会同时降低居民和非居民对本国经济的信心，所以此类资本外逃是单向的，也可称之为"真实性的"资本外逃，它对一国经济所产生的负面影响十分严重。

　　我国当前的经济发展也遇到了一定的"瓶颈"，经济结构转型势在必行。

在以往经济快速发展的时期，资本外逃现象虽然存在，但未对我国经济发展产生灾难性的影响。而随着未来经济结构调整的推进，很多以往有利的宏观经济背景将发生转变，此时资本外逃对我国经济的影响可能加剧。因此，就需要我们深入了解资本外逃的各种成因，同时结合我国经济结构转型的实践，分析当前的结构转型将对资本外逃产生何种影响，以及此时的资本外逃将会如何反作用于中国经济。只有这样，我们才能提早预防，避免可能的资本外逃升级对我的经济结构转型产生巨大的负面影响，所以，此时我们将经济转型与资本外逃的研究相结合，是具有相当重要的现实意义的。

二、文献综述及本章的分析框架

对资本外逃，学者们在二战前就已经开展了一些相应的研究，首先关于资本外逃的定义，国际上出现过很多的观点。早在 1937 年，金德尔伯格（Kindleberger，1937）根据当时两次世界大战的经济背景，对资本外逃下的定义是"投资者处于恐慌或怀疑所导致的'异常的'短期资本流出"，"异常"是指资本从利率高的国家流向利率低的国家，这违背了"理性经济人"的基本假设，那么资本外逃就是出于规避潜在风险的考虑，投资者宁愿放弃更高收益的行为。80 年代以来，由于发展中国家经历了影响深远的经济、金融危机，资本外逃作为一个重要影响因素，针对性的研究也受到了更多的重视。如卡丁顿（Cuddington，1986）将其定义为"短期的投机性资本的外流"，就是平常所说的"游资"（hot money）的外流，投机性资本一般通过对宏观层面上的变动因素，如经济和政治的不稳定性或信息不对称、汇率政策等，做出迅速和激烈的反应，以获得套利或投机收益。以下几组定义也均将范畴限定在发展中国家，如托内尔（Tornell，1992）对资本外逃所作的定义为"生产资源由贫穷国家向富裕国家的转移与流失"，其隐含的意义是个人资本流出获得了净收益，以及全社会福利的下降；针对某些发展中国家存在的对资本要素流动的管制，金（Kim，1993）把资本外逃定义为"从发展中国家流出的，躲避官方管制和检测的私人资本"；杜利（Dooley，1986）所作的定义是"居民希望获得不受外国当局控制的金融资产和收益所导致的资本流出"。

关于资本外逃的成因，卡丁顿（Cuddington，1986）和科恩撒（Conesa，1987）分别以资产组合理论为基础分析了墨西哥、阿根廷、乌拉圭和委内瑞拉的资本外逃的成因，建立了多元回归模型用于解释上述四个国家的严重资本外逃现象。沃尔特（Walter，1985）进一步拓展了资产组合分析的理论模式，增加了一个新的要素——"机密性"（confidentiality）。他认为资本外逃除了正常的风险收益权衡外，还要考虑到资本外逃的隐蔽性，即不被别人，尤其是官方所察觉。这种状况在灰色或黑色收入的外逃时表现得尤为明显。莱塞德和威廉姆森（Lessard and Williamson，1987）提出了超国民待遇理论，也就是本章中会涉及的差别待遇理论，来解释资本外逃的成因，认为除了基本面的因素之外，许多非居民的资本流入只是一种"过渡性外逃"的结果，即居民为了享受非居民的待遇，而先采取种种途径将资本流出，再以非居民身份流入。莱塞德和威廉姆森（Lessard and Williamson，1987）还提出了总体投资环境理论，主要针对的也是 80 年代拉美国家爆发大规模债务危机后的资本外逃现象。这些国家在当时面临经济衰退、汇率高估、通货膨胀和财政赤字等严重问题，使得居民与非居民均对国内经济信心降低，纷纷通过各种渠道转移资本至国外。而财政赤字只能靠举借外债弥补，外债的上升加强了政府将增加税负以还债的预期，使得国内投资环境进一步恶化，促使进一步的资本外逃。类似地，多恩布什（Dornbusch，1985）认为三种刺激因素决定了资本外逃的发生：汇率过度高估、经常项目或资本项目的自由兑换以及政府部门似乎无节制的对外融资。

关于经济结构调整，佩卢（F. Perroux）认为，经济结构是"表示在时间和空间里有确定的位置的一个经济整体的特性的那些比例和关系"。丁伯根（C. J. Tingbergan）则认为，经济结构是"对有关经济对某些变化做出反应的方式的不可直接观察到的特征所作的考虑"。而关于经济结构转型对经济的影响，传统的经济增长理论是把结构因素排斥在经济增长的原因之外的。随着经济的发展，经济中各部门、各行业间的互动越来越多，结构因素对经济增长和经济效益的影响增大。从经济结构转型期的宏观经济特征来看，黄付生与魏风春（2010）通过对日本转型期的研究发现，在 1970 年前后，日本进入大众消费的阶段，经济增长的所有要素贡献率都呈下降趋势，同时也面临较严重的通货膨胀。

从上面的文献可见，以往学者对经济结构转型与资本外逃的研究基本上是割裂的，很少去挖掘这二者之间的联系，即使有学者如牛晓健（2005）对中国转型时期的资本外逃进行了专门的研究，但其所谓的转型也主要是指经济体制转型，如我国经济由计划经济体制向市场经济体制转型。而对我国当前所面对的经济结构转型将会对资本外逃产生何种影响，以往学者则鲜有论述。我们恰恰认为这两者之间的相互关系，或将成为未来中国经济实践的核心问题。因而本章突破了以往的研究界限，对经济结构转型与资本外逃之间的互动关系进行了深入研究，并在以下方面进行了新的尝试：

（1）把经济结构转型与资本外逃的研究结合，重点剖析二者之间的相互影响关系；

（2）对影响资本外逃的经济因素进行了全面梳理，强调宏观经济因素对资本外逃的决定性影响；

（3）从我国经济结构转型的特点出发，研究经济转型所产生的宏观经济影响，以及其对资本外逃的影响；

（4）建立了我们的资本外逃影响因素模型，虽然以往也有极个别学者作过相关尝试，但我们在变量选择等方面提出了新的观点。

经济结构转型研究和资本外逃研究都需要非常复杂的体系，本章首先通过国际比较，研究了海外国家在经济转型时期的宏观经济变化情况，以及所带来的资本外逃问题。其次，通过建立计量经济模型，计算了我国近20年来的资本外逃数量，对资本外逃的影响因素进行了统计分析，初步建立起资本外逃与经济转型的联系。再次，我们还对当前我国经济结构转型的特点进行了研究，根据这些特点对未来核心宏观经济指标的走势作出了趋势性的判断，而这些宏观经济因素正是资本外逃的决定性因素。最后，我们提出了对未来资本外逃走势的预测，并提出了相应的政策建议。

本章的研究框架如图13—1所示。

三、经济结构转型时期的宏观经济特征

我们认为宏观经济因素是资本外逃的决定性因素，因而本章我们将结合海外经济体的转型经历，研究经济结构调整时期的宏观经济特征，后续章节我们将进一步研究这些宏观经济特征的变化会对资本外逃产生何种影响。

我们以日本、韩国，以及墨西哥等拉美国家的转型经验为参考，以考察转型期间的宏观经济特征。结合以往学者们的研究，我们认为，日本经济结构转型期约处于60年代末至70年代初之间；韩国转型期主要处于80年代

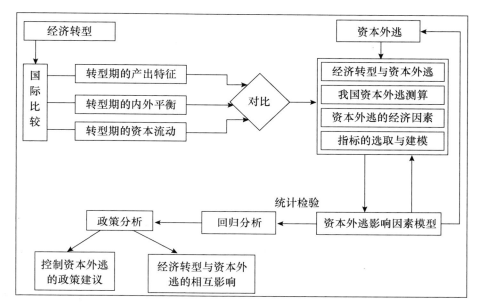

图 13—1 本章的研究框架图

末至 90 年代初之间；墨西哥等拉美国家在 70 年代大举外债以维持传统的进口替代型经济的增长，但受到石油危机等外部负面冲击后，出现大规模的资本外逃，原本的经济结构开始瓦解，直到 80 年代中期开始转型。因此，拉美国家在 70 年代至 80 年代初所经历的资本外逃是经济转型过渡期中的一部分。

（一）转型时期的国民经济产出特征

参考日、韩经验，转型时期有以下的国民经济产出特征：经济增速下行，货币供给的超发可能引起物价水平上升，以及工业产出增速中枢下行。

经济转型是资源配置与经济发展方式的改变，现有的增长模式已经受到各方面要素的限制，因此，进入转型期才能保证未来持续的增长。但是，在这个过程中，由于投资水平下行或内外经济不平衡加剧，还有可能是总需求水平的结构性变化，一般而言，经济增速都是下移的。但是，对于不同经济体而言，由于内生经济特征及外部经济环境不同，其下行特征有所不同，如幅度、持续时间以及下行方式。

日本经济增长的下滑幅度较为明显，从不变价格的同比增速来看，下降最大幅度为 9.7%。延续时间也相对较长，自 1970 年至 1974 年约 4 年。日本转型的内部原因在于要素配置模式的重大变化，主要是劳动力的约束，因此，劳动力不足这一内生因素导致转型时期内经济增速下行明显。从外部经济环境来看，当时日本面临的是两次石油危机，由于其对于进口石油的依赖程度较高，受到的冲击较为明显。而且，日本政府采用的调控手段多为宽松的货币政策，而非扩张性的财政政策，即没有出现韩国那样的政府主导的投资模式，这导致政策在应对经济下行中的效用相对有限。

从下行的方式来看，同比增速上，日本呈现出明显的一路向下（见图 13—2）。从季调后的环比增速来看，日本的增速中枢从 4% 左右下行至 2% 左右，显示出中枢下移的现象（见图 13—3）。

虽然在转型过程中遭受到较大的外部冲击，但经济下行的主要原因仍是内因。第一次石油危机由第四次中东战争引发，发生在 1973 年 10 月，而我们不难发现，日本转型期内的经济增速下行从 1970 年的 1 季度便已开始。以不变价格计算，GDP 同比增长率从 1970 年 1 季度的 13.4% 下滑到了1971 年 3 季度的 3.7%。而到了 1973 年底时，已经呈现了一定的经济复苏，石油危机作为外部冲击只是打断了这一复苏进程。因而，内部结构转型造成的冲击才是日本 70 年代初经济下滑的主因。

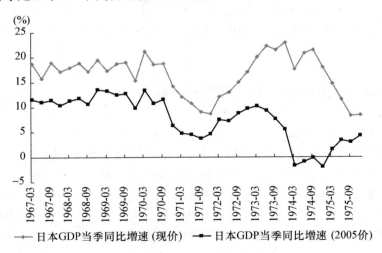

图 13—2　日本 GDP 同比增速下行显著

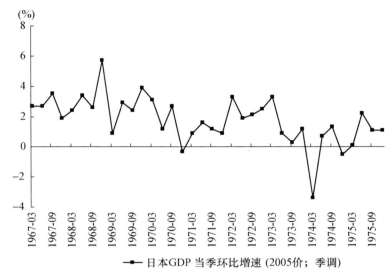

图 13—3　从环比增速来看，日本 GDP 下滑较为剧烈

　　而韩国的经济增长下降幅度更大，但持续时间较短（见图 13—4、图 13—5），主要原因有两个：一是在经济下行后不久，韩国政府主导下的投资便开始出现回升，带动投资率进一步上升。但这表明韩国的转型实际上并不成功，投资主导的增长模式并未改变，甚至有所强化。二是韩国消费占 GDP 的比重一直较大，使得韩国经济运行的弹性相对较小，在转型的压力下并没有迅速降低消费水平，从而使得经济整体保持在较高的水平上。

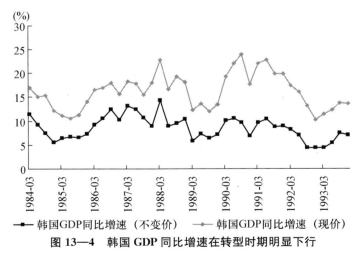

图 13—4　韩国 GDP 同比增速在转型时期明显下行

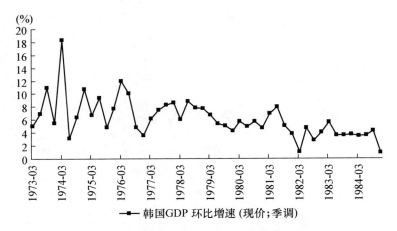

图 13—5 从环比增速来看，韩国 GDP 下滑较为平缓

从日、韩来看，在转型期内遭遇经济增速下滑后，央行可能会选择出台扩张性的财政政策和货币政策，这为转型过程中的严重通胀提供了货币基础。

1970—1973 年，日本的 M2 增速均达到了 17％以上，尤其是 1972 年和 1973 年，M2 增速均在 20％以上（见图 13—6）。与同期美国 5％～6％的货币供给增长率相比，显然日本货币供应是较为宽松的。

而韩国的广义 M2 同比增速均在 20％以上，虽然 1989 年有所收缩，但 1990 年 M2 增速重新快速上行（见图 13—7）。

图 13—6 日本在转型期间 M2 同比增速居高不下

图 13—7　韩国在转型期间 M2 增速维持在 25％以上高位

从图 13—8、图 13—9 来看，在两次石油危机期间，日本的通胀水平出现了显著的上行，第一次石油危机恰逢 70 年代初的宽松货币政策，二者合力使得日本当时的通胀水平达到了 20％以上的高点。而韩国的通胀中枢也在转型时期内出现了明显的上行，自 1985 年的 2％增至 1990 年的 8％以上。

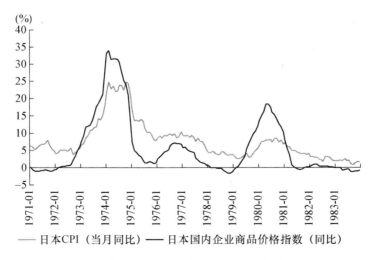

图 13—8　转型时期，日本 CPI 显著大幅上行

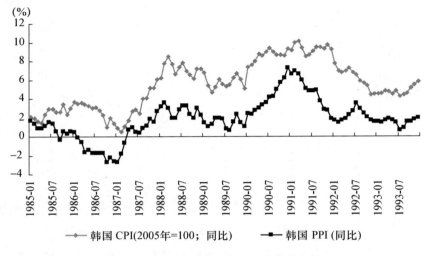

图 13—9 转型时期，韩国 CPI 出现上行

考虑到当时的经济增速下行，则日本陷入了"滞胀"状态，韩国进入了"类滞胀"状态。

总体来看，虽然经历了转型时期，但工业产出仍然处于持续的增长中，多数时间同比仍为正增长。

但从增速上来看，日本在工业发展过程中呈现出较大的周期性波动。随着 50 年代工业化起步、60 年代工业化起飞、70 年代工业化成熟的过程，工业产出增速也在 0～20％间大幅波动。在 70 年代的转型时期中，则出现了两次较明显的下滑，与整体国民经济产出的下滑基本同步（见图 13—10）。

而韩国的工业产出增速中枢则出现了明显下移。在 1988 年汉城奥运会之前，韩国工业产出进入一个高速增长阶段，工业产出增速从不到 5％上升至超过 25％的水平，但在这之后，工业产出增速出现快速下行，甚至出现过季度同比负增长（见图 13—11）。这一下行的原因可能有两个：一是奥运前的过度经济刺激与提前投资造成了过剩产能与总需求的不足，使得工业增速下行明显；二是韩国的第三产业在国民经济中相对占比更高、更具有刚性，工业部门受到的转型冲击更为显著。

可见，经济转型对于工业产出也具有明显的负面影响。

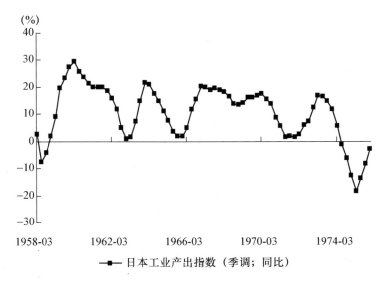

图 13—10　日本工业产出增速呈现明显波动性，在转型期间快速下行

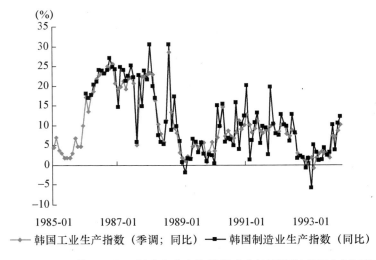

图 13—11　韩国工业、制造业生产指数增速在转型期间出现中枢下移

（二）转型时期的内外经济平衡

参考日、韩经验，从内部的总需求结构来看，在转型期中，投资占比出

现下行，而居民消费则上行，为了应对投资的下行，政府采购均出现了
上行。

从日本经验来看，在进入 70 年代的转型期后，资本形成占 GDP 比重明
显下行，而消费占比则出现了相应的提高。这段时间内，政府采购也出现了
明显上行（见图 13—12、图 13—13）。

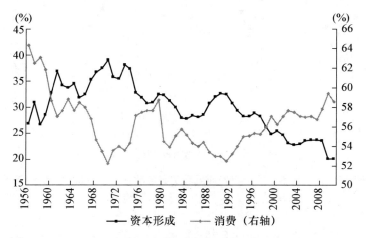

图 13—12　日本资本形成占 GDP 比重下行，消费占 GDP 比重上行

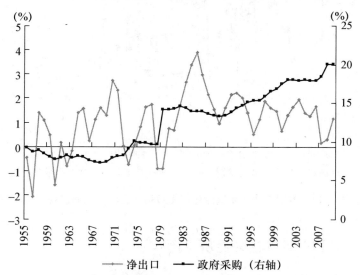

图 13—13　转型期间，日本的政府采购占 GDP 比重逐渐提高

从韩国经验来看，在奥运景气延续了两年之后，资本形成占比连续两年（1991—1992 年）明显下行，而这段时间的政府采购则显著上行（见图 13—14、图 13—15）。

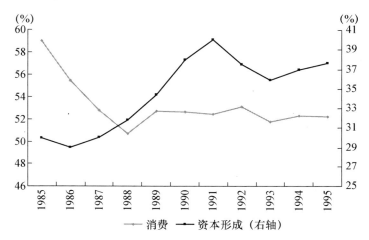

图 13—14　转型期间，韩国的资本形成占比大幅下行，而消费占比则出现明显上行

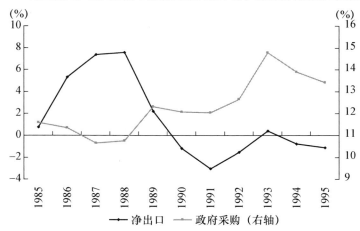

图 13—15　转型期间，韩国的政府采购占 GDP 比重逐渐提高

从对外贸易平衡来看，由于转型时期之前日本、韩国均采取了"出口导向型"经济发展模式，贸易顺差逐渐加大，西方国家相对这两国的贸易赤字也逐步扩大。在西方国家要求下，本国货币面临了一定升值压力，汇率出现了上行，在这个过程中，出口占 GDP 比重也出现了一定的下滑。

韩国在转型过程中也面临了西方国家的升值要求，与之相伴的也是出口占 GDP 比重的迅速下行（见图 13—16、图 13—17）。

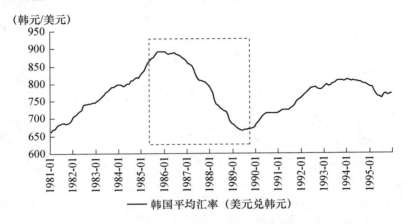

图 13—16　韩元在转型期间出现明显升值

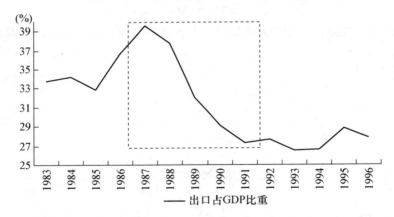

图 13—17　伴随着韩元升值，出口占 GDP 比重出现明显下行

（三）转型时期的国际资本流动

从拉美经验来看，转型时期可能面临一定国际资本外逃的风险。70 年代，拉美国家向出口导向型的经济转型并未成功。在这期间，资本外逃主要表现为外债的往返旅行。如表 13—1 所示，在 70 年代中后期，大多拉美国家的资本外逃量为正，但是外债也出现了明显的增加，这表明流出的资本以

外债的形式重新流入国内。

表 13—1　　　　　1973—1978 年拉美八个主要国家的资本外逃

国别	资本外逃 （百万美元）	外债的变动 （百万美元）	资本外逃额与 外债变动额之比（%）
阿根廷	29 469	48 062	61.3
巴西	15 566	96 620	16.1
智利	−3 342	17 325	−19.3
哥伦比亚	1 913	11 336	16.9
墨西哥	60 790	95 401	63.9
秘鲁	2 599	13 085	19.9
乌拉圭	83	3 667	2.3
委内瑞拉	38 815	29 391	132.1

资料来源：世界银行：《世界债务表(1988—1989 年)》。

　　拉美在 20 世纪初开始的进口替代的经济发展模式在 70 年代时已经无法为继，贸易逆差日益严重，主要是国内市场狭小、国际收支失衡、工业品缺乏国际竞争力等各方面因素所致。而随着 70 年代石油危机的爆发，发达国家陷入经济衰退，对信贷需求明显减少。此时拉美国家虽然利用有利的国际环境，大举外债并重新恢复了增长，但是也令经济转型停滞，并导致了货币高估、通货膨胀，以及经济下行的严重后果，并进一步导致资本外逃。如墨西哥，在转型失败后，净储备总体趋势呈现为持续的负增长。主要原因是经常项目下产品与服务净贸易额呈现负增长（见图 13—18、图 13—19）。

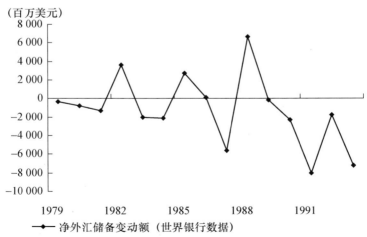

图 13—18　　在转型失败后，墨西哥净储备总体趋势呈现为负增长

图 13—19　墨西哥经常项目下产品与服务净贸易额呈现负增长，导致外汇储备减少

结合上述的一些转型时期的国民经济产出特征，可以推断转型时期将面临国际资本外逃的风险。

第一，如之前所述，转型时期的经济下行可能引起政府宽松的货币政策，进而导致通货膨胀。而隐含的通货膨胀税将使得本国货币资产的吸引力减小，令私人资本减少本国货币资产的持有量，引起资本外逃。如由于大举外债，政府超发货币还债，导致墨西哥在转型失败后经历了恶性的通货膨胀。因此本国利率出现了大幅上行（见图 13—20、图 13—21）。

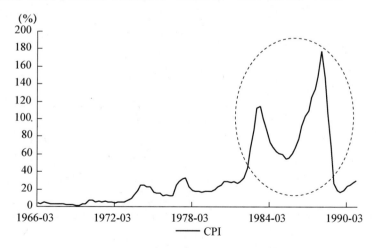

图 13—20　转型失败后，墨西哥经历了恶性通胀

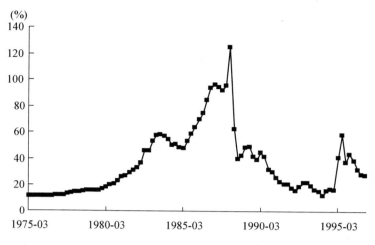

图 13—21 墨西哥利率出现急速飙升

第二，如果汇率被认为是高估本币，而本国货币迟早将贬值，资本就将倾向于配置国外资产。拉美国家接近国家破产，货币大幅贬值，便使得资本外逃加剧。如墨西哥汇率被认为高估，导致出口产品无优势，出口同比增速大幅下行，之后比索也出现快速的贬值（见图 13—22、图 13—23）。

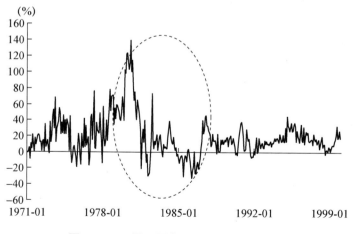

图 13—22 墨西哥出口同比增速大幅下行

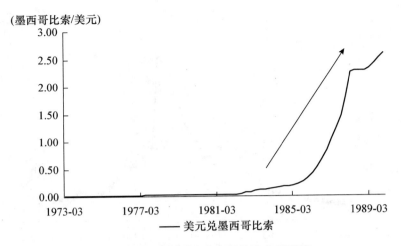

图 13—23 墨西哥比索出现快速大幅贬值

第三，如果投资国内生产部门的利润率低于国外，也会引起资本外逃。而资本外逃将造成国内投资不足，削弱实体经济，使得利润率进一步下降，最终形成一个恶性循环。在西方国家利率提高，借贷成本上升，及经济衰退使得对初级产品需求大幅减少的背景下，拉美国家经济快速下行，便形成了这一恶性循环(见图 13—24、图 13—25)。

图 13—24 同期发达国家利率上行，进一步催生资本外逃

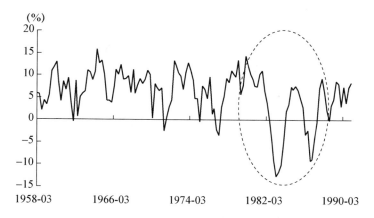

图 13—25　墨西哥工业产出指数同比增速出现大幅下行

　　而从韩国的经验来看，在转型期间，资本外逃与经济的波动相关性明显。可以看出，在 1988 年奥运景气结束后，GDP 增速中枢趋势性下行，直至经历亚洲金融危机，经济增速出现大幅下滑，同期的资本外逃量增长较明显（见图 13—26）。在这段期间，资本外逃量与 GDP 的相关性为 —0.37。

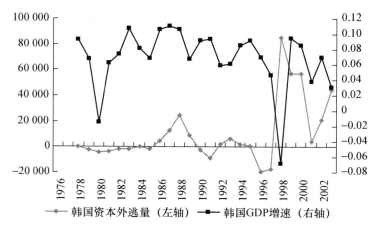

图 13—26　韩国资本外逃量与 GDP 增速负相关性明显

　　将转型时期的韩国与墨西哥比较后可见：无论转型成功与否，该时期的经济增速下行、通胀处于高位、工业产出下滑等特征均有可能导致资本外逃量的上行。

（四）经济结构转型对资本外逃影响的理论分析

根据日、韩经验，在转型时期，由于旧的经济发展模式已经难以为继，而新的发展模式还未建立，因此可能面临经济增速下行以及工业产出增速中枢下行的压力。政府为了应对经济增速下行压力，多采取宽松的货币政策。而这将导致货币供给的超发，可能引起物价水平上升。如果恰逢外部环境的恶化，将可能导致滞胀的出现。

从内部的总需求结构来看，在转型期中，投资占比出现下行，而居民消费则上行，为了应对投资的下行，政府采购均出现了上行。从内外平衡来看，由于转型时期之前日本、韩国均采取了"出口导向型"经济发展模式，贸易顺差逐渐加大，西方国家相对这两国的贸易赤字也逐步扩大。在西方国家要求下，本国货币面临了一定的升值压力，汇率出现了上行，在这个过程中，出口占GDP比重也出现了一定的下滑。

从拉美在转型过渡期的资本外逃情形来看，导致这一结果的因素可能包括：较高的通胀，本国货币的贬值，工业产出下滑导致投资收益率下行，出口下行导致本国政府的国际储备减少等。而这些因素均或多或少与经济结构转型相关。因此，合理的推断是，转型时期很可能导致一定程度的资本外逃（见表13—2）。

表 13—2　　　　日本、韩国、墨西哥经济转型期间的宏观经济特征汇总

	日本	韩国	墨西哥
经济增速	同比增速下行，受到包括两次石油危机在内的较大外部冲击，环比增速下行也较为显著	同比增速下行，环比增速下行并不显著，持续时间较短	同比增速下行
工业产出增速	呈现明显波动性，在转型期间快速下行	中枢下移	同比增速快速下行
通货膨胀	货币超发，外部输入性通胀导致通货膨胀率大幅上行	货币超发导致通胀迅速上行	严重的恶性通胀
总需求结构	投资占比下行、消费占比上行、政府采购上行	投资占比下行、消费占比上行、政府采购上行	N/A

续前表

	日本	韩国	墨西哥
本币汇率	本币升值	本币升值	本币大幅贬值
出口	出口增速下行	出口占 GDP 比重下行	出口同比增速下行
资本外逃量	N/A	明显上行	明显上行

注：N/A 表示本章未作讨论，下同。

同时，我们可以结合资产组合理论、总体投资环境理论等对此进行一定的解释。

资本外逃作为投资者投资组合的一个组成部分，显然也具有"趋利避险"的主要特征，因此有很多的经济学家用"资产组合理论"来解释该现象。该理论的主要观点是：一国居民在一定风险条件约束下最大化其预期收益，或在一定预期收益条件下最小化其风险水平，即：居民在风险和回报之间进行取舍，将其总财富在国内资产与国外资产之间进行合理的分配。由于通货膨胀率、预期的汇率贬值率、国外利率、经济增长速度、财政赤字均会导致国内资产与国外资产的风险收益比的差异，因此可以作为资本外逃的解释变量。甚至有学者提出将"保密性"作为风险、收益外的第三种配置资产时的考虑因素，也能反映一些灰色收入和不符合该国法规的资本为何外逃。因此，在经济转型时期出现的通货膨胀、工业和经济增速下滑、为弥补投资下滑而产生的财政赤字，以及制度不健全下的灰色收入等问题，均有可能导致国内资产风险提高而收益下降，从而催生资本外逃。

总体投资环境理论是 20 世纪 80 年代拉美国家爆发债务危机后出现的一种理论。如前所述，这些国家内部存在严重的经济衰退、汇率高估、通货膨胀和财政赤字等问题，从而使得国内的投资风险急剧升高，居民和非居民均对本国经济失去了信心，纷纷采取各种渠道将资本转移至国外——投资环境相对安全的地方。而与此同时，这些国家的投资所需资金只能靠政府部门大量举借外债来弥补，而外债的大量增加又增大了居民对政府未来通过征税来还债的预期，进一步恶化了投资环境，形成了一种恶性循环。在经济转型时期，除了如前所述的经济衰退、汇率高估、通货膨胀和财政赤字等因素会导致总体投资环境恶化外，经常项目和资本项目的逐步开放将是形成资本大规模外逃的一个基础。

四、我国经济转型时期资本外逃分析

在我国的历史上也出现过一定规模的资本外逃，改革开放以来的经济体制转型是这一阶段的大的历史背景。通过对改革开放以来的资本外逃进行分析与测算，我们可以观察到我国资本外逃的一些规律，同时，本节还将建立计量经济模型，对我国资本外逃的影响因素进行分析与解释。

（一）我国改革开放以来的经济结构转型

改革开放以来，我国主要经历的经济结构转型是中国从计划经济体制向市场经济体制的转型。具体而言，是向出口导向型与房地产业主导的投资驱动型经济转型。

大体可分为四个阶段，即经济的自由化、市场化、民营化和国际化。其一，在经济自由化的过程中，中国经历了一个从农村到城市的渐进式改革过程。在这个过程中，以家庭联产承包责任制为核心的农村改革，使农民获得了土地使用权；以放开国有企业自主经营权为核心的改革，使国有企业初步摆脱了计划经济体制的束缚，同时也使非国有经济得到了迅速发展。其二，经济市场化的改革将国有企业推向了市场，与其他所有制企业展开竞争。其三，经济民营化改革强调了产权的重要性，允许了更大程度上的经济自由，使非国有经济成为中国经济的重要力量。其四，经济国际化的改革，标志性事件是加入 WTO。这使中国经济在加速工业化、城市化和市场化的同时能够面对世界新经济的挑战，逐步向国际经济一体化过渡，更加积极主动地参与世界经济一体化。

其中，经济国际化的改革与"出口导向型"经济转型相辅相成。而随着市场经济的完善与发展，产能扩张与房地产需求催生的"投资驱动型"经济也逐步成为主导。

（二）我国以往经济转型期间资本外逃规模的分析与测算

对资本外逃规模的测算，我们采取世界银行使用的方法，即涵盖范围较全面、操作性也较强的余额法。计算公式如下：

$$CF=(FD+FDI)-(RSV+CAB)$$

式中，CF 表示每年估算的资本外逃额度；FD、FDI、RSV、CAB 分别表示外债年增加额、外国直接投资净流入额、储备增加额和经常项目赤字，前两项之和代表一国总的资金来源，即实际的借款额，后两项之和代表一国正常的资金运用，也可称为必要的借款额（见表 13—3）。

表 13—3　　　　　　　　　　中国资本外逃额度估算　　　　　　　　　单位：百万美元

	外债年增加额	外国直接投资净流入额	储备增加额	经常项目赤字	资本外逃
1986 年	5 655	1 425	−1 954	7 035	1 999
1987 年	8 722	1 669	4 931	−300	5 760
1988 年	9 798	2 344	2 318	3 803	6 021
1989 年	1 296	2 613	−503	4 317	95
1990 年	11 246	2 657	12 118	−11 997	13 782
1991 年	8 016	3 453	14 554	−13 270	10 185
1992 年	8 760	7 156	−2 102	−6 401	24 419
1993 年	14 252	23 115	1 767	11 903	23 697
1994 年	9 233	31 787	30 527	−7 658	18 151
1995 年	13 784	33 849	22 481	−1 618	26 770
1996 年	9 685	38 066	31 643	−7 242	23 350
1997 年	14 685	41 674	35 724	−36 963	57 598
1998 年	15 083	41 118	6 426	−31 471	81 247
1999 年	5 786	36 978	8 505	−21 114	55 373
2000 年	−6 102	37 483	10 548	−20 519	41 351
2001 年	57 573	37 356	47 325	−17 405	65 009
2002 年	−670	46 790	75 507	−35 422	6 034
2003 年	16 730	47 229	137 892	−45 875	−28 058
2004 年	43 632	53 131	190 060	−68 659	−24 637
2005 年	33 553	105 900	250 600	−134 100	22 953
2006 年	42 043	102 900	284 800	−232 700	92 843
2007 年	50 630	143 100	460 700	−354 000	87 030
2008 年	943	121 700	479 500	−412 400	55 543
2009 年	38 486	70 300	398 400	−261 100	−28 514
2010 年	120 291	124 900	471 700	−305 400	78 891

从图 13—27、图 13—28 可以看出，在加入 WTO 之前，我国的资本外逃呈现波动向上的趋势。但在 1996 年之前，其金额较小，均在 300 亿美元以下。而 1997 年、1998 年东南亚金融危机期间，资本外逃额度有了明显的上升，表明此次危机对居民心理预期的负面影响较为明显。

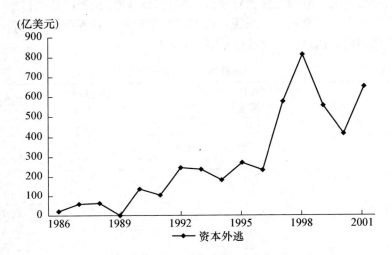

图 13—27　中国加入 WTO 之前的资本外逃

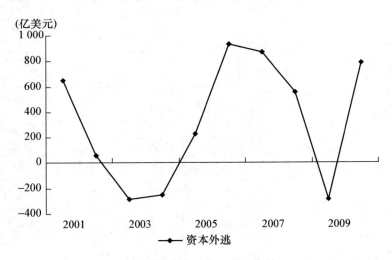

图 13—28　中国加入 WTO 之后的资本外逃

而在 2001 年末加入 WTO 之后，资本外逃量呈现波动加剧的现象，在 2003 年、2004 年、2009 年分别出现了负值。出现这种现象的主要原因仍是资本基于风险收益比的理性选择。2000 年后美国网络泡沫破灭，之后又经历了 2001 年的"9·11"恐怖袭击，美国收益与风险之比下降，资本外逃意愿降低。而 2003 年爆发的伊拉克战争更是将这一情绪推向另一个极端，快速发展的中国受到资本青睐。而 2009 年美国爆发的金融危机也使得中国某种程度上再次成为资本的避风港。

　　而从估算资本外逃的几个组成项目来看，经常项目盈余和外国直接投资的大幅增加是主要原因。加入 WTO 之后，随着我国更多地参与到国际经贸中，贸易与投资活动的增加在预期之中，这也为资本外逃提供了资金来源。

　　从我国资本外逃数额的规律来看，资本外逃与经济转型并不存在直接的关联，而是在经济转型过程中，各种突发的冲击事件对宏观经济产生影响，这些影响驱动了资本外逃规模的阶段性扩大或缩小。因而，我们将筛选影响资本外逃的主要经济变量，研究其与资本外逃之间的数量关系。

（三）我国转型时期资本外逃成因的计量经济学检验

　　根据前文的分析以及对海外经济体的研究，我们发现宏观经济变量往往对资本外逃规模产生重要的影响，这里我们也通过计量经济学对资本外逃的成因进行了分析，试图通过统计手段，验证我们的理论推断，为此我们建立了多元线性回归模型如下：

$$CF=LS(INTDIFF,CPI,GDP,PROFIT,TAXES,REFORM,WTO,C)$$

　　1. 变量选择

　　经过对各种宏观经济变量的反复筛选，我们最终选择了以下变量进行计量经济模型的分析。

　　（1）被解释变量。

　　资本外逃量 CF。根据上文中所提及的余额法进行计算，单位为 10 亿美元。

（2）解释变量。

中美利率水平差异 INTDIFF。我们采用中国一年期定存利率减美国联邦基金利率，并根据一年内维持该利率差的时间占全年比的权重进行了加权平均，作为国内外利差的衡量指标。

居民消费价格指数 CPI。数据来源于国家统计局，以此为通货膨胀率的衡量指标。

国内生产总值同比增速 GDP。数据来源于国家统计局，以此作为经济增速的衡量指标。

工业企业利润率 PROFIT。数据来源于国家统计局，以当年工业企业总利润除以工业企业总收入计算，作为企业盈利能力的衡量指标。

税收收入占 GDP 比重 TAXES。数据来源于国家统计局。

"1994 年汇率改革"虚拟变量 REFORM。以 1994 年为分隔，"1"表示进行了汇改，"0"表示未进行汇改。

"2001 年加入 WTO"虚拟变量 WTO。以 2001 年为分隔，"1"表示加入了 WTO，"0"表示未加入 WTO。

各变量定义如表 13—4 所示。

表 13—4   **回归变量定义**

变量名	定义	计算方法或来源	单位
CF	资本外逃量	世界银行法（余额法）	10 亿美元
INTDIFF	中美利率水平差异	中国一年期定存利率减美国联邦基金利率	N/A
CPI	居民消费价格指数	国家统计局	N/A
GDP	国内生产总值同比增速	国家统计局	%
PROFIT	工业企业利润率	工业企业总利润/工业企业总收入	%
TAXES	税收收入占 GDP 比重	税收收入/GDP	%
REFORM	"1994 年汇率改革"虚拟变量	"1"表示进行了汇改，"0"表示未进行汇改	N/A
WTO	"2001 年加入 WTO"虚拟变量	"1"表示加入了 WTO，"0"表示未加入 WTO	N/A
C	常数项		

2. 对实证结果的估计

根据资产组合理论和总体投资环境理论，对实证结果的估计如表 13—5 所示。

表 13—5   **回归变量影响关系估计**

变量名	影响关系	理由
INTDIFF	负相关	根据资产组合理论，中美利差为正的话，资本出逃的动力减弱
CPI	正相关	根据总体投资环境理论，高通胀意味着投资环境的恶化，催生资本外逃
GDP	负相关	GDP 增速下行，导致资产投资收益风险比下降，催生资本外逃
PROFIT	负相关	工业企业利润率下行，反映企业盈利能力下降，投资吸引力下降，资本外逃动力增强
TAXES	正相关	高税负意味着较差的投资环境，根据总体投资环境理论，资本可能外逃
REFORM	正相关	汇率改革之后，人民币大幅贬值，出口顺差和外国直接投资增加，资本外逃资金来源增加
WTO	负相关	加入 WTO 之后，整体投资环境改善，根据总体投资环境理论，资本出逃动力减弱

3. 实证结果分析

如表 13—6 所示，该回归模型对资本外逃有较好的解释力，调整后 R^2 为 0.66。在 95% 置信区间下，各项参数的 T 检验也较显著，F 以及 D-W 统计量也通过检验。

表 13—6   **多元线性回归结果**

因变量：*CF*			
方法：最小平方法			
日期：2012-07-03 时间：11：28			
样本量（调整后）：24			
包含的观测值：24（调整后）			
变量	系数	标准差	T 统计量	显著度
CPI	3.121 550	1.099 400	2.839 322	0.011 8
GDP	10.252 72	2.148 357	4.772 353	0.000 2
INTDIFF	−12.106 71	2.731 599	−4.432 095	0.000 4
PROFIT	−32.299 62	6.695 709	−4.823 928	0.000 2
REFORM	48.294 93	16.968 31	2.846 184	0.011 7
TAXES	22.471 51	5.747 674	3.909 670	0.001 2
WTO	−62.267 00	18.780 94	−3.315 436	0.004 4
C	−555.409 4	148.877 2	−3.730 654	0.001 8
拟合精度	0.764 657	因变量均衡		26.583 36
调整后拟合精度	0.661 694	因变量标准差		34.342 58
回归标准差	19.975 04	AIC 准则		9.088 045
残差平方和	6 384.032	SC 准则		9.480 730
对数似然比	−101.056 5	HQ 准则		9.192 224
F—统计量	7.426 551	D-W 统计量		2.187 052
F 检验显著度	0.000 466			

从各项参数的系数来看（见表 13—7），我们分析如下：

第一，中美利差与资本外逃量呈现出负相关关系。该利差越高，中国在资本全球配置中的投资吸引力便越大，资本外逃的动机便越小。由于我国利率仍未实现市场化，为了维持较高经济增速，长期实施了扩张性的货币政策。特别是 1998 年东南亚金融危机后出现通货紧缩，多次下调名义利率，导致国内外利差拉大。2005 年至 2007 年连续三年的低利率叠加美国的加息周期，同样导致国内外利差拉大，这都导致逐利性资本外逃。该变量的 T 值较为显著，反映了资本的逐利性的确在资本外逃中起到了重要的决定作用。

第二，消费物价指数与资本外逃呈现正相关关系。根据国际比较的经验，当转型期间的日本、韩国、墨西哥出现通货膨胀率较高的时候，要求的名义投资回报率也出现上升，即总体投资环境出现恶化，资本外逃的动机较强。1992 年至 1996 年期间，经济过热导致的高通胀使得资本外逃量较 1991 年有显著上行。这表明投资环境的恶化的确导致资本外逃。

第三，国内生产总值同比增速与资本外逃量呈现出正相关关系。根据国际比较的经验，GDP 增速与资本外逃应当呈现出负相关的关系，即 GDP 增速下行时，资本外逃量出现上升。但我国自改革开放后，90 年代至今一直保持了较高的经济增速。虽然在 1998 年东南亚金融危机时出现了经济增速下滑和资本外逃量上升，但总体来看，随着快速发展的中国经济对资本的吸引力增强，资本流入量呈现上升态势，资本外逃量也随之上升，因此并未与经济波动呈现负相关性。

第四，工业企业利润率与资本外逃量呈现负相关性。由于我国仍处于工业化阶段，工业占 GDP 比重最大。工业企业利润率最大程度上反映了全社会企业的经营状况，也反映了股东的投资回报情况。因此，当企业盈利能力较好的时候，资本外逃的动机则较小。

第五，税收占 GDP 比重与资本外逃量呈现正相关性。税收占 GDP 比重一定程度上反映了税负情况，投资环境的恶化使得资本的收益风险比下降，最终导致资本外逃。

第六，汇率改革与资本外逃呈现正相关关系，即汇改实施之后，资本外逃上升。我们可以看到，根据国家外汇管理局的数据，美元兑人民币汇率从 1993 年的 5.76 上升至 1994 年的 8.62，一年之内人民币出现快速的贬值，此后也多年维持在 8 以上的高位。人民币的贬值对我国快速发展对外贸易及吸引外国直接投资形成了正面的影响。逐渐增大的贸易顺差与 FDI 也成为资本外逃的资金来源，最终导致了资本外逃量在汇改后有所增大。

第七，加入 WTO 与资本外逃量呈现负相关性。如我们之前所述，在加入 WTO 之后，中国只能积极与国际准则对接。对国内外资本直接的利好有相互关税的减免以及部分行业准入的开放。而在透明度、通知和咨询、执法一致和司法审议等制度方面的广泛改革，也让投资环境进一步改善。在加入 WTO 之后，中国的确保持了较高的经济增速、合理的通胀水平，根据总体投资环境理论，资本外逃动机将大幅度减小。

表 13—7 　　　　　　　　　　　　结果与估计比较

变量名	回归系数符号估计	回归系数实际值	是否符合初始预期
INTDIFF	负	−12.106 71	符合
CPI	正	3.121 550	符合
GDP	负	10.252 72	不符合
PROFIT	负	−32.299 62	符合
TAXES	正	22.471 51	符合
REFORM	正	48.294 93	符合
WTO	负	−62.267 00	符合

五、我国当前经济转型对资本外逃的影响

根据前面的分析，我们认为宏观经济因素对资本外逃起决定性作用，因而下面我们将从当前经济结构转型的特征出发，根据这些特征判断将会带来的经济效应，这些经济效应进而将影响到未来我国资本外逃的规模。由于我国当前的结构调整与刘易斯拐点息息相关，因而我们在分析结构调整带来的经济影响时，将会结合刘易斯拐点的规律进行分析判断。

（一）我国当前经济转型的特征分析

1. 由出口导向转为发展内需

由图 13—29 可以看出，历史上，有两个时期，我国的经济增长对外需依赖较高。一个是 20 世纪 80 年代后期，我国的经济建设处于起步阶段，居民消费能力较差，整个经济实际上处于原始资本积累阶段，外需对经济增长的拉动较大，有些年份对 GDP 增长的贡献率达到 40% 左右；另一个是 2005 年至 2007 年，加入 WTO 之后的积极效果开始释放，外需对我国经济增长的拉动较之前有了显著上升。

然而，随着 2008 年国际金融危机的影响，外需对我国经济增长的贡献逐步减弱，以投资和消费为主的内需成为拉动经济增长的核心动力。日本、韩国等东亚国家和地区曾在非常长的时间段内依靠海外需求实现经济起飞，我国这样规模的大国经济崛起过程中，不可能长期依靠外部需求，我们认为

未来内需将长期成为我国经济增长的核心动力，而按照我国的"十二五"规划，中国经济重点也将转向内部消费。这种转向，将对国际收支以及人民币汇率等问题产生深远的影响。

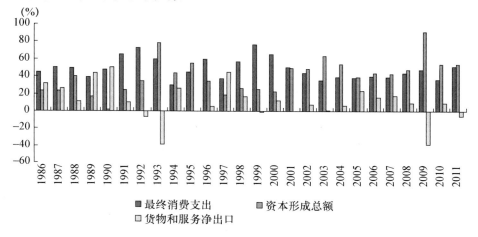

图 13—29　三大需求对 GDP 增长的贡献率

2. 对房地产的依赖将逐步减弱，服务业占比预计持续提高

从产业结构来看，未来房地产业在我国整个经济中所占的比重将会下降，其他产业将会上升，尤其第三产业中的现代服务业占比将稳步提高。房地产调控将是一个相对长期的基本政策。2012 年中央经济工作会议对房地产调控政策的表述为："要坚持房地产调控政策不动摇，促进房价合理回归，加快普通商品住房建设，扩大有效供给，促进房地产市场健康发展"。随着未来调控目标的逐步实现，我们认为对房地产行业的调控力度可能会有所减弱，但以房地产为支柱产业的时代已经一去不返。

在此情况下，大力推动服务业的发展将成为长期的基本政策。目前来看，虽然第三产业在 GDP 中占比趋势性上升，但比重仍然在 40% 左右（见图 13—30），相比日本等国 60% 左右的占比，上升空间巨大。2011 年出台了很多促进服务业发展的政策文件，这些政策将带动服务业进入一个快速发展的时期。

事实上，我国的服务业有内在快速发展的动力。首先，在城乡劳动力收入仍存在差距的情况下（见图 13—31），劳动力会自发地从农村流向城市。因此，经济自身是有动力完成从刘易斯第一拐点向第二拐点转变的过程的。在工业部门发展受到投资减速与劳动力成本上升制约时，服务业将可能成为吸收农村劳动力的主要部门。

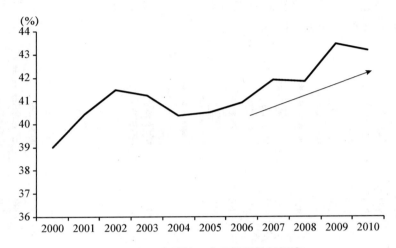

图 13—30　我国第三产业比重持续提高

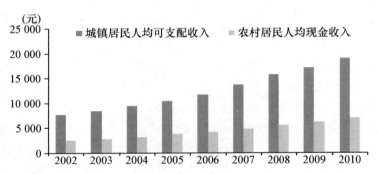

图 13—31　城乡劳动者收入差距仍大

　　因此，我国经济转型的另一个特点就是由严重依赖房地产、基建的经济模式，转为依赖服务业尤其是现代服务业发展的模式。

　　3. 产业梯度转移

　　我国的产业升级，对于制造业，可以进行横向与纵向的升级。

　　纵向升级是指资本替代劳动力、技术密集产业替代劳动密集型产业的过程。劳动力成本的上升与人民币汇率升值从成本和需求两方面冲击了我国的劳动密集型产业，因此客观上工业有资本替代劳动力的动力。

　　但是，这一替代不会是简单的重工业增加，轻工业减少。从表13—8中可以看出，当前中国重工业占比峰值已经明显高于其他国家历史峰值，简单地进行资本密集型产业投资已经不合时宜，伴随资本替代劳动力的应该是技术密集型产业替代传统的劳动密集型产业，正如日本在 20 世纪 80 年代的经历一样。另外，服务业的快速发展也将倒逼工业结构调整，轻工业的比重将适度上升，根据国际经验，未来轻重工业产值比例可能在 4∶6 左右。

表 13—8　　　　　　　　　　　各国重工业比重峰值

	中国	日本	韩国	美国	德国
年份	2010	1991	2002	1979	1986
重工业比重峰值	71	63.4	67.7	61.9	68.4

横向升级即产业转移，我国目前制造业明显呈现出自东向西阶梯下降的特征，从制造业固定资产投资额可以看出这一点（见图 13—32）。中西部地区可以通过承接东部地区的制造业转移从而实现产业升级。

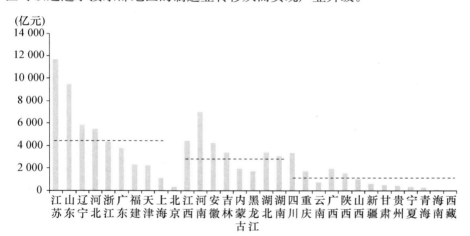

图 13—32　东部地区制造业投资额明显大于中西部（2010 年）

我们认为，我国的纵向产业升级空间已经相对有限，未来的产业升级将以横向升级为主。

（二）我国当前经济转型对经济增长的影响分析

通过上面的分析可以看出，我国当前的经济转型存在三个方面的特点，这些特点决定了我国当前的经济结构转型将带来增长速度以及增长方式的转变。事实上，正在经历刘易斯拐点这一宏观背景，是我国必须开始进行经济结构转型的根本原因之一。刘易斯拐点下，劳动力供给由无限变为短缺，正是以往传统粗放型经济增长模式难以为继的根本制约条件之一。因此，我国未来的经济增长模式将产生显著变化，下面我们将从经济增长速度、通胀水平、资本收益率等多个方面，分析在刘易斯拐点的大背景下，当前的经济转型对经济增长所产生的影响。

1. 经济增长中枢下滑与通胀中枢上移

根据二元理论，在农村劳动力无限供应阶段，城市工业部门的迅速发展并不会导致农村劳动力要素报酬增加。判断是否通过刘易斯拐点，最主要的观察因素应该是农村劳动力要素报酬与供应量。

农村人均工资性收入的变化可以反映外出农民工工资水平情况。自2004年开始，农村工资性收入增速出现拐点，上升明显加速（见图13—33）。另外，2004年外出农民工数量增速大幅度回落，即使在2009年迅速增加的固定资产投资拉动下，外出农民工数量增加仍然没有显著加快（见图13—34）。结合近几年不断爆出的"民工荒"，我们认为中国已经从2004年开始经过刘易斯拐点。

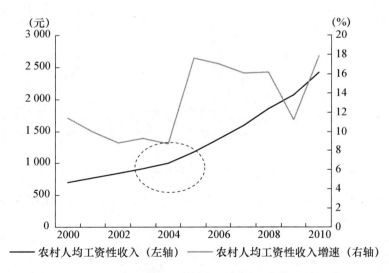

图13—33 农村居民工资性收入自2004年起上涨加速

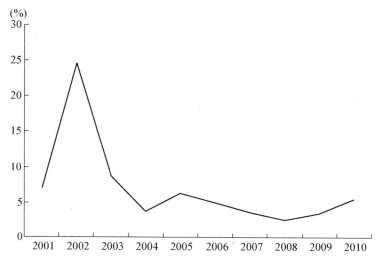

图 13—34　外出农民工增速下降

从历史经验来看，在经过刘易斯拐点的时候，我们可以看到两个明显的特点：第一，在经过刘易斯第一、第二拐点，二元结构向一元结构转化过程中，经济增速出现趋势性下滑，经济增长中枢会比此前低；第二，在经过刘易斯第一、第二拐点过程中，CPI 波动中枢往往上行。

其主要原因是，在经过刘易斯拐点的过程中，第一，农村剩余劳动力向城市工业部门转换接近完毕，劳动力成本显著上升，容易产生工资推动型的通胀；第二，农业生产由劳动密集型向资本密集型转变，转变过程中农业生产能力脆弱，而农产品在 CPI 中的占比很大。

以上两个特征配合货币条件，很容易引发通胀。整个拐点时期通胀中枢显著抬升。

另外，由于我们的计划生育政策，人口红利拐点也将在近几年之内到来，人口红利拐点提前到来，使中国面临两方面的问题：一是储蓄率下降带动利率上升，与劳动力成本上升一同抑制投资的增长，延缓工业发展速度；二是扶养比上升，消费需求增加。面临这两个问题，我们一方面要完成通过刘易斯拐点的使命，另一方面要解决劳动力成本和利率上升对投资及工业生产的不利影响。

概括地讲，我国经济面临的中期大背景是：增长中枢下行，通胀中枢上行，国内消费逐渐兴起，出口与投资驱动力逐渐减弱。

从国际经验来看，日本是主要经济体中唯一一个在过去大半个世纪完全经历过刘易斯拐点与人口红利拐点的国家。日本在 20 世纪 60 年代至 70 年代经过刘易斯拐点的过程中，经济增速不断下滑。至 80 年代一元经济形成，经济增长中枢已经下降到了一个较低的水平。而日本在 90 年代初经历人口红利拐点之后，经济增长中枢再次下降（见图 13—35）。通胀方面，在日本经过刘易斯拐点的 60—70 年代，日本的通胀维持在一个历史较高区间波动（见图 13—36）。

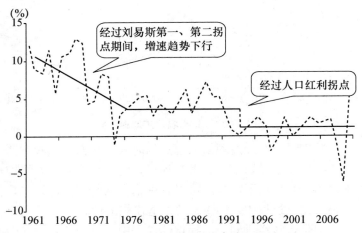

图 13—35　日本经过刘易斯两个拐点增长中枢下行

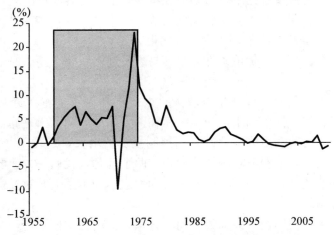

图 13—36　日本经过刘易斯两个拐点通胀中枢上行

借鉴历史经验和理论分析，中国开始经历刘易斯拐点与人口红利拐点，对经济增长中枢也有较大的负面影响（见图 13—37）。在经过刘易斯第一与第二拐点的同时，中国的通胀水平也应该会在一个较高区间波动（见图 13—38）。

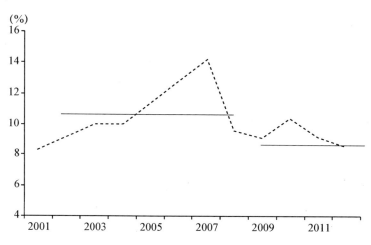

图 13—37　中国经济增速下行是趋势

注：2011 年数据为估计数。

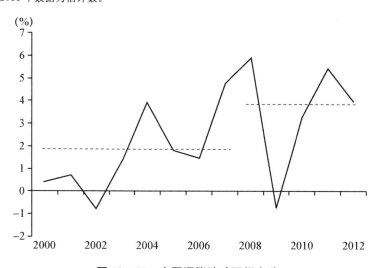

图 13—38　中国通胀波动区间上移

注：2012 年数据为估计数。

2. 资本收益率回落

在我国未来的结构转型时期，随着工资水平的普遍提高以及储蓄率下滑导致的融资成本上升，企业经营的压力将保持在较高的水平上，我们相信这些成本压力将在技术进步的过程中逐步得到消化，但是在转型真正完成之前，资本收益率也将较大概率地出现下滑的趋势。

从国际经验来看，在结构转型时期，日本的人工成本上升较为显著，从工业与服务类行业分别来看，二者的工资同比增速上升均较为显著。在工业行业中，矿业的增速上升幅度较大；在服务类行业中，批发零售及餐饮业的增速较快（见图 13—39）。

从日本转型时期的企业盈利情况来看，我们可以得出以下结论：

（1）在日本的转型期，人工成本明显上升的确使得行业盈利能力下滑，使得整个实体经济的净利润率及净资产收益率增速中枢出现下移。根据我们之前的研究，在此期间，日本农林牧渔业劳动者报酬比例提高了 96％，导致行业利润仅增长了 227％，远低于整体 GDP 的增长。

（2）工资整体水平提升拉动消费令非制造业受益。从净利润率来看，工资增速较快的非制造业明显呈现上行趋势，而工资增速相对较慢的制造业则相反，呈现下行趋势（见图 13—40）。根据我们之前的研究，以日本食品制造业为例，食品制造业属受益于收入增长的行业，因此虽然在此期间食品制造业的劳动报酬比重提高了 112％，但利润增长了 605％。

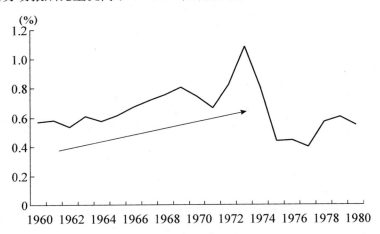

图 13—39　日本批发零售贸易的净利润率在拐点出现后呈现上升趋势

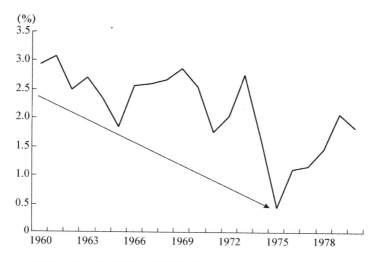

图 13—40　日本制造业净利润率在拐点出现后呈现下行趋势

3. 人民币升值预期将逐步回落

转型时期，经济增长中枢下滑，通胀中枢上行，资本收益率走低，以上因素都将对本币汇率造成负面影响，根据我们以往在均衡汇率方面的实证模型研究，影响汇率的根本经济因素包括：

（1）国内外相对劳动生产增长率，即本国劳动生产率提升水平相对于国际水平的增长率，其与均衡汇率正相关。从根本上讲，一国技术创新的能力、劳动生产率水平是决定汇率走向的核心基本面因素，我们进行结构转型的重要目的之一也是实现产业升级，因此相对劳动生产增长率这一指标未来的走势是不确定的，视我国产业升级的进展程度而定。

（2）国内外相对工资增长率，其与均衡汇率负相关，即国内工资水平的提升快于国外的时期，对本币将产生贬值的压力。随着居民消费能力的提高，进口需求将显著提高，在刘易斯拐点驱动下的结构转型中，我们预期我国的相对工资水平将逐步提高，进而对人民币构成贬值的压力。

（3）固定资产投资率从两个方面对均衡汇率产生影响。一方面，基础设施建设等投资可以便利各种资源的流通，提高经济效率，甚至可以吸引更多的外商投资。用于增加贸易性行业（采矿、制造业）的产能提高以及技术改造等方面的投资，可以提高国内企业的竞争力。这些都会促进均衡汇率的上升。另一方面，固定资产投资增加，同时也会增加各种生产设备、流水线以及先进技术的进口，使国际收支恶化，这在改革开放初期尤其明显。而且，相当部分的投资用在了非贸易部门（如服务业、公用事业等）。我们认为未来制造业方面的投资增速将会下降，而服务业的投资增速将会上升，因而投资结构的变化，总体来讲也将使人民币产生贬值的压力。

综合来看，在未来的结构转型中，我们认为人民币升值动力将逐步减弱。

4. 产业梯度转移带来区域性的不稳定因素

我国当前的产业梯度转移主要是中西部地区通过承接东部沿海地区的制造业转移从而实现产业升级。

外向型的传统产业的调整主要通过两条途径：一是向中西部地区和低劳动成本的国家转移；二是就地升级转型，向创建自主品牌和高附加价值化的方向发展。

事实上，产业转移同样存在着一定风险。如果东部地区自身的产业升级未能顺利实现，那么将可能反而产生产业空心化的后果，这取决于当地人力资本是否充足、商业文化能否重视长期利益、创新文化以及知识产权等相关法律制度是否健全，等等。如果这些问题没有解决即开始放弃原有的制造业，那么将带来地区性的不稳定因素，而沿海地区由于对外经济联系相对紧密，这些因素可能加剧沿海地区的资本外逃冲动。

（三）我国当前结构转型的影响

根据前面的分析，我们在此将当前结构转型的经济影响以及对资本外逃的影响通过列表进行对照。综合来看，在当前的结构转型阶段，我国资本外逃压力在逐步增加（见表13—9）。

表 13—9　　　　　　　　　我国结构转型的特征及其影响

我国结构转型的特征	对宏观经济指标的影响	对资本外逃的影响
大国经济崛起必须依赖内需的启动	内需上升，出口增长回落，汇率升值预期减弱	本币汇率由强走弱将促进资本外逃
经历刘易斯拐点大背景下的产业结构调整	增长中枢下移，通胀中枢上移，资本收益率下降	根据我们的理论分析，这些因素均对资本外逃产生促进作用
地区发展不均衡下的产业梯度转移	产业转移的过程中，如果东部地区未能实现自身的产业升级，可能导致产业空心化，产生区域性的不稳定因素	沿海地区由于对外经济联系相对紧密，这些因素可能加剧资本外逃的动力

（四）我国资本外逃对经济的影响分析

从国际经验来看，资本外逃首先影响到资本的积聚，资本的大量外逃会削弱本国经济发展后劲；其次，资本外逃会削弱税基，侵蚀本国的税收基础；最后，资本外逃会导致国民财富的流失。对开放经济而言，资本外逃同时会影响到国际信用。具体到我国，以往时期我国资本外逃的另一个严重的后果是造成了国有资产的大量流失。

然而，从我国以往的经济表现来看，虽然我国一直存在着相当规模的资本外逃，但我国的经济增长几乎没有受到实质性的影响，这与拉美国家资本外逃时期遭受的严重冲击形成了鲜明对比。我们认为主要是由于以下几个方面的有利因素弥补了资本外逃的负面冲击：

（1）高储蓄率使投资维持在相对较高的水平，没有出现拉美等国资本外逃导致投资大幅下滑的情况；

（2）国外直接投资长期维持在高水平上，在提供充足资金的同时，提高了中国经济整体的技术水平和经营效率；

（3）2000年以来，人民币升值预期长期存在，降低了资本外逃的规模，同时热钱源源不断流入中国对冲了资本外逃的影响。

然而，在未来的经济转型时期，很多利好因素的作用将逐步减弱，汇率升值的预期将会有所减弱；随着人口红利拐点的到来，高储蓄率难以为继；随着资本项目的逐步开放，资本外逃的渠道将更加便利。所以，虽然以往资本外逃未对我国经济发展产生重大不利影响，但在目前的经济转型时期，资本外逃的规模及其影响可能同步增大，进而对国内经济造成较大冲击，这应引起我们的充分警惕。

六、我国当前应对资本外逃的政策建议

1. 创造稳定的宏观经济环境，加快金融市场建设

从前文的分析可以看出，在我国当前特定的经济转型时期，经济增长面临较大的压力，正是这些因素导致未来出现集中资本外逃的可能性大大增加。

因此，政府应尽量创造稳定的宏观经济环境，实现经济转型的平稳过渡，对于通胀因素，应长期保持足够高的警惕，坚决控制。由于资本收益率的下滑也是资本外逃的重要原因之一，向民间资本更广泛地开放各种投资领域，尤其是页岩气等新能源领域，既可以有力地推动结构转型，也有望缓解转型中的资本收益下滑情况，同时应积极推进资本市场建设，培育创新型金融市场，创造更有效的资源配置手段，提高对资金的吸引力。汇率问题毫无疑问对资本外逃有着重要影响，维持汇率改革的逐步有序推进，避免人民币汇率的大起大落，将对缓解资本外逃产生积极影响。总之，政府必须娴熟地运用各种宏观政策工具对经济进行调控，提高政府金融监管的水平，政府的政策应建立起言行一致的声誉，加强政策效力。

2. 实现产业地区间转移的平稳过渡

在我国产业结构的横向转移中，产业转移面临的主要问题是转移成本和物流成本是否低于企业转移到低劳动成本地区的收益，以及现存产业集群的粘连效应。单个厂商的转移可能失去产业链配套体系的支持。对于这些困难，转出地政府和转入地政府应当协调好利益关系，出台鼓励产业转移的政策，建设好产业转移园区，尽量设法降低厂商的转移成本，为产业转移创造良好的外部环境。同时在转入区，加大对人力资源的投资，大力发展教育事业和职业培训。

同时结构转型的目标不是放弃原有的制造业优势，而是用现代服务业来提升和包装传统制造业，创建自有品牌，由"世界工厂"变身为"世界设计室"和"世界名牌原产地"。以高档品牌的文化价值空间来消化成本上升的压力。

3. 加强对资本外逃的监控

加大对腐败和不法行为的打击力度。对我国存在的严重的高报进口骗汇、低报出口逃汇、出口不收汇、进口不到货、通过假造贸易单证骗汇或将外汇截留境外等违法行为，要加大打击力度，保护国家财产不受侵犯，防止各种渠道的资本外逃。对于地下钱庄、地下外汇黑市等非法渠道，要坚决予以取缔。同时，还应加强与有关国际组织和相关国家的合作，打击和追缴跨国的资本外逃。

参考文献

1. 陈耀庭，汪全银. 论拉美国家资本外逃及其经济影响. 世界经济与政治，1991（6）.

2. 成思危主编. 东亚金融危机的分析与启示. 北京：民主与建设出版社，1999.

3. 董寿昆. 比较金融研究//董寿昆论集. 北京：中国金融出版社，2001.

4. 董志勇. 中国资本外逃的规模与估计. 新加坡：南洋理工大学，2003.

5. 姜波克. 开放经济下的宏观金融管理. 上海：复旦大学出版社，2000.

6. 李庆云，田晓霞. 中国资本外逃的影响因素. 世界经济，2000（9）.

7. 李庆云，田晓霞. 中国资本外逃规模的重新估算：1982—1999. 金融研究，2000（8）.

8. 刘朝. 资本外逃威胁中国. 科学导报，2001（15）.

9. 刘国光，刘迎秋. 结构性松动货币抑制通货紧缩趋势. 经济研究，2002（10）.

10. 吕萍，綦建红. 对我国资本外逃问题研究的文献回顾与总结. 经济研究参考，2001（2）.

11. 牛晓健. 经济转型国家与资本外逃. 改革，2005（3）.

12. 牛晓健，郑祖玄. 资本管制、外商投资与最优税差：对中国转型时期过渡性资本外逃的研究. 经济研究，2005（4）.

13. 裴平，熊鹏. 我国货币政策传导的过程中的渗漏效应. 经济研究，2003（8）.

14. 任惠. 中国资本外逃规模测算和对策分析. 经济研究，2001（11）.

15. 宋文兵. 中国的资本外逃问题研究：1987—1997. 经济研究，1999（5）.

16. 宋文兵. 国际短期资本的流动机制——一个现代经济学的分析框架与实证研究. 上海：复旦大学出版社，2000.

17. 陶士贵. 提高我国个人外汇使用效益的新思考. 国际贸易问题，1999（8）.

18. 姚建芳. 政府清廉对资本外逃的影响性分析. 财会通讯（学术版），2005（8）.

19. 周正庆主编. 证券知识读本. 北京：中国金融出版社，1998.

20. Clark，E. and Jokung，O. . 1998. Risk Aversion，Wealth and International Capital Flows. *Reviews of Intemational Economics*，August.

21. Conesa，E. R. . 1987. The Flight of Capital in America. Washington：Inter—American Bank Mimeo.

22. Cuddington，J. T. . 1986. Capital Flight：Estimates，Issues and Explanations. *Princeton Studies in International Finance*，No. 58.

23. Dombush，Rudiger. 1985. External Debt，Budget Deficits and Deequilibrium Exchange Rates. in G. W. Smith and J. T. euddington，eds.

24. Dooley，Michael P. Helkie，William Tryon，Ralph and Underwood，John. 1986. An Analysis of External Debt Positions of Eight Developing Countries Through 1990. *Journal of Development Economics*，May.

25. Dooley，M. and K. Kletzer. 1994. Capital Flight，External Debt and Domestic Policies. NBER Working Paper No. 4793 Cambridge，MA：NBER.

26. Dooley，M. . 1986. Country—Specific Risk Premiums，Capital Flight，and Net Investment Income Payments in Selected Developing Countries. Mimeo，Washington，D. C. ：International Monetary Fund.

27. Dooley，M. . 1995. A Survey of Academic Literature on Controls over International Capital Transactions. NBER Working Paper.

28. Feenstra Robert C. ，Hai，Wen，Woo，Wing and Yao，Shunli. 1999. Discrepancies in International Data：An Application to China-Hongkong Entrepot Trade. *American Economic review*，May.

29. Fung，K. C. . 1996. Acounting for Chinese Trade：Some National and Regional Considerations.

30. Kindleberger，C. . 1937. International Shoa—term Capital Movement. Columbia University Press.

31. Lessard，Donald R. and Williamson，John（ed. ）. 1987. *Capital*

Flight and Third World Debt. Washington, DC: Institute for International Economics.

32. Lessard, D. R. and J. Williamson. 1987. Capital Flight and Third World Debt. Washington DC: Institute for International Economics.

33. The World Bank. Intemational Debt and the Developing Countries. Washington.

34. The World Bank. 1985. World Development Report.

35. Tornell, A, and A. Velasco. 1992. The Tragedy of the Commons and Economic Growth: Why does Capital Flow from Poor to Rich Countries?. *Journal of Political Economy*.

36. Walter, Lngo. 1985. Secret Money. London, George Allen & Unwi.

2013

后　记

　　2013 年初，教育部在京发布国家第三轮一级学科评估结果，中国人民大学的理论经济学、应用经济学继在 2004 年、2008 年公布的前二轮一级学科评估中占据头名后，在第三轮一级学科排名中又成为全国第一，成功实现连续三次蝉联全国冠军，充分彰显了人大经济学科在中国高校的领军地位和旗舰作用。近年来，中国人民大学致力于建设中国风格、中国气派的"中国经济学"学科体系，卓有成效。中国改革开放的伟大实践为经济学理论的发展提出了前所未有的机遇和挑战。在这种情况下，总结中国经济改革和经济发展的经验，从理论上科学地回答新的历史阶段提出的一系列新问题，推动经济学理论的创新和发展，努力建设和发展具有中国风格、中国气派的中国特色的经济学的理论体系与教材体系，对于我国经济学学科的建设工作具有重大意义。

　　创建具有中国风格与气派的经济学就应树立科学的创新观，这种科学的创新观体现在运用时代的眼光来观察、发现、解决问题的方法。具体来说：一是要有问题眼光。经济学者要始终关注社会生活，有强烈的问题意识，善于发现问题、分析问题、解决问题。这一过程就是我们认识事物规律、把握时代脉搏的过程，就是经济学的创新过程。二是要有国际眼光。运用国际眼光来观察、思考与研究问题，不仅有助于紧跟世界进步潮流，始终站在时代的前列，而且有助于我们开阔眼界，吸纳国外经济学的研究成果，在更高的高度与更广的视野回答经济问题。三是要有综合眼光。把人文精神与科学精神结合起来，把人文社会科学与自然科学结合起来，多学科地、综合地、系统地分析与解决问题，是经济学创新的一条基本途径与方法。

正是循着这样一种创新观与担负着构建中国经济学的使命感，中国人民大学经济学院于 2006 年创立了"中国宏观经济论坛"，每季度发布《中国宏观经济分析与预测报告》，凭借对宏观经济形势预测的相对准确性和对当前中国经济中重大问题深度解说的迅速性，宏观经济论坛赢得了极佳的社会声誉。2010 年 9 月 9 日，第 26 个教师节前夕，在中国人民大学庆祝命名组建 60 周年之际，胡锦涛总书记专程考察中国人民大学，并与我校的学者就宏观经济问题展开讨论。胡锦涛总书记对于中国人民大学经济学院的研究成果给予了充分肯定，他希望大家"继续加强研究，拿出更多高水平研究成果，为中央科学决策提供参考"。党和国家领导人先后多次对中国宏观经济论坛所发布的《中国宏观经济分析与预测报告》做了重要批示。论坛报告以"成果要报"、"重要内参"等形式上报上级部门。宏观经济研究团队的学者多次应邀参加国务院办公厅、中宣部、国研室、发改委、商务部和地方政府举办的经济形势座谈会或研讨会，并作主题发言；也多次接受中央电视台、北京电视台和凤凰卫视等媒体的专访，解读宏观经济形势。

作为中国人民大学的四大报告之一，今年的《中国人民大学中国经济发展研究报告》选择的主题是"刺激重返、走出低谷的中国宏观经济"。在多重因素叠加的作用下，2012 年上半年中国经济的增速在持续回落中呈现出加速性和逐步内生性等特点，迫使政府进行宏观经济政策再定位，"稳增长"成为宏观调控的首要目标，各类刺激政策开始重返。在现有政策框架和利益激励格局中，"稳增长"将演化为"扩投资"，"微调性"的政策调整将演化为"扩张性"的放松，地方政府将大幅度放大"扩投资"的刺激效应，从而带动投资和消费出现较为强劲的反弹，中国宏观经济逐渐走出加速下滑的态势。但由于外部环境持续疲软、房地产市场持续低迷以及深层次结构问题更为严峻等原因，这种反弹并不十分强劲并且面临不确定性。在分析和预测的基础上，报告认为，目前稳增长的一揽子政策具有必要性，但在刺激的力度、刺激的领域以及工具的选择等方面需要进行重点把控。

本报告在我们的共同主持下，由"中国宏观经济分析与预测"研究团队共同合作完成的。各章的执笔人如下：总论，刘元春、杨瑞龙；第一章，陈彦斌、姚一旻；第二章，范志勇、毛学峰；第三章，赵坚毅、杨瑞龙；第四章，郑新业、许玲珏、李夕璐；第五章，黄隽、张春林；第六章，于泽、龙伟；第七章，苏福兵、陶然；第八章，范志勇、张鹏龙、王宝奎；第九章，刘凤良、唐诗磊；第十章，王孝松、许源丰；第十一章，孙久文、李华；第十二章，陈朴；第十三章，段亚林、徐旸、瞿剑琼。

当前我国宏观经济所面临的问题的复杂性是前所未有的，既有外部环境的复杂性，又有内部经济社会问题的复杂性，如何既能稳增长，又能防通胀是在考验我们宏观经济政策选择的智慧。尽管我们的宏观经济研究团队努力以科学、客观的态度来分析判断当前的宏观经济走势，但限于各种因素，我们的研究是初步的。我们期待各位同仁的批评指正，以利于我们把今后的宏观经济分析报告做得更好。

纪宝成　杨瑞龙

2013 年 3 月 16 日

于中国人民大学明德楼

图书在版编目（CIP）数据

中国人民大学中国经济发展研究报告. 2013，刺激重返、走出低谷的中国宏观经济/纪宝成主编. —北京：中国人民大学出版社，2013.8
　　ISBN 978-7-300-17850-9

　　Ⅰ.①中… Ⅱ.①纪… Ⅲ.①经济发展-研究报告-中国-2013②宏观经济-研究报告-中国-2013　Ⅳ.①F124②F123.16

中国版本图书馆 CIP 数据核字（2013）第 173080 号

中国人民大学
中国经济发展研究报告 2013
刺激重返、走出低谷的中国宏观经济
顾　问　袁宝华　黄　达
主　编　纪宝成
副主编　杨瑞龙
Zhongguo Jingji Fazhan Yanjiu Baogao 2013

出版发行	中国人民大学出版社			
社　　址	北京中关村大街 31 号		邮政编码	100080
电　　话	010 - 62511242（总编室）		010 - 62511398（质管部）	
	010 - 82501766（邮购部）		010 - 62514148（门市部）	
	010 - 62515195（发行公司）		010 - 62515275（盗版举报）	
网　　址	http://www.crup.com.cn			
	http://www.ttrnet.com（人大教研网）			
经　　销	新华书店			
印　　刷	北京东君印刷有限公司			
规　　格	155 mm×235 mm　16 开本		版　　次	2013 年 8 月第 1 版
印　　张	23.5 插页 3		印　　次	2013 年 8 月第 1 次印刷
字　　数	389 000		定　　价	68.00 元